21世纪卓越人力资源管理与服务丛书

绩效管理

陈国海 卢晓璐 邓宗春 ◎ 编著

清华大学出版社

北京

内 容 简 介

绩效管理是人力资源管理专业的一门核心课程。本书阐述并回答了如下两个方面的问题：第一，绩效管理是什么，包含哪些要素，其发展历程及功能如何；绩效管理如何落地，包括从计划、实施、考核到反馈的实务过程。第二，绩效考核中有哪些有代表性的考核工具，这些工具的适用性及优缺点，以及企业该如何选择。本书共十二章，详细论述并分析了绩效管理过程中的各种要素，包括绩效管理导论、绩效管理的实施体系、绩效计划、绩效实施、绩效考核、绩效反馈；代表性的绩效考核方法，包括目标管理考核法、关键业绩考核法、360度绩效考核法、平衡计分卡考核法；绩效管理的发展动态，包括OKR：目标与关键成果法、数字化绩效管理。

本书语言流畅、条理清晰、结构严谨、例证风趣、体例活泼，既方便教师教学，增加课堂教学气氛，提高教学效果，也方便学生自学，十分适合作为经管类专业的本专科教材或者企业绩效管理专员的自学读物，还适合作为 MBA、EMBA 和经管类研究生课程的教材或辅助教材。

图书在版编目（CIP）数据

绩效管理 / 陈国海，卢晓璐，邓宗春编著. — 北京：清华大学出版社，2022.2（2024.2重印）
（21世纪卓越人力资源管理与服务丛书）
ISBN 978-7-302-59990-6

Ⅰ.①绩…　Ⅱ.①陈…　②卢…　③邓…　Ⅲ.①企业绩效—企业管理　Ⅳ.①F272.5

中国版本图书馆 CIP 数据核字（2022）第 016003 号

责任编辑：邓　婷
封面设计：刘　超
版式设计：文森时代
责任校对：马军令
责任印制：沈　露

出版发行：清华大学出版社
　　　网　　址：https://www.tup.com.cn, https://www.wqxuetang.com
　　　地　　址：北京清华大学学研大厦 A 座　　　邮　　编：100084
　　　社 总 机：010-83470000　　　　　　　　　邮　　购：010-62786544
　　　投稿与读者服务：010-62776969，c-service@tup.tsinghua.edu.cn
　　　质量反馈：010-62772015，zhiliang@tup.tsinghua.edu.cn
印 装 者：三河市龙大印装有限公司
经　　销：全国新华书店
开　　本：185mm×260mm　　　印　　张：25　　　字　　数：575 千字
版　　次：2022 年 3 月第 1 版　　　　　　　　　印　　次：2024 年 2 月第 2 次印刷
定　　价：69.80 元

产品编号：069152-01

绩效管理

序　言

绩效管理是人力资源管理的核心内容，对企业战略目标的实现具有至关重要的作用，对于人力资源管理专业的学习而言，既是重点又是难点。进入 21 世纪后，企业之间的竞争日趋激烈。数字经济时代，以互联网、人工智能、大数据为代表的数字化技术正剧烈地影响和改变着商业模式的发展和组织形态的变革。企业的绩效管理面临的已不再是单纯的工具和方法上的挑战，而是对最深层的绩效管理理念的全面挑战，甚至是颠覆和重构，这无疑对企业的绩效管理提出了更新、更高的要求。

作为一本面向大学生的教学用书，本书从编写教材的角度考虑，立足于企业绩效管理发展的前沿理论和最佳实践，借鉴国内外成熟的企业绩效管理实践与发展的理念、策略、方法及工具，系统地介绍绩效管理理论，厘清绩效管理的实施步骤、重点难点以及实施现状和未来发展趋势，并注重理论和实践的结合。此外，虽然目前市场上关于绩效管理的教材多种多样，但容易存在多年未修订再版、内容陈旧的情况，很难反映最新研究成果和企业最佳实践。因此，借助于广东省人力资源研究会平台，本书紧跟教学改革要求的新形势，紧紧围绕既定的教学目标，综合国内外相关研究成果，总结企业（特别是本土企业）的最佳实践，与时俱进。

本书语言流畅、条理清晰、例证风趣、内容丰富、资料翔实，理论与实践相结合，在内容上和形式上具有如下特点。

从内容上看，一方面，随着互联网时代的到来，信息化、云计算、大数据等新概念层出不穷，本书引入数字化绩效管理新内容作为有别于其他同类教材的特色部分。在此基础上，本书立足于当代数字经济的时代背景，分析了数字经济的发展如何渗透于企业绩效管理的方方面面，并总结了数字经济时代企业绩效管理实施过程中各个阶段的新理念、新方法和新策略，可谓切中当前企业管理的要害。另一方面，随着时代和工作性质的变化，外部和内部环境的变化给企业绩效管理带来的挑战需要引起重视。本书注重对前沿理论的探讨，如"去绩效"与"新绩效"；同时，注重加入前沿的企业绩效管理思想、理论和方法，为企业战略目标的实现提供了新思路和新工具，如 OKR 绩效考核法的应用。

从形式上看，本书在结构上注重系统性，对绩效管理的理论和方法进行了体系化的阐述，以利于读者形成全面而系统的认识。每章开篇都配备了导入案例，案例新颖且具有代表性，每章结尾都有本章小结、模拟实训以及思考与练习，帮助学生在学习相关知识的基础上，深化对相关部分的理解和运用。本书还通过每章正文之后的"网站推荐"模块，提供了一些与章节内容密切相关的、具有权威性的第三方绩效管理服务机构的网址，这为读者搭建了一座通向现代企业绩效管理运用的桥梁；而"影视推荐"和"读书推荐"则有助于学生扩大知识面，弥补课内知识的不足。总体来看，本书既注重基础理论的讲解，又注重对最佳实践的介绍。

本书广泛征求了业界专家、学者、企业高管等专业人士的意见和建议，是集体智慧的结晶。本书由广东外语外贸大学陈国海教授、卢晓璐女士和邓宗春老师负责拟定全书的框架并总纂统稿；广东外语外贸大学袁登华教授参加了本书的编审会议，对本书的修改提出了非常宝贵的意见；飞书 OKR 咨询顾问邹文晓女士对第十二章的书稿撰写提供了宝贵的意见。在此，我们对所有支持本书编写工作的单位和同人表示诚挚的感谢！

本教材既适合作为工商管理、市场营销、人力资源管理、管理工程、行政管理、公共管理、经济学、会计学、财务管理、金融学等经管类专业的本专科教材或者企业员工的自学读物，也适合作为 MBA、EMBA 和经管类研究生的教材或辅助教材。由于作者的水平、时间和精力有限，书中难免存在疏漏或有待完善之处，欢迎读者指正。

为方便教师教学，节省教师教学备课工作量，我们特地制作了本教材的配套资料包，内容包括：① 教材 PPT；② 章末习题解答；③ 课程考试大纲；④ 习题题库及解答；⑤ 考试 A、B 卷及解答。如有需要，可与我联系，我的电子邮件地址为 gdhrs@vip.163.com。

陈国海

香港大学博士

广东外语外贸大学商学院教授

广东省人力资源研究会常务副会长兼秘书长

2021 年 12 月

目　录

第一章

绩效管理导论

在企业的管理中，对细节的追求是无止境的。但对细节的追求是可以衡量的，衡量的尺度，就是制定出的相应的标准和规范。

——《细节决定成败》作者汪中求

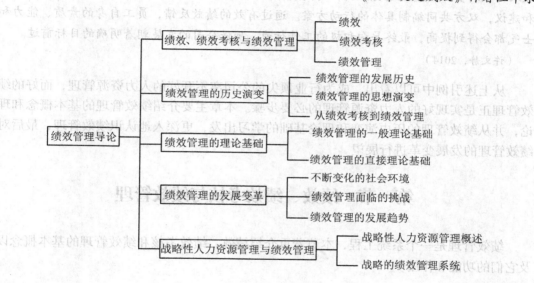

绩效管理导论

绩效、绩效考核与绩效管理 —— 绩效
—— 绩效考核
—— 绩效管理

绩效管理的历史演变 —— 绩效管理的发展历史
—— 绩效管理的思想演变
—— 从绩效考核到绩效管理

绩效管理的理论基础 —— 绩效管理的一般理论基础
—— 绩效管理的直接理论基础

绩效管理的发展变革 —— 不断变化的社会环境
—— 绩效管理面临的挑战
—— 绩效管理的发展趋势

战略性人力资源管理与绩效管理 —— 战略性人力资源管理概述
—— 战略的绩效管理系统

学习目标

➢ 掌握绩效、绩效考核和绩效管理的概念及其特征
➢ 了解绩效管理的历史演变
➢ 了解绩效管理的理论基础
➢ 了解绩效管理的发展变革

引例

微软公司的绩效管理

在微软，绩效管理是一个持续的过程，一个标准的绩效管理循环周期为一年，从7—8月的设定任务目标开始，到1—12月的绩效检查，这期间员工和经理人之间不断进行双向反馈、面对面沟通，第二年的8月份则是年度绩效考评。

微软绩效管理的核心是：形成内部竞争。其主要体现为三点：个人任务目标计划、绩效评分曲线和与绩效评分直接挂钩的加薪、授股和奖金。首先由员工起草个人任务目标计划，经理审议计划，再进行修改和最后确定。制订计划时应遵循以下五个原则：具体、可衡量、明确时限、现实和具有较高难度。绩效评分曲线的形状和角度是硬性的，各级的百分比是事先规定的。绩效评分等级分为最佳、较好、及格、不及格。微软的绩效体制旨在驱使本来优秀的员工更努力地让自己进步，制订清晰的目标，给予员工危机感，使其自觉保持竞技状态。在微软，即使员工完成了任务目标计划，也不一定能获得绩效高分，因为每个员工都在积极进取。年度加薪、授股、奖金与绩效评分直接挂钩，如果得分不及格就什么都得不到，还要进入"绩效观察期"。

另外，绩效反馈是微软绩效管理中的一个重要环节。通过面对面沟通和双向反馈，经理人同步对员工的绩效进行分析，对高绩效员工进行鼓励和奖励，为低绩效员工提供意见和建议，双方共同编制具体的行动方案。通过有效的绩效反馈，员工自身的素质、能力和士气都会得到提高，最终导向积极的工作行为，确保公司的发展朝着明确的目标前进。

（许文静，2014）

从上述引例中可以看出，成为行业顶尖的公司离不开好的人力资源管理，而好的绩效管理正是实现好的人力资源管理的必要步骤。本章主要介绍绩效管理的基本概念和理论，并从绩效管理的历史演变和理论基础的学习出发，更深入地认识绩效管理，最后对绩效管理的发展变革进行展望。

第一节　绩效、绩效考核与绩效管理

绩效管理是一个系统工程，本节着重介绍绩效、绩效考核和绩效管理的基本概念以及它们的功能和作用。

一、绩效

在企业的日常管理中，如何对管理输出的成果进行衡量和评价，以改进和推动企业的管理工作？这时我们就需要引入"绩效"的概念。

（一）绩效的概念

绩效（performance），也称为业绩，反映人们从事某一活动所产生的成绩和成果。"绩"指的是工作的结果，"效"指的是实现该结果的效率水平。绩效通常被定义为具有一定素质的员工围绕其任职的职位为完成和卓越完成工作任务，而获得不同阶段成果以及在实现过程中的行为表现。绩效是一个多维建构，观测和测量的角度不同，其结果也会不同（付亚和等，2017）。

我们可以从经济学、管理学和社会学三个角度来理解绩效。① 从经济学的角度看，绩效和薪酬是员工和组织之间的相互承诺关系，绩效是员工对组织所做出的承诺，而薪酬是组织对员工所做出的承诺。员工用自己的绩效来交换相应的薪酬，组织则用相应的薪酬来交换员工的绩效，这种对等交易的本质体现了等价交换原则，而等价交换原则正是市场经济运行的基本规则。② 从管理学的角度看，绩效是组织期望的结果，是组织为实现其目标而展现在不同层面上的有效输出，它包括组织绩效、团队绩效和个人绩效三个方面。组织绩效与团队绩效从实体形态的"效率"和价值形态的"效益"两个方面体现：效率一般指劳动生产率、组织运作效率等；效益则反映经济目标的实现程度。一般来说，它们三者存在以下逻辑关系：个人绩效的实现是组织绩效和团队绩效实现的基础，而个人绩效的实现并不一定能保证组织绩效和团队绩效的实现，只有当组织绩效和团队绩效按照一定的逻辑关系被分解到每个工作岗位和员工时，并且每个员工的个人绩效都达到了组织和团队的要求时，组织绩效和团队绩效才能够实现。③ 从社会学的角度看，绩效意味着每个社会成员按照社会分工所确定的角色承担他的那一份职责。他的生存权利是由其他人的绩效保证的，而他的绩效又保障其他人的生存权利。因此，出色地完成他的绩效是他作为社会一员的义务。

对绩效的界定，目前主要有三种典型的观点：结果观、行为观、潜力观（萧鸣政，2007），表 1-1 所示为以上三种绩效观点的比较。

表1-1　三种绩效观点的比较

比较维度	结 果 观	行 为 观	潜 力 观
内涵	绩效是结果	绩效是行为	员工潜力与绩效有关
焦点	工作任务、工作产出	工作行为	员工素质
观点	将绩效视为"结果"的典型是 Bernarding 等人的定义，他们认为绩效是"在特定时间内，由特定的工作职能或活动产生的产出记录。一项工作的绩效总体上相当于某一关键职能或基本工作职能的绩效总和（或平均值）。职能应该与所进行的工作有关，而与执行者的身份无关"（郑长鸣，2008）	绩效具有多维性，许多工作结果并不一定是个体行为所致，可能受到与工作本身无关的其他因素的影响；员工没有平等地完成工作的机会，并且在工作中的表现并不一定都与工作任务有关；过分关注结果会导致忽略重要的行为过程，而对过程控制的缺乏会导致工作成果的不可靠性，不恰当地强调结果可能会在工作要求上误导员工（Campbell，1993）	用发展的眼光看待员工的绩效。绩效不是对历史的反映，而是强调员工潜力与绩效的关系，关注员工素质，关注未来发展

（二）绩效的特征

绩效主要包括如下三个方面的特征。

1. 多因性

绩效的优劣受到主客观多种因素的影响，它是技能、机会、激励、环境的函数，即

$$P=f(S, O, M, E)$$

式中，P 代表绩效；S 代表技能；O 代表机会；M 代表激励；E 代表环境。

2. 多维性

绩效可以分解为多个维度，员工的个人绩效往往是从多个方面体现的，在工作中，

不仅要考虑员工的工作行为，还要考虑其工作结果。因此，在考核员工绩效时，要从不同的维度来全面考核绩效。

3. 动态性

员工的个人绩效不是固定不变的，而是随着时间的推移和主客观条件的变化而改变的，因此，管理者必须动态地看待员工的绩效。

二、绩效考核

绩效考核，实际上就是一个监控体系，监控的是整个企业的经营现状。其目的不是为了奖惩员工，而是为了企业目标的达成。

（一）绩效考核的概念

绩效考核（performance appraisal，PA），又称作绩效考评、绩效评价、绩效评估或者业绩考评，是针对企业中每个职工所承担的工作，应用各种科学的定性法和定量法，对职工行为的实际效果及其对企业的贡献或价值进行考核和评价。它是企业人力资源管理的重要内容，更是企业管理强有力的手段之一。绩效考核的目的是通过考核提高每个个体的效率，最终实现企业的目标。绩效考核是现代组织不可或缺的管理工具。有效的绩效考核除了能确定每位员工对组织的贡献程度，还能在整体上为人力资源管理提供决定性的评估资料，从而改善组织的反馈机能，同时作为公平合理地赏罚员工的依据。

（二）绩效考核的特征

绩效考核作为绩效管理的一个重要环节，主要有以下四个特征。

1. 考核内容全面

传统意义上的绩效考核通常被定义为一段时间内上级对下级的工作表现评价，考核的方向局限于上级对下级的纵向考核。而现代的绩效考核则强调全员参与，考核者不仅要接受授权考核者的考核，而且被考核者也要对考核者的考核评估给予评估，实质上是对被考核本人的自我考核，绩效考核不仅仅是公司的事，更是职业经理人和员工自己的事。

2. 考核结果可比

传统的考核结果通常以定性评估的方式表现，如"很好、好、较好、一般、较差""A+、A、B、B-、C、D"等。这种考核结果将被考核者分成不同的等级，同时每个部门的评估标准不一致，加上考核者个人因素的影响，这就造成了被考核者与被考核者之间、部门与部门之间不能进行比较。现代意义上的考核强调考核结果量化，即以绝对数值形式表现，如"65、76、78、87""2.45、3.49、5.76"，这样完全可以避免上述问题的发生。

3. 考核体系科学化

过去绩效考核通常只侧重于某个方面的比较，而现代的绩效考核体系一般通过三个方面（工作态度、工作能力、业务目标达成度）较为系统、全面地对被考核者进行考核，对三个方面进行彼此权重的调整，以更符合被考核者的实际工作情况。

4. 考核结果与员工个人利益密切相关

绩效考核结果往往直接关系员工的奖惩，员工的个人利益具体表现，如薪资调整、晋升、奖励、岗位移动等变化的依据主要来自于考核结果。

（三）绩效考核的目标

企业实施绩效考核是为了达成企业的目标，而不是为了考核而考核。一般来说，绩效考核的目标主要包括检查业绩、发现问题、为利益分配和人员激励提供参考依据等方面。

1. 检查业绩

客观、准确地掌握员工和部门在考核期间的工作业绩，督促员工努力工作，促进企业整体目标的实现。

2. 发现问题

发现员工和部门的绩效差异以及产生绩效差异的原因，推动绩效改进工作的落实，进而通过发现和解决问题提升员工、部门和企业的绩效水平。

3. 利益分配

依据绩效考核结果对员工利益（绩效工资、奖金、升职机会、培训机会等）进行分配，贯彻利益分配的科学原则、公正原则和效率原则。

4. 人员激励

通过对考核结果的应用（如绩效工资和奖金的核算、职位升降、员工培训等），落实"奖优罚劣"政策，实现对员工的激励效果。

（四）绩效考核的分类

绩效考核依据时间、主体、形式和内容的不同可以进行如下分类。

依据考核时间的不同，绩效考核可以分为日常考核和定期考核。日常考核是指对被考核者的日常工作行为所做的经常性考评；定期考核指是按照一定的固定周期进行的考核，如月度考核、季度考核和年度考核。

依据考核主体的不同，绩效考核可以分为主管考核、自我考核、同事考核、下属考核和顾客考核。

依据考核形式的不同，绩效考核可以分为定性考核与定量考核。定性考核是利用划分等级或使用精练的短语来评价员工工作表现和能力的方法，结果通常以文字表现，如"优秀、及格、不及格"。定量考核是将考核结果以分数的形式呈现，结果通常以绝对值的形式表现，如"56、67、87、78""2.54、3.94、5.67"。

根据考核内容的不同，绩效考核又可以分为特征导向型、行为导向型与结果导向型。特征导向型考核的中心围绕员工的个人特征，如沟通能力、合作能力、诚实度等；行为导向型考核的中心围绕员工的工作方式和工作行为等；结果导向型考核的中心围绕工作质量，如产品的产量和质量。

（五）绩效考核的流程

绩效考核有一套相对统一的流程，主要包括以下七个步骤。

1. 人力资源部发起考核

人力资源部负责根据绩效计划和绩效沟通结果草拟绩效考核方案，设计绩效考核工具，并对考核者进行培训，最后提出绩效考核结果应对方案。

2. 部门负责人组织员工进行绩效考核

部门主管根据被考核者的日常工作目标完成程度、管理日志记录、考勤记录、统计资料、个人述职等，在对被考核者的各方面表现充分了解的基础上，负责进行客观、公正的考核评价，并指出对被考核者的期望或工作建议，交由部门上级主管审核。

3. 员工本人进行绩效自评

所有员工对本人在考评期间的工作业绩及行为表现（工作态度、工作能力）进行总结，核心是对照企业对自己的职责和目标要求进行自我评价。

4. 直接上级进行绩效打分

员工的直接上级对员工本人所做的绩效自评客观、公正地进行绩效打分。

5. 部门负责人根据绩效得分评定绩效等级

部门负责人分别听取员工的汇报，对重点结果进行讨论和平衡，纠正考核中的偏差，确定最后的绩效等级。

6. 单位审核绩效等级

单位对部门负责人与员工确定的最后绩效等级进行审核确认。

7. 直接上级与员工进行绩效面谈并对结果签字确认

员工的直接上级负责与下属进行绩效面谈。当直接上级和员工就绩效考核初步结果谈话结束后，员工可以保留自己的意见，员工若对自己的考核结果有疑问，有权向上级主管或考评委员会进行反映或申诉。图 1-1 是绩效考核流程图。

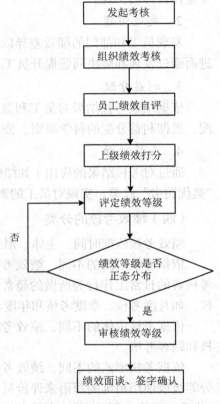

图 1-1 绩效考核流程图

（六）绩效考核的作用

绩效考核的作用从其目的就能够体现出来。绩效考核的目的很明确，就是给组织创造更多的利润、创造更大的效益。绩效考核的作用具体表现为达成目标、挖掘问题、分配利益与促进成长 4 个方面（王雁飞，2005）。

1. 达成目标

绩效考核本质上是一种过程管理，而不是仅仅对结果的考核。它是将中长期的目标分解成年度、季度、月度指标，不断督促员工实现、完成的过程，有效的绩效考核能帮助企业达成目标。此外，企业在对员工进行绩效考核的过程中，可以直接地、客观地了解员工的工作能力、工作态度、工作贡献等信息，这可以为企业进行岗位和人员的调配与调整提供参考依据，以帮助企业用最小的人力成本及更高的效率实现经营和发展目标。

2．挖掘问题

绩效考核是一个不断制订计划、实施、检查、行动的 PDCA 循环过程。一个完整的绩效管理环节包括绩效目标设定、绩效要求达成、绩效实施修正、绩效面谈、绩效改进和再制订目标的循环，这也是一个不断地发现问题、改进问题的过程。公司通过绩效考核，可以发现员工在工作中出现的问题，依据考核的结果约束员工的工作行为，并积极采取措施进行提升和完善，促进企业的生产和经营进入良性的循环和发展。

3．分配利益

员工的绩效工资分配和其绩效考核息息相关，一方面，员工的工资一般包括基本工资和绩效工资。另一方面，公司会依据绩效考核的结果对员工进行薪酬分配和管理，在绩效考核的过程中，公司也可以了解到员工的工作能力以及综合素质，而这些可以为公司设置科学合理的薪酬制度提供依据和参考，所以，绩效考核有助于员工的利益分配。

4．促进成长

绩效考核的最终目的并不是单纯地进行利益分配，而是促进企业与员工的共同成长。企业通过绩效考核发现问题、改进问题，找到差距进行提升，最后实现双赢。具体而言，绩效考核可以起到激励员工的作用。通过考核和评估员工的工作绩效，公司可以制定合理的奖惩制度，提升员工的工作积极性，塑造良好的工作氛围和积极的竞争环境，这有利于激励员工进一步提升工作效率，从而促进企业整体业绩的提升。

例证　1-1

华为的绩效考核指标

华为在企业经营领域取得的巨大发展，我们有目共睹，那么是什么支撑着华为的发展呢？

原华为 HR（人事部）副总吴建国说："华为在向世界级企业迈进的过程中，卓有成效的人力资源管理体系是缔造华为一个个神话最有利的发动机和保障器。"

以人力资源部负责招聘工作的员工为例，其绩效考核指标分为以下三类。

（1）满足公司某研发部门新产品研发人手不足的需求。

（2）完成人力资源管理工作。

（3）完成对某销售部门新进员工的入职培训。

在华为，考核推行的步骤也被量化了，实施强制分布原则，分为 A、B、C、D 四个档次，规定每年年底，属于 D 档次的人数不得少于员工数的 5%，（三级主管以下）季度考，中层管理人员半年述职一次，在考核的同时，设定下季度目标。如果员工属于 D 档，那么其晋升与薪酬都会受到影响。

（甘延青，2018）

三、绩效管理

绩效管理代表着企业人力效益的最大化发挥，科学的绩效管理能有效促进劳动成本的优化，激励员工。因此，对于企业而言，绩效管理在员工管理过程中的价值不可估量。

（一）绩效管理的概念

绩效管理是通过管理者与员工之间持续开放的沟通，达成组织目标的预期利益和产出，并推动团队和个人做出有利于目标达成的行为的管理过程。绩效管理包括如下三个重要方面：① 就目标达成共识；② 绩效管理不是简单的任务管理，它特别强调沟通、辅导和员工能力提升；③ 绩效管理不仅强调结果导向，还重视达成目标的过程。

绩效管理本身也是一种管理思想，代表着对企业绩效相关问题的系统思考，其主旨有两个：系统思考和持续改进（李建明等，2011）。因为企业中存在的问题相互交织、相互影响，绩效作为企业运行管理的总体表现，涉及各个层面的问题，因而必须进行系统思考；而持续改进是一个不断学习、总结和提高的过程。鉴于此，笔者理解的绩效管理与第三种观点较为一致。任何管理都是一种指导人们实践的思想和原则，而不是一种死板的教条和规则。

绩效管理在本质上是一个 PDCA 循环过程，即计划、实施、检查和行动，而不是一个阶段或时点的工作。其基本流程包括如下四个环节：① 绩效计划；② 绩效实施；③ 绩效考核；④ 绩效反馈与结果应用。

（二）绩效管理的特征

绩效管理具有两大特征，即系统性和目标性（徐斌，2007）。

1. 系统性

绩效管理是一个完整的系统，不是一个简单的步骤。无论是在理论阐述中，还是在管理实践中，都会遇到这样一个误区：绩效管理=绩效考核，做绩效管理就是做绩效考核表。所以许多企业在进行绩效管理时，往往断章取义地认为绩效管理就是绩效考核，企业做了绩效考核表，量化了考核指标，年终实施了考核，就等同于做了绩效管理。

2. 目标性

目标管理的一个最大好处就是员工明白自己努力的方向，经理明确如何更好地通过员工的目标对其进行有效管理，提供支持帮助。同样，绩效管理也强调目标管理，"目标+沟通"的绩效管理模式被广泛提倡和使用。只有绩效管理的目标明确了，经理和员工才会有努力奋斗的方向，才会共同致力于绩效目标的实现，共同提高绩效。

（三）绩效管理的目标

绩效管理的目标包括战略目标、管理目标、信息传递目标、开发目标、组织维系目标和档案记录目标。

1. 战略目标

战略目标的设定源于组织愿景、使命的方向界定，强调以长远发展的目光结合可持续发展的理念，帮助高层管理者实现战略性经营的目标。通过将组织的目标与个人的目标联系起来进行绩效考核，有利于公司组织目标的实现。

2. 管理目标

管理目标是指为公司做出员工管理决策提供有效的和有价值的信息。相较于战略目标，管理目标更清晰、可行，侧重于企业内部人事、财务、产品等多方面的管理，能有效地提升企业管理效率。

3. 信息传递目标

通过绩效计划、实施、考核及反馈，能够让公司员工知道自己的表现如何、需要在哪些方面改进、上级对他们的期望，以及接下来的工作重心在哪些方面。通过上下级沟通，加快组织信息传递的速度，加强组织信息传递的准确性，提高公司接收并解决问题的效率。

4. 开发目标

绩效管理包含绩效计划、绩效实施、绩效考核和绩效反馈与结果应用等环节。其中，绩效反馈承担着联结本周期绩效考核复盘和下一周期绩效计划制订的重要任务。因此，一个绩效管理的循环可以对下一阶段的绩效管理工作产生较强的规划指导效果，有助于制订明确的目标。

5. 组织维系目标

组织维系目标主要体现在针对日常行政、后勤等方面工作的持续性发展任务上，要求管理者以宏观视角切入，关注组织长期运转与发展创新的目标，思考如何开拓企业内部有效管理路径，降低管理成本，以及在现有管理水平上增强内驱力，促进企业与个人的可持续发展。

6. 档案记录目标

档案记录目标旨在帮助企业收集员工有价值的信息，优化企业人力资源配置。通过档案记录与信息技术的结合，构建企业内部人才库，搭建人才流通平台，这样既有助于记录组织内部人才成长轨迹、探测员工潜在发展空间，也为企业绩效考核的顺利实施打下基础，培育、健全系统化、科学化运作的企业人力资源信息库。

（四）绩效管理的原则

组织进行绩效管理应当遵循以下五个原则。

1. 公开原则

绩效管理是组织内各级管理者及下属员工共同的责任，每个人都承担着相应的职责。这就要求对绩效管理必须遵守公开与开放的原则。一个良好的绩效管理首先是公开的，借此取得上下认同，从而推进绩效管理的具体实施。其次是绩效标准必须是十分正确的，通过工作分析确定组织对其成员的期望和要求，制定出客观的绩效标准，以此将组织对其成员的期望和要求公开地表示和规定下来；将绩效考核的活动公开化，破除神秘观念，注重进行上下级间的直接对话，避免因缺乏沟通而引起对考核的抵触情绪。

2. 制度化原则

绩效管理是一种连续性的管理过程，因而必须定期化、制度化。绩效管理既是对员工能力、工作结果、工作行为与态度的考核，也是对他在未来表现的一种预测，因此只有程序化、制度化地进行考核，才能真正了解员工的潜力。

3. 可靠性原则

绩效管理应保证收集到的人员能力、工作结果、工作行为与态度等信息的稳定性和一致性，它强调不同考核者之间对同一被考核对象的一致性。明确考核因素和考核尺度，使考核者可以在同样的基础上对员工的绩效进行考核。

4. 时效性原则

绩效考核是对考核期内所有成果形成综合的评价，而不是将本期之前的行为强加于当期的考核结果中，也不能取近期的绩效或比较突出的一两个成果来代替整个考核期内的绩效进行评价，这要求绩效数据与考核时段相吻合。

5. 反馈原则

反馈原则是把考核后的结果及时反馈给被考核者，使得好的东西得以保持下去，发扬光大；对于不足之处，要加以纠正和弥补。关注员工绩效水平的持续提升是现代绩效管理理论的出发点，缺少反馈的绩效考核没有多少意义。因此，要通过考核结果的反馈提高员工的绩效水平。

（五）绩效管理的作用

绩效管理的作用主要体现在绩效考核的结果在人力资源管理中的应用上，概括起来，有如下三个方面。

1. 促进组织和个人绩效的提升

从绩效管理的流程来看，绩效管理通过设定科学合理的组织和个人绩效目标，为组织和个人指明了努力的方向。

在绩效考核阶段，对组织或个人的阶段性工作进行客观公正的评价，明确组织和个人对企业的贡献，鼓励高绩效的员工继续努力，督促低绩效的员工找出差距并进行改善；在绩效面谈阶段，通过考核者和被考核者面对面的交流沟通，帮助被考核者分析工作中的长处和不足，帮助制订详细的绩效改善计划和措施；在绩效反馈阶段，考核者应与被考核者就下一阶段工作提出新的绩效目标，在企业正常运营情况下，新的目标应超出上一阶段的目标，激励组织和个人进一步提升绩效。

2. 促进管理和业务流程优化

企业管理涉及对人和事的管理，对人的管理主要是约束与激励问题，对事的管理主要是流程问题。所谓流程，就是一件事情或者一个业务如何运作，涉及因何而做、由谁来做、到哪里去做、做完了交给谁的问题。在富于效率的绩效管理过程中，各级管理者都会从公司整体或本部门角度出发，尽量提高处理事情的效率，在上述四个方面不断进行调整，使组织运行效率逐渐提高。

3. 保证组织战略目标的实现

成熟企业一般都有比较清晰的企业战略和制订好的远期及近期发展目标，并在此基础上根据企业外部经营环境的变化和企业内部条件制订出年度经营计划及投资计划，即企业年度经营目标。管理者将公司的年度经营目标向各个部门分解就成为部门的年度业绩目标，各个部门向每个岗位分解核心指标就成为每个岗位的关键业绩指标。

第二节 绩效管理的历史演变

以史为镜，可知兴替。学习绩效管理的发展历史有助于我们更深刻地了解绩效管理这门课程。本节将介绍绩效管理的中西方发展历史、绩效管理的思想演变、绩效考核与绩效管理的联系与区别以及它们之间的转变。

一、绩效管理的发展历史

绩效管理一直是企业管理的战略难题，要想解决这一难题，就需要从历史的高度去俯瞰绩效管理的整个演化过程。由于现代商业的发展在中西方经历了不同的历程，因此我们有必要对中西方的绩效管理发展史"区别看待"。

（一）西方绩效管理的发展史

16 世纪末至 17 世纪初是西方世界绩效管理思想的启蒙阶段，初步建立了以劳动结果确定收入的基本机制。从 19 世纪初开始，随着企业规模和经营地域的不断扩大，至 19 世纪末，纺织业、铁路业、钢铁业等管理者根据各行业特点先后建立了业绩衡量指标来评价企业内部的生产效率，后期随着绩效管理思想的发展，衡量指标也先后运用到美国军方和公务员队伍的考核上，如今随着企业的全球化发展，绩效管理思想也不断创新。概括来说，西方绩效管理发展史可以分为以下三个阶段。

第一阶段：成本导向阶段（19 世纪初—20 世纪初）。该阶段绩效管理单一地以成本或计数型成果作为评价标准，在泰勒科学管理运动中，以单位时间的动作研究为基础，计件工资激励制不断发展。

第二阶段：财务导向阶段（20 世纪初—20 世纪 80 年代末）。1903 年，杜邦火药公司开始使用"投资报酬率"来评价公司业绩，后来杜邦公司的财务主管唐纳森·布朗将投资报酬率这一指标发展成一个评价各个部门业绩的手段，布朗建立了杜邦公式，即：投资报酬率=资产周转率×销售利润率，并发明了"杜邦系统图"。1923 年，通用公司董事长小阿尔弗雷德·斯隆提出的分权管理就利用了布朗的理论，至此杜邦分析系统在企业管理中得到了广泛运用。1928 年，亚历山大·华尔提出了包括资产周转率、存货周转率和流动比率为主的七个财务指标，统称为综合财务指标。随后又不断有新的财务考核指标加入，到了 20 世纪 70 年代，管理者在分析了 30 家公司的绩效考核指标后，发现投资回报率是当时最常用的考核指标，随后又不断发掘出诸如现金流等财务指标。

第三阶段：平衡创新导向阶段（20 世纪 80 年代至今）。进入 20 世纪 90 年代，随着企业的不断发展，单一的财务指标已不能满足发展的需要，新的绩效考核理论和方法都有了长足的发展，其中使用得最广泛的为基于关键业绩指标（key performance indicator，KPI）的绩效管理，同时随着绩效管理的进步发展，90 年代在研究机构诺兰诺顿的资助下开展了名为"未来组织业绩衡量"的研究项目，从而开启了平衡计分卡（balanced score card，BSC）的战略绩效管理时代。

（二）国内绩效管理的发展史

中国作为四大文明古国之一，有着悠久的历史，而根据历史的发展进程，中国的绩效管理发展史也可以分为以下三个阶段。

第一阶段：吏治考绩制度发展阶段（公元前475年至清朝末期）。从战国时期开始各个朝代不断更替，依据各朝代统治者的需要，对官员在选拔、考绩、品级、奖惩、俸禄、休致、养优等一整套管理方式中虽有侧重，但多数重点都放在考绩和奖惩上。这一时期已发展出明确的考绩标准、考绩机构、考绩对象、考绩程序与方法等，其中有许多值得借鉴的地方，但教训也颇深，如考绩与奖惩权力过度集中、考绩标准虚化成分大、监管不严流于形式等。

第二阶段：现代绩效管理在中国的萌芽阶段（清朝末期至1979年改革开放）。翻开近代史，除了可以看到军阀割据、列强入侵等不可遗忘的一页，以及"文化大革命"的风波，也可以看到民族工业在战乱中的萌芽与发展，这一时期也是西方绩效管理方法逐渐引入国内、缓慢发展的时期。

第三阶段：追赶和并轨发展阶段（1979年至今）。改革开放至今是我国历史上绩效管理发展最快的时期，随着中国企业的国际化，西方的各种绩效管理思想在中国得到了实践和发展，平衡计分卡从1990年首次创立到引入中国只用了3年，《平衡计分卡：化战略为行动》自1996年出版以来，已经成为中国最畅销的管理类书籍之一。

（三）西方与中国绩效管理发展史比较

（1）中西方价值取向不同。中国的国情和传统文化与西方国家有很大差别。西方国家的价值观和我国有一定的差别，西方更强调的是个人奋斗，通过个人的奋斗就可以实现人生的价值、个人的成功，而员工对企业的前途并不太关心。这种价值观下的企业与员工的关系就成了纯粹的雇佣关系，不能很好地建立起团队关系，也就使企业的员工缺少一种归属感。但是东方国家中的企业更注重集体观念，更讲究人际关系，特别是亲朋好友的关系和地域血缘的关系，同时在企业内部也比较注重工作人员之间的友善。和睦的关系讲究"以和为贵"的主体哲学。

（2）中西方企业组织管理的方式和方法不同。在决策方式上，东方国家中的企业更强调股权高度集中，注重"掌管"，西方企业在管理方面主要体现为明确的权责制，这就给绩效管理的考核实施提供了更好的保障；在利益分配上，由于管理思路受到中国传统"中庸"文化的影响，东方强调的是平均主义，而西方强调的是差异化。

（3）中西方企业的主流业务模式不同。虽然我国正在经历翻天覆地的产业改革，呈现出创新发展驱动战略指引下以人工智能、大数据、新能源等为新发展点的产业模式，但从整体来看，我国仍保持了以制造业企业占据大多数的产业布局。由于制造业属于劳动密集型企业，主要依靠低成本的人力，所以这类企业人均创值低，人才链紧缩。而欧美企业则以资本密集型或知识密集型企业为主，企业人力资本投入高，主要由高精尖人才、初创团队、产学研一体化组织等构成。中国和欧美国家不同的企业主流业务模式决定了其所采用的管理方案也各不相同。

（4）中西方企业的管理状态不同。我国目前企业的管理状态呈现以下特征：在管理体系方面，从我国开始探索市场化运作到现在不过四十多年的时间，众多企业还没有建立健全的组织运作模式，形成可复制的组织运行模板。管理体系以及与之配套的管理文化缺乏高度职业化的风气，使得违反职业操守的行为成本过低。在这样的环境下通过绩效考核的方式降低过失成本，将员工的行为约束到职业化的轨道上，是必由之路。

二、绩效管理的思想演变

与其说绩效管理是一种方法、工具，不如说绩效管理是一种思想、一种哲学。作为思想和哲学的绩效管理，能帮助企业更加科学地决策，帮助管理者更加高效地做好管理工作，实现经营目标，激发员工潜能。

（一）绩效考核思想

绩效考核的发展也经历过几个不同的阶段：① 以业绩、结果为主要或唯一导向进行考核；② 综合结果、过程、要求相结合的考核方式，如电网考核法等；③ 关键绩效指标考核法（KPI 考核法）；④ 平衡计分卡考核法（BSC 考核法）；⑤ 全方位考核法（360度考核法）。

最开始的绩效考核是以业绩、结果为主要导向的考核，但过于单纯的业绩考核容易把业务员培养成拜金主义者。基于此，综合的考核方式应运而生，如电网考核法。顾名思义，"电网"指一些绝对不能碰的红线，既可以是对业绩的考核要求，也可以是对行为的考核要求。目前，在国内用得比较广泛的是关键绩效指标考核法（KPI 考核法），每个岗位都存在多种考核指标，不同阶段的考核重点不一样，这就是 KPI。

为了与整体战略更紧密地结合，企业还可以采用 BSC 考核法，即平衡计分卡的考核方式。BSC 考核法更注重企业整体平衡发展，与企业战略、企业使命相结合，从学习成长、内部运营、客户、财务四个角度进行综合评价。世界 500 强的企业中有很多企业都在用 BSC 考核法进行考核，一般要求三大条件：信息化、战略清晰以及高素质的人才。需要提醒的是，刚开始做绩效考核的企业一般不使用这种方法。

比 BSC 考核法更全面的是 360 度考核法，又叫作全方位考核法。考核的信息来源包括：来自上级监督者的自上而下的反馈（上级）；来自下属的自下而上的反馈（下属）；来自平级同事的反馈（同事）；来自企业内部的协作部门和供应部门的反馈；来自企业内部、客户以及本人的反馈。需要注意的是，很多企业从一开始考核就用 360 度考核法，这其实是不可行的。360 度考核法要求客观地评估，要求员工理性、职业化，否则容易流于形式。所以，360 度考核法适用于管理成熟度高、员工职业化素质高的企业。

（二）绩效管理思想

由于绩效本身含义丰富和每个人认识、理解事物的角度存在不同，在绩效管理思想发展的过程中，大家对绩效管理的认识也存在分歧。伴随绩效管理思想在实践中的广泛运用及深入，人们更加关注如何运用绩效管理的思想来保证员工绩效的持续提升，因此也就更倾向于将绩效管理主要看作对员工绩效的管理。绩效管理应该是管理者和员工之间互相理解的途径，在绩效管理的过程中，员工和管理者应该明白：组织要求的工作任务是什么、工作应该如何去完成、到什么程度才算完成等。同时，绩效管理系统应该鼓励员工提高自身绩效，促使他们进行自我激励，并通过管理者和员工之间开放式的沟通来加强彼此的联系，这也是绩效管理思想不同于单纯绩效考核的重要体现。

（三）思想的演变

随着经济全球化和信息时代的到来，"绩效管理"的概念在 20 世纪 70 年代后期被提出。20 世纪 80 年代后半期和 90 年代早期，随着人们对人力资源管理理论和实践研究的重视，绩效管理逐渐成为一个被广泛认可的人力资源管理过程。

1. 绩效管理是管理组织绩效的系统

持有这种观点的代表性人物是英国学者罗杰斯（1990）和布瑞得鲁普（1995）。这种观点将 20 世纪 80—90 年代出现的许多管理思想结合在一起，将绩效理解为"组织绩效"，其核心思想是通过调整组织结构、生产工艺和业务流程等方面来推动组织战略目标的实现。在这种观点下，员工虽然受到组织结构、生产工艺和业务流程等变革的影响，但还不是绩效管理所要考虑的主要对象。在该观点下，绩效管理看起来更像战略计划。

2. 绩效管理是管理员工绩效的系统

这种观点将绩效管理看作组织对一个人关于其工作表现以及他的发展潜力的评估和奖惩。其代表人物是艾恩斯沃斯（1993）、奎因（1987）、斯坎奈尔（1987）等，他们通常将绩效管理视为一个周期。

3. 绩效管理是管理组织和员工绩效的综合系统

这种观点将绩效管理看作管理组织和员工绩效的综合体系，但此种观点内部却因强调的重点不同而并不统一。例如，考斯泰勒（1994）的模型意在加强组织绩效，但其特点却是强调对员工的干预，他认为"绩效管理通过将各个员工或管理者的工作与整个工作单位的宗旨连接在一起，来支持公司或组织的整体事业目标"；而另一种认识却是"绩效管理的中心目标是挖掘员工的潜力，提高他们的绩效，并通过将员工的个人目标与企业战略结合起来提高公司的绩效"。

三、从绩效考核到绩效管理

对于企业而言，绩效考核从来都不是目的，而是方法和手段，旨在通过一套正式的结构化制度来衡量和评价员工工作特性、行为和结果，并最终呈现一种判断式的结果；相比而言，绩效管理则强调推动问题解决和目标完成的动态过程。

（一）绩效考核与绩效管理的联系

绩效考核是绩效管理中的一部分。绩效管理是一个循环的过程，它需要通过绩效考核的目标制订、技能辅导、绩效评价、结果反馈、成果应用的过程来实现，因此不能将绩效考核和绩效管理视为单独的两个主体，如果没有联系，那它们将没有存在的意义（许晓光，2010）。

绩效管理是指企业为了促进员工绩效持续提升，使员工的努力与公司远景规划、目标任务相一致，引导员工和企业实现同步发展，而采取的包括绩效计划、绩效实施、绩效考核、绩效反馈和绩效结果应用等一系列环节共同构成的一个完整绩效管理系统。绩效管理是一种事前控制、事中控制与事后控制相结合的体系，要达成的目标包括：① 设立绩效计划，与员工建立绩效契约；② 通过绩效实施过程的监督与辅导提升员工的绩效水平；③ 通过绩效考核，准确评估和诊断企业和员工的发展现状；④ 应用和反馈绩效考核的结果，推动企业的改革和发展以及促进个人能力的提升。绩效考核是绩效管理中的一个重要环节，同时绩效考核的好坏反映着组织绩效管理的效果，并在一定程度上影响下一次绩效管理的方向。

绩效考核是绩效管理中一个不可或缺的组成部分，可以为企业提供改善绩效水平的资料，帮助企业提高绩效管理的水平和有效性，使绩效管理真正帮助管理者改善管理水平，帮助员工提高个人绩效能力。不同于以往仅以绩效考核片面评价组织绩效水平的方式，建构完善的组织绩效管理系统更能够激发绩效考核对员工的激励作用。因此，组织绩效管理体系为绩效考核提供了更加全面的支撑和保障，上联实施、下联反馈的结构设计能够为企业绩效考核延长附加价值，提升组织绩效管理的效用。绩效考核作为绩效管理的一个重要环节，既是对本次绩效管理效力的检验，又能为下次绩效管理循环提供改进意见，绩效管理成功与否在很大程度上取决于绩效计划制订的科学合理性与绩效考核的及时有效性。

绩效考核与绩效管理是两个具有紧密联系的概念。绩效考核始终是绩效管理过程中的重要环节，也是一种检验组织绩效管理水平的核心技术。绩效考核的成功与否不仅取决于绩效计划与评估方法的选择是否得当，在很大程度上还依赖于评估整个绩效管理过程的实施情况。因此，二者是相互依存、相辅相成的关系。

综上所述，可以看出绩效考核侧重于某一具体环节的执行，而绩效管理更加强调过程的实施准则、制度与改进措施，通过开放式的沟通交流，促使职工做出有利于企业的行为，上行下效，满足组织期望，并综合提升全体职工的职业素质与能力。

（二）绩效考核与绩效管理的区别

绩效考核与绩效管理两个概念存在非常重要的区别。

首先，绩效考核是事后考核工作的结果，是管理过程中的局部环节和手段，侧重于判断和评估，强调事后的评价，仅在特定的时期内出现；而绩效管理是事前计划、事中管理和事后考核所形成的三位一体的系统，是一个完整的管理过程，侧重于信息沟通与绩效提升，强调事先沟通与承诺，伴随着管理活动的全过程。

其次，通常情况下，绩效考核被认为是用于员工控制，即员工的晋升、调职、解聘或加薪等涉及个人利益方面的执行依据，绩效考核需要建立在符合企业实际情况的基础之上，最大限度地保证考核公平。而绩效管理则是构建了一个更为宏观的企业管理体系，管理的重点在于，在管理者将一系列考核结果进行应用的过程中，需要在企业利益和员工个人利益之间找到微妙的平衡点，实施赏罚分明的管理政策，促进企业和个人长期有益的发展。绩效管理与绩效考核的主要区别，可以从人性假设、管理宽度、管理目的、管理者角色四个方面来理解（盛运华，2002）。

1. 对人性的假设不同

绩效考核的人性观是把人看作"经济人"，这种人性观认为人都是懒惰、趋利避害的，并且认为在没人监督的情况下员工会尽量少做工作或降低工作质量，因此需要强制员工进行工作。而绩效考核则是督促员工为企业做贡献的最佳办法，通过绩效考核可以鞭策员工提高其工作绩效。如今，人力资源管理更加崇尚"以人为本"的管理思想和"成就人"假说，认为每个人都有自我实现的需要，能够在工作中充分发挥自身优势，而非当成任何形式的工具。作为人力资源管理的一个环节，绩效管理恰恰体现了这种思想。人不再是简单地被控制，更多的是信任、授权和被激励（黄美灵，周茹，2011）。如今，冷漠的考核制度日渐被摒弃，更多的是坚持以人为本的原则进行员工考核，强调将人性放在第一位，更加注重的是人的思维、品行，使员工感受到集体的温暖。在绩效管理中多站在员工的角度考虑，将使一个公司变得更加融洽、团结。

2. 管理的宽度不同

管理的宽度主要指在管理上的各个环节的考察维度，体现了员工评价程序的完整性。首先，绩效管理是一个复杂的过程，需要制定严密的管理体系。如果管理评价过程需要 5 个环节，那么其管理宽度为 5。其次，绩效管理其实是人力资源管理的一部分，影响着人力资源管理的很多方面，如人力资源规划、员工招聘、薪酬福利等。虽然绩效考核看似只是人力资源管理工作的冰山一角，但是如果一个公司在员工的绩效考核中产生了疏漏，那么对整个公司架构都会产生影响。

3. 管理的目的不同

在绩效管理中，绩效考核发挥着连接绩效实施和绩效反馈与面谈的桥梁作用，依照既定的标准、应用适当的方法来评定员工的绩效水平、判断员工的绩效等级，从而使绩效反馈与面谈有针对性。从人力资源管理的角度上看，绩效管理的目的主要有：① 为人员的内部供给计划提供较为详尽的信息；② 为更有效的职位分析提供依据；③ 为员工薪酬调整提供信息；④ 为制订员工培训与开发计划提供依据，并在此基础上帮助员工制定个人职业生涯发展规划，从而实现企业与员工的双赢。

4. 管理者扮演的角色不同

在绩效考核中，管理者占据了裁判位置；而在绩效管理中，管理者的身份是多方位的，可以是辅导员、记录员、裁判员。相应地，其承担的责任也是多方面的，需本着公平公正的原则，根据不同的维度对员工进行综合评价。在与员工进行沟通时，管理者是辅导员，需要与员工敞开心扉，站在员工的角度考虑问题，为员工的职业规划提供指导；在沟通过程中，管理者要做好记录员角色，要与员工仔细沟通，详细记录他们的想法，确保自己领会到员工的想法，形成记录，供以后参考。最后，在承担裁判员角色时，要大公无私，保证绩效考核成绩的公平公正。管理者不同的角色都需要承担不同的责任，管理者需要及时地转变思维和身份，只有这样才能更快地、更好地完成绩效考核工作。

（三）绩效考核与绩效管理的目标转变

从绩效考核到绩效管理的目标转变，应由强调考核本身转变为强调以管理为中心、以提高绩效为目标。传统考核体系是单纯为考核而考核，将考核仅仅看作对员工一年来绩效状况的一个评价，显然或者不被人们重视、流于形式，或者容易引起人们的焦虑情绪；而新型绩效管理体系已经由传统的行政目的（作为薪酬、晋升的依据）向绩效提升、能力开发的目的转换。新型绩效管理体系注重对员工的管理，将考核看作收集绩效信息、帮助员工理解绩效标准、了解目标进展情况和取得更好的工作效果的一个途径。这样可以使员工以平和的心态正视个人长短，避免员工过分看重物质结果，而忽视了更为重要的绩效改善目标。在实现组织发展目标的同时，提高员工的满意度和未来的成就感，最终实现组织和个人发展的"双赢"（齐薪，2010）。

（四）绩效考核与绩效管理的方法转变

方法上的转变由原来单向的评价转变为双向的沟通。绩效考核应由原来的管理者为员工填写一张绩效评价报告单转变为管理者与员工相互沟通的一个机会。通过沟通使员工明晰考核标准，准确掌握自己的绩效状况，形成顺畅的沟通渠道，从而使员工与管理者之间的沟通内耗降至最低，增强员工和管理者之间的信息共享，提升二者交流与沟通的效率，避免因认知上的差异所带来的冲突。而且这种沟通不仅注重效果，更注重创新，为员工规划出有意义的努力方向，能够有效指导员工取得更大成就，从而也使人本理念上升到更高层次。

绩效管理过程是一个强调沟通的过程，它包括沟通组织的价值、使命和战略目标，沟通组织对每一个员工的期望结果和评价标准以及如何达到该结果，沟通组织的信息和资源，等等。费迪南·佛尼斯（Fournies，2002）在著名的《绩效！绩效！提高员工业绩的教导对谈法》一书中指出："没有人可以完全掌握最后结果，管理者必须将管理重心放在员工是否完成你要求的工作上，管理者只能管理员工做的事，以及他们会产生结果的行为……"所以，现代绩效管理的重点是通过持续的沟通对员工工作过程和行为进行管理（沈育，2005）。

（五）绩效考核与绩效管理的作用转变

作用上的转变体现在对公司和企业进行的控制和管理作用转变为在人力资源管理中的应用方面。传统的绩效考核在实际的管理过程中，首先，绩效考核可以帮助企业更好地选拔人才，为企业的人员调整提供有力的依据；其次，对于被考核者来说，绩效考核可以帮助其提升工作能力，促进其更快地成长；再次，绩效考核对于薪酬的管理也有很大的作用；最后，绩效考核也具有一定的约束作用，与之对应的也有激励作用。然而绩效管理的作用是：首先，促进组织和个人绩效的提升，绩效管理能够节约管理者的时间，避免冲突，促进员工的发展；其次，促进管理和业务流程优化，从公司整体或本部门角度出发，尽量提高处理事情的效率，使组织运行效率逐渐提高；最后，保证组织战略目标的实现，管理者将公司的年度经营目标向各个部门分解就成为部门的年度业绩目标，各个部门向每个岗位分解核心指标就成为每个岗位的关键业绩指标（游思远，2009）。

第三节 绩效管理的理论基础

绩效管理思想及方法经历了传统的非系统化到现代的系统化的演变，其理论在形成和发展中吸纳了各种管理理论的思想和方法。本节主要讲述绩效管理的一般理论基础和直接理论基础。

一、绩效管理的一般理论基础

绩效管理理论是建立在现代企业发展基础之上的，因此绩效管理所依赖的理论基础与现代管理理论密切相关，主要包括控制论、系统论、信息论、行为科学论、管理学论五大理论。

(一) 控制论

1. 控制论的主要思想

控制论的基础是系统方法，这种方法是用来研究存在于复杂系统中的沟通信息流，在20世纪30—40年代，工业自动化盛行，产生了伺服机构理论，也就是自动控制理论，继而控制论也在此基础上形成了。在1948年，著名作家诺伯特·维纳出版了《控制论》一书，此书为控制论的研究奠定了基础。

控制论的核心思想表明，神经系统可以被视为自动控制系统，系统的每个部分通过控制系统发出的指令来获取控制信息，然后按照控制信息执行指令，执行完毕后反馈输送出一个执行结果。对整个系统的控制来说，反馈这一环节起着关键作用，是控制论中的核心问题。

2. 控制论在绩效管理中的应用

控制论在绩效管理中的体现在于：可以使用控制活动获取反馈信息，反馈信息可以达到不断调整目标和手段的作用，当既定目标和计划非常明确时，控制职能的含义就包括把它们和标准进行对比，度量实际情况，再输出可以使组织活动更加协调，促使其往正确方向达到动态平衡的信息。控制论这一思想表明，如果企业需要更好地实现组织目标，那么就需要依赖反馈控制机理，把既定目标作为标准，把目标执行结果不断与标准进行对比，使企业不偏离原目标的轨道。显而易见，这里充分体现了控制论的思想，也是绩效管理能够控制企业组织战略目标实现的基本依据。

(二) 系统论

1. 系统论的主要思想

系统论的基本思想是指将需要研究的对象视为一个整体系统来看待。系统是普遍存在于世界的，任何事物都能看成一个系统。系统论的基本分析方法就是，把需要研究的对象当作一个整体系统，然后去分析它的结构和功能，研究系统、要素、环境三者的相互关系和变动的规律性，以把握系统整体，达到最优的目标。

系统论的核心思想是整体观念。任何系统都是一个有机的整体，它不是各个部分的机械组合或简单相加，各个要素在系统中都有特定的作用，它们之间是互相关联的，从而组成一个不可分割的整体。

2. 系统论在绩效管理中的应用

根据系统论的观念和思想，首先，可以把企业看作一个大的系统，企业由很多子系统构成；其次，企业组织这个系统是一个开放的系统，它需要和周围的环境不停地交流；最后，企业在进行管理时必须从企业组织整体的角度出发去考虑和评价问题。

系统具有集合性、层次性和相关性三个特性。这三个特性在绩效管理中的体现在于：① 系统最基本的特性是集合性，一个整体的系统是由很多个子系统构成的，人力资源管理就是一个大的系统，绩效管理就是其中一个子系统，或者可以认为绩效管理是整个企业管理的子系统，子系统的水平高低对整个企业发展的作用也是至关重要的。② 系统的结构是具有层次性的，把绩效管理视为一个系统，它包括组织绩效、部门绩效和员工绩效三个层次。③ 系统还具有相关性，系统各个要素之间不是独立存在的，而是相互关联、相互依存和相互制约的。绩效管理中的各个环节也是相互关联、相互依存的。

（三）信息论

1. 信息论的主要思想

信息论的基本分析方法是数理统计方法，用于研究分析信息的度量、传递和变换规律。信息论的主要研究内容是通信和控制系统中的信息传递普遍规律，以及对信息的获取、度量、变换、存储和传递等问题的最佳解决方法。

信息论的概念是在 20 世纪 20 年代时被申农和维纳从通信和控制的角度提出的。在现代的生产经营活动中，存在着两种流动：一是社会人力、物力和财力的流动；二是当下大量数据资料等信息的流动。信息流的畅通是保证资本流通的基础，人力、物力和财力的流通是整个生产经营活动的主体。由此可见，信息是企业管理的基础，企业管理水平的提高在很大程度上取决于信息质量的提高。

2. 信息论在绩效管理中的应用

企业绩效管理是通过自上而下和自下而上等多方向信息传递而实现的企业人才、信息、资源互通以及优化配置的管理实践过程。信息论思想在组织绩效管理中的重要性体现在：可以有效提高组织信息传递的速度与信息加工的准确性，能够在企业绩效管理实践中加强有效的沟通，将更多管理资本投入关键领域的建设当中。因此，实现企业绩效管理信息化是企业绩效管理水平提升的基础和关键。

（四）行为科学论

1. 行为科学论的主要思想

行为科学理论的传播逐渐改变了管理者的思想观念和行为方式。行为科学论的思想是将以"事"为中心的管理转变为以"人"为中心的管理，从对"规章制度"的研究发展到对"人的行为"的研究，从"专制型管理"向"民主型管理"过渡。在绩效管理实践过程中，需要对组织中人的行为做一系列假定，企业管理者只有清楚地认识到组织中人的行为特性后，才能成功地运用相关信息去影响并控制组织中的人员行为。

2. 行为科学论的特点

行为科学论具有以下六个特点：① 把人的因素作为管理的首要因素，强调以人为中心的管理，重视职工多种需要的满足；② 综合利用多学科的成果，用定性和定量相结合的方法探讨人的行为之间的因果关系及改进行为的办法；③ 重视组织的整体性和整体发展，把正式组织和非正式组织、管理者和被管理者作为一个整体来把握；④ 重视组织内部的信息流通和反馈，用沟通代替指挥监督，注重参与式管理和职工的自我管理；⑤ 重视内部管理，忽视市场需求、社会状况、科技发展、经济变化、工会组织等外部因素的影响；⑥ 强调人的感情和社会因素，忽视正式组织的职能及理性和经济因素在管理中的作用。

3. 行为科学论在绩效管理中的应用

行为科学论在绩效管理中的应用主要体现在以下四个方面：① 行为科学论强调的是企业管理中人的因素的重要性；② 行为科学论主张应该从社会学和心理学的角度来研究企业管理；③ 行为科学论把社会环境看得非常重要，人们的相互作用关系对劳动效率也会产生影响；④ 行为科学论认为人在表达思想、感情和欲望时往往体现在行为上，管理的一大作用是促使人们产生一种行为动机，即从人产生行为的本性上去激发出动力。

（五）管理学论

1. 管理学的主要思想

管理学论是一个综合交叉学科，而绩效管理也是比较综合的一套管理实践过程，对绩效管理影响较大的是管理学论的广泛性和多样性。管理学既有理工类学科的属性，也有社会学科的属性，它是一门在数学、社会科学和经济学等学科的边缘发展起来的综合性新学科。例如，当运用管理学去定量分析、研究问题时采取的是数学方法，但是在定性分析问题时采取的是逻辑推理和辩证分析的方法，还有一些情况采用两者结合的方法。现代的管理学论是以控制论、系统论和信息论三大理论作为理论基础的，应用数学模型和电子计算机手段来研究、解决各种管理问题。

2. 管理学常用的方法

管理学常用的方法包括以下八种：① 运筹学的理论方法，包括线性规划、非线性规划、整数规划、动态规划、目标规划、排队论、库存论、网络分析等；② 生产计划和管理；③ 质量管理；④ 决策分析；⑤ 计算机仿真；⑥ 经济控制论；⑦ 行为科学；⑧ 管理信息系统。

3. 管理学论在绩效管理应用中的优势

管理学论在绩效管理应用中具有三个方面的优势：首先，管理学论使复杂的、大型的问题有可能分解为较小的部分，更便于诊断、处理；其次，在系统研究的基础上进行决策，可以提高绩效管理过程中决策的科学性，但管理者必须重视细节和遵循逻辑程序；最后，运用管理学论有助于管理者对不同的选择进行评估，明确每种方案具有的风险性和机会性，这样便更有可能做出正确的选择。

二、绩效管理的直接理论基础

绩效管理是一项非常体系化的工作，是企业管理优化目标直接推动下的产物，因此绩效管理最直接的理论基础与企业战略以及人力资源管理工作的方方面面都密切相关。

（一）目标管理理论

1. 目标管理理论的主要思想

20世纪50年代，彼得·德鲁克在他的《管理实践》一书中提出了目标管理理论，其基本思想有以下几个方面的内容。

（1）企业的任务必须转化为目标，企业管理人员必须通过这些目标对下级进行指导，并以此来保证企业总目标的实现。

（2）目标管理是一种程序，使一个组织中的上下各级管理人员统一起来制订共同的目标，确定彼此的责任，并将此责任作为指导业务和衡量各自贡献的准则。

（3）每个管理人员或工人的分目标就是企业总目标对他的要求，同时也是这个企业管理人员或工人对企业总目标的贡献。

（4）管理人员和工人依据设定的目标进行自我管理，他们以所要达到的目标为依据进行自我控制、自我指挥，而不是由他的上级来指挥和控制。

（5）企业管理人员对下级进行评估和奖惩也依据这些分目标来进行。

2. 目标管理的过程

典型的目标管理有如下八个步骤。

（1）制订组织的整体目标和战略。

（2）在经营单位和职能部门之间分配主要目标。

（3）单位管理者与其上司一起合作确定具体目标。

（4）在部门成员的合作下将具体目标落实到每位员工头上。

（5）管理者与下级共同制订计划并达成协议。

（6）实施行动计划。

（7）定期检查完成目标的进展情况，并向有关人员反馈结果。

（8）通过基于绩效的奖励强化目标的成功实现。

3. 目标管理理论在绩效管理中的应用

目标管理理论渗透进绩效管理，形成一种以目标为导向的绩效管理技术，能够有效地加强上下级员工的绩效沟通，制订具有明确考核周期和明确方向的考核目标，并督促个体达成目标。此外，目标管理法促使管理者鼓励员工积极寻找自我评价和自我发展的方法，鞭策员工对工作的投入，创造一种激励环境，从而帮助组织实现高效的绩效管理。

（二）激励理论

1. 激励理论的主要思想

激励理论是行为科学的核心理论，又是管理心理学、组织行为学的重要内容。大致有以下四种激励理论模式。

（1）需要激励模式：理论认为需要是多层次的，低层次的需要得到满足后，才会转而追求高层次的需要，马斯洛的需要层次理论和赫兹伯格的双因素理论影响最为广泛。

（2）动机—目标激励模式：理论基础源于弗鲁姆提出的期望理论，用计算公式表示为

$$激励力=期望值×效价$$

（3）权衡激励模式：理论基础为亚当斯提出的公平理论。他认为员工更为关注的不是报酬的绝对值大小，而是报酬的分配是否公平合理以及自己是否受到公平待遇。

（4）强化激励模式：依据的激励原理是斯金纳创立的强化理论。

2. 激励理论在绩效管理中的应用

激励理论对绩效管理的实施具有一定的指导作用。

在需要激励模式下，当员工低层次的需要得到满足后，高层次的需要追求表现为希望知道自己的绩效水平如何，希望自己的工作成绩得到企业的认可，超越自我实现价值，而这些通过绩效管理才能实现，所以员工具有期待绩效管理的内心愿望。

在动机—目标激励模式下，我们在进行绩效管理，制订绩效目标时，既不宜低，也不宜高，目标制订得要适度。

在权衡激励模式下，绩效目标要事先沟通且可衡量，绩效管理体系严密，尽管评估者误差可能存在。

在强化激励模式下的评估显然更能使员工感到公平，更能激发员工潜能，绩效评估结果的运用本身就是以绩效为基准的正强化、负强化过程，这正符合强化激励理论的思想。

（三）成本收益理论

1. 成本收益理论的主要思想

成本收益理论的主要思想为：管理活动是一种价值产出，任何一项管理职能存在的意义都在于：此项管理活动正在或者即将为企业创造经济效益，即实现收益和潜在收益之和大于管理职能本身的成本。

2. 成本收益理论在绩效管理中的应用

成本收益理论对绩效管理的指导意义体现在如下两个方面。

第一，对员工而言，配合绩效管理与抵触绩效管理均可看作员工与企业双方博弈时的不同决策，企业依据员工不同决策给予其不同的回报，员工能预见的收益最大化应该是支持绩效管理。

第二，对企业而言，绩效管理本身所发生的直接成本与机会成本之和应该小于绩效管理所带来的现实收益与潜在收益之和，只有这样，企业才存在实施绩效管理的经济学理由。

（四）权变理论

1. 权变理论的主要思想

权变理论于 20 世纪 70 年代产生，这种理论认为管理是环境的函数，管理行为应随

着环境的改变而改变。

由于企业所处内部环境与外部环境的发展变化，权变理论认为不存在一种适用于各种情况的普遍原则和最好办法。管理人员必须依据组织外部环境的要求和组织成员的需要等具体情况来确定其相应的组织和管理方法。管理职能需要依据各具体情况具体分析，管理技术也要随机应变。

2. 权变理论在绩效管理中的应用

对所有企业而言，并不存在一个统一的、在所有情况下都适合的最优绩效管理体系，绩效管理体系的设计必须建立在对企业内部环境和外部环境进行分析的基础上，并随着环境变化适时调整。

（1）在绩效评估的方法选择上，应根据企业自身的特点，避免绩效管理工作的简单化和一般化。根据权变理论，企业在选用自己的绩效评估方法时，首先要弄清自身所处的内部环境和外部环境，应用该方法的其他企业有何可借鉴的地方，分析该方法发挥作用的前提条件，才能加以变通，使之在本企业中真正被有效地运用。

（2）在绩效管理体系的设计上，应注意和不同的企业文化环境相结合。不同的企业文化环境导致不同的领导方式、不同的工作氛围。因此，根据权变理论，在设计绩效管理体系时一定要综合考虑多方面的因素。

（五）管理控制理论

1. 管理控制理论的主要思想

任何活动的起端都是有目的的，而绩效管理作为一种管理活动，也拥有它固有的目的——提高组织的绩效。作为一种指导，管理控制理论对于不断变化环境下的组织目的的实现具有重要意义。

什么叫作管理控制理论呢？管理控制理论是一个非常实用的边缘性学科，它研究的主要内容是如何在不断变化的环境中保持平衡，它的形成建立了一种语言和技术，为研究一般的控制和通信奠定了基础，并且也创建了一套思想和技术来便于通信和控制问题的个别表现也能得到分类。管理控制理论运用非常广阔，从自然科学到社会科学领域，管理控制理论都有涉及，它被用于探究社会、经济现象中有关控制、通信和调节的问题。

2. 管理控制理论在绩效管理中的应用

管理控制理论是绩效管理的理论基础，而管理控制理论又是建立在系统论、控制论和信息论的基础之上的。正因为能够纳入绩效管理理论基础的理论范围如此之广，并且这些理论之间又存在或多或少的联系，所以未来的研究更加需要考虑以下两个方面：一是确保基础理论研究的完整性。研究者首先需要对完整的绩效管理理论所应具备的特征有所认识，从而能够更加有方向地寻找相关理论，并对已经识别出的各种理论是否足以构成绩效管理的理论基础进行判断。二是提高基础理论研究的系统性。由于来自不同领域的各种理论之间可能存在或多或少的联系，因此，未来的研究应当关注不同理论是如何有意义地整合在一起，系统地构建起绩效管理的理论基础。

第四节　绩效管理的发展变革

现代管理最主要的任务是应对变化，时代在更替，绩效管理也在不断变化中发展。本节主要介绍绩效管理面临的新时代、新时代带来的挑战以及未来的发展趋势。

一、不断变化的社会环境

毋庸置疑，我们正在经历一场社会经济环境的巨变，企业的内部结构和外部环境正在发生迅速而深刻的变化。

（一）VUCA 时代

随着世界经济形势的风云变幻，互联网、大数据、人工智能等技术的迅猛发展，全球的商业环境正在发生着迅速而深刻的变化。宝洁公司（Procter & Gamble）的首席运营官罗伯特·麦克唐纳（Robert McDonald）曾经描述这一新的商业世界格局为"这是一个VUCA 的世界"。

什么是 VUCA？VUCA 是以下四个英文单词首字母的缩写。

volatility（易变性），可以理解为变化是主题，经济环境、市场环境和企业之间不断发生的一系列变化反而会成为一种常态现象，而且由变化引发或催化出的变化将会更加迅速地产生新的变化。

uncertainty（不确定性），可以理解为经济环境、市场环境和企业由于变化引发的一系列事件，将会越来越难以被预先发现和提前准备。人们越来越难以预测未来市场一定会朝哪个方向发展，难以预测某个产业或企业未来一定会发生什么。

complexity（复杂性），可以理解为经济环境和市场环境将会变得非常复杂。企业可能会受到来自不同类型、不同领域、不同因素的各类事件的影响。企业将面临许多问题，可能是从来没有想象过或发生过的。

ambiguity（模糊性），可以理解为经济和市场环境中事件发生的因果关系已经变得越来越模糊，不那么容易被推测。同时，行业或产业的边界也将会变得越来越模糊不清，不像工业时代那样泾渭分明。

传统的绩效管理是企业需要员工做某类事情，这些事情来自于自上而下的指标和工作分解。即使过程中有自下而上的沟通，但最终的目标通常也会以上层的意见为准。员工个人的自主权很小。在 VUCA 时代，瞬息万变的市场环境让人难以预测，今天朝这个方向走还是康庄大道，明天就有可能变成万丈深渊。这时，来自企业顶层的决策和变化将会是缓慢的，等来自顶层的变化传导到员工时，可能为时已晚。最好的方法是让员工掌握一定的主动权，根据市场的需要和变化及时调整、修正工作内容和结果。

传统绩效管理中的企业更注重结果的输出，一切以结果为导向，并且为了获得企业想要的结果，把员工绩效管理的结果直接反映在薪酬或奖惩上。绩效管理变成了一种对员工行为的束缚，而不是对员工意愿的激发。VUCA 时代的绩效管理并不是不重视结果，而是把简单的重视结果变成更重视岗位的产出和实际为企业创造的价值。在 VUCA 时代，优秀人才会变得异常抢手，对人才的绩效激励已经不是单纯地与薪酬或奖惩挂钩，而更多体现在精神层面。

VUCA 时代的绩效管理与传统的绩效管理方式的比较，如表 1-2 所示。

表 1-2　VUCA 时代的绩效管理与传统的绩效管理方式的比较

	VUCA 时代的绩效管理	传统的绩效管理
管理逻辑	市场需要员工做的事	绩效是行为
管理导向	导向产出	工作行为
管理结果	不直接与薪酬奖惩挂钩	直接反映在薪酬奖惩上

（二）技术革新

互联网、云计算、移动互联网等新技术的发展，已经让日常生活发生了重大的改变，甚至带来了生活方式的转变，这也必然会对人力资源管理产生巨大冲击。

例如，微信改变了生活：目前，中国智能手机用户数量已经位居全球第一，达到 13 亿。中国用户用量最多的前三个 App 是微信、QQ 和百度地图。微信从 2010 年策划至今十多年的时间，已经覆盖了中国 94% 以上的智能手机，月活跃用户达到 8.06 亿，用户覆盖 200 多个国家，使用的语言超过 20 种。今天，我们可以通过微信发朋友圈、看朋友动态、沟通信息、发语音和视频、购物、点餐、付款、收款、听课、看书、组织活动等，几乎覆盖了我们生活的全部。

技术革新推动着人们生活方式与企业管理方式的变革，这对企业人力资源管理人员也提出了新的要求，即必须对新技术保持一定的好奇心与敏感度，能随着企业的发展，结合实际所需，将这些新技术应用于人力资源管理的实践当中。另外，人力资源管理人员也需要引进专业的综合性人才，这些人才既懂专业技术又掌握人力资源管理方法，他们对于推进新技术在人力资源管理中的应用是非常关键的。

（三）新型组织模式与职业人

技术革新催生了新的行业，目前，一些国家倡导发展新型行业，如新一代信息技术、节能环保、生物、新能源、新材料等，与传统行业相比，在这些新型行业中人才流动更加频繁，人才稀缺程度更高，员工年龄更趋于年轻化。

这些新型行业对于专业人才的需求非常强烈，有的不惜以重金从传统行业、学校或海外引进核心人才，对于专业接近的传统行业，部分核心人才就受到新型行业的冲击，在薪酬体系、绩效管理体系上，不得不进行调整，以避免核心人才的外流。

此外，近几年以来，行业的发展与变化也非常快，在新型行业中又不断涌现出细分行业，这些新型行业在不断改变着我们的生活，同时，也促使传统行业的业务转型。这样，在人才的融合与竞争上，传统业务面临的另外一个问题是人才的转型。通过改变薪酬策略、调整薪酬结构、重新制定绩效管理制度、创新员工激励办法等方式，来引导人才吐故纳新，这已经成为现代人力资源管理的重要课题。

在企业的人员分布上，"60 后""70 后"多为企业的高层，"80 后"多为企业的中层，而占员工数量大多数的普通员工多为"90后"。在一些新型行业中，员工更趋年轻化，可能高层、中层、员工都是"90后"，平均年龄只有20多岁。在这样的员工年龄结构中，人力资源的管理理念正在不断被更新，或者说，为了适应越来越年轻的新一代职业人，人力资源管理的很多观念、方法要不断更新。

"90后"新一代职业人普遍具有年轻、活跃、勇于接受新事物、开放、独立等优点，但由于受独生子女、经济优越等成长环境的影响，也存在追求个人感受、责任心不强、依赖网络等问题。这一代职业人已经成为企业的主流员工，企业的人力资源管理也因此面临较大的挑战。原来发挥作用的激励方式对"60后""70后""80后"员工有效，但对"90后"员工不一定有效。新一代职业人更注重被尊重、兴趣、工作环境、人际关系，更加注重个性化、公平感以及参与度等非物质激励的因素。

（四）国际化

随着经济实力的增强，中国已经从前些年的引入国外企业、学习吸收国外企业先进经验，转变为中国企业走出去、进行国际化转型，包括国际化业务的拓展、与海外企业开展业务合作、股权引入外资、在海外上市等。中国企业业务的国际化发展必然产生中国企业管理的国际化与人才的国际化，包括中国员工派驻海外、引进海外人才等。为了适应这一转变，人力资源管理人员必须在国际化劳动政策、国际化人才管理、多元化企业文化环境等方面进行提升。

二、绩效管理面临的挑战

市场不变的规则就是永远在变。数字化时代的到来，对企业的绩效管理发出了新一轮的挑战，这种挑战体现在绩效管理理念转变、绩效管理实施难度加大，信息系统建设不完善，大数据技术应用不成熟等方面。

（一）绩效管理理念转变

1. 参与交互理念：关注"员工心声"，不止于"上传下达"

绩效管理涉及员工薪酬发放、职业晋升等切身利益，员工的敏感度较高，如果一味地采取自上而下的行政命令方式下达考核计划、指标和任务，或者员工绩效参与程度不高，就容易造成公司绩效管理就是考核、监控、惩处员工的手段，导致员工理解及执行不到位、配合度不高甚至产生反感情绪等一系列问题。"互联网+"时代下，连接、娱乐和存在感成为人们的强需求，人们普遍希望通过参与获得认同、支持和需求满足，这就要求在绩效管理过程中，员工由传统的被动式参与向主动式参与转变，通过绩效目标承诺、绩效过程反馈、绩效自评、绩效面谈等各环节，反馈个人需求和建议，并被企业理解、接受和尊重，实现参与感、归属感和成就感三感合一（秦宇阳，2012）。

2. 用户至上理念：关注"客户指标"，不止于"财务指标"

企业作为追逐经济效益的市场主体，往往将绩效管理作为战略目标达成、经济价值实现的管理工具，收入、成本、利润率等财务指标是其关注的核心指标。"互联网+"时代，客户需求日益多样化、个性化和定制化，企业盈利的关键点不再是"生产消费者用得上的产品和服务",而是"提供客户需要的产品,满足消费体验";绩效管理应从效益导向为主转变为客户导向为主,基于客户需求满足和体验提升,进而实现企业经济目标。如小米公司鼓励员工以客户为中心,不考核销售额,产品体验满意度就是核心指标,如手机维修 1 小时完成、配送在两天之内、客户接通率为 80%等。

3. 共享价值理念:关注"价值分享",不止于"价值创造"

基于价值链角度,绩效管理是遵循"价值目标—价值贡献—价值评估—价值分配"的系统流程方法和管理工具。KPI 模式下,基于总体绩效指标的压力,企业往往关注每个员工绩效价值创造的多少,而忽略了绩效创造过程中员工与员工之间、企业与员工之间的互动和价值分享。"互联网+"时代,以共享单车、共享充电宝等为代表的共享经济兴起,其本质是供需双方在服务过程中得到分享式体验等社交化满足。绩效管理应成为企业价值增量管理的有效工具,鼓励考评双方增强沟通、互信和互助,实现"价值分享—价值创造—价值增值"的良性循环,正如华为总裁任正非所说,"绩效考核要以是否为企业增加价值创造为依据,同时,要强调分享收益、分担风险,保持一个自由弹性的机制"。

4. 数据平台理念:关注"数据挖掘",不止于"数据积累"

绩效管理的科学性和有效性离不开绩效数据的支撑,KPI 模式下,传统企业更多地以短期目标为着眼点,以结果为导向,借助绩效数据搜集和积累,用于识别高绩效员工并帮助其持续提升。"互联网+"时代,各类信息呈指数级增长,大数据技术的迅速发展使得挖掘"数据宝藏"成为可能。大数据思维应成为企业推动绩效管理水平提升的重要一环,利用绩效数据进行综合思考、逻辑分析和预测,即在数据积累的基础上,有目的、有步骤地进行横向数据调用和关联分析,以及纵向数据的深层次分析,挖掘数据背后所揭示的行为标准、行为规律和发展趋势等,以支撑针对性改进和预先规划绩效管理工作,提升管理效率和前瞻性水平。

(二)绩效管理实施难度加大

企业步入成长期以后,必须通过设计行之有效的组织管理结构才能适应公司业务迅速发展的现实需要,因此,适宜的组织结构和企业管理制度体系对保障企业正常运转具有重要价值。与此同时,管理者也更加重视对组织和员工的业绩进行考核,但由于企业建立绩效考核制度的初衷多是为了对工资奖金发放提供依据,因此在实际的绩效管理过程中,唯有绩效考核评价环节受到了较高的重视,企业绩效指标的设计、考核体系的针对性和适用性以及绩效考核监管等环节仍然存在诸多问题。

1. 企业绩效指标不合理

一方面,随着企业面临竞争环境的变化,企业业务不断分化与扩张,企业员工承担的业务工作内容势必多元化,而现有的绩效考核指标、绩效额度都与现行的业务内容不匹配。另一方面,从绩效指标的完成难度来看,诸多绩效指标的设置是从公司盈利角度来设置的,远超实际员工能实现的额度,这打击了员工努力工作的积极性,而且对绩效管理良性发展不利。

2. 缺乏针对团队的绩效考核体系设计

目前大多数企业的绩效考核仅停留在对个人的考核，然而诸多业务的开展是由团队通力合作实现的，个人的绩效与团队、科室和部门密不可分。但在现行的绩效考核体系中，往往由于团队绩效体系设计的困难性而仅对个人进行绩效考核，从另一个视角来说就是否定了团队的作用。长期执行这种绩效考核指标，会减少团队合作的深度与广度，并滋长"个人英雄主义"，忽视对团队与部门绩效的责任感，最终削弱整个部门的凝聚力和战斗力。此外，当个人的绩效指标与团队绩效指标相冲突时，员工往往更注重个人的绩效而忽略甚至放弃团队的绩效指标，最终将导致整体企业文化与团队建设散乱。

3. 企业绩效奖励机制不健全

众所周知，企业员工激励对保证员工积极性意义重大，而且员工奖励也是企业绩效管理的重要内容。现有的绩效奖励机制一方面停留在单一的物质奖励层面，这对于员工的激励作用维持时间较短，而且不同受教育水平的员工对奖励方式的感知不一样，需要有多元的奖励方式。另一方面，现有的绩效奖励机制过分关注于短期企业收益，而忽略了企业的长期经营目标与收益目标。这种短期很丰厚的奖励机制虽然能在短期内急速提升企业效益，但长期则不利于企业目标的树立与完成，而且员工在这种情况下就会出现更认可钱，而不是企业文化的问题，一旦企业停止这种奖励机制，就会流失大量员工。

4. 企业绩效管理的监管缺失

权力与约束自古就是管理者需要思考与解决的问题。绩效管理的执行部门拥有较大的权力，在制定绩效考核内容中尚未考虑监管问题，往往容易在绩效考核的过程中出现徇私的现象，如补打考勤、提升绩效等级等。而且，就算这种现象被发现了，企业采取的最多也只是调整用人、通报批评等后续管理措施，不能从根本上解决监管缺失的问题。另外，监管角色的缺失加上不能从法律层面约束权力使用人的行为，最终损害的是企业的利益。

5. 企业绩效管理形式化

诸多企业虽然存在绩效管理，但绩效评估都流于形式，部门内高绩效长期被固定人选占据，或者绩效配额趋于一致，这都不利于绩效管理的发展。绩效管理的结果较多地被企业领导或部门领导关注，但忽略了绩效管理的过程，不注重绩效管理过程中员工情绪的变化，轻视过程管控，这就很难达到企业管理优化的目的。最后，也有诸多绩效奖励单一，出现"同工不同酬"的乱象，易滋生消极怠工的负面情绪。

（三）信息系统建设不完善

知识经济时代的新特征对人力资源管理提出了更高的目标和要求，人力资源的开发与管理也将发生重大变化。随着以计算机为基础的信息技术的飞速发展，组织中的人力资源信息化管理进程不断加快。在现代信息技术的基础上，应用先进的绩效管理理念进行绩效管理信息系统设计，以实现组织对员工绩效的信息化管理，从而发挥了组织中人力资源的效能，提高了组织的核心竞争力。

我国人力资源绩效管理信息化的研究刚开始起步，国内的一些软件公司推出的产品还存在一定的缺陷，例如，偏重软件使用的一般性和通用性，不能完全涵盖组织特有的管理活动，应用范围受到限制；软件的一些附加功能是组织不需要的，给组织带来经济上的浪费；系统软件只体现出组织对员工单纯的考核，而未能充分体现出绩效管理的管理职能。

因此，只有在系统地学习了绩效管理的基本理论的基础上，以科学、完整、系统的设计思想为指导，才能够真正设计出适合具体组织的绩效管理信息系统。

从这几年的实际工作来看，财政绩效管理部门所需的信息量大，涉及部门多、事项多，各种基础信息、资料和数据必须经过科学的统计分析和归纳整理。全国各地市财政绩效管理部门都试图通过利用现代化的网络信息技术，建立完备的财政绩效管理软件系统，构建绩效管理基础资料数据库，同时加强对财政支出的绩效分析，提高绩效管理的质量与效率。

经过近几年探索，我国对信息系统的建设已有所突破：财政部在预算编制系统中增加了绩效目标管理模块，实现绩效目标申请、审核、批复的系统操作，广东省、江苏省、山东省等部分省绩效管理信息化程度进程加快。

（四）大数据技术应用不成熟

绩效管理离不开各种绩效数据的支持。只有平时做好了数据的搜集积累，才能在考核时运用科学的评价方法，识别出高绩效组织和人员；才能有效避免人为主观判断，保障绩效考核的公平公正。

但在日常工作中，实际情况通常表现为数据滞留在各级层面、各个组织，收集时需要层层上报，很难保证数据时效性，严重影响了绩效纠偏的速度，而且数据口径难统一、数据采集难实现、数据遗漏缺失等问题突出，极大地制约了绩效信息的准确性。

同时，绩效管理人员在信息获取沟通和数据检查校对上投入了大量的时间，难以集中精力分析数据背后的深层原因，找到解决措施，实现绩效纠偏。工作陷入低效烦琐的死循环当中，极大地损伤了工作热情，对员工的成长也起到了消极的作用。

随着大数据技术的蓬勃发展，各类数据信息呈几何指数增长，为以上情况发生改变提供了可能。可以预测，在不久的将来，企业智能化水平越来越高，更多有用的绩效数据将方便快捷地提取出来，一键分析将不再遥远。绩效管理人员可以花更多时间进行分析和预测，挖掘数据背后存在的问题，深入推动绩效改善。

三、绩效管理的发展趋势

随着数字化时代的到来，大数据、云计算、物联网、人工智能不断发展，绩效管理也将呈现出与时代相适应的发展趋势。

（一）绩效管理丰富化

1. 绩效管理内涵的扩大

在近几年的管理实践中，绩效的内涵正由原来单一的绩效考核逐步扩大，形成了绩效管理的观念。

绩效内涵的扩大可以从两个方面看：一方面，企业管理者逐步将绩效管理和企业管理的更多层面结合，包括战略管理、计划管理、目标管理、员工管理等；另一方面，绩效已经从绩效考核上升为绩效管理，绩效管理已经不仅仅是考核、考评，更是推进战略分解、目标管理、加强工作协同、增强员工凝聚力的重要手段。

2. 从绩效管理到绩效引导

VUCA 时代下，自由人互联和创造价值方式的崛起会打破管理的界限。人才将很难被管理，取而代之的是被激发、被说服和被引导。激发、说服和引导人才靠的不是传统企业中的上下级关系，而是管理者的领导力和影响力。因此，在 VUCA 时代，对企业管理层的领导力培训和影响力训练变得格外重要。

人力资源管理者要能够引导高层管理者、中基层管理者和员工认清绩效管理的价值；要能够提供适合企业的、有效的绩效管理工具，并引导该工具的实施落地；要能够帮助和引导各层级管理者的角色转变为教练。

总之，在 VUCA 时代，绩效管理的关键不在于"管理"，而在于"引导"。

3. 绩效沟通形式丰富

在 VUCA 时代，绩效管理过程中最重要的沟通显得更加重要，绩效计划过程的沟通、绩效辅导过程的沟通、绩效结果阶段性反馈的沟通更深刻地影响着绩效管理能否最终获得成功。沟通的质量对员工绩效将起着前所未有的决定性作用。

随着移动互联方式的进一步发展、管理层领导力和影响力的提升，绩效沟通的形式将会变得越来越多样、越来越非正式。沟通已经不限于开会或者一对一的交流，在社交媒体、移动互联、企业社群这些非正式的沟通中，同样能够让绩效管理的沟通处处可见。

绩效沟通可以与科技的发展衔接。随着云技术的发展，绩效沟通的全过程可能会实现随时互联、随时记录、云端提取。甚至有人说，区块链技术（blockchain technology）将会改变绩效管理中信息之间的传输方式，让沟通变得更加直接和纯粹。

让我们举个例子，下属小王上岗后，直属上级陈经理与其沟通确定的工作任务和标准之后，小王开始当下的工作。当工作过程中小王的工作超出预期，达到比较好的结果时，陈经理会立刻给予其行为的正面评价或者对应分数的奖励；当小王的行为在纠正多次后仍有偏差时，陈经理也会对其行为做出一定的负面评价或者扣减对应分数。不论是正面评价，还是负面评价，都配有具体的记录和说明。

因为这一过程是通过发达的信息系统完成的，所以相比于还在用纸媒记录和沟通的企业来说，并不需要直属上级为此付出太多的行为成本，就能够实现对员工绩效结果即时的沟通和反馈，让员工的行为得到更快的改善，同时让绩效过程得到更简单、更快速和更准确的记录（王坤，2010）。

（二）绩效管理人本化

虽然目前企业使用的各种绩效管理工具基于先进的管理理念，但工具效能的充分发挥主要依靠的还是使用者自身的掌握。在影响绩效管理行为的管理要素中，"人"在管理活动中处于主导地位。"人"能力的高低，对保证组织目标的实现和管理效能的提高起着决定性的作用。归根到底，战略性绩效管理是对人的管理，要做好战略性绩效管理就必须"以人为本"，这也是一种辩证的管理思想。而且，绩效管理的开发目的，强调的也是将"以人为本"的思想贯穿于绩效管理系统的全过程。因此，战略性绩效管理的发展趋势必然沿着"人本化"的方向。

不同员工的能力是有区别的，会对绩效管理产生根本的影响。在"以人为本"的绩效管理中，不仅要客观评价员工的现有的绩效水平，还要科学评价员工的潜在绩效水平，并根据员工现有的绩效水平与潜在的绩效水平提高员工的绩效。此外，对员工行为的考核中，不仅要考核行为表面的结果，同时要考核完成行为的过程。例如，员工完成工作了，考核不仅要看结果是否合格，也要看行为过程中员工潜在的能力是否发挥以及员工的品质如何。这样不仅可以培养员工现有的能力，还使每个员工的潜在能力得到最大限度的开发，引导员工不断地将潜在能力转化为现有能力，同时又注重塑造员工诚实正直的优秀人格品质。因为高效绩效管理的贯彻实施，不仅要靠管理者的知识和能力，更要靠其诚实正直的品格，从人的潜在方面进行绩效管理。正如德鲁克所言，管理者不仅通过知识、能力和技巧来领导下属，同时也通过愿景、勇气、责任感和诚实正直的品格来领导下属。同时，"人本化"的绩效管理更加强调沟通的重要性，绩效管理的实践证明，良好的沟通是有效的绩效管理的关键要素。所以，随着现代管理理论的发展、对人力资源管理认识的提高，绩效管理的实践呼吁企业进行"人本化"的战略性绩效管理。

（三）绩效管理弹性化

战略性绩效管理是战略性人力资源管理的一部分，战略性人力资源管理在运作中的基本要求之一是保持企业战略弹性。战略弹性是指企业能够灵活适应快速变化的外部竞争环境，根据实际所需制订具有定制化特色的绩效管理方案，最大限度地满足人力资源管理需要。

战略性绩效管理的目的之一就是实现战略目的。为了达到战略目的，绩效管理系统本身必须具有一定的灵活性。战略目的强调绩效管理要为员工提供一种引导，使员工能够为组织的成功做出贡献，这就要求绩效管理体系具有充分的弹性，来适应企业战略形势发生的变化。当组织战略发生改变时，组织所期望的行为方式、结果以及员工的特征需要随之发生变化，这就要求战略性绩效管理系统有一定的弹性，能够灵活地调整。竞争环境变化如此激烈，绩效管理能否针对这种变化迅速地做出调整是企业能否实现战略的关键。企业战略重心随着企业的发展在不断调整，绩效管理体系也必须具备适应这种改变的弹性。因此，弹性化的战略性绩效管理是绩效管理发展的新趋势。

（四）绩效管理多样化

不同的企业有不同的企业文化和管理特点，用一种绩效管理方法很难使企业战略与企业发展相匹配。因而在实践中，绩效管理必须结合多种模式和方法进行。多种绩效管理工具的整合，可以避开仅使用某一种方法的劣势。这种多种绩效管理工具整合的优势远远大于单纯地将每一种绩效管理工具的优势累加在一起。所以将多样性的绩效管理工具整合在一起，使得战略性绩效管理的结果更加科学、规范。在此需要指出的是，多样化的战略性绩效管理并不是将绩效管理工具累加，而是将多种绩效管理工具整合，这种整合是一种科学的管理。

（五）绩效管理周期化

这是基于生命周期理论提出的。根据企业的生命周期理论，企业的成长阶段分为创业期、成长期、成熟期、衰退期。在不同的发展阶段，企业对绩效考核的需求不同，考核的重点和方法也不相同，如在创业期强调个人绩效，而一旦到了成熟期，企业的考核若还按原来的方法推行，就很可能不利于企业转型和发现新领域。这就需要企业根据自身所处的不同发展阶段制订出不同的绩效管理方案。

（六）绩效管理互联网化

1. 整合数据信息

从某种维度上讲，企业绩效管理亦可视为一个信息管理的过程，其对信息的收集、整理以及处理能力决定了绩效管理工作的效果，因而必须得到高度重视。在市场经济环境下，现代企业竞争的核心是人才，员工作为其不可或缺的资本构成，直接决定了其未来能否实现可持续发展。因此，企业必须深刻认识这一点，明确人在整个经济市场竞争格局中的重要战略地位，并基于此战略导向，完善顶层设计，突出人本关怀，了解员工的工作、日常生活各个方面，进而制定科学的管理体系，最大限度地激发员工活性，促进其实现与企业的共荣发展。在此过程中，企业不仅要收集员工的基础信息，包括性别、年龄、住址以及家庭情况等，还要全面了解其工作表现，如思想、行为、态度、素质等，甚至必要时还应了解客户及利益相关者的反馈信息，以确保员工的评价客观、真实。通过将这些数据整合起来，制定出符合标准的规章制度和相应的奖惩制度，能够提高企业员工对企业的满意程度，还能够提高企业员工的工作效率，凝聚企业的向心力，从而大幅度地提高企业的竞争力。

2. 导入创新元素

大数据时代，创新进入了一个前所未有的爆发期，并主导了整个社会发展的潮流，是现代企业实现可持续发展战略目标的必要基础。如上分析所述，大数据时代，企业绩效管理迎来了巨大变化，人力资源管理逐渐脱离了传统的管理模式，变得商业化和智能化，无论是在思想观念还是在工作方式上均有体现。在激烈的市场竞争条件下，存活下来的企业规模不断扩张，并积累了相当一部分优秀人力资源，加之绩效管理体系日益完善和优化，产生的数据信息持续扩张，所提出的数据处理要求也越来越高。以当前情况来看，大部分企业现有处理设备设施条件已难以满足上述需求，对此应注重科技创新，可通过与软件开发相关企业的合作，定制一款更符合自身需求的绩效管理系统。

3. 完善配套制度

正所谓无规矩不成方圆，任何时期的企业管理均离不开完善的配套制度支持，这也是绩效管理发挥作用的基础条件。具体而言，完善的绩效管理制度应该包括考核制度、培训制度以及奖惩制度等。在企业绩效考核管理体系中，应将数据分析与专家意见相结合，采用多种实践方式，集多种优势于一体，进行综合考核。通过大数据对企业绩效管理进行绩效考核的过程中，可以用更加客观的数据信息来替代管理决策层的主观判断，能够提高绩效考核结果的合理性及公正性。在此之余，绩效管理信息还可通过内部网络平台进行反馈，在保护员工私密性的基础上，组织自评和互评，避免徇私舞弊行为出现。基于此，给予优秀员工适度物质和精神方面的奖励，及时指出部分员工的不足，严重时可进行惩罚，并组织教育培训工作，有针对性地解决现实问题。同时，组织绩效管理岗员工培训，及时更新他们的思想观念及学识涵养，分析大数据时代对员工所提出的要求，提高他们的技术技能和业务素质，以更好地推进绩效管理变革实践。

例证 1-2

英国电信环球服务公司的绩效管理体系

英国电信环球服务公司（BT Global Services）是一家员工超过两万人的全球性通信服务企业，其采取了若干步骤来有效推行名为"绩效最大化"的绩效管理体系。这个绩效管理体系的目的在于以一种更具有持续性的方式来管理和开发员工，同时营造出一种高绩效文化。

该公司采取的第一步就是进行一系列的沟通工作，这样做的目的是向员工传递一个清晰的信号，从而向他们阐明三个问题：第一，为什么要设计一个新的绩效管理体系；第二，员工应当在其中扮演什么样的角色；第三，这些不同的角色是怎样帮助公司成功的。

英国电信环球服务公司采取的第二步就是对经理人员进行培训，包括两个方面：一是经理人员应当如何同员工一起制订有效的目标；二是经理人员如何通过为员工提供反馈和教练式辅导帮助他们实现个人成长。

在这之后，英国电信环球服务公司还会对绩效管理体系实施持续监控，通过员工调查、经理人员的面对面会谈以及团队会议等方式来收集各种数据。

（严伟，2013）

第五节 战略性人力资源管理与绩效管理

绩效管理是战略性人力资源管理重要的一个环节。本节将介绍战略性人力资源管理的内涵、基本特征和应用，重点介绍绩效管理和战略性人力资源管理的关系，以帮助读者更好地理解绩效管理实施体系。

一、战略性人力资源管理概述

人力资源管理的需求来源于业务实际，因此其最终目的是对业务发展形成有效推力，让人力资源管理切实影响并支持企业的有效运行，这就需要将"战略性"融入人力资源管理之中。

（一）战略性人力资源管理的概念

"人力资源"（human resource）这一概念最早是由约翰·康芒斯于 1919 年在其著作

《产业信誉》中提出的。他是传统意义上使用"人力资源"这个词语的第一人，但是他所说的"人力资源"含义与我们现在理解的"人力资源"含义有很大的不同。现在被普遍认同的"人力资源"概念是由当代著名管理学家彼得·德鲁克（Peter F. Drucker）于 1954 年在其《管理的实践》一书中提出来的。他指出"人力资源和其他资源相比，最重要的一点就在于它是人"。他认为"人力资源"是具有特殊资产的资源，并且具有其他资源没有的特质，即协调能力、融合能力、判断能力和想象力。

战略性人力资源管理的概念最早是由美国人提出的，从提出至今仅有四十多年的历史。然而短短几十年间，与战略性人力资源管理相关的学术研究却蓬勃发展。美国学者沃克（Walker）在 1978 年首次提出战略性人力资源管理的思想时，即将组织战略规划和人力资源管理联系起来，这是战略性人力资源管理的思想萌芽（彭剑锋，2014）。在随后的四十多年间，有许多学者从不同的角度给战略性人力资源管理下了定义。它们之间都有共通之处，那就是战略性人力资源管理不同于传统意义上的人力资源管理，战略性人力资源管理侧重于将人力资源管理与组织战略规划联系起来，人力资源管理的一系列活动都以组织战略目标为导向，协助组织获取竞争优势，最终达到组织战略目标，是一个动态协同过程。

综上所述，战略性人力资源管理是指以组织战略目标为导向，将人力资源各项活动与组织竞争战略相结合，获得紧密动态协同的效果，确保组织获取竞争优势，最终实现组织战略目标。

（二）战略性人力资源管理的基本特征

战略性人力资源管理不同于传统的人力资源管理，它是实践上和理论上的发展。战略性人力资源管理不仅具有新的内容，还具有新的特征。具体来说，其特征可以概括为以下六个方面。

1. 战略性

战略性是战略性人力资源管理最本质的特征，即强调战略性人力资源管理的一系列活动都以组织战略目标为导向，以为实现组织战略目标而获取竞争优势为主要任务。战略性人力资源管理区别于传统意义上的人力资源管理最重要的一点就是，战略性人力资源管理将人力资源管理与组织战略相结合，满足组织战略需求，促进组织战略规划的发展。

2. 协同性

协同性是指招募与甄选、培训与开发、绩效管理、薪酬管理等人力资源管理活动之间的匹配，将这些人力资源管理活动进行战略整合，以达到人力资源实践活动与企业战略的动态契合，从而使得人力资源管理能够产生协同效应。

3. 系统性

系统性是指要以整体的眼光看待战略性人力资源管理，战略性人力资源管理是各个环节的整合，要想实现战略性人力资源管理体系价值最大化，就要实现各个环节的相互配合与协调。战略性人力资源管理体系的系统性不仅要求决策的系统性，还要求人力资源管理者思维的系统性，具有全局思维。

4. 目标性

战略性人力资源管理被定义为以组织战略目标为导向，将人力资源各项活动与组织竞争战略相结合，达到一个紧密动态协同的效果，确保组织获取竞争优势，最终实现组织战略目标的过程。可以看出，战略性人力资源管理的一个重要特征就是其目标性。该目标性不同于传统意义上的人力资源管理的目标，传统意义上的人力资源管理的目标更多侧重于个人绩效完成，而战略性人力资源管理的目标更强调的是个人目标、部门目标和组织目标与组织战略相契合，组织战略的实现与组织的人力资源有着密不可分的关系。

5. 动态性

动态性是指组织的战略性人力资源管理需要随着组织的内外部环境的不断变化而改变。动态性对组织的战略性人力资源管理提出了更高的要求，一方面，当组织的内部环境或者外部环境发生改变时，组织要及时对此做出反应并且将战略性人力资源管理调整到一个最适宜的位置。另一方面，在组织进行战略匹配时，能够使战略性人力资源管理的各环节保持灵活的动态协同，从而确保组织能够有效地应对复杂多变的竞争环境。

6. 灵活性

灵活性是指战略性人力资源管理体系不是一个一成不变的系统，而是随着时间、组织内外部环境、国家政策等变化而变化的体系。战略性人力资源管理体系的灵活性体现在不同职位和业务的灵活性、人力资源管理各环节匹配的灵活性以及各环节实施的灵活性上。

（三）战略性人力资源管理系统

战略性人力资源管理体系是一个系统，强调在组织的战略目标的指导下，在人力资源规划、组织文化及组织架构设计相互匹配的情况下，力求达到人力资源管理系统各职能环节之间的动态协同效果。一个有效的战略性人力资源管理系统包括清晰明确且方向正确的组织战略目标作为指引，与战略目标相匹配的组织文化，基于该战略目标的人力资源规划、组织结构设计、工作设计与工作分析、招募与甄选、员工职业生涯管理、员工培训与开发、员工流动性管理、绩效管理、薪酬管理、劳动管理等环节。构建有效的战略性人力资源管理系统有助于组织更好地践行"以人为本"的经营管理之道，达到组织战略目标以获得竞争优势。图1-2描述了战略性人力资源管理的主要职能以及各职能模块的关系，还原了各环节的动态协同，以助力组织战略目标达成的过程。

从图1-2可以看出，战略性人力资源管理系统是一个流程化的、各职能模块相互影响的动态循环系统相结合的体系，各职能模块之间的关系体现在：员工的工作设计与工作分析依据组织结构设计进行，是其他职能开展的基础；根据工作设计与工作分析可以对工作内容和工作量进行预测，从而进行招募与甄选；确定人员录用后进行单个员工的职业生涯规划，经过培训安排在相应的岗位；在员工工作过程中，需要根据组织战略目标对其进行绩效考核。上述核心的职能模块相互协调、相互影响、共同合作、相辅相成，最终构成了战略性人力资源管理体系。其中，绩效管理是整个战略性人力资源管理体系

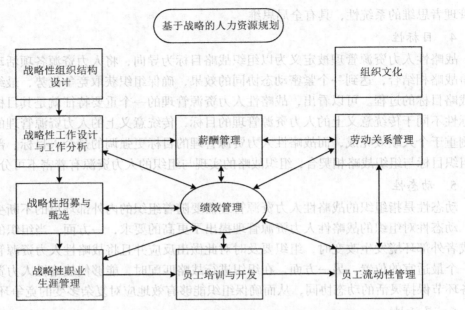

图 1-2　战略性人力资源管理的主要职能以及各职能模块的关系

中最重要的一个环节，因为绩效考核结果往往是员工的加薪、晋升和激励等人力资源管理的依据，同时绩效考核结果对员工的薪酬管理、劳动关系管理以及流动性管理也具有十分重要的意义。

（四）战略性人力资源管理的作用

战略性人力资源管理主要是以组织战略目标为导向，其各职能模块本质上都是为了组织战略目标而服务的。战略性人力资源管理的作用主要包括以下四个方面。

1. 实现组织绩效

战略性人力资源管理将人力资源管理与组织的战略目标相联系，考虑了人力资源管理的投入与产出关系，有利于优化组织的财务状况，而传统意义上的人力资源管理则很少考虑产出，不利于组织绩效的实现。

2. 扩展组织人力资本

"人力资本"是与"物力资本"相对应的，指的是体现在"人"身上的价值资本。组织的人力资源表现为组织的人力资本，包括组织员工的技能、知识、阅历和健康状况等。战略性人力资源管理的目标之一就是不断增加组织的人力资本，防止岗位人员的空缺，如果组织缺乏优秀人才，则会降低其在市场上的竞争优势，进而影响组织战略目标的实现。战略性人力资源管理通过招募与甄选、员工培训和开发等职能环节能够为组织输送新鲜的血液，提高员工的技能水平，为组织发展扩展优秀的人力资本。

3. 获取组织竞争优势

战略性人力资源管理体系包括基于组织战略目标的人力资源规划、组织结构设计、工作设计与工作分析等环节。每个环节的有效性都会有助于组织在激烈的市场环境中获得竞争优势。由于组织的战略性，人力资源管理体系难以被其他企业组织照搬使用或效仿，因此一套有效的战略性人力资源管理体系有助于形成一个组织的核心竞争优势。而一套有效的战略性人力资源管理体系难以被效仿，其原因主要有：首先，战略性人力资源管理体系是一个整体，非本组织高层管理者很难接触到其整个人力资源管理流程；其次，各项具体活动实施相互关联、相互影响并相辅相成，仅模仿其中某个或某些环节难以达到同样的效果；最后，组织的战略性人力资源管理和组织的战略目标、战略规划和员工状况相契合，不同的组织的员工在技能、知识和阅历等方面有差别，因此不能适用。

4. 助力人力资源管理实施

战略性人力资源管理对人力资源管理开发和实施具有深远的指导意义。战略性人力资源管理与组织战略目标相结合，能够根据组织的内外部环境和市场变化情况来进行人力资源的开发和管理，给出契合组织发展特点的办法，制订人力资源的长远计划，根据员工的期望与其达成一致的激励机制，用科学的方法降低人力资源开发与管理成本，助力人力资源管理的有效实施。

二、战略性绩效管理系统

作为实现目标的管理工具，只要有目标就有绩效管理。企业只有建立一个统一的绩效管理及激励体系来保持员工行为和公司战略目标的一致性，才能保证员工目标融入组织目标，为公司创造更大的价值。

（一）战略性绩效管理概述

战略的绩效管理是指以组织的战略目标为导向，将绩效管理各环节与组织竞争战略相联系起来所构建的一个动态循环系统。其活动内容主要包括两个方面：一是根据企业战略建立科学规范的绩效管理体系，以战略为中心引导企业各项经营活动；二是依据相关绩效管理制度，对每一个绩效管理循环周期进行检讨，对经营团队或责任人进行绩效评价，并根据评价结果对其进行价值分配。

一个有效的绩效管理系统是由绩效计划、绩效实施、绩效考核、绩效反馈与结果应用四个环节构成的，那么战略的绩效管理就是以组织战略规划为指引，通过这四个环节的良性循环和相辅相成，助力组织战略目标的实现。换言之，战略的绩效管理就是组织为了实现其战略目标，助力战略规划实现而建立的各环节动态协同的系统，该系统模型是以绩效管理和组织战略之间的关系分析为基础建立的，如图 1-3 所示。

（二）战略性绩效管理的基本思路

企业的绩效管理与其要实现的运营目标之间紧密相连，战略性绩效管理的基本思路是：关注企业的战略目标，从战略目标中有效提炼出经营目标。一般来说，企业战略需转化为企业目标，再将其细化为部门目标，最终落脚点放在员工的个人目标上，由此逐级划分，将较为宏观的、抽象的企业运营战略转变成可操作的个人目标，方可实现公司和企业员工之间较为紧密的联系。

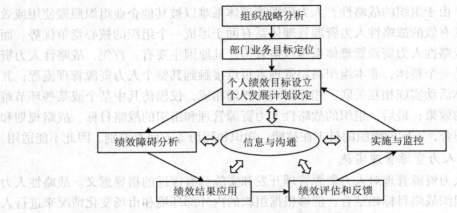

图 1-3　战略性绩效管理系统模型

　　在将企业战略逐级转化为明细的个人目标过程中，最为关键的一步在于将企业的战略转化为企业目标，只有完成了从抽象战略向具象目标的转化过程，目标的逐级细化才有可能实现。战略目标关注的是在未来的几年中企业的发展前景，在企业战略转化为企业目标时需要考虑三个因素：① 战略举措——为了实现目标必须采取的战略举措。② 核心成功因素——通过各种方式实施战略举措。③ 关键业绩指标——衡量关键性因素。根据公司的战略目标，明确达到战略目标的战略举措、核心成功因素以及关键业绩指标，由此提炼出公司年度目标——"清晰地界定业绩管理的核心目标"。如何提炼出企业的经营目标？经营业绩战略地图（见图 1-4）为企业提供了选择的思路。

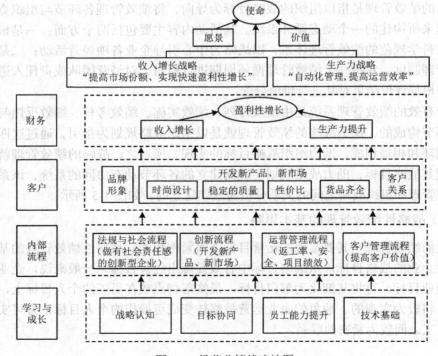

图 1-4　经营业绩战略地图

（三）如何建立战略性绩效管理系统

组织战略的有效落地一直都是一个令人十分头疼的问题。根据有关机构统计，组织战略有效落地的占比还不到 10%，因此很多组织寻求通过绩效管理来推动战略落地。建立一套行之有效的战略管理系统有助于组织推动战略实施，提高经营业绩，在激烈的市场竞争中获取竞争优势。因此，每个组织都要建立一套独特的、适用于本企业的战略管理模式，稳定地实现自己的战略目标。但是，应当设立怎样的组织发展战略？如何建立一套有效的战略性绩效管理系统？如何将组织战略与绩效管理系统紧密结合起来？如何通过有效的战略绩效管理体系促使高层领导由"战术领导"转向"战略领导"？

战略的绩效管理系统是人力资源管理体系的核心，同时也是组织整个职业化管理体系的重要构成部分，是管理人员"以战略为起点、结果为导向、数字为依据、协同为手段"的职业化管理行为的体现。建立战略性绩效管理系统的整体思路是：① 根据市场环境对组织战略进行定位，明确组织战略目标，根据组织发展需求对组织战略目标进行分解；② 梳理组织各部门职能、岗位职责和业务流程，依据分解后的组织战略目标对各部门、各岗位进行绩效目标制订；③ 根据员工岗位的职责和业务流程设计关键岗位业绩（KPI）的标准和权重，生成绩效考核表和目标任务书；④ 通过培训让各级经理掌握考核方法，并签署目标任务书，进行实际运用。

战略性绩效管理系统在实际运行当中需要注意以下三点。

1. 明确绩效管理评估基点

从本章绩效管理和绩效考核关系中，我们可以看出绩效管理和绩效考核的不同。战略性绩效管理系统是一个整体，而不是一个单独的环节，其目标是为了实现组织战略规划、达成组织战略目标和提高组织竞争能力。因此，其评估基点是组织的战略目标，绩效计划、绩效实施、绩效考核、绩效反馈与结果应用四个环节的执行情况都以推动组织战略目标实现为评价基点。

2. 设计关键业绩（KPI）指标

KPI 设计是组织绩效管理的重点和难点，需要在了解组织战略定位、战略目标、业务流程以及岗位职能等因素后认真分析，界定关键岗位职责，找到上下关系，将关键职责生成业绩指标，并设计标准和权重。这里可以设计关键岗位目标任务书，任务书中含有岗位职责范围、关键业绩指标、标准和权重要点，通过任务书界定的业绩指标和奖惩规定规范下属的管理行为。

3. 统一思想，更新管理观念

清晰的战略绩效管理体系需要人来实施，具备良好的现代化组织管理理念的员工队伍是战略绩效管理体系的关键。因此，在战略的绩效管理体系实施过程中，需要对员工和管理人员进行培训，旨在统一思想，更新管理观念，提高管理技能，特别是要得到中高层管理人员的认可，共同推动组织战略管理体系的有效落地。

本章小结

1. 绩效本质上是人与事相互结合的产物。绩效管理是对人力资源的一个使用、评估和引导过程，也是人力资源管理的核心，人力资源管理在某种程度上就是对绩效的管理。

2. 绩效考核是绩效管理的一个重要环节，是管理过程中的局部环节和手段，侧重于判断和评估，强调事后的评价；而绩效管理是事前计划、事中管理和事后考核所形成的三位一体的系统，是一个完整的管理过程，侧重于信息沟通与绩效提升，强调事先沟通与承诺。两者在人性假设、管理宽度、管理目的和管理者角色四个方面有所不同。

3. 从绩效管理的目的来看，绩效管理包括管理和发展两个基本功能。绩效管理的主要作用是促进组织和个人绩效的提升，促进管理和业务流程的优化，保证组织战略目标的实现。

4. 绩效考核与绩效管理之间既有联系又有区别，绩效管理是一种以事前控制、事中控制与事后控制相结合的体系。绩效考核是绩效管理中的一个重要环节，同时绩效考核的好坏反映着组织绩效管理的效果，并在一定程度上影响下一次绩效管理的方向。它们之间的区别体现在：① 对人性的假设不同；② 管理的宽度不同；③ 管理的目的不同；④ 管理者扮演的角色不同。

5. 绩效管理的理论基础包括一般理论基础和直接理论基础。一般理论基础包括控制论、系统论、信息论、行为科学论、管理学论。直接理论基础包括目标管理理论、激励理论、成本收益理论、权变理论、管理控制理论。

6. 随着社会环境的不断变化、技术革新、新型组织模式与职业人的出现以及走向国际化，绩效管理面临着更多的挑战。其中，绩效管理理念的转变、实施难度加大、信息系统建设以及大数据技术的广泛应用等，都在一定程度上给绩效管理的实施带来挑战。绩效管理未来将朝着更加丰富化、人本化、弹性化、多样化、周期化和互联网化的绩效管理模式发展。

7. 战略性人力资源管理是指以组织战略目标为导向，将人力资源各项活动与组织竞争战略相结合，达到一个紧密动态协同的效果，确保组织获取竞争优势，最终实现组织战略目标的过程，具有战略性、协同性、系统性、目标性、动态性和灵活性的特征。其作用包括：① 实现组织绩效；② 扩展组织人力资本；③ 获取组织竞争优势；④ 助力人力资源管理实施。

8. 战略的绩效管理是指以组织的战略目标为导向，将绩效管理各环节与组织竞争战略联系起来所构建的一个动态循环系统，其关注企业的战略目标，从战略目标中有效提炼出经营目标。建立战略性绩效管理系统需要注意：① 明确绩效管理评估基点；② 设计关键业绩（KPI）指标；③ 统一思想，更新管理观念。

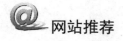 **网站推荐**

中国人力资源管理网：https://www.rlzygl.com/management/

 **影视推荐**

《杜拉拉升职记》

　　该片讲述了主人公杜拉拉的职场故事。杜拉拉在外企的经历跨度为八年，她从一个朴实的销售助理成长为一名专业干练的 HR 经理，见识了各种职场变迁，也经历了各种职场磨炼。该片从其从业到事业的阶段性顶峰，讲述其职业经历中如何处理与上级领导和下属的关系。

　　推荐理由：该片以主人公的职场经历为主线，融合了实施绩效管理、激励员工、增强员工满意度的管理学知识，值得借鉴。

 **读书推荐**

《管理要像一部好电影》

　　该书从新角度切入，观察经理人如何整合有形和无形的资源，为企业创造价值。涵盖主题包括：创造价值、解读顾客、成本管理、企业应变力与创新力、目标管理与平衡计分卡等。

　　推荐理由：这本书的作者是刘顺仁，本书于 2008 年由山西人民出版社出版。作者由日常情境、历史故事、影视趣事入手带入管理会计概念，将管理会计理论化繁为简，讲述深入浅出。本书不但可作为管理新人的"理论+实务"大补丸，更可帮助资深管理人温故知新，持续创造价值。

思考练习题

一、选择题

1. 实践证明，提高绩效的有效途径是进行（　　　）。
　　A．绩效考核　　　　　　　　　　B．绩效管理
　　C．绩效计划　　　　　　　　　　D．绩效沟通

2. 绩效管理的最终目的是（　　　）。
　　A．确定员工奖金　　　　　　　　B．决定员工升迁
　　C．确定培训人选　　　　　　　　D．提升员工绩效

3. 绩效管理是企业人力资源管理制度的组成部分，它是针对企业（　　　）开展的。
　　A．基层员工　　　　　　　　　　B．中层领导
　　C．高层领导　　　　　　　　　　D．全体员工

二、简答题

1. 简述绩效、绩效考核和绩效管理的含义。
2. 简述绩效管理的影响因素。
3. 论述绩效考核与绩效管理的联系与区别。

模拟实训：大学生综合测评体系评价

以本校大学生综合测评体系为例，与其他同学讨论，提出对大学生综合测评体系的一些修改意见和建议。

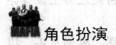

角色扮演

绩效面谈：绩效低分的小王

小王是一名销售人员，在公司工作一年多了。又到了每月绩效沟通与面谈的时间，小王十分困惑，自己已用尽各种办法积极跑业务，平时工作表现不错，但绩效考核成绩还是不佳，还有1/5的业绩指标没有完成。其间，主管对他进行过绩效跟进与辅导，但是改进依旧不明显。小王面对即将到来的绩效面谈感到很焦虑。

请两人组队练习，一人扮演主管，另一人扮演小王，模拟绩效面谈场景。然后再互换角色。之后抽取一组在全班同学面前进行现场角色扮演，师生对其进行点评并讨论。

绩效评估面谈

角色一：李涛

李涛是A公司销售部主管。根据公司的绩效考核体系，各部门按照20%的A类、70%的B类、10%的C类的比率来考核员工。这使管理者与员工的绩效面谈产生了令人尴尬的问题。即使和被评为B类的员工面谈都很难达到正向激励的效果，而在与被评为C类的员工进行面谈时，所产生的几乎全部都是负向激励。李涛正面临这样一个难题。本部门的员工孙悦此次季度考核被评为C类。

角色二：孙悦

孙悦是A公司的渠道专员，大学毕业后在A公司工作两年了，负责开发和维护渠道客户、组织相关营销活动。

按照下列绩效面谈场景进行角色扮演。

（1）员工赞成绩效评估结果，并愿意改进自己的工作，虽然有些分歧，但员工没有进行辩护。

（2）员工赞成绩效评估结果，但拒绝为自己的低绩效承担责任，认为是外部因素引起的。

（3）员工不赞成绩效评估结果，并且提出反驳意见。

分组讨论并回答以下问题。

1. 简要总结会谈。

2. 评价整个面谈过程中，李涛是否达到了最初的目的。作为主管，李涛选择的面谈方式以及对面谈节奏的控制是否恰当？

3. 该面谈过程中，哪些是需要改进的？

案例分析

Steelcase 构建的绩效模型

Steelcase 是一家全球领先的办公家具制造商，其致力于通过提供高性能的办公环境来帮助人们更加高效地工作。公司的产品包括办公场所设计、办公系统设计、办公桌椅、文件柜以及通过应用相关办公知识改变人们的工作方式。为了便于向顾客提供产品及服务，Steelcase 在全球建立了由近 700 家独立的办公家具系统经销商组成的销售及服务网络，这些经销商与客户直接接触，业绩的好坏直接影响 Steelcase 的业绩。对此，为了提升企业员工的绩效水平，Steelcase 内部的绩效顾问为公司进行了一系列的绩效改进措施。

绩效改进实施的项目组与企业高层领导举行了数次会议，在会议中，项目组构建起了一套针对经销商（现场操作经理）的绩效模型，并确定了有关绩效模型中的核心内容，具体如下。

（1）业绩结果表现，即现场操作经理岗位的关键职责及所需达成的有价值的业绩结果。

（2）岗位胜任能力，即胜任现场操作经理岗位的人员所需具备的核心能力。

（3）工作最佳实践，即优秀现场操作经理持续达成业绩结果所采取的行为。

（4）业绩考核指标，即对现场操作经理进行考核所采用的业务及绩效指标。

（5）绩效障碍与促进因素，即阻碍或促进现场操作经理达成绩效的原因。

随后，项目组采用了调查问卷和访谈的方式，对搭建的绩效模型的当前工作现状进行调查，并了解促进或阻碍绩效目标达成的因素。通过绩效差距分析，寻找当前的优势和弱势，并针对急需提升或改进的方面给出相应的解决方案，了解并跟踪解决方案的实施进展。

在解决方案实施一年之后，项目组通过对相关负责人的访谈评估解决方案的有效性及绩效模型的有效性。结果发现，绩效模型澄清了现场操作经理的工作职责、角色定位及工作期望，每一位现场操作经理对自己业绩考核的标准都十分清楚，现场操作经理之间也会定期分享各自的信息和最佳工作实践；超过 90%的现场操作经理制订了个人发展计划，远超之前的 20%；客户均表示他们非常清楚能从现场操作经理那里得到什么样的帮助，而现场操作经理的工作满意度和绩效目标在很大程度上均得到了提升。

（段敏静，2018）

讨论题：

1. Steelcase 的绩效模型有什么特点？

2. Steelcase 的绩效改进步骤在员工和公司绩效上升过程中起到了怎样的作用?

3. Steelcase 的绩效改进过程对你有哪些启发?

参考文献

[1] 许文静. 论微软公司人力资源管理策略及其启示[J]. 北方经贸，2014（12）：252-253.

[2] 付亚和,许玉林,宋洪锋. 绩效考核与绩效管理[M]. 北京：电子工业出版社，2017.

[3] 萧鸣政. 现代绩效考评技术及其应用[M]. 北京：北京大学出版社，2010.

[4] 郑长鸣. 基于系统观的知识型员工绩效管理研究[D]. 成都：西南财经大学，2008.

[5] 王雁飞，朱瑜. 绩效与薪酬管理实务[M]. 北京：中国纺织出版社，2005.

[6] 甘延青. 华为绩效管理法[M]. 台北：台湾出版社，2018.

[7] 李建明，彭剑锋. 世界级企业是怎样炼成的：全球视野下世界级企业最佳实践研究[M]. 北京：经济管理出版社，2011.

[8] 徐斌. 绩效管理[M]. 北京：中国劳动社会保障出版社，2007.

[9] 许晓光. 论绩效考核与绩效管理的关系[J]. 商场现代化，2010（30）：44.

[10] 盛运华，赵宏中. 绩效管理作用及绩效考核体系研究[J]. 武汉理工大学学报，2002（2）：92-95.

[11] 黄美灵，周茹. 绩效考核与绩效管理关系的文献综述[J]. 北方经济，2011（14）：20-21.

[12] 齐薪. 实现绩效考核向绩效管理转变：构建企业中层管理人员绩效管理体系的探讨[J]. 河北企业，2012（11）：10-11.

[13] FOURNIES F F. 绩效！绩效！提高员工业绩的教导对谈法[M]. 丁惠民，游琇雯，译. 北京：中国财政经济出版社，2002.

[14] 沈育. 绩效考核为何适得其反：从绩效考核到绩效管理[J]. 销售与市场，2005（35）：88-92.

[15] 游思远，向映. 从绩效考评到绩效管理的转变[J]. 人口与经济，2009（S1）：65-66.

[16] 秦宇阳. 凤凰出版传媒集团绩效管理研究[D]. 南京：南京师范大学，2012.

[17] 王坤，于鹏. 论战略性绩效管理发展的新趋势[J]. 商业时代，2010（31）：81-82.

[18] 严伟. 绩效管理[M]. 大连：东北财经大学出版社，2013.

[19] 彭剑锋. 战略人力资源管理：理论、实践与前沿[M]. 北京：中国人民大学出版社，2014.

[20] 段敏静. Steelcase 绩效改进案例：搭建绩效模型，提升关键岗位业绩[J]. 现代商业银行，2018（7）：72-77.

[21] CAMPBELL J P, MCCLOY R A, OPPLER S H, et al. A theory of performance [M]// SCHMITT N, BORMAN W.C. personnel selection in organizations[M]. New York: Jossey-Bass, 1993.

第二章
绩效管理的实施体系

制定正确的管理战略固然重要，但更重要的是战略的执行。

——联想集团 CEO 杨元庆

学习目标

➢ 了解绩效管理与战略性人力资源管理的关系
➢ 掌握绩效管理体系的定义和作用
➢ 掌握绩效管理体系的有效整合
➢ 了解绩效管理体系的应用
➢ 了解绩效管理体系的风险和保障

引例

通用电气公司的绩效管理系统

通用电气公司（GE）的管理之道一直被人们奉为管理学的经典，而 GE 的绩效考核制度则是其管理典籍中的重要篇章。从通用电气（中国）公司的绩效考核制度可以发现 GE 考核的重点所在。通用电气（中国）公司的绩效考核内容包括"红"和"专"两个部分，"红"是软性的东西，主要指价值观；"专"是工作业绩，指其硬性考核部分。这两个方面综合的结果就是绩效考核的最终结果。以下是通用电气公司的绩效管理系统的部分设置。

1. 绩效考核时间

在绩效考核时间方面，通用电气公司全年考核与年终考核结合，绩效考核贯穿于工作的全年，对员工的表现给予及时的反馈，在员工表现好时及时给予表扬、肯定，在员工表现不好时及时与其沟通。

2. 绩效计划的制订

绩效计划是全年绩效考核的基础，绩效计划的制订必须与公司、部门的目标一致，制订绩效计划必须与员工反复沟通推敲，在执行绩效计划时如发现不妥之处，必须立即修正。

3. 过程考核与年终考核

绩效考核是为了激励员工，所有信息要及时给予反馈。在员工表现好时，及时给予表扬、肯定；在员工表现不好时，要及时提醒。到了年终绩效考核时，所有的评价都根据平时的表现，不仅具有说服力，而且人力资源部的工作也不繁杂，因为全年不断地在积累素材，平时已经把工作做到位了。

4. 绩效考核结果的应用

绩效考核结果与员工第二年的薪酬、培训、晋升、换岗等利益相关。通用电气（中国）公司的绩效考核能够取得预定目标有多方面的因素，最重要的是通用电气（中国）公司的员工能够把简单的事情做好、做到位。

（付亚和等，2014）

从上述引例可以看出，企业要想把管理做好离不开一个完整、高效的绩效管理体系，好的绩效管理体系是一个系统工程。本章将对绩效管理和战略性人力资源管理的关系进行介绍，着重介绍绩效管理体系各环节的有效整合，最后提出绩效管理体系实施中的风险和保障。

第一节　绩效管理体系各环节的有效整合

绩效管理是一个动态的、循环的系统，其所包含的多个环节环环相扣、紧密相连，任何一个环节的脱节都可能导致绩效管理达不到预期的目标，这要求在绩效管理的整个过程中重视每个环节的工作以及各个环节之间的衔接工作，将各个环节有效地整合在一起以发挥企业绩效管理的作用。本节将对绩效管理体系进行概述，并对绩效管理的基本流程、绩效管理体系的应用策略进行介绍。

一、绩效管理体系概述

绩效管理体系既是企业战略落地的工具，也是人力资源管理的核心。它一边对战略形成支撑，一边对员工行为进行驱动，从而成为企业的发动机，推动企业整体目标的达成。

（一）绩效管理体系的构成

企业绩效管理应基于企业战略导向进行，但是在企业实践中，企业绩效管理模式往往存在绩效与战略相脱节的现象。这在很大程度上归根于部分企业缺乏对绩效管理体系的客观认识。

传统观点往往将绩效管理体系等同于绩效管理流程。事实上，行之有效的绩效管理体系应包括绩效管理文化、绩效管理流程以及绩效管理基础设施建设三个部分。其中，构建以绩效管理为中心的企业文化有两大驱动方式，即人力资源开发管理体系的各个环节（包括招聘、培训、薪酬管理等）和企业管理环节（包括领导力和管理沟通等）。绩效管理流程包括绩效计划、绩效实施、绩效考核、绩效反馈与结果应用四个环节，这将在本节第二部分着重介绍。绩效管理基础设施建设则包括设置相关的绩效管理人员职位、建立相应的支持流程和开发有助于绩效管理推行的相关技术（王晨光，2009）。

只有建立以绩效为核心、融合职责和权力的绩效管理文化，提供相应的协调人员、流程和技术支持，绩效管理流程才能有条不紊地循环推进，也只有构建完善的绩效管理体系，将绩效管理与有可持续性的企业战略相结合，才能真正引导员工努力完成企业战略，避免出现"只低头拉车，不抬头看路"的现象。

（二）构建绩效管理体系的原则

为了建立科学有效的绩效管理体系，在对其进行设计时应遵循以下五个原则。

1. 公开原则

绩效管理所有标准及流程以制度的形式明文规定，在公司内部形成确定的组织、时间、方法和标准，便于考核人与被考核人按照规范化的程序进行操作，以保证程序公平。

2. 差异性原则

对不同部门、不同岗位进行绩效考核时，要根据不同的工作内容制定贴切的衡量标准，评估的结果要适当拉开差距，不搞平均主义。

3. 全员参与原则

绩效管理要科学、有效地开展，必须依靠全体员工的共同参与和努力。在制订绩效目标时，只有通过员工和管理人员的充分沟通，制订的绩效目标才会得到员工的认同。在绩效实施过程中，员工是主体；而在绩效考核中，员工的参与将提高绩效考核的公正性，绩效考核结果的运用和绩效的改善都离不开全体员工的共同参与。

4. 常规性原则

各级管理者要将绩效管理作为自己的日常工作职责，对下属做出正确的评估是管理者重要的管理工作内容，绩效管理必须成为公司每一位管理者的常规性管理工作。

5. 持续沟通原则

持续沟通是现代绩效管理体系区别于传统绩效考核的重要标志，也是绩效管理得以实施的前提。从绩效目标的制订、绩效计划的形成、绩效实施过程中的绩效目标调整，到绩效考核、绩效改进计划的制订以及员工培训的制定，都需要管理者和员工通过反复的沟通来完成。

（三）如何构建有效的绩效管理体系

1. 绩效管理体系定位要适应企业的经营发展阶段

绩效管理体系定位是合理化体系设计与有效推行的关键，企业在绩效管理体系设计初期往往期望很高，将绩效管理体系设计得尽量完善，但是在实际实施时却又觉得太复杂，结果造成考核成本增加和实际考核效果低下。

一般来讲，在不同的发展阶段，企业对绩效管理的定位也不同。

（1）当企业处于初创阶段，公司规模较小，考核方式应尽量简单、易操作，可采用直接业绩评价或只针对部分核心岗位展开评价。

（2）发展阶段的企业内部绩效管理的重点在于关键业绩结果和工作过程的考核，考核对象也逐步面向全员。

（3）对于处于成熟期的企业来说，绩效管理更强调系统性与考核体系本身的战略导向作用。总的来说，应充分考虑自身的发展阶段，综合权衡考核收益与管理成本，使得绩效管理体系得以顺利实施。

2. 切忌盲目依赖绩效考核工具

近年来，绩效管理体系设计方面的理论体系发展迅速，出现了许多新的工具，如 KPI、BSC、OKR（目标与关键成果法）等，每个工具都会给企业带来一些新的理念和管理导向。但是，工具本身代表的是考核方法与方式，对于绩效管理的目的并无实质性差异，考核体系设计与实施流程是一样的。例如，绩效管理系统是公司整体管理系统中的一部分，如果企业的管理基础非常薄弱，也根本没有能力做好基础信息的统计，那么对于类似 BSC 这样对于企业内部基础信息或痕迹管理要求较高的工具来说，也将只能成为一纸空文了。

因此，在绩效考核制度设计中，企业应充分结合自身的特点来灵活选择具体的考核工具和方法，充分分析不同工具适用的条件，切勿盲目照搬其他企业或外界流行的体系设计方法论。

3. 多维度绩效考核结果的使用是绩效管理持续健康推行的关键

一般来说，绩效考核结果主要应用于薪酬调整与奖金、职位晋升、培训发展、改善计划等环节，而在这其中，企业和员工更关注薪酬调整和奖金分配。当然，这与很多企业人力资源管理的基础较为薄弱有关，但这种方式也会造成考核者与被考核者的过度敏感，以及导致对于绩效管理本身理解的偏差，从而影响内部文化与员工关系。因为绩效考核的根本目的不是为了薪酬调整或发放奖金，而是为了通过员工个人绩效的提升来促进企业整体目标的达成，与薪酬的挂钩只是为了保证实现这种目的而采用的一种激励手段。

企业高级管理人员和一般员工都应该准确理解绩效考核结果使用的目的和意义，结合多个维度，如职位升降、培训与发展、绩效面谈与行动改善等，综合使用绩效考核结果。唯有如此，方能保证绩效管理导向的正确性和实际实施效果的达成。

4. 绩效管理体系设计与推行是一场企业内部全体性、持续性的运动

目前大多数的企业在绩效管理体系设计与推进过程中，经历着从不理解、被动接受到逐步认可、主动改善的心理接受过程。对于绩效管理的配合程度也有一个渐进的过程。在绩效管理体系最初设计阶段，部分业务部门普遍依赖咨询公司或人力资源部实施体系的设计，甚至产生与己无关的想法或抵触情绪，但在绩效管理体系试运行或实施时，又开始抱怨绩效管理体系设计得不合理、不切合实际等。这可以说是在很多企业内部普遍存在的一种现象。

对于绩效管理体系设计与实施过程，应鼓励全员参与并持续推进，其中有两个重要方面需要绩效管理体系设计主导方着重注意并强调，甚至通过宣导的方式告知公司各业务及相关部门：① 领导带动、全员参与、充分调动、上下沟通。只有这样，绩效考核指标才能最终达成共同认可。② 绩效考核指标与目标的设定是一个持续改进的过程，考核内容在最初设定完成之后，应在试运行和实施过程中不断发现并提出新问题，在下一个绩效考核期初，修正与完善绩效考核指标与考核目标。

综上所述，企业应结合绩效管理内容体系与推行理念和方法上应该注意的问题，明确考核重点与核心，纠正错误考核观念与方式，以确保战略型绩效管理体系的成功构建与有效实施。

例证 2-1

华电国际电力股份有限公司（深圳公司）的绩效管理体系

华电国际电力股份有限公司（深圳公司）针对电力市场竞争日趋激烈，燃气价格、电量、电价等多重因素挤压电力企业盈利空间的不利因素，积极探索企业管理有效模式，初步构建了"1+4"精益标准化管理体系。该模式运行以来，公司综合实力显著提升：2019年，公司利润完成率为763%，13项生态指标、8项安全管理指标、5项环保管理指标、8项依法治企指标全部完成。推行该模式前，公司存在如下四个主要问题：一是管理机制不活，发展动力不足，运行效率不高，市场意识、成本意识和效率意识相对薄弱；二是与集团一流公司对标，公司在生产经营能力、管控效能等方面还存在较大差距；三是生产运行质量不尽如人意，企业应对市场波动的能力还需增强；四是安全管理存在薄弱环节，不安全事件时有发生。为此，公司坚持以问题为导向，从"生产经营管理要干什么、怎么干、如何干好"入手，着重把握"战略引领""四个构建"，打造了"1+4"精益标准化管理体系，如图2-1所示。

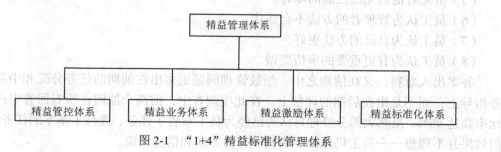

图2-1 "1+4"精益标准化管理体系

（李勃，2020）

二、绩效管理的基本流程

绩效管理流程通常被看作一个循环，这个循环分为四步，即绩效计划、绩效实施、绩效考核、绩效反馈与结果应用。

（一）绩效计划

绩效计划是一个确定组织对员工的绩效期望并得到员工认可的过程。绩效计划必须清楚地说明期望员工达到的结果，以及为达到该结果期望员工所表现出来的行为和技能。通常，人力资源部对监督和协调绩效管理过程负有主要责任。各职能部门的经理必须积极参与，特别是要参与制订绩效计划的目标。更重要的是，如果能让员工也参与其中，员工会更容易接受绩效计划并产生满意感。绩效计划的制订是一个自下而上的目标确定过程，通过这一过程将个人目标、部门或团队目标与组织目标结合起来。因此，绩效计划的制订应该是一个员工全面参与管理、明确自己的职责和任务的过程，是绩效管理的一个至关重要的环节。因为只有员工知道了组织或部门对自己的期望是什么，他们才有可能通过自己的努力达到期望的结果。

（二）绩效实施

管理是一项过程性活动：① 许多工作结果并不一定是由员工自己的行为直接产生的，也可能有与工作没有紧密关系的其他因素产生了影响，如：员工的工作情绪对员工生产效率的影响；员工所做的每一件事未必同他的目标任务有直接关联；等等。② 对工作结果的一味追求可能会忽略产生结果过程中那些个体无法控制的原因。尽管其行为也受到外界因素的影响，但相比而言，行为更是在个体直接控制之中的。

也就是说，绩效管理过程与结果一样，都是不容忽视的。Fournies（2002）对来自世界各地的两万名经理人做了一项调查，请经理们列出员工无法按要求完成所分配任务的原因，排在前八位的原因如下。

（1）员工不知道该做什么。

（2）员工不知道该怎么做。

（3）员工不知道为什么做。

（4）员工以为自己正在做（缺乏反馈）。

（5）员工有他们无法控制的障碍。

（6）员工认为管理者的方法不会成功。

（7）员工认为自己的方法更好。

（8）员工认为有更重要的事情要做。

答案出人意料，又在情理之中。绩效管理问题更多出在前期的任务分配和中期的任务指导上，而不是出在后期的评估上。在此项调查中，前两个原因在所有回答中占据的比率高达99%。虽然大部分经理自认为已经为员工布置了任务，进行了基本的任务指导，但效果并不理想——员工仍然缺少明确的努力方向和信息反馈。

绩效管理是对影响组织绩效的员工行为的管理，其管理的重心不是绩效考核的评价结果，而是在绩效考核过程中通过持续的沟通使得员工接受工作目标，正确执行绩效计划，认识绩效问题，并不断地提高和改进。而整个组织应该采用一种积极的手段，对绩效信息进行有效的收集和整理，以保证绩效管理系统的正常运作。企业应该明确，绩效考核的过程控制是每个管理者和每个员工的责任，只有大家都参与其中，才能保证绩效考核的顺利完成。

（三）绩效考核

尽管绩效管理的思想日益得到重视，但是在整个循环的过程中，如何进行绩效考核，即如何就员工的绩效表现进行评价，依然是绩效管理的重点和关键。绩效考核在整个绩效管理循环中发挥着重要作用，没有绩效考核，就没有考核结果，也就无法对员工过去的绩效表现进行总结，发现过去工作中存在的问题，找到改善绩效的方法。

明确绩效考核的重要性，有助于员工和管理者正视绩效考核，并以积极的态度参与其中。不论是管理者还是员工，都应该看到绩效考核的意义所在。因为，绩效考核可以确认以下事情：① 确认员工以往的工作为什么是有效的或无效的；② 确认应如何对以往的工作方法加以改善以提高绩效；③ 确认员工工作执行能力和行为存在哪些不足；④ 确认如何改善员工的行为和能力；⑤ 确认管理者和管理方法的有效性；⑥ 确认和选择更为有效的管理方式和方法；⑦ 考核是直线管理者不可推卸的责任，员工的绩效就是管理者的绩效；⑧ 认真组织考核不仅体现了管理者对员工、自身和组织的负责精神，还反映了管理者自己的工作态度。

绩效评估的方法，可以有两种不同的分类方式：① 按照评估的相对性或绝对性，绩效评估的方法可以分为相对评估法和绝对评估法。相对评估法主要包括简单排序法、交替排序法、配对比较法和强制分布法；绝对评估法主要包括自我报告法、业绩评定表法、因素考核法和 360 度考核法等。② 按照评估标准的类型，绩效评估的方法可以分为特征导向评估法、行为导向评估法和结果导向评估法。特征导向评估法主要是图解特征法，行为导向评估法主要包括行为锚定法和行为观察法，结果导向评估法有产量衡量法和目标管理法。

一个组织采用的评估方法，很可能是同一类型中不同方法的组合，如图解特征法和目标管理法的结合，也可能是几个不同类型方法的组合，如同时使用绝对评估法和行为观察法。

（四）绩效反馈与结果应用

有效的绩效反馈对绩效管理起着至关重要的作用，如果不将考核结果反馈给被考核者，那么考核将失去极为重要的激励、奖惩和培训的功能，而且其公平性和公正性难以得到保证。因此，绩效反馈对绩效管理起着至关重要的作用。

首先，绩效反馈在考核者和被考核者之间架起了一座沟通的桥梁，使考核公开化，确保考核的公平和公正。由于绩效考核与被考核者的切身利益息息相关，所以考核结果的公正性就成为人们关心的焦点。而考核过程是考核者的施动行为，考核者不可避免地会掺杂自己的主观意识，导致公正性不能完全依靠制度的改善来实现。绩效反馈较好地解决了这个矛盾。它不仅让被考核者成为主动因素，更赋予了其一定的权利，使被考核者拥有知情权和发言权；同时，通过程序化的绩效申诉，有效地降低了考核过程中不公正因素所带来的负面效应，在被考核者与考核者之间找到了平衡点，对整个绩效管理体系的完善起到了积极作用。

其次，绩效反馈是提高绩效的保证。绩效考核结束后，被考核者接到考核结果通知单时，他在很大程度上并不了解考核结果的来由，这时就需要考核者就考核的全过程，特别是对被考核者的绩效情况进行详细介绍，指出被考核者的优缺点，另外，考核者还需要对被考核者的绩效提出改进建议。

最后，绩效反馈可以排除目标冲突，有利于增强企业的核心竞争力。任何一个团队都存在两个目标：组织目标和个体目标。组织目标和个体目标的一致能够促进组织的不断进步，反之，则会产生负面影响。在这两者之间，组织目标占主导地位，它要求个体目标处于服从的地位。有效的绩效反馈可以通过对绩效考核过程及结果的探讨，发现个体目标中的不和谐因素，借助组织中的激励手段，促使个体目标朝着组织目标方向发展，使组织目标和个体目标达成一致。

在绩效反馈工作中得到的相关反馈结果同样具备充分的应用价值。根据反馈结果不仅可以知晓员工的实际工作能力与原有绩效要求之间的差距，从而进行相应绩效指标的合理性调整并制订新一轮的绩效计划，同时还可以根据反馈结果所显示的员工能力与绩效计划之间的差距，对未能达到绩效要求的员工进行针对性的培训开发，以帮助员工提升其业绩至绩效计划可接受范围之内。

三、绩效管理体系的应用策略

绩效管理在人力资源管理方面占据核心位置，同时也是组织实现战略目标的有效控制手段。实施科学的绩效管理可以有效地激发员工的工作热情，为企业发展提供源源不断的动力。那么，在企业的绩效管理体系搭建好之后，如何进行落地和应用？这个过程中又有哪些策略呢？

（一）绩效管理体系应用的障碍

目前，绩效管理体系的应用出现了很多问题，这些问题影响了绩效管理整体效果的提升。例如，绩效评价结果反馈不及时或没有反馈；绩效评价与员工的切身利益结合不紧密；员工的绩效评价与员工培训和个人发展没有很好结合；绩效考核结果应用方式单一，缺乏绩效管理的有效手段；绩效考核结果应用形式化倾向严重。

就我国企业而言，在员工绩效考核实践中，管理者往往不愿意与员工讨论其绩效的不足，否则管理者会觉得不适应。虽然每个员工的工作都有可改进之处，但许多管理者还是不愿意向员工提供消极的反馈意见，担心员工的缺点被指出来后，员工会进行自我辩护。事实上，也确实存在有些员工不虚心接受反馈意见，反而指责管理者的评价结果有问题或责备别人的情况。人们对自己的绩效考核往往估计过高，从统计学的角度来看，差不多一半员工的绩效低于平均水平，但有研究表明，认为自己的绩效高于平均水平的员工占 75%。对绩效考核反馈存在着一定程度的担忧而不实施考核反馈，这样带来的负面作用更大：由于缺乏积极的结果反馈，在现行的员工绩效考核中，员工既无法申辩说明或进行补充，也无法了解自身表现与组织期望之间的吻合程度，导致员工并不知道自己的哪些行为是企业所期望的，哪些行为是不符合企业组织目标的，更不用说如何改进自己的工作。事实上，员工绩效经常得到考核并及时对员工个人进行反馈，员工会认为管理者熟悉他们的工作绩效。根据反馈的情况，他们会及时调整和改进个人的行为，使得员工对考核工作有一种认同感，并积极参与自我考核。

对此，对于绩效管理体系的应用，我们有必要做一些"策略"上的提升，这包括计划上的战略性、过程上的动态管控与结果应用上的效益性。

（二）计划上的战略先行

首先，企业在制订绩效考核方案时，要从公司绩效管理体系的建立和运行入手，充分考虑绩效管理组织机构的设立。例如，小微型企业可以召集财务、人力资源、生产研发等部门成立薪酬与绩效管理小组，通力合作完成企业的绩效管理。而大中型企业应当建立薪酬与绩效管理委员会，作为公司董事会中的专门委员会，主要负责对公司高级管理人员的薪酬政策与体系设计提出建议，具体审查一般管理人员的薪酬结构与水平，制订管理人员奖金、期权等激励方案。

其次，实现责、权、利匹配。当下的企业普遍存在薪酬、职责和权利不匹配的现象。因此，绩效考核要以薪酬工资、岗位职责、权利的匹配为前提，让每一位员工的薪酬、职责、权利达到匹配。只有在明确企业、部门、员工不同层面的岗位职责、管理权限的基础上，同时设立配套的薪酬与绩效体系与之匹配，才能使公司持续发展、各部门良性运转。

最后，注重通过员工赋能，进而实现组织的赋能。绩效管理的过程就是给企业和个人赋能的过程。因此，绩效的战略目标的设定需要考量企业使命、目标、关键成功因素等要素，并从企业层面、部门层面和个人层面三方面同时入手（张钟元，2020）。

（三）结果应用上的效益优先

绩效评价结果的应用促进企业的长期发展是绩效评价结果的核心价值的体现，而企业的主要目标是实现利润最大化，因此，绩效评价结果在应用上最重要的是效益优先，为企业带来最大化效益。具体来说，绩效评价结果可优先应用于绩效改进、薪酬奖金的分配以及员工职业发展三个方面。

1. 绩效改进

绩效改进是绩效管理过程中的一个重要环节。传统绩效考核的目的是通过对员工的工作业绩进行评估，将评估结果作为确定员工薪酬、奖惩、晋升或降级的标准。而现代绩效管理的目的不仅在于此，员工能力的不断提高及绩效的持续改进才是其根本目的。因此，绩效改进工作的成功与否，是绩效管理过程能否发挥效用的关键所在。

2. 薪酬奖金的分配

现代管理要求薪酬分配遵守公平与效率两大原则。这就必须对每一名员工的劳动成果进行评定和计量，按劳付酬。绩效评价结果则能够为报酬分配提供切实可靠的依据，因此，进行薪酬分配和薪资调整时，应当建立考核结果与薪酬奖励挂钩制度，根据员工的绩效表现，运用考核结果，使不同的绩效对应不同的待遇。合理的薪酬不仅是对员工劳动成果的公正认可，而且可以产生激励作用，形成积极进取的组织氛围。

不同的公司所采取的薪酬体系有所不同，甚至存在许多差异，但薪酬体系基本上可以分为两大部分，即固定部分和动态部分。岗位工资、级别工资等决定了员工薪酬中的固定部分，而绩效则决定了薪酬中的变动部分，如绩效工资、奖金等。在此，我们重点分析绩效加薪、绩效奖金、特殊绩效奖金认可计划三种最为常见的薪酬制度。

3. 员工职业发展

绩效评价结果与员工职业发展结合起来，可以实现员工发展与部门发展的有机结合，达到本部门人力资源需求与员工职业生涯需求之间的平衡，创造高效率的工作环境。

职业生涯发展是吸引和留住员工的重要因素。针对员工，人力资源部应为其量身定做职业生涯发展规划，并定期与员工一起对其职业生涯发展规划进行修正，保证员工的职业生涯成功发展。例如，依据绩效结果实行岗位轮换，做到人尽其才，才尽其用，这样就能够有效地提高员工的积极性，激发员工的潜能。反之，如果人力资源部不注重员工的工作流动，不注重为员工提供创业的平台，缺乏绩效考核、激励机制来保证员工按业绩、按贡献正常晋级、加薪等，就会严重挫伤工作人员的积极性，影响其工作业绩和效率。

绩效评价结果可以为员工的工作配置提供科学依据。工作配置分为晋升、工作轮换、淘汰三种主要形式。人力资源部在对员工进行绩效评价时，不能只评价其目前工作业绩的好坏，还要通过对员工能力的考察，进一步确认该员工未来的潜力。对那些绩效优秀而且大有潜力的员工，可以通过晋升的方式给他们提供更大的舞台和施展才能的机会，帮助他们取得更大的业绩。而对那些绩效不佳的员工，则应该认真分析其绩效不好的原因。如果是员工自身的素质和能力与现有的工作岗位不匹配，则可以考虑对其进行工作调动和重新安排，以发挥其长处，帮助其创造更佳业绩；如果是员工个人不努力工作，消极怠工，则可以采取淘汰的方式，但人力资源部在对业绩不佳的员工进行淘汰时一定要慎重，要认真分析造成员工绩效不佳的具体原因，然后再做决定，且淘汰比例不宜太大。

绩效评价结果还可以为企业对员工进行全面教育培训提供科学依据。当员工的绩效较差时，就要对其原因进行分析，如果员工仅仅是缺乏完成工作所必需的技能和知识，那么就需要对他们进行培训。因此，除了可以通过绩效评价衡量员工的绩效业绩外，还可以利用绩效评价来提供一些信息。其中，包括使员工清楚地理解他们当前的绩效与期望绩效之间所存在的差距，帮助他们找到造成差距的原因，以及制订改善绩效的行动计划，从而实现对其能力进行有针对性的开发和培训的目标。

（四）过程上的动态管控

绩效管理体系构建之后，需要"忠实地执行"。即当目标确定之后，在目标实现的每个阶段都对目标的执行进行观察，在过程中根据竞争的变化情况、客户的满意情况、公司的战略部署等，及时调整策略和目标。

对于同一家企业，应该根据不同的业务板块、不同的部门自主选择绩效标准。同一部门可以根据工作的阶段性特点或市场淡旺季选择不同的绩效标准。每个企业都有自身的实际情况,因此在构建绩效管理体系时不要墨守成规,而要因时、因地制宜,同时根据内外部情况的变化动态调整。

为了绩效管理的公平、公正以及公开,保障绩效管理体系的落实到位,其程序必须制度化。同时,必须设置督办、申诉、复议环节,让对绩效结果有争议的部门或个人有渠道进行质询。

另外,现代企业面临的内外部环境瞬息万变,在此刻流行与风靡,也许在下一秒就无人问津。因此,创新导向的绩效管理体系在当代备受重视。这意味着企业除了需要遵循上述的方式外,还需要启用创新导向的绩效管理方式来激励、实现企业的创新价值。

第二节 绩效管理体系的风险

绩效管理体系的风险是指绩效管理体系的实施没有达到预期效果或者偏离效果的可能性。只有了解绩效管理体系的风险,才能更好地在实施过程中避免风险的发生。本节将介绍绩效管理风险的类型和产生的原因。

一、绩效管理风险的类型

绩效管理是人力资源管理最重要的环节之一,绩效管理做得好,可以调动员工的积极性,激发员工的上进心,使组织的人力资源得到一定的发挥。但是,如果绩效管理做得不好,就存在一定的风险。这些风险主要包括组织战略风险、指标设计风险、工具设计风险、体系设计风险和法律道德风险。

(一)组织战略风险

第一种风险是组织战略风险,在战略方向不对时进行绩效管理,就可能给企业造成更大的损失。

绩效管理的根本目的在于使战略落地,使得公司的战略目标进入每一个人的工作目标中。战略是什么?战略是方向,而绩效管理是方法。换句话说,绩效管理的基本作用是让每一个员工在正确的方向上走得更好、更快。然而,一旦战略方向是错误的,绩效越好,则意味着企业在错误的方向上走得越远。有句话说,当方向不对时,原地踏步就是一种进步。从这个角度看,可以说,当通信行业的竞争已经进入以用户为中心的阶段时,摩托罗拉依然以产品为中心的考核方式,是它走向没落的根本原因。

解决这个问题的关键是真正厘清公司的战略目标是什么,战略来自于对公司内外部环境和自身能力与资源的清楚认识,同时与公司的使命也有相当大的关联,而使命来自于愿景。战略的形成不应该是领导一个人拍脑袋决定的,而应该是集体讨论优化出来的,战略目标的形成过程本身就应该是一个教育与说服的过程,基于这种充分讨论而形成的战略,将会真正起到带领大家走向成功的作用。

（二）指标设计风险

第二种风险是不科学的指标会引发公司里的内部冲突。

曾见过一个部门的负责人在本部门的大会上宣布本年度的考核方式，其中一条就是：最终考核结果排名为前 10%的员工可以得到 2 倍的奖金，而排名在最后 5%的员工则要被淘汰掉。其实，这也是不少企业惯用的方式。初看这个指标很好，起到了奖勤罚懒的效果。可事实上快到年末，排名为前 11%～20%的员工千方百计要把上面的员工拉下来，以便自己能进入 10%的行列，而最后 5%的员工则千方百计要找一个垫背的，以便自己不会被淘汰。在这种情况下，不发生冲突是不可能的。

解决的办法是将这种相对指标改为绝对指标。例如，这个部门的负责人可以说，凡是最终业绩是自己目标业绩150%的员工都可以拿到 2 倍的奖金，而完成自己业绩指标不到 50%的员工则会被淘汰。如此一来，每个人只需要与自己相比较就可以了，冲突自然就少了。

（三）工具设计风险

第三大风险就是不合理的绩效管理工具可能会引起组织的效率下降。

企业人力资源管理者常常会发现，推行绩效管理方法以后，个体的工作效率上升了，但组织的整体效率却下降了。究其原因，是每个人只关注与自己有关的指标，而那些跨部门的事情，对企业整体表现很重要的内容，可能反而没有人去关注。

怎么办呢？解决的办法是关注指标之间的关系，上下级的指标要有关联性，每个个体都要承担共同的团队指标。事实上，职级越高的人，团队目标在其个人 KPI 中的权重要更高，这有助于整体管理。

（四）体系设计风险

第四种风险是推行绩效管理可能会导致公司内部分工与合作的混乱。

员工 KPI 的设定一般不能超过 6 项，因此，总有一些工作是不能涵盖在里面的。这时就会出现，当有人来找员工帮忙时，员工可能会说，"对不起，这件事不在我的 KPI 里面"，甚至管理者来找他时也会被这句话挡回来。有的经理为了避免类似情况出现，在员工的 KPI 中增加了一条：完成领导交办的其他任务。这一条其实是有风险的，因为员工完全可以说你有歧视倾向，因为总是会存在一些你交办的任务是他很难或不可能完成的情况。

解决的办法是删除这样的内容，改为结果导向，让员工完成某些特定范围的工作，并以最终结果为衡量的内容，而不是事情或行为本身。工作任务都会体现在结果或顾客身上，而这些才是我们要考核的对象。

（五）法律道德风险

第五种风险是绩效管理有时还会与法律和道德相冲突。

在欧洲很多国家，绩效管理的意义不是很大，因为管理者无法以员工绩效低这个理由让员工离开，企业甚至不能轻易地将员工评为低绩效，因为只要员工能证明这是客观原因所致，企业就要承担巨大的风险。这和企业给员工涨薪不能根据绩效结果来决定是一样的，能涨多少和要涨多少很多时候是由工会协商来决定的。

充分了解当地法律对于低绩效者管理的要求是必要的，就像中国规定对于低绩效的员工要先经过培训和换岗，如果再次证明不能胜任工作，才可以协商解除劳动合同一样。在绩效管理办法的制定过程中，充分考虑法律的要求，遵守法律的规定，尤其是在收集相关证据方面，甚至是协议的用词方面确保万无一失是完全有必要的。

二、绩效管理风险产生的原因

绩效管理的上述风险产生的原因大致可以归类为以下五种：① 组织战略目标不明确；② 绩效指标设计不合理；③ 绩效管理工具设计不合理；④ 绩效管理体系不完备；⑤ 组织法律道德意识不强。

（一）组织战略目标不明确

对绩效管理的认识存在误区。简单地把绩效考核认为就是绩效管理。事实上，绩效管理的目的是为了提高组织和个人的绩效，绩效考核只是绩效管理的一个环节。绩效管理是由绩效计划制订、绩效辅导实施、绩效考核评价、绩效结果反馈组成的一个循环。

（二）绩效指标设计不合理

关键业绩考核指标由指标名称、指标释义、绩效目标、评价标准以及绩效考核人等一系列要素组成，选择合适的绩效考核指标并明确各个指标的关系、制定客观的评价标准、确定合适的绩效考核者是设计考核指标体系的关键环节在实践中，一些企业设计的绩效考核指标不合理，导致企业的绩效管理效率不高。比如，有些企业的绩效指标设置标准过高，远远超过了员工的工作能力，这导致员工无法完成工作绩效。有些企业的绩效设置标准虽然比较合理，但是绩效设置的标准过多，这导致员工的工作时间和精力无法完全集中到关键的绩效上，从而导致企业的绩效管理整体效率较低（李彬，2019）。

（三）绩效管理工具设计不合理

发展战略不明晰；部门职能不明确；公司缺少预算体系，公司经营缺少计划性；公司核算体系不健全，核算不能反映公司真实生产经营状况。

（四）绩效管理体系不完备

没有从制度上明确绩效考核者、绩效被考核者、绩效考核周期、绩效考核内容以及绩效考核结果应用等各要素。

（五）组织法律道德意识不强

通常情况下，一套能够让员工感到公平并且愿意接受的绩效管理体系，在法律上也是经得起考验的。然而，在当前的实际工作情况中，存在着组织法纪意识淡薄的情况，工作落实存在"打折扣"、报喜藏忧的现象，自律意识还不够强。

第三节 绩效管理体系的保障

绩效管理体系要想得到有效的实施，必须有相应配套的管理体系作为支持和保障。再先进的绩效管理理念，再适合的绩效管理工具，再完备的绩效管理计划，如果离开了能够保障其落地的一系列其他管理或文化系统的支持，也不能得到有效的实施。

一、组织战略和文化的支持

清晰明确的企业战略和开放包容的企业文化是绩效管理在企业中能够有效实施的首要保障。企业在对战略实施进一步细化之后，能够形成战略地图，对于绩效管理是更进一步的支持。

（一）组织战略与绩效管理体系

没有战略的企业就像一艘没有舵的船，只会在原地转圈，像流浪汉一样无家可归。企业的战略就像大海中的指路灯塔，指引着在黑暗中前行的船只驶向预定的方向（蓝海林，2018）。

实施绩效管理之前，必须首先明确企业的战略。企业的战略目标是绩效管理实施的前提，也是实施绩效管理的目的所在。在战略的指导下实施绩效管理，才能够让战略和绩效管理工作的导向性相匹配。

如果没有清晰的、明确的战略，企业员工的行为就会没有目的性和方向感，员工的努力和付出能不能最终帮助企业的发展，是不是真的对企业有利，对实现企业的目标有没有帮助，这类问题都得不到准确的解答。

（二）组织文化与绩效管理体系

企业文化是由一个企业的价值观、信念、符号以及做事方式等形成的一系列文化形象，是一个企业的灵魂，也是推动企业行为的动力。企业文化决定了绩效管理能否有效实施。实施绩效管理的过程，也是对企业文化传承和发扬的过程，并能够在一定程度上影响企业文化。

如果某企业的企业文化强调业绩导向，那么正如IBM一样，在进行绩效管理的过程中也应当体现业绩导向。在绩效指标中，与业绩相关的结果类指标（如销售额、毛利额、利润额、市场占有率等）应当设置较高的权重。

如果某企业的企业文化强调创新意识和行为，那么绩效管理实施的模式也应当体现创新。在绩效指标中，与创新相关的结果或者行为指标（如设计新产品、尝试新方法、采取新工艺等）就应当占有较高的权重。同时，企业应当包容员工可能因为创新而带来的损失。

如果某企业的企业文化强调产品始终如一的质量，那么绩效管理本身也要注意质量的管理。绩效指标设置时，要注意体现与质量相关的指标（如产品合格率、不良品出现率、顾客产品质量问题投诉率等）所占的权重应当相对较大。

只有当企业文化和绩效管理的导向完全一致时，绩效管理工作才能顺利实施，而通过绩效管理工作的实施，企业文化才能深深地扎根在员工的心中，并得到较好的传承。

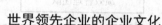

例证　2-2

世界领先企业的企业文化

IBM："高绩效文化"的企业文化理念——力争取胜、快速执行、团队精神（郭士纳，2003）。

惠普：企业愿景——创造出能让所有人随时随地享受更优质生活的技术，惠及全世界每个人、每个组织、每个社区。

麦当劳：品牌理念——因为热爱，尽善而行。

腾讯：价值观——正直（坚守底线，以德为先，坦诚公正不唯上）、进取（无功便是过，勇于突破有担当）、协作（开放协同，持续进化）、创造（超越创新，探索未来）。

（资料来源：整理自各企业官方网站）

二、绩效管理体系的机构支持

要有效实施绩效管理，需要企业机构的支持，需要根据绩效管理工作中各岗位的职责进行责权的划分。通过企业机构和各岗位的分工，使得每位员工做到各负其责，各司其职，全方位地保障绩效管理工作的实施。

（一）绩效管理体系需要机构的支持

许多企业的绩效管理难以推行的原因是，总经理把绩效管理的工作全部"扔"给了人力资源部。需要强调的是绩效管理绝不是人力资源部一个部门的工作，要想有效实施，需要企业内各部门有机结合，划清职责，相互沟通，共同努力。

微观的绩效管理实施过程是考核人和被考核人之间形成的，针对被考核人绩效而进行的一系列沟通和管理过程。宏观的绩效管理过程是由企业董事会发起，由绩效管理委员会负责承接，由绩效管理团队负责绩效管理工作的推进实施，由人力资源部负责监督执行，由其他数据提供部门协助支持，最终体现在企业上下级日常工作中的管理过程。

企业实施绩效管理需要形成和参与的机构包括绩效管理委员会、绩效管理团队、人力资源部、数据提供部门。

实施绩效管理各支持机构之间的关系如图 2-2 所示。

在这些实施绩效管理的支持机构当中，比较关键的岗位包括企业的总经理、人力资源部门的分管副总经理、人力资源部的绩效管理实施人员，还包括微观绩效管理中的考核人（通常是各部门管理者）和被考核人（通常是企业全体员工）。

（二）绩效管理体系责任的划分

为了更好地实施绩效管理，相关机构、岗位有着不同的定位、职责和分工，具体责任主体和内容如下。

1. 绩效管理委员会

绩效管理委员会通常是企业绩效管理的顶层设计机构，负责从总体上把握绩效管理

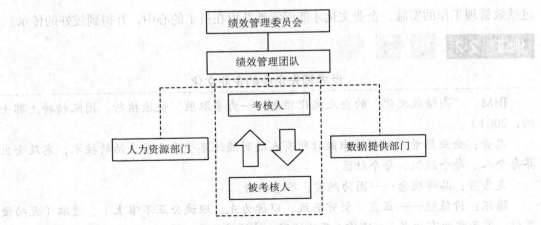

图 2-2　实施绩效管理各支持机构之间的关系

的方向、尺度、深度和温度（员工感受），同时监控绩效管理的实施过程，落实绩效结果的应用。它一般由企业最高领导层中的核心成员组成，如董事长、董事会核心成员、大股东代表等。

2. 绩效管理团队

绩效管理团队通常是绩效管理工作的具体实施机构，负责实施过程中实操层面的组织、推进、引导和审核工作。它一般由企业的核心管理团队担任，如总经理、副总经理、各部门总监、财务中心负责人、人力资源部负责人等组成。

3. 总经理

总经理在绩效管理工作中的地位最为重要和特殊，他既是考核人又是被考核人。相对于董事会来说，他是被考核人；相对于企业各部门负责人来说，他是考核人。他通常是绩效管理团队的组长，而且应当是企业绩效管理推进工作的最高指挥官。

4. 分管绩效管理或人力资源管理的副总经理

这个角色通常负责企业绩效管理工作的整体推进、监控和实施，是绩效管理一些重大事项的决策者之一。他通常会担任绩效管理团队的副组长。

5. 各部门管理者

这个角色是企业绩效管理的具体执行者，这部分人员的素质以及对绩效管理的理念决定了绩效管理工作能否真正落地。

6. 人力资源部

人力资源部是绩效管理的实施机构，负责绩效考核的组织工作。其职责通常如下：① 拟订并完善企业的绩效管理相关制度，完善企业的绩效管理体系；② 组织并指导各部门建立绩效考核的指标、目标和标准；③ 实施绩效管理培训，明确绩效管理流程，设计并提供绩效管理相关工具；④ 建立绩效管理档案；⑤ 受理各部门的绩效申诉；⑥ 收集、汇总、分析各方对绩效管理工作的反馈意见；⑦ 组织并指导相关数据的收集工作，并收集、汇总、分析考核结果；⑧ 根据评估结果和企业的人事政策，向决策者提供人事决策的依据和建议。

7. 所有被考核人

被考核人是企业价值的创造者，也是企业绩效的具体产出者。其职责通常如下：① 充分认识并理解企业的绩效管理体系；② 与直接上级沟通确定自己的绩效目标，并签署和执行绩效责任书；③ 以良好的心态与直接上级进行绩效沟通；④ 既要肯定自己的优势，也要积极面对自身的不足；⑤ 努力提升自身的能力，更好地履行本岗位的职责，争取获得更好的绩效。

三、绩效管理制度的支持

绩效管理制度是指导绩效管理的纲领性文件，是整个企业都必须遵守的规则。绩效管理制度编写的质量影响着绩效管理的质量。在制定绩效管理制度时，需要特别注意绩效管理制度的分层策略、指导原则及内容。

（一）绩效管理制度的分层策略

绩效管理制度的分层策略来源于企业组织机构中的管理层次和按照岗位性质不同划分的岗位层次。

任何组织机构按照管理和汇报关系的不同，都可以分成三层，即决策层、管理层和执行层。绩效管理制度同样可以按照三个管理层级的不同特点，分别制定对应的规则。

决策层一般是指企业的最高管理者及高级管理人员。绩效管理制度应当结合绩效管理策略，注重结果类指标、效益类指标的导向，注重决策偏向长期行为的导向，把决策层的利益与企业的长远发展结合在一起。

管理层一般指企业中的中层管理者，包括各子企业负责人、各部门负责人等。绩效管理制度应当强化对管理层工作过程和结果的双重规定。要平衡他们在工作结果和工作过程之间的关系。

执行层一般指企业的普通员工和基层操作人员。绩效管理制度的侧重点应当是岗位职责的履行、日常行为规范的遵守以及上级交办工作任务的执行三个方面，强调对工作的检查和落实，形成良好的企业执行文化。

根据岗位属性的不同，岗位所要求的素质、知识、能力、经验也会有所不同，绩效管理制度的侧重点同样应有所不同，而这种不同主要体现在绩效与薪酬的关系上。

对于销售类岗位，绩效管理制度一般可以规定底薪加提成的方式，销售绩效越高，提成工资越高；对于生产类岗位，绩效管理制度可以规定计件工资制，生产绩效越高，计件工资越高；对于其他管理类岗位，可以实行岗位工资加绩效工资的工资模式，绩效工资同样与岗位绩效直接相关。

（二）绩效管理制度的指导原则

1. 实用性

企业在制定绩效管理制度时，要充分考虑自身的人力资源管理水平以及企业的经营特点和行业特点，思考绩效管理方案制订和实施所需要的人力、物力和财力；要明确现在实行的绩效管理工具和方法是否与企业的特点相适应。

2. 简要性

绩效管理制度编写不要出现大篇幅的专业术语，不要写太多非操作层面的大道理，不要不加处理地罗列一些比较复杂的流程，语言要足够简单易懂，让普通员工能够迅速看明白。

3. 公平性

不论用什么方法进行绩效管理和评价，都要保证公平性和客观性，要以客观事实为依据，对被考核人做出实事求是的准确评价。绩效管理制度应当避免人为因素造成绩效评价结果与员工实际工作绩效出现较大差距。

4. 公开性

绩效评价的工作过程应当是公开的，绩效评价的程序、标准、方法和时间都应当是公开的。当所有员工都清楚时，才可能积极地参与到绩效管理工作中，而不是被动地等待来自上级的考核。同时，绩效评价的结果也应当是公开的，以便员工比较和查找自身差距，找到努力的方向。

5. 全面性

绩效管理制度规定的绩效评价要素要包括工作岗位的各个方面，应当概括评价工作岗位的内容和任职要求。在绩效评价的事件、时间和形式上同样要保证全面性，保证被考核人能够得到全方位、多层次、多渠道的评价。

6. 稳定性

绩效管理制度一旦制定，就应当保持一定的稳定性。如果制度朝令夕改，员工会质疑企业的管理水平，不利于员工队伍的稳定。因此，在制定绩效管理制度之前，要充分调研、仔细设计和详细论证。必要时，论证的过程应当引入绩效管理的专家。

7. 可变性

可变性与稳定性并不冲突。稳定性是相对稳定，但不是不能变化。随着市场环境、科技发展、劳动方式的变化，企业的战略、经营计划、岗位工作方式等都在不断发生变化。一成不变的绩效管理制度难以满足复杂多变的环境，所以在操作过程中根据需要不断地修正和改进绩效管理制度是必需的。

（三）绩效管理制度的内容

一套完整的绩效管理制度至少要包括绩效管理部门、绩效管理原则、绩效管理体系、绩效管理指标体系、绩效指标权重、绩效评价周期、绩效结果表示、绩效工资计算、绩效沟通规则、绩效申诉机制、绩效结果应用等方面的规定。

1. 绩效管理部门

绩效管理制度要规定本企业绩效管理工作的管理机构及职责分工，不同岗位人员在绩效管理工作中应当承担的职责，如绩效管理工作由谁负责管理，谁负责落实，谁负责实施，谁负责监督和检查，谁负责跟踪、评估、改进等。

2. 绩效管理原则

绩效管理原则是企业绩效管理工作的纲领性、指导性思想。绩效管理制度本身不可能涵盖所有的情况，也不可能完全考虑到绩效管理工作的变化和发展。这时，就需要绩效管理的原则性文件作为行动的指导。

3. 绩效管理体系

有了管理体系，才有实施的保障。明确了管理方法，才能指导绩效实施。绩效管理体系是为了明确企业绩效管理实施的运作机理、各项环节的运行流程、各类作为支持的子系统，或者某些为了实现目标的机构设置的具体规则等方面而形成的管理体系。

4. 绩效管理指标体系

绩效管理指标体系可以包括企业层级、部门层级、员工层级的绩效指标。绩效指标的设计不要拘泥于某一种绩效管理工作，可以根据需要采用多种形式的指标组合。设定绩效指标时要注意统一性、针对性、简明性、公平性、对等性、具体性以及可操作实施性。

5. 绩效指标权重

绩效指标的权重有两层含义：一是对于同一岗位，不同绩效指标所占的权重；二是对于同一被考核者，不同考核者评价所占的权重。这两部分权重对绩效结果的影响都很大，在绩效制度中都应当有明确具体的规定。

6. 绩效评价周期

绩效评价周期一般根据部门或者岗位的职位等级、工作性质、工作量化程度以及绩效工资的发放时间等多项因素确定。确定后，要在制度中规定对于不同职级和岗位的人员绩效评价周期的具体时间跨度。

7. 绩效结果表示

绩效结果表示是对绩效评价最后对应的等级或优劣给出的符号定义。有的企业绩效结果表示是按照优劣顺序，分为 A、B、C、D、E；有的企业把绩效结果分成优秀、良好、合格、基本合格、不合格；有的企业把绩效结果分为超越目标、基本达标、未完成。

8. 绩效工资计算

绩效管理制度要明确绩效工资与绩效结果之间存在什么样的关系。因为绩效工资涉及每个员工的切身利益，在确定绩效工资计算方法时要注意表述清晰、明确、简单，并且加入计算的案例。

9. 绩效沟通规则

绩效沟通贯穿整个绩效管理的始终，却又很容易被考核人忽略。比较重要的绩效沟通环节包括对绩效计划的沟通、绩效辅导的沟通、绩效反馈的沟通。在绩效管理制度中，对于绩效沟通的具体操作需要有明确具体的要求。

10. 绩效申诉机制

绩效管理过程中难免会产生一些争议，绩效管理制度要明确具体地规定绩效申诉的流程、方式以及过程中需要注意的事项，以免员工因为申诉无门而影响工作积极性或者在私下传播负面信息。

11. 绩效结果应用

对绩效评价的结果如何用在绩效管理制度中要进行详细的规定。绩效管理制度规定的绩效结果应用方式应当是企业切实能够履行的，而不应当只是概念上或者想法上的。

四、其他管理体系的支持

除了企业的战略、企业文化、组织机构以及各岗位的职责分工外，绩效管理的实施还需要其他管理体系的支持，如作为人力资源管理体系基础的岗位体系、承接企业战略的计划管理体系以及用于制订绩效指标和目标的预算管理体系。

（一）岗位体系的支持

岗位体系是人力资源管理体系的基础。它直接与绩效管理体系、薪酬管理体系形成关联并相互作用，保证企业能够持续不断地吸引、激励、保留优秀人才。有了岗位体系，就可以根据职等职级确定薪酬和福利的标准；绩效考核的结果，又可以作为个人升职、降职、调薪、奖励、惩罚的依据。

岗位管理体系包括的内容有岗位层级、岗位族群/序列/角色、岗位发展通道、岗位图谱和称谓、岗位管理制度、岗位说明书，如图 2-3 所示。

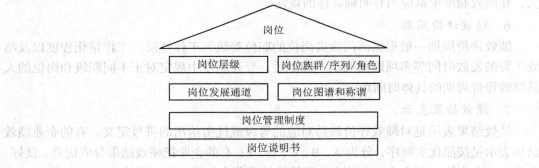

图 2-3　岗位管理体系示意图

1. 岗位层级

岗位的层级划分是企业管理的纵向权限分布，是岗位的汇报层级关系，是岗位的相对价值分布。可以从专业知识、岗位能力、贡献大小、业务领域影响力等角度来测量岗位的价值，划分岗位层级。

2. 岗位族群/序列/角色

岗位族群是由一系列工作内容相近，岗位任职者所需的知识、技能相近，工作领域相近的岗位组成的岗位集合。对岗位族群做进一步细分，可以形成岗位序列和岗位角色。

建立岗位族群体系，一是为人力资源调配提供一个新的工具，实现对数量庞大的岗位进行动态管理；二是建立多通道的职业发展路径，拓宽员工在企业的发展空间，增强对核心人员的吸引力与激励；三是可以针对不同岗位族群，制订个性化的人力资源管理配套方案，包括薪酬激励、培训与发展、人员选拔与流动、绩效管理在内的人力资源管理平台。

3. 岗位发展通道

岗位发展通道主要包括三种模式：① 横向职业通道。这种模式是采取工作轮换的方式，通过横向的调动，使工作具有多样性，使员工焕发新的活力，迎接新的挑战。② 双重职业通道。这种模式分成管理通道和技术通道两条通道，沿着管理通道可以通往职级更高的管理职位；沿着技术通道可以通往更高级的技术职位。③ 多重职业通道。这种模式是在双重通道的基础上又分成多个通道，为员工提供更多的机会和发展空间。

4. 岗位图谱和称谓

第一，确定图谱中的称谓。根据岗位族群序列结果和岗位层级确认结果横纵交叉选取图谱中的称谓。

第二，确定岗位角色，根据岗位称谓细分工作角色。

某企业岗位图谱和称谓之间的关系如表 2-1 所示。

表 2-1 某企业岗位图谱和称谓之间的关系

对 应 等 级	管理通道岗位称谓	技术通道岗位称谓
16~18	总监	首席工程师
13~15	高级经理	资深工程师
10~12	经理	高级工程师
7~9	高级主管	中级工程师
4~6	主管	工程师
1~3	专员	助理工程师

5. 岗位管理制度

完整的岗位管理制度至少包括目的、适用范围、原则、定义、支持文件（其他相关的制度或规定）、岗位设置、岗位编制、岗位分类、岗位等级、任职资格、晋升管理（条件、方式、选拔、评定）、降级管理、转岗管理、借调管理、待岗管理、转正管理、离职管理等内容。

6. 岗位说明书

如果一个企业没有完善的岗位说明书就盲目地开展绩效管理工作，其结果注定会失败。岗位说明书上的工作内容都是在企业发展战略的基础上通过岗位工作分析而来的，这些工作正是对其岗位员工进行考核的重点指标。岗位说明书是在岗位工作分析的基础上形成的书面文字资料，它不但避免了各岗位工作的重复与部分工作无岗位负责的情况，同时还避免了出现问题找不到责任人的现象发生。

（二）计划管理体系的支持

绩效管理的关键是对过程的管理，而不是对结果的管理。计划管理是一个推进绩效过程管理的有力武器，是让绩效管理变成一种可以操作的常态化工作的管理保障。

计划管理可以分成六大关键组成要素，分别是目标、行动、内容、资源、时间、责任人，如图 2-4 所示。

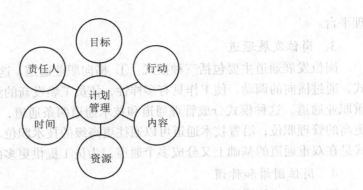

图 2-4　计划管理的六大关键要素

通过对计划管理六大关键要素的梳理，能够清晰地回答当完成某个目标时，需要采取什么样的行动计划、行动中需要包括什么样的内容、行动过程中需要哪些资源的支持、整个行动的持续时间、行动计划中各事项结果的责任人分别是谁等问题。

计划管理的全过程可以分成四个步骤，分别是制订计划、执行计划、回顾计划和总结计划，如图 2-5 所示。

图 2-5　计划管理的四个步骤

制订计划的过程是根据工作事项的紧急程度和重要程度，明确阶段性的工作计划和工作目标，落实责任人的过程。同时，明确实施计划过程中需要的资源需求，包括需要什么人的支持、需要哪些物资、需要多少费用、需要哪些部门协同等。

执行计划的过程是责任人按照计划中的进度、目标和资源支持的要求完成计划的过程。在执行计划的过程中要注意保持上下级之间紧密的沟通，及时获取相关的信息，根据情况随时修改计划形成关键的行动。

回顾计划的过程是对计划执行过程中出现的问题进行复盘和修正的过程。回顾计划可以分成差距分析和经验总结两个方面的重点工作。差距分析着力于回顾计划实施情况和计划之间的差距。经验总结是对如何避免遇到问题，以及遇到问题后如何解决的回顾总结。回顾计划并不是等计划完全结束后才进行的，而是在计划实施的过程中分阶段进行的。

总结计划的过程是对整个计划实施结果进行评判和分析的过程。总结计划的过程可以从计划的进度、计划的质量和计划的成本三个维度进行。计划的进度总结是指计划有没有在预定的时间内完成。计划的质量总结是指计划中任务完成的质量情况。计划的成本总结是指整个计划是否超过预定的投入。

（三）预算管理体系的支持

对于比较成熟的企业，预算管理已经是企业经营管理中不可或缺的一部分。预算管理是根据企业的战略和经营管理活动，对各子企业、各部门合理分配人、财、物的资源，以便企业能够更好地实现自身战略的过程，也是为实现战略规划和经营目标，按照一定的程序编制、审查、批准的，以量化形式表现的企业预算期内经营、投资、财务活动的统筹计划。

在企业中，预算管理和绩效管理是两套相互配合、密不可分、相辅相成的管理体系。当预算管理有绩效管理的配合时，企业才有可能实现预算目标；当绩效管理有预算管理的支持时，绩效指标和目标的制订才有依据。

通过全面预算管理的实施，企业的战略目标通过分解成不同部门、不同岗位的预算目标，变成了各部门、各岗位绩效评价的准绳。实施绩效管理之后，将实际结果和预算进行比较，便于各部门、各岗位的工作业绩得到正确的评价，有利于各岗位员工了解当前存在的问题，同时能够在一定程度上提高员工的积极性。

通过预算管理和绩效管理的配合，将奖金分配、利益分享以及股权激励计划与业绩目标的实现相联系。这其中的业绩目标正是来自于企业及部门预算中的数据。预算管理在为绩效管理提供参照值的同时，管理者还可以根据预算的实际执行结果去不断修正、优化绩效管理体系，确保绩效评价结果更加符合实际，真正发挥评价与激励机制的作用。

实施全面预算管理的操作过程，可以分成准备阶段、执行阶段、评价阶段、复盘阶段四个阶段。

在准备阶段，企业应当成立预算管理小组，组织并编制企业的预算。预算管理小组要协助最高管理者明确经营目标和预算指标，明确各部门的职责与预算编制的方法和具体要求，明确预算管理工作推进的时间表，为会计核算做准备。

在执行阶段，预算管理小组要保证年度预算得到企业最终的批准，协助企业划定业务审批的权限，协助企业管理层召开月度的业绩经营分析会，对过程中在某些预算上出现问题的部门实施预算的调整。

在评价阶段，预算管理小组要协助绩效管理团队根据各部门的职责设置相关责任人的绩效指标，制定对于责任人预算管理和绩效管理的评价标准，制定责任人的绩效水平对其薪酬或奖金影响的规则。

在复盘阶段，预算管理小组要根据企业预算管理在上一年中的运行情况，查找存在的问题，进行评估和改进，为下一年预算管理工作的有效实施提供经验支持。

 **本章小结**

1. 绩效管理在人力资源管理系统中占据着核心地位，绩效考核结果运用是工作设计、招募与甄选、薪酬管理、培训与开发和员工流动性管理等职能环节的基础和依据。

2. 绩效管理流程是构建企业绩效管理系统的核心部分，主要包括如下四个环节：① 绩效计划；② 绩效实施；③ 绩效考核；④ 绩效反馈与结果应用。

3. 绩效计划是一个确定组织对员工的绩效期望并得到员工认可的过程，是双方在明晰责、权、利的基础上签订的一个内部协议。绩效实施过程管理主要包括持续的绩效沟通以及绩效信息的收集和分析。

4. 绩效考核环节着重解决"谁采用什么方法来考核谁，以及考核什么"的问题。绩效反馈是考核公正的基础，是提高绩效的保证，是增强竞争力的手段。在绩效结果应用前，必须对绩效结果进行分析。绩效结果应用包括员工管理与员工发展两个方面。

5. 绩效管理是一个循环的、动态的系统。绩效管理系统所包括的几个环节紧密联系、环环相扣，任何一个环节的脱节都将导致绩效管理的失败。

6. 绩效管理体系的风险是指绩效管理体系的实施没有达到预期效果或者偏离效果的可能性。它包括组织战略风险、指标设计风险、工具设计风险、体系设计风险、法律道德风险。

7. 绩效管理体系要想得到有效的实施，必须有相应配套的管理体系作为支持和保障，主要包括组织战略和文化的支持、绩效管理体系机构的支持、绩效管理制度的支持、其他管理体系的支持。

网站推荐

1. 起航学习网：http://www.epx365.cn/tags/2983
2. 知多学习网：http://www.168xuexi.com/jiangzuo/list_1_108.html

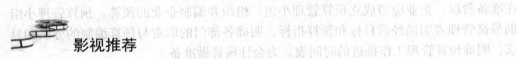

影视推荐

《我们办事人》

该剧由百位名企高管亲自客串出演并传授职场经验。通过实习生范晓楠的经历讲述了新晋学生在职场的成长进化，全方位展示了压力面试、职员薪酬、校园招聘等求职技能。该剧由 HR 众筹并全程参与制作，证明 HR 需要具备的职业素养在组织战略上具有不可替代的作用。

推荐理由：该剧以实习生的成长故事为主线，刻画了 HR 在一个组织中的重要地位，融合了有效地推行绩效管理的方法，值得借鉴。

读书推荐

《绩效体系设计：战略导向设计方法》

本书提供了非常具体的方法和工具，而不是表面上的宽泛理论；系统地阐述了如何把企业的战略目标分解到每个员工，并且针对各层各类人员的工作特征，提出了不同的考核方法；以来自企业实践的具体案例作为支援。

推荐理由：本书站在企业经营战略的高度提出了企业人力资源管理的整体解决方案，引导读者从各项人力资源管理功能的互动性和战略意义角度来进行思考。书中有大量的案例、工具与模板，对于多数企业管理者都有直接的借鉴价值。

出版信息：徐伟，张建国. 绩效体系设计：战略导向设计方法[M]. 北京：北京工业大学出版社，2003.

思考练习题

一、选择题

1. 人力资源管理体系在未来设计变革过程中的重要方向是（　　）。
   A. 有效地为企业管理服务　　　　　　B. 有效地为经济战略服务
   C. 有效地为企业发展服务　　　　　　D. 有效地为发展战略服务
2. 绩效管理体系的基本流程不包括（　　）。
   A. 绩效计划　　　　　　　　　　　　B. 绩效实施
   C. 绩效考核　　　　　　　　　　　　D. 绩效修改
3. 员工 KPI 一般不超过（　　）项。
   A. 3　　　　　　B. 6　　　　　　C. 9　　　　　　D. 12

二、简答题

1. 简述战略性人力资源管理与绩效管理的关系。
2. 简述绩效管理各环节有效整合的意义。
3. 列举几条绩效管理体系实施的保障措施。

模拟实训：高考招生项目的绩效改进

以本校人力资源管理专业的高考招生项目为例，设计一套完整的绩效管理体系方案，来评估并改进本校人力资源管理专业的高考招生工作。

角色扮演

A 企业的绩效管理实施体系

A 企业成立于 2003 年，希望能通过完善绩效管理实施体系改善公司的管理环境，通过绩效管理的有效实施解决困扰企业、让管理者头疼的管理问题，进一步提高员工士气，提升管理者的素质和管理水平。

角色一：总经理

总经理扮演的角色是赞助支持。这要求总经理关心、关注绩效管理的工作，不能把担子全部压在人力资源经理的身上。绩效管理是公司管理的一个重大改革举措，阻力和困难不可避免，当阻力和困难出现时，总经理必须出面协调统一，排除困难，推动绩效管理向深入开展。

角色二：人力资源总监

人力资源总监应该是企业中的绩效管理专家，其通晓绩效管理的理念、意义、方法和作用。实施绩效管理可以由总经理提出，也可以由人力资源总监建议，通常人力资源总监提议实施绩效管理的比较多。这就需要人力资源总监首先掌握绩效管理，成为绩效管理方面的专家。全面深刻地理解了绩效管理之后，人力资源总监的一个很重要的工作就是设计符合公司现状的绩效管理体系，并组织直线部门学习实践。当问题出现时，人力资源总监还要扮演一个绩效管理专家的角色，为员工提供咨询帮助。

角色三：直线部门经理

直线部门经理的主要职责是充分理解公司绩效管理方案，组织部门员工实践绩效管理，帮助员工提高绩效水平，对员工的绩效水平的提高负有责任。直线部门经理应该认真执行公司颁布并实施的绩效管理方案，用绩效管理的理念管理本部门的员工，改进自己的管理方法和管理手段。以本部门员工绩效管理的有效性为目标，帮助员工制订绩效目标，就绩效目标达成过程中出现的问题和员工保持沟通，帮助员工去除工作中的障碍，改善和提高员工为达成绩效目标所需要的技能。

角色四：员工

员工是绩效管理的主人，绩效管理致力于让每个员工都成为自己的绩效管理专家，都知道如何为自己设定绩效目标，如何有效实现自己的目标，并在目标实现的过程中提高自己的绩效管理能力。员工在绩效管理中不应该完全被动，而应该成为绩效的主人，产生并拥有绩效，主动地为提高自己的绩效水平而努力，发现问题时要主动与主管经理面谈沟通，寻求帮助，不断锻炼自己。

请四人组队练习，分别扮演员工、直线部门经理、人力资源总监和总经理，模拟一场完整的绩效管理实施体系，然后再互换角色。之后抽取一组在全班同学面前进行现场角色扮演，师生对其进行点评并讨论。

案例分析

一汽集团的绩效管理体系改革

一汽集团作为中国汽车工业的"长子"，曾经创造过中国汽车工业的无数个辉煌和奇迹。然而，2000年以来，随着汽车开始逐渐进入家庭，我国汽车行业的竞争也日趋激烈。市场环境的变化给一汽集团带来了巨大的竞争压力，为提升企业的战略执行力和组织协同力，提高企业的经营质量，实现国有资产的保值增值，一汽集团公司在2009年做出了"建立战略导向的绩效考评体系，实施全员绩效管理"的重要战略决策。

集团绩效管理体系建设工作于2009年8月1日正式启动，按照"总体设计、分步实施、逐步完善"的方针推进项目实施。基于对已有考核体系的分析，以及对国际上主流考核工具的研究，一汽集团选定了平衡计分卡为工具，开发集团公司及各级责任人绩效指标，建立战略导向的绩效管理体系。集团绩效管理改革取得了显著成效，超额完成了国务院国有资产监督管理委员会下达的各项考核任务，销量和收入、利润等指标均表现良好，企业在全球财务500强中的排名也连年提升，彰显了集团绩效考核体系改革的作用。

具体来看，在考核工具和考核方法的选择上，一汽集团采用了平衡计分卡（BSC）和关键业绩指标（KPI）来建立绩效管理体系，并在具体指标中融入经济增加值（EVA）的思想。集团平衡计分卡的使用改变了各公司以往只关注财务数据的现象，将财务指标与非财务指标、长期指标与短期指标等予以综合，将旗下各公司的管理方向导向了人才、客户、产品质量、研发创新和公司成长性等方面，使企业不仅关注当前利益，更关注长期发展。KPI 通过具体的量化指标避免了因战略目标本身的整体性和沟通风险造成的传递困难，给各级管理者以客观的标准和角度，有助于集团制订基于战略、支持战略的各级目标。经济增加值（EVA）从衡量经营者为股东创造了多少财富的角度出发，维护了所有者利益，是目前被世界优秀企业普遍采用的财务指标。然而，EVA 无法摆脱财务指标带给企业的短视效应，因此一汽集团将 EVA 引入 BSC 体系中，利用 BSC 注重长期发展的特点，很好地弥补了 EVA 的不足。同时，将 EVA 作为 BSC 中财务方面的核心评价指标，体现了集团管理观念的进步，即从追求企业自身利益过渡到为企业所有者创造财富。

一汽集团建立的战略导向绩效评价体系是适应现代企业发展要求的，其关键指标的选取，尤其是财务维度上关键指标的选取能够很好地反映企业的真实表现，保证了其绩效评价的正确性。绩效评价体系的进步带来了企业经营的快速发展，为一汽集团的长远发展奠定了根基。

（李家媛，2015）

讨论题：

1. 在一汽集团实施的绩效管理体系中，有哪些特征与本章中描述的绩效管理体系特征是相符的？

2. 基于对一汽集团绩效管理体系的描述，根据你的预测，实施这套体系将会产生哪些方面的好处以及积极的效果？

参考文献

[1] 付亚和，许玉林. 绩效管理[M]. 上海：复旦大学出版社，2014.

[2] 王晨光. 构建战略导向的绩效管理体系[J]. 中国人力资源开发，2009（3）：101-103.

[3] 李勃. 华电国际深圳公司"1+4"精益管理体系[J]. 企业管理，2020（8）：72-73.

[4] FOURNIES F F. 绩效！绩效！提高员工业绩的教导对谈法[M]. 丁惠民，游琇雯，译. 北京：中国财政经济出版社，2002.

[5] 张钟元. 绩效管理局中局[J]. 企业管理，2020（11）：63-65.

[6] 蓝海林. 企业战略管理[M]. 北京：中国人民大学出版社，2018.

[7] 郭士纳. 谁说大象不能跳舞[M]. 北京：中信出版社，2003.

[8] 李家媛. 国有集团企业绩效评价体系建立的思考：基于一汽集团绩效管理改革的案例研究[J]. 财经界，2015（18）：58-65.

第三章
绩效计划

计熟事定，举必有功。

——唐代文学家刘禹锡

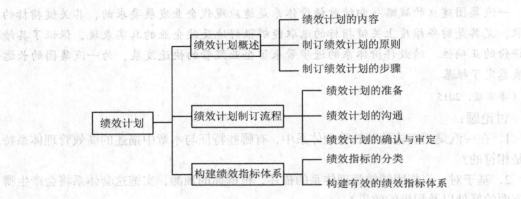

绩效计划 —— 绩效计划概述 —— 绩效计划的内容
—— 制订绩效计划的原则
—— 制订绩效计划的步骤

绩效计划制订流程 —— 绩效计划的准备
—— 绩效计划的沟通
—— 绩效计划的确认与审定

构建绩效指标体系 —— 绩效指标的分类
—— 构建有效的绩效指标体系

 学习目标

➢ 了解绩效计划的概念和内容
➢ 了解绩效计划制订的原则
➢ 掌握绩效计划制订的流程和步骤
➢ 了解绩效指标构建体系

引例 ————————————————————————————●

通达公司员工的绩效计划

通达公司成立于20世纪50年代初，目前公司拥有员工一千名左右。自创业以来，通达公司坚持以顾客需求为中心的创新体系，驱动企业的持续健康发展，在全球三十多个国家和地区建立了制造中心和服务网络。采用内部培养与外部引进相结合的人才发展战略，建立吸引人、使用人、发掘人等科学的人才选聘机制，铸就通达的人才核心竞争力。实行科学的激励考核制度，采用定岗定编总原则的同时，制定科学、详细、可操作的考核办法。通达公司秉持"创新求变、永续经营"的经营理念，"敬业拼搏、创新效率"的企业精神，"高质量、高品质、高效率地为客户提供满意的产品与服务"的质量方针以及"快速反应、马上行动"的企业作风。总公司只设一些职能部门；总公司下有若干子公司，分别从事不同的业务。绩效考核工作是公司重点投入的一项工作，公司的高层领导非常重视。人事部具体负责绩效计划的制订和实施，在原有的绩效计划基础上制定出了《绩效计划制定办法》，并在每年年初出台当年的具体绩效计划制订方案，以使绩效计划达到可操作程度。

根据绩效计划，公司的高层领导与相关的职能部门人员组成考评小组。考评的方式和程序通常包括被考评者填写述职报告、在自己单位内召开全体员工大会进行述职、民意测评（范围涵盖全体员工）、向科级干部甚至全体员工征求意见（访谈）、考评小组进行汇总写出评价意见并征求主管副总经理的意见后报公司总经理。

考评的内容事先在绩效计划方案中已经确定，主要包括三个方面：被考评单位的经营管理情况，包括该单位的财务情况、经营情况、管理目标的实现等方面；被考评者的德、能、勤、绩以及管理工作情况；下一步工作打算，重点努力的方向。具体的考评细目侧重于经营指标的完成、政治思想品德，对于能力的定义则比较抽象。各业务部门（子公司）都在年初与总公司对于自己部门的任务指标进行了讨价还价。

对于中层干部的考评完成后，公司领导在年终总结会上进行说明，并将具体情况反馈给个人。尽管考评的方案中明确说明考评与人事的升迁、工资的升降等方面挂钩，但最后却没有在实际中有所体现。

对于一般员工的考评则由各部门的领导掌握。子公司的领导对于下属业务人员的考评通常是从经营指标的完成情况来进行的；对于非业务人员的考评，无论是总公司还是子公司，均由各个部门的领导自由进行。

（绩效考评案例分析，2018）

本章主要介绍了绩效计划的概念、制订流程以及构建绩效指标体系的方法。

第一节　绩效计划概述

绩效管理体系包括绩效计划、绩效实施、绩效考核、绩效反馈与结果应用四个环节。绩效计划是绩效管理体系的开始环节，同时也是绩效管理的有力工具，它体现了组织上下级之间对绩效的承诺。本节将主要介绍绩效计划的内容、制订绩效计划的原则和制订绩效计划的步骤。

一、绩效计划的内容

（一）绩效计划的含义

绩效计划（performance plan）是一个确定组织对员工的绩效期望并得到员工认可的过程，是被考核者与考核者双方对员工应该实现的工作绩效进行沟通，并将沟通的结果落实为正式书面协议的过程。绩效计划方案一般以书面协议和评估表的形式呈现，它是双方在明晰权、责、利的基础上签订的一个内部协议。绩效计划从组织的最高层级开始，将组织战略目标层层分解，下分到每个子公司和各个部门，最终落实到个人。对于各个子公司而言，这个过程就是组织业绩计划过程；而对于员工个人而言，这个过程就是个人绩效计划过程。绩效计划必须能够清楚地说明期望员工达到的结果，以及为达到该结果所期望员工表现出来的行为和技能。

具体来说，我们可以从两个角度理解绩效计划的含义：① 从"名词"角度看，绩效计划是标准、契约。绩效计划的作用就在于，在绩效考核期间，可以根据对绩效计划中关键业绩指标和工作目标达成情况的考核来判定员工工作业绩。而事先约定好的绩效计划就是双方的一个契约，是静态的。② 从"动词"角度看，绩效计划是一个过程。绩效计划被定义为被考核者与考核者双方对员工应当实现的工作绩效进行沟通的动态过程，是领导和下属就考核期内应当完成哪些工作以及达到什么样的标准进行充分讨论，形成契约的过程。

（二）绩效目标

绩效计划是以管理者与员工共同制订并修正绩效目标为前提，以实现绩效目标为目的的一个过程。为了更好地理解绩效计划，我们应该首先明确绩效目标的含义。绩效目标（performance objective）即绩效考核的目标，是指给考核者和被考核者提供所需要的评价标准，以便客观地讨论、监督、衡量绩效。

员工的绩效目标是有效制订绩效计划的基础，也是绩效管理体系的基础。目前绩效目标的设计原则流传最广、影响最深的是 SMART 原则（Jörg Schultz et al., 1998）。SMART 是 specific（具体的、明确的）、measurable（可衡量的）、achievable（可实现的）、relevant（相关的）和 time-bound（有时间限制的这五个词的首字母组合）。表 3-1 为绩效目标设计的 SMART 原则。

表 3-1　绩效目标设计的 SMART 原则

原　则	内　涵
specific （具体的、明确的）	绩效目标的设计应该是具体的、明确的，不能模棱两可，让人产生歧义。所谓明确具体，是指绩效目标应该尽可能地明细化、具体化。每一名员工的情况各不相同，绩效目标应该明确具体地体现出管理者对每一位员工的绩效要求。只有将这种要求尽可能表达得明确具体，才能够更好地激发员工实现这一目标的愿望和努力，并能够引导员工全面实现管理者对他的绩效期望
measurable （可衡量的）	绩效目标应该是可测量的、可测定的。绩效目标是否达成，需要有量化的指标能够准确判别且不容易产生争议。设定目标是为了能够根据计划来控制员工的行为，因此目标必须可以衡量，这样才能对员工的行为进行有效的反馈。所谓可衡量，指可以将员工实际的绩效表现与绩效目标相比较。也就是说，所设置的绩效目标应当提供一种可供比较的定性或定量标准，包括数量、质量、时间以及费用等方面的要求，但是，可衡量不等于一定要定量化
achievable （可实现的）	绩效目标应该是可实现的，即绩效目标是员工能通过努力达成的，在设置绩效目标的完成度时应当按照正态分布，设置高难度绩效目标对绩效管理体系意义不大。绩效管理要求实事求是，目标设置要符合实际，以更好地向员工提出一个切实可行的工作方向和目标，激发和鼓励其工作热情。实际上，绩效目标可以具有一定

续表

原　则	内　涵
achievable （可实现的）	的挑战性，但必须是根据员工的工作潜力合理制订的，并且员工通过努力可以达成。过高的目标使员工灰心丧气，过低的目标则无法使员工发挥应有的水平，也有碍于员工潜质的发掘和能力的提高。所谓切实可行，就是在两者之间寻找平衡点，找到一个员工通过努力能够达到的可行的绩效目标
relevant （相关的）	绩效目标应该是相关的，即绩效目标的设置应当与员工的工作相互关联，绩效计划中的关键绩效指标提取和工作目标设定应当与员工的岗位职能紧密结合。绩效目标不是凭空出现的，其来源与组织战略、部门业务重点、流程需求以及岗位职责密切相关，其结果也是为了支撑和确保岗位、流程、部门及组织整体目标的实现。此外，相关性原则还意味着组织各层级目标的设置要注意在整体上相互配套，形成一个有机统一的目标体系
time-bound （有时间限制的）	绩效目标的设定还应该有时间限定，任一绩效目标必须有明确的时间规定要求，没有时间限制要求的目标等于没有目标。当然，时间限制也要考虑程度的问题，应该根据管理者的要求、员工的工作能力以及具体环境加以确定

（三）绩效计划的主要内容

一般来说，组织的员工都需要对绩效管理体系有比较清晰的认知。在每一个绩效考核周期开始之前，考核者与被考核者都会对员工应当实现怎样的绩效而进行沟通，达成统一的意见，形成一个考核表，这就是绩效计划的开始环节。这种绩效计划的沟通，不仅包括结果计划，还包括行为计划和开发计划。

1. 结果计划

结果是指组织需要员工完成的工作产出。在制定结果标准时，需要考虑员工的关键岗位职责，即组织需要员工对哪些产出领域负责，以及他们必须担负的责任与履行的义务。这些内容一般都是通过人力资源管理中的职位分析得出的。

以企业为例，企业生产部的 5 位员工主要负责机器设备的日常管理工作，那么在生产前这 5 位员工需要做相应的准备工作，如认真检查机器的运转情况，转换运转方式，试运行设备，并送检产品，保证质量指标；在其他员工生产产品期间要随时对设备的基本情况有大致了解，对于生产过程中的设备故障问题要及时上报维修以免影响生产；工作结束后对设备进行清洗保养。这 5 位员工每天都要完成部门 20 台机器的维护工作，保证 20 台机器的正常运转。

2. 行为计划

尽管关注员工的结果产出很重要，但是一味地强调结果可能会忽视绩效达成的过程。例如，有些工作的结果产出因时、因地而很难给出一个明确的标准。有些员工能够控制自己的工作方式和习惯，但却不能控制工作结果产出。例如，同一名销售员，同样的工作方式，有可能在一个区域内能出色地完成销售指标，而在另一个区域内却不能很好地完成销售指标。这是因为销售结果不但受工作能力的影响，同时也和销售区域的具体情况相关。行为计划更多考虑的是员工的胜任能力（competencies），即一些对绩效结果达成有较高相关性的特质，如知识、技能等。例如，企业生产部门在进行生产时为提高效率进行创新，改变原来单一的生产线，由多条生产线同时进行，但最终工作效率却大大下降，原因在于原本熟悉了操作流程的工作人员，因为突然变化的工作方式感到难以适从，原来一人一岗制变为多人协作制，使得员工屡次在工作过程中出现失误，工作方法的不适应导致了最终的结果。在此情况下，绩效评价包括熟练进行新的生产流程及团队协作等胜任能力。

3. 开发计划

开发计划指的是考核者和被考核者应当在进行绩效计划沟通时，就员工所需要改进的领域达成共识，找出工作内容的创新点和突破口，并在绩效考核周期内达成共识。

开发计划揭示出一位员工所具有的优势及其需要改进的领域，并为员工改善自己的不足、进一步发挥自己的优势提供了行动计划。例如，A 公司销售部员工的人际沟通能力较弱，在传达企业领导的意思、和顾客交流时容易产生信息的错位。为了提升员工的人际沟通能力，该公司组建了互动小组。表 3-2 为 A 公司的员工职业开发计划表。

表 3-2　A 公司的员工职业开发计划表

职业开发需要	所需的资源或支持	时 间 框 架
沟通表达能力	报销岗位技能培训课程费用	培训课程要在 2019 年 9 月 1 日前完成
实战训练	开展人际沟通小组活动，每周两次小组训练	小组活动要在 2019 年 12 月 1 日前完成

运用此职业开发计划表，考核者就员工的不足之处进行重点考核，更能提升员工的个人素质和能力，使员工在工作过程中更富有激情，在规定时间内完成相应的任务，促成进步。

综上所述，绩效计划的内容应当包括结果和行为的考虑以及开发计划的制订。在结果的讨论中应当考虑员工的关键岗位职责，就是员工主要负责的工作板块，规定其工作内容上的责任和义务，给其产出制定完成的最低标准。关于行为计划的讨论主要包括员工完成工作所需要具备的胜任能力，如知识、技能等。关于开发计划的讨论主要包括员工在岗位的哪些领域需要有改进和突破。以上都是在绩效计划沟通中需要涉及的内容。

具体来说，绩效计划中，至少应当包括以下几方面内容。

➤　员工在此次的绩效周期当中至少要完成的工作内容有哪些？

➤　在内外部环境适合的条件下，员工完成这些工作内容的时间定在多久？

➤　对于员工绩效完成情况是如何判别的？

➤　绩效目标的完成方式有哪些？

➤　与上一个绩效周期相比，绩效周期内员工需要完成的改进有哪些？

➤　岗位关键绩效指标的权重如何？

➤　员工在完成绩效目标的过程中可能会遇到哪些阻碍？

➤　在绩效考核周期内，员工的直属上级领导与员工的沟通方式是怎样的？

（四）绩效计划的重要性

绩效计划作为绩效管理的一种有力工具，体现了上下级之间承诺的绩效指标的严肃性，使决策层能够把精力集中在对公司价值最关键的经营决策上，有机地将股东的利益和员工的个人利益整合在一起，确保公司总体战略的逐步实施和年度工作目标的实现，有利于在公司内部创造一种突出绩效的企业文化。绩效计划的文本结果可以形成一份绩效合同、绩效契约或者绩效协议书。

绩效计划是绩效管理基本流程的起点和关键步骤。人们常常会重视年终的绩效考核，而忽视年初的绩效计划。成功的绩效管理是从年初做绩效计划开始的。通过绩效计划可以在公司内建立起一种科学合理的管理机制，能够有机地将企业战略与员工的具体目标相结合。绩效计划是为了给所有管理者和员工确定奋斗的目标和前进的方向。

制订绩效计划的过程，是总结过去、统筹未来的过程，是各级管理者和员工进行充分沟通，确定绩效计划，并填写绩效计划及评估表格的过程。通过绩效计划，管理者可以与员工就工作目标达成共识，让所有员工都明确目标并找到实现目标的路径。

例证 3-1

IBM 员工的绩效计划

IBM 作为全球最大的信息技术和业务解决方案公司，其绩效管理体系也是相当先进、有效的。作为整个绩效管理流程的起点，绩效计划将个人目标、部门目标和组织目标结合起来，是员工全面参与管理、明确自己职责和任务的过程，是绩效管理至关重要的环节。

IBM 公司员工的绩效计划建立在员工自己按下列三个领域设定的年度目标上。

（1）必胜（win），即成员要抓住任何可成功的机会，以坚强的意志来励志，并且竭力完成。如市场占有率是最重要的考核指标。

（2）执行（execute），这里强调两个字，即行动，不要光是坐而言，必须起而行。

（3）团队（team），即各不同单位间不许有冲突，绝不让顾客产生疑惑。

（David，2019）

二、制定绩效计划的原则

绩效计划包括结果计划、行为计划和开发计划，绩效计划是绩效管理基本流程的起点和关键步骤。企业在制订绩效计划时需要遵循以下七个原则。

（一）价值驱动原则

"价值驱动"是在《追求卓越：美国优秀企业的管理圣经》中提出的一种使组织管理达到卓越境界的方法（托马斯·彼得斯等，2003）。他们认为，成功的组织管理都是建立在以价值驱动体系指导经营管理活动基础之上的。"价值驱动"一词来自欧美，英语当中一般用 value-based management 或 managing by values 表示，汉语翻译过来一般用"价值观管理""管理价值观"等词表示。

目前学界的主流观点对价值观管理的定义有四种：① 价值观管理是对组织价值观进行塑造的过程，是一个螺旋上升、循序渐进的过程。价值观管理，或者基于价值观的管理、领导，是文化管理的重要内容之一，其核心在于培育企业的共同价值观（张德，2008）。

② 价值观管理有助于组织制度的实施。价值观管理是企业在价值观指导下，形成各种与企业价值观相适应的制度，辅助企业的管理（潘承烈等人，1997）。③ 价值观管理是为了实现组织战略目标而实施的管理工具。价值观管理有助于培育员工对组织战略目标的认同感。④ 价值观管理是一项以批判价值观及其构建等为核心的综合管理活动。乔东等人（2002）认为，价值观管理是一种以价值观为核心，以全面提高组织和人员的综合素质为目标，以更好地服务社会大众和推进人类社会可持续发展为己任，制定和实施组织竞争战略的理论。

绩效计划制订的价值驱动原则是指计划的制订要与提升组织价值和追求股东回报最大化的宗旨相一致，与组织发展战略和年度绩效计划相一致的原则，突出以价值创造为核心的组织文化。组织文化是组织成功经营管理的关键，其核心就是价值观。因此，组织制订绩效计划时应当以组织的价值为驱动，坚持价值驱动原则。

（二）流程系统化原则

流程系统化适用于企业的工作流程，是指采用一定的方式，将现有流程按照已经颁布的规范性文件或者既有流程进行归类、整理或者加工，使其集中起来做有系统的排列，以便于使用的活动。绩效计划是绩效考核者与被考核者关于绩效考核工作进行的沟通，并将沟通的结果订立在评估表中的过程。同时，绩效计划的制订从组织战略目标开始，将组织战略目标进行层层分解，下放到各个部门，员工个人再根据部门绩效目标制订个人绩效目标。绩效计划流程涵盖了多个部门、多个层次和多个维度，与战略规划、资本计划、经营预算计划、人力资源管理等管理程序紧密相连，配套使用。这就要求绩效计划的制订要坚持流程系统化原则。

（三）突出重点原则

绩效计划的制订要坚持突出重点原则。这要求组织在制订绩效计划时要抓住关键绩效指标，突出重点，切忌面面俱到。员工的工作任务繁重时，其工作量增加，绩效指标的可选择性也相应增加。但是，进行员工个人绩效计划制订、设定关键绩效指标和工作目标时要突出重点，选择对公司战略目标影响较大、与员工职位结合更加密切的绩效指标作为考核的重要依据。

（四）可行性原则

绩效计划的可行性原则是用来衡量绩效计划是否可行，即从资金、技术、人力、物力等方面来说，制订的绩效计划都是可以执行的。制订绩效计划的目的是为了实施，假如制订的绩效计划从组织的内部环境和外部环境进行分析之后是不符合该执行条件的，则再优秀的绩效计划都是不可行的。如果计划不能有效实施，则该计划也就没有实际意义和价值。绩效计划制订的关键绩效指标与工作目标应该是员工能够控制的，要界定在员工职责和权力控制范围之内，否则就难以实现绩效计划所要求的目标任务。

（五）足够激励原则

绩效计划是绩效管理体系其他环节的基础，其根本目的在于促进组织绩效管理流程和业务流程优化，促进组织和个人的绩效提升，以保证组织战略目标的实现。因此，绩效计划需要遵循足够激励的原则，使考核结果与薪酬、岗位升迁等非物质奖惩等激励机制紧密联系，拉大绩效突出者与其他人的物质与非物质奖励差距，打破分配上的平均主义，做到奖优罚劣、奖勤罚懒、激励先进、鞭策后者，营造一种突出绩效的企业文化。

（六）客观公正原则

客观公正原则要求绩效计划的制订必须严格按照考核标准，实事求是，公平合理。"客观"是指绩效计划的制订需要从被考核者的实际工作情况出发，关键绩效指标和工作目标的设定要实事求是，而不能凭主观的想法来进行。"公正"是指绩效计划的制订要对同一岗位的所有员工一视同仁，不能因为职位、出身、性别、学历、远近亲疏等因素而区别对待，要保持绩效的透明性，实施坦率、公平、跨越组织等级的绩效审核和沟通，系统和客观地对绩效进行评估。

（七）全员参与和职位特色原则

在绩效计划的设计过程中，一定要积极争取并坚持员工、各级管理者和管理层的多方参与。薪酬体系的首要设计思想之一便是将不同职位划入有限的职级体系。因此，相似但不同的职位，其特色完全由绩效管理体系来反映。这要求绩效计划内容、形式的选择和目标的设定要充分考虑不同业务、不同部门中类似职位各自的特色。

三、制订绩效计划的步骤

在制订绩效计划时，企业除了需要遵循价值驱动、流程系统化等上述七个原则外，还需要掌握制订绩效计划的步骤。总的来说，绩效计划制订主要有以下五个步骤。

（一）梳理岗位职责

岗位是组织为了某一工作产出而设立的产物，由职业、职称、工种与等级等内容组成。制订合理有效的绩效计划，第一步就是梳理岗位职责和进行工作分析，员工在明确自己的岗位职责之后，可以科学合理地分配劳动用工，防止出现不同岗位工作内容重叠、缺失，而导致不同工作岗位之间配合度低下、工作效率不高的现象。明确岗位职责，不仅能提高不同岗位员工的配合度和提高员工的工作效率，还能规范员工的工作行为，给绩效考核提供依据，因此梳理岗位职责和进行工作分析是很有必要的。

梳理岗位职责一般包括以下四个步骤：① 明确组织的服务范围，该服务范围是指根据政策规定，组织能够生产经营的商品类别、品种以及服务项目。② 确定组织不同业务的规模、范围、层次。一般的企业可以分为战略层面、运作层面和支持层面三个层次。战略层面包括组织战略的制定、公司的主营业务收入来源、企业重点研发项目等；运作层面包括产品销售、生产、采购、宣传、资金流转等；支持层面包括人力资源管理和财务管理等。③ 确定组织的核心业务，明确各部门在核心业务中的作用、地位和责任。④ 细化业务流程，明确各个部门在每个细分业务流程中的位置和责任。

梳理岗位职责并进行岗位分析，能够帮助员工快速定位，为后续的人员工作安排提供合理的参考，以便安排合适的人员到合适的岗位上。这样能提高组织的战略执行能力，强化绩效管理效果，助力战略目标的实现。但是，要想实现组织战略目标，也要岗位职责梳理流程满足职能需要，不能偏离组织战略目标这根主线。通过梳理岗位职责，从制度层面对岗位职责进行完善和规范，保证了职能的有效发挥。总的来说，梳理岗位职责具有传递组织战略、明确岗位边界、提高流程效率、实现权责对等以及强化规范管理五个方面的意义。

（二）提炼关键绩效指标

关键绩效指标是指从组织的关键领域成果提取出来的主要工作目标，代表了工作的重点和花费时间最多的工作内容，是用以衡量工作业绩的重要指标，具有数量少、与工作重点内容相关度高的特点。一般来说，关键绩效指标是对被考核者制定的，根据公司战略及业务计划、流程、部门责任和个人岗位要求提炼出来，具有可量化、有代表性等特点。在进行岗位职责分析之后，提炼关键绩效指标是考核者与被考核者结合岗位职责，双方进行沟通的一个结果。根据关键绩效指标的完成情况，可以评定员工对其工作岗位职责的履行程度。实践表明，关键绩效指标的数量通常控制在 4～10 个。

组织的关键绩效指标具有如下三个特点：① 关键绩效指标来自组织的战略目标。这意味着关键绩效指标衡量的内容是来自组织的战略目标，当关键绩效指标构成组织战略目标的有效支持体系时，其所衡量的岗位职责便以实现组织战略目标的相关部分为其自身的主要职责；如果组织的关键绩效指标与组织战略目标相脱离，则其衡量的内容方向与组织战略会产生分歧。同时，关键绩效指标的设定也会随着组织战略目标的改变而改变。当组织的战略侧重点转移时，关键绩效指标也要予以修正，否则，关键绩效指标所衡量的内容也不利于组织战略目标的实现。② 关键绩效指标是对绩效构成部分中可控部分的衡量。组织的经营活动产出会受到内因和外因的同时作用的影响，其中，内因是指组织员工可控制和影响的部分，是关键绩效指标能够衡量的部分；外因是指不能人为影响的、不可控制的因素，会造成经营活动产出增加或者减少。关键绩效指标应当尽量反映与人为因素相关的内因，剔除环境等不可控的外因。③ 关键绩效指标是对重点经营活动的衡量，而不是对所有操作的反映。每个工作岗位职责都涉及方方面面，但是关键绩效指标只对组织的整体战略影响较大的工作进行衡量。

（三）设定工作目标

工作目标是由被考核者的主管领导与被考核者之间在制订绩效计划时确定的，是需要员工在绩效考核周期内完成的主要工作内容和负责的岗位责任。考核周期结束后，主管依据员工的工作目标完成情况进行绩效评分，工作目标的完成度是对员工进行绩效评分的一个重要依据。工作目标的设定用于对被考核者的工作中的长期的、难以量化的辅助性的关键任务进行考核。

工作目标设定的价值体现在以下四个方面：① 为员工的绩效考核提供了衡量标准，衡量工作目标的达成情况，可以弥补关键业绩指标不能反映的方面，可以更加全面地分析员工的工作能力；② 关键绩效指标与工作目标相结合，能够使领导对公司战略目标的关键驱动有更为深入的了解；③ 组织各层级的员工能对本工作岗位的重点有更加清晰的认知；④ 有助于引导所有员工一致向组织整体绩效目标靠拢。

（四）设计绩效指标权重

绩效考核指标的权重代表了各项绩效的重要程度，权重高的指标表示在绩效考核结果中占据重要位置，对统一的绩效指标设计不同的权重对员工的最终考核结果也会不一致。指标权重分配在一定程度上反映了绩效考核的侧重中心，能够体现出组织的战略目标导向，对员工的工作行为具有指引作用。因此，在设计绩效指标权重时需要充分考虑组织战略目标和工作目标。

一般来说，根据岗位不同，绩效指标设计的指标及其权重也会不同，应遵循以下六个原则。

1. 平衡分布原则

一般来说，一个工作岗位的绩效指标通常在 4~10 个，每个指标的权重设计范围在 5%~35%，如果对某一指标的权重比例设计过高，就会导致员工过于重视该指标而忽视其他指标。这样一来，权重占比低的指标将流于形式，该指标的设计就会失去其价值。因此，绩效指标的权重设计需要遵循平衡分布原则，指标权重在基础值上下浮动最好不超过 10%。

2. 导向原则

导向原则是指组织设计的绩效指标权重需要能体现出组织的战略发展方向，越有利于组织战略目标实现的绩效指标越应当设计较高的权重，综合性越高的绩效指标也越应当设计较高的权重。

3. 岗位差异性原则

由于不同岗位层级的职责不同，因此，绩效指标权重的设计还应当与岗位层级相关。例如，岗位层级越高，其反映财务性质的业绩指标越应当占据较高比重；而岗位层级越低，其反映岗位职责的绩效指标越应当占据较高比重。相反，流程类指标的权重就比较小。

4. 重点突出原则

根据绩效指标设计原则，绩效指标的权重设计也应当遵循重点突出原则。根据"二八法则"，一般一个岗位的绩效指标应当设计在 4~10 个，则重要的绩效指标只有 2~3 个，若只有两个，则其指标权重应当设计在 30% 以上，其他绩效指标权重应当在 40% 以下，如果重要绩效指标是 3 个，则其指标权重应当设计在 20% 以上，其他一般指标权重总和应当低于 40%。

5. 先定量后定性原则

对于大部分基层工作岗位，设计绩效指标权重时应当遵循"先定量、后定性"原则，即先设计定量类的绩效指标权重，再设计定性类的指标权重。

6. 主观意图与客观实际相结合原则

在进行绩效指标权重设计时，人们往往会受到主观意图的影响，认为某类指标应当给予较大的权重，但是往往现实情况与人的主观意图不一致。因此，在设计绩效指标权重时应当结合客观实际情况，把主观意图与现实情况结合起来。

（五）确定指标目标值

确定绩效指标目标值是制订绩效计划步骤的最后一步，组织确定关键绩效指标目标值一般可以参考以下三个标准。

（1）依据国家有关部门或者权威机构发布的标准设定，或者参考行业竞争对手绩效指标目标值的设计。

（2）根据组织内部其他指标设定，包括但不限于组织战略目标、年度生产经营计划、年度预算目标等。

（3）确定岗位绩效目标值的方法除了上面两种，还有通过组织历史经验值确定这种方法。

例证 3-2

海尔集团的绩效计划

海尔的绩效管理体系能有效地结合企业的发展战略，主要运用了目标管理法和关键绩效考核指标，两者的结合解决了企业将向哪里发展的问题。

海尔绩效管理的第一步是制订绩效计划。集团根据企业的战略发展目标确定总体方向，再设定考核指标。接着把大的指标分解到下级各个部门，各个部门再根据绩效设定政策，与员工制订工作目标，签订个人事业承诺（PBC）。制订绩效评价目标：利用PBC的考核模式，让每个员工都做出个人的业绩承诺。在整个集团中，每个级别、每个部门都要自上而下地层层签订PBC，将战略目标落实到每个员工的身上。组织的绩效是由员工自身绩效组成的，这样有机地联系在一起，实现企业与员工的发展相一致。

（赵祎楠，2015）

第二节　绩效计划制订流程

绩效计划是绩效管理的初始环节，熟悉绩效计划的制订流程有助于对绩效计划有更深刻的认识。本节主要介绍绩效计划制订的主要流程，分别是绩效计划的准备、沟通、确认与审定。

一、绩效计划的准备

绩效计划通常是管理者与其员工相互沟通的结果。这种计划需要通过一些必要的准备来进行后续安排，否则绩效计划结果将与其绩效目标产生偏差，最终不利于组织战略目标的实现。为了使沟通取得预期的效果，事先必须做好以下六个方面的准备工作。

1. 全员绩效基础理念培训

每个员工都理解并接受绩效管理，是绩效管理真正走向成功、为企业战略的实现提供保障的前提。绩效管理的真谛不在于考核，而在于改善行为，最终提升绩效。通过全员绩效管理理念的培训，员工能够积极主动地参与绩效管理活动。让每个员工都认识到，参与绩效管理是每个员工的权利与基本义务，这样就为绩效计划的有效制订奠定了坚实的基础。

2. 收集相关信息

所要收集的信息主要包括以下三个方面：① 关于企业的信息，包括组织战略目标和发展规划、年度经营计划；② 关于部门的信息，包括业务单元工作计划和团队工作计划；③ 关于个人的信息，主要包括工作描述的信息和上一个绩效周期的绩效考核结果。

3. 诠释企业的发展目标

绩效管理服务于企业战略与发展目标，而绩效计划是绩效管理的初始环节，因此绩效计划也来自于企业战略。具体来说，企业发展目标层层分解，最终就形成了各个岗位的绩效计划与目标。管理者和员工都应该了解企业战略及企业发展目标，管理者向员工诠释企业发展目标还可以增强员工的主人翁意识与主动精神。员工对企业发展目标了解得越多，他们就越容易认同企业的发展目标。

4. 将企业发展目标分解为各个部门的特定目标

部门目标来自企业战略目标的分解。企业的发展目标不但可以分解到生产、销售等业务性部门，而且对于行政、财务、人力资源等业务辅助性部门，其工作目标也与整个企业的发展目标紧密相连。管理者要善于根据企业的发展目标分解出本部门的目标。有了部门目标，才能够进一步分解并制订每个员工的岗位目标。

5. 员工为自己制订绩效计划草案

在制订绩效计划之前，员工应该对本岗位的工作描述进行回顾，思考职位存在的目的和主要工作职责。管理者可以根据岗位的实际变化调整工作职责。员工要非常清楚自己所在岗位的工作职责，根据部门的目标，结合自身实际，草拟自己的绩效计划与目标。绩效计划的主要内容不仅包括工作任务目标，还包括要达到的绩效具体标准、主要考核指标、工作目标的权重以及工作结果的测量方法等。这个步骤非常重要，一方面可以培养员工的绩效计划意识，另一方面也可以加强员工对自己、对岗位、对绩效计划的认知和定位。

6. 管理者审核员工制订的绩效计划

管理者要详细审核员工的绩效计划，善于发现绩效计划的问题所在，分析员工为什么会把绩效目标定得太高或太低。同时，管理者还可以利用 SMART 原则来分析员工所制订计划和目标的有效性。管理者审核员工的绩效计划，可以发现员工的真实心理，根据每个员工的具体情况对症下药。

二、绩效计划的沟通

绩效计划是双向沟通的过程，绩效计划的沟通阶段也是整个绩效计划的核心阶段。在这个阶段，管理人员与员工必须经过充分的交流，对员工在本次绩效期间的工作目标和计划达成共识。绩效计划会议是绩效计划制订过程中进行沟通的一种普遍方式。管理人员和员工都应该确定一个专门的时间用于绩效计划的沟通，并且要保证在沟通时最好设有其他事情打扰。在沟通时气氛要尽可能宽松，不要给人太大的压力，把焦点集中在开会的目的和应该取得的结果上。

在进行绩效计划的沟通时，首先往往需要回顾一下已经准备好的各种信息，在讨论具体的工作职责之前，管理人员和员工都应该知道公司的要求、发展方向以及与员工具体工作职责有关系和有意义的其他信息，包括企业的经营计划信息、员工的工作描述和上一个绩效期间的评估结果等。

绩效计划的沟通阶段应当注意以下四个问题。

1. 选择合适的沟通环境

沟通环境的选择很重要，管理者与员工应当挑选一个专门的时间与地点进行绩效计划沟通，并且这个沟通的环境还应当是能够让人感到心情放松的，沟通过程中尽量避免不相干的人事打扰。同时，在沟通时，气氛要尽可能宽松，不要给人太大的压力。有的绩效计划沟通选择在自己的办公室，在这样的环境中，随时都可能有人来打扰，因此这样的谈话效果可想而知。

2. 沟通原则

在沟通过程中，管理者要将自己和员工放在平等的位置上来讨论绩效计划，不能以高姿态面对下属，更不能在绩效计划制订上强加自我意志而不听从下属员工的建议和意见，应当将员工当作其从事岗位的专家，多听取他们的意见。当然，管理者在沟通过程中需要引导绩效目标设定朝着组织战略目标的方向靠拢，同时有责任调动员工工作的积极性，鼓励他们朝着共同的目标奋斗。

3. 沟通过程

绩效沟通过程可以分为以下五个步骤：① 要回顾之前的准备内容，在讨论具体的计划之前，管理者和员工都需要充分了解组织的战略目标、发展方向以及与岗位职责有关的其他信息，包括组织的生产经营计划、资金预算等。② 将绩效计划进行具体化，目的是期待员工创造或者达到具体的结果的描述，并且规定出结果的完成时限和资源的使用限制。③ 制定绩效衡量的标准，绩效衡量的标准要尽量具体、客观、方便度量，并且员工经过努力是可以达到的。④ 管理者要协助员工解决沟通过程中员工提出的问题和绩效计划完成过程中可能会遇到的困难。⑤ 结束沟通会议，然而结束沟通会议并不意味着绩效计划工作的完成，还需要根据不断变化的外部环境来修改绩效计划。

4. 沟通形式

绩效沟通形式包括但不限于每周进行一次简短的情况说明；定期召开小组例会，让每个员工进行自身绩效计划进展情况汇报，并且定期以书面报告形式向主管汇报；当出现问题时，主管和员工需要就问题进行及时沟通，找到解决问题的办法。

三、绩效计划的确认与审定

在绩效计划的制订过程中，最后一个流程是绩效计划的确认与审定。在这个过程中需要注意以下三点内容。

（1）在制订绩效计划的过程结束时，为确认双方是否达成了共识，管理人员和员工应该能以同样的答案回答如下一些问题。

① 员工在本绩效期内的工作职责是什么？

② 员工在本绩效期内所要完成的工作目标是什么？

③ 如何判断员工的工作目标完成情况？

④ 员工应该在什么时候完成这些工作目标？

⑤ 各项工作职责以及工作目标的权重如何？

⑥ 哪些是最重要的？哪些是次要的？

⑦ 员工的工作绩效好坏对整个企业或特定的部门有什么影响？

⑧ 员工在完成工作时可以拥有哪些权力？

⑨ 员工在完成工作时可以得到哪些资源？

⑩ 员工在达到目标的过程中会遇到哪些困难和障碍？

⑪ 管理人员会为员工提供哪些支持和帮助？

⑫ 员工在绩效期内会得到哪些培训？

⑬ 员工在完成工作的过程中，如何去获得有关他们工作情况的信息？

⑭ 在绩效期间，管理人员将如何与员工进行沟通？

为什么需要管理者与员工能够共同回答出来以上问题，这是因为绩效计划本身就是为了让组织的管理者和员工就企业目标和某一岗位的职责达成一致意见的，绩效计划能够帮助组织机构与管理人员和员工朝着共同的目标努力，所以管理人员和员工能否就以上问题达成一致意见至关重要。如果管理人员与员工的意见能达成一致，则员工的努力方向就会与组织的战略目标相一致，这样才能在大家的努力下向组织目标迈进。

（2）管理者应协助员工制订具体的行动计划。如果说绩效计划说明我们想做的事情，那么行动计划说明我们怎样去实现绩效计划。每个绩效计划都要有一个行动计划。管理者要善于协助员工就绩效计划制订详细周密的行动计划。同时，在以后的绩效辅导与实施过程中，还应该及时监督并控制员工行动计划的落实情况。

（3）当绩效计划结束时，员工与管理层两个主体至少应当达到以下四个结果。

① 员工清楚地明白组织整体战略目标是什么，并且清楚地认识到自己的工作目标与组织的战略目标之间的关系。

② 员工的绩效计划已经按照组织的内外部环境进行了修正，能够反映在本绩效考核周期的岗位关键职责上。

③ 组织管理人员与员工在岗位关键职责、完成时限、对资源的使用权限和绩效指标权重等关键问题意见上达成一致。

④ 管理人员和员工都对绩效计划完成过程中可能遇到的问题有一个清晰的认知，并且明确了管理人员对员工遇到的困难所能够提供的帮助。

除以上结果需要管理人员和员工达成一致，当绩效计划结束时，还应最终形成绩效协议书，并经双方签字认可。绩效计划的最后结果就是形成一个经过双方协商讨论并达成共识的协议书——绩效协议书。绩效协议书应该包括员工的工作目标、主要工作结果、衡量工作结果的指标和标准、各项工作所占的权重以及每项工作目标的主要行动计划等内容。绩效协议书主要用于明确当事人的绩效责任，并且管理人员和员工双方都要在协议书上签字认可。

第三节 构建绩效指标体系

绩效指标体系是指通过对组织的业务流程、组织战略等的关键参数进行取样、计算、分析，以此衡量员工及其部门绩效达成情况的一种目标式量化管理体系。换言之，绩效指标体系是用来衡量绩效目标达成的标尺，通过对绩效指标的具体评价来衡量绩效目标的实现程度。设计关键绩效指标是绩效计划的重要内容之一，构建有效的绩效指标体系对绩效管理体系有着重要意义。本节重点介绍了绩效指标的分类、构建有效的绩效指标体系。

一、绩效指标的分类

绩效指标是用以评判被考核对象（个人、业务单元、部门或组织）业绩好坏的因素。绩效指标是企业生产经营的任务完成和发展目标实现的重要保障，是绩效管理的重要基础，也是绩效考核得以推进的保证。在进行绩效考核时需要从不同的维度进行测量。从不同的角度来看，绩效指标有多种分类方式，常见的有硬指标与软指标、"特质、行为、结果"三类绩效指标、结果指标与行为指标三种划分方法。

（一）硬指标与软指标

1. 硬指标

硬指标是指根据对员工绩效有影响的数据进行统计分析，并用这些数据建设数学模型，以数学工具求得结果，并将结果量化表示出来的指标。例如，医药公司业务员的硬指标通常包括以下八种：① 拜访新客户的数量；② 新客户的开发数量；③ 老客户的流失数量；④ 销量的增长率；⑤ 回款率的高低；⑥ 销售费用的高低；⑦ 相关表单填写是否规范；⑧ 有无"呆账、坏账、烂账"。这些硬指标达成情况通常作为医药公司业务员的绩效考核周期的重点考核对象，并以此作为其绩效奖励的发放依据。使用硬指标的结果进行绩效考核评价既有优点，也有缺点。

（1）优点：使用硬指标作为绩效考核评价的依据，能够避免结果受到主观个人意志的影响，具有相当高的客观性和可靠性，并且借助电子信息技术能够有效地提高评价的可行性及效率。

（2）缺点：硬指标是在对影响员工绩效的因素进行数据分析的基础上得出来的。因此，数据的收集对结果的准确性至关重要，当数据来源不准确时就会对结果产生不好的影响，也就不能保证评价结果的客观和准确；同时，硬指标不能灵活运用，较为死板。

2. 软指标

软指标是指通过人的主观意识对某一个员工所进行的较为模糊的评价，在实践当中，往往用专家评价来代替这种主观评价过程。所谓专家评价，就是通过对员工的绩效考核周期工作表现和工作业绩完成情况等内容的考察来进行一个较为模糊的评价。这种评价一般包括很好、好、一般、不够好、不好等。软指标用在绩效考核结果评价中也有其优缺点。

（1）优点：使用软指标不用受到统计数据的影响，同时软指标也可以灵活运用。

（2）缺点：这种评价指标完全依赖人进行评价，受到主观意识的影响较大，评价结果与评价人的经验相关，当评价人的经验不足，或者受自身偏好因素影响较大时，评价结果则不准确；同时这种指标结果模糊，不能对被评价者的工作能力有清晰的认知。

随着科学及信息技术的发展和模糊数学的应用，软指标的评价技术得到了迅速的发展。通过评价软指标并对评价结果进行科学的统计分析，我们可以将软指标评价结果与硬指标评价结果共同运用于各种判断推理之中，以提高绩效评价结果的科学性和实用性。

（二）"特质、行为、结果"三类绩效指标

特质类绩效指标是指在进行绩效评价时看中的是员工的各方面素质以及他在该岗位上的发展潜质，该类绩效指标通常用于选拔性的评价中；行为类绩效指标是指在进行绩效评价时更看中员工的实现绩效的产生过程及其工作方式，该类绩效指标适用于评价可以通过单一的或者程序化的方式达成的岗位；结果类绩效指标则更多地关注绩效结果或者绩效目标的实现程度。这三类绩效指标的适用范围和不足如表 3-3 所示。

表 3-3　特质、行为、结果三类绩效指标比较

比较维度	特　质	行　为	结　果
适用范围	适用于带有选拔性质的绩效评价中，对未来的工作潜力做出评价	适用于评价可以通过单一的或者程序化的方式达成的岗位	适用于一些能够利用多种方法达成绩效目标的绩效评价
不足	① 没有区分工作与绩效考核，容易使员工产生不公平感；② 没有考虑情境因素，通常预测效果较低；③ 将评价焦点集中在员工的工作潜力上，有可能会忽视了工作目标，不利于组织战略目标的实现	① 需要对那些同样可以达成组织绩效目标的不同的行为方式进行区分，这一点工作量比较大；② 当员工认为自身工作岗位重要性小时，这种绩效指标意义不大	① 评价结果可能难以受到被评价者的控制；② 容易造成一种重结果而轻过程的工作态度，不利于组织发展的长期利益

（三）结果指标与行为指标

根据绩效考核是针对结果还是针对行为，绩效指标可以分为结果指标和行为指标。结果指标是根据员工工作成果而言的，通常与组织目标、部门目标和个人目标相挂钩，如销售业绩提升 3%、经营性支出减少 10% 等指标；行为指标重点考核员工的工作态度、发展潜力、沟通协调能力、文化知识水平等，如工作态度良好、沟通协调能力优秀等。

相对于基层员工，高层员工对组织的关键绩效指标影响更大，能够对所在部门的绩效评价产生直接的影响。因此，在组织层级上越高层次的员工，其评价中的结果指标越

多，行为指标越少，组织更关注的是管理人员的工作态度、合作能力、协调和沟通能力；而越是下面层次的员工，其结果指标越少，行为指标越多。具体如图 3-1 所示。

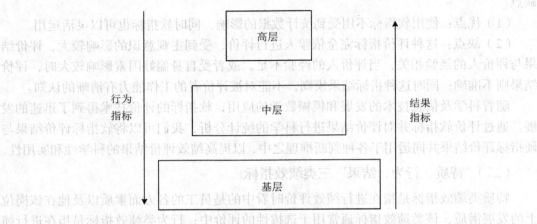

图 3-1　行为指标与结果指标在组织层级的变化示意图

员工的结果指标能够最直接反映其给组织带来的价值，但是结果指标也只能反映员工和组织部门过去的工作业绩，不能代表将来。因此，只强调绩效的结果指标可能使组织忽略那些影响组织长期发展的因素，如员工的工作态度等。基于此，在绩效考核过程中需要将结果指标和行为指标结合起来考察，单独强调结果指标将不利于组织的长期发展，单独强调行为指标将不利于组织当前绩效的达成。

二、构建有效的绩效指标体系

绩效指标是把企业的战略目标分解为可操作的工作目标的工具，是企业绩效管理的基础。绩效指标体系可以使部门主管明确部门的主要责任，并以此为基础，明确部门人员的业绩衡量指标。

为了更有效地建立绩效指标体系，首先企业要探索如下三个问题。

（1）企业为什么能够成功？

（2）企业成功的领域在哪些方面？

（3）在过去成功的领域里，哪些主要要素是至关重要的？

事实上，这些至关重要的要素就是绩效指标体系当中的关键绩效考核指标（KPI）。关键绩效考核指标是对公司及组织运作过程中关键成功要素的提炼和归纳，在本书第八章中将进行详细介绍。

（一）绩效指标设计的原则

一套有效的绩效指标体系是绩效评价的依据，也是绩效考核的基础。因此，建立一套有效的绩效指标体系至关重要。在绩效指标体系的设计中应考虑以下两个问题：① 选择什么样的指标作为绩效考核指标？② 这些绩效考核指标怎样进行有效的整合？基于这两个问题，绩效指标设计应当遵循以下五个原则。

1. 定量指标为主、定性指标为辅原则

定量指标是指可以量化，以精准的数量衡量并且能人为设定的绩效考核指标。定性指标是不能直接量化而需要通过其他途径进行评估的考核指标，该类指标一般都是进行模糊等级评价。

定量指标的设定是以指标是否符合组织生产经营目标为评价基础的。随着量化技术的不断发展，定量指标为大多数企业所用，这是因为定量指标具有很多优点。例如，相对于定性指标来讲，定量指标结果清晰、较为客观、数据独立性较高、易于实施和比较分析。但是，有的企业过度使用定量指标，甚至绩效考核指标只设计定量指标而不设计定性指标，这就偏离了绩效考核的真正目的。

定量指标有如下三个缺点。

（1）定量指标只注重结果而忽视过程；定量指标只强调员工工作的完成情况是怎样的，却没有反映该结果的形成原因。例如，定量指标销售收入提高 3%，该绩效指标最终只能反映出员工是否达成销售收入提高 3%的绩效要求，却不能反映出员工销售收入增加和减少的原因。好比发放一套市场问卷调查，定量指标只能考察出问卷发放数量、回收时间和覆盖范围，却不能反映出覆盖范围的有效性等问题。

（2）定量指标过于生硬，可能造成员工抵触心理。虽然定量指标存在很多优点，但是一味地追捧定量指标也会带来很多问题。绩效考核不是目的，更不能直接解决企业中存在的问题。在实际运用中，有些企业不顾时机地引入绩效考核指标，这样会造成很多意想不到的负面影响，增大员工的心理负担，使他们形成抵触心理。

（3）定量指标并不适用于所有岗位。前面也讲过，不同层级的岗位适用的绩效考核指标也不尽相同。一般来讲，岗位层级越往下越宜用定量指标进行考核；岗位层级越往上，越宜用定性指标进行考核。这是因为，对于高层领导人来讲，其本身的沟通能力、人际协调能力以及合作能力等是难以通过定量考核指标体现出来的。

综上所述，定量指标在绩效考核中较为常用，但是它也存在很多问题，并且不能适用于所有岗位的绩效考核，因此在绩效指标体系的设计中需要将定性指标和定量指标相结合。

2. 少而精的原则

一般来说，一个部门的关键绩效考核指标通常只有 4～10 个，关键绩效指标可以反映出评价的目的，而不需要面面俱到。设计关键绩效指标可以突出组织关键业务领域，将有限的资源向关键业务领域靠拢。关键绩效指标设计需要挑选最能助力实现组织战略目标的绩效指标，以引导组织和员工集中实现组织的工作目标。

3. 可测性原则

绩效指标的设计应当坚持可测性原则。可测性是指绩效指标的含义明确，计算指标所需的数据资料来源可靠、易于收集，计算方法简单。绩效指标本身的特点和这个指标在将其绩效评价过程中的可用性决定了该指标的可测性。一个绩效指标是否可测决定了该指标的有效性。例如，将一个员工的执行能力作为一个绩效指标进行考察，该员工的执行能力需要用历史数据进行量化，若该数据难以收集则证明该指标不满足可测性的要求，则不建议将其作为关键绩效指标进行测评。同时，绩效指标的评价对象经常会变化，因此，设计指标时还应当考虑到资料数据是否易于收集，很难收集绩效信息的指标，一般不应当作为绩效评价指标。

4. 独立性与差异性

独立性要求每个绩效指标的设计是相互独立的，互不影响，避免发生指标含义上的交叉。差异性要求绩效指标的含义有明显的差异，能够让人很好地区分开来，清楚地明白每种绩效指标的不同之处。要做到绩效指标的独立性与差异性并存，首先需要在绩效指标的名称上选取得当，例如，"沟通协调能力"与"合作协调能力"中都有"协调"一词，但实际上两者衡量的员工能力方面是不一样的，两者的协调能力含义也是不同的。"沟通协调能力"衡量的是员工在工作当中与同事、领导以及客户之间的沟通有效性；"合作协调能力"衡量的是员工与同事之间的配合能力。类似的绩效指标概念若混淆就会降低绩效指标的准确性。

5. 目标一致性

绩效指标的设计应当坚持目标一致性的原则。这也是绩效指标设计五大原则中最重要的一个。目标一致性原则要求所有的绩效指标均以组织的战略目标和工作岗位目标为一致目标。针对组织战略目标设计的绩效指标体系要能够支持组织的战略目标分解在各个部门和岗位的子目标，从而保证整体员工努力方向与组织战略目标保持一致。同时，绩效指标的一致性还要求指标覆盖的完整性与全面性，要能考虑到评价对象运行总目标的各个方面，这样才能够保证总目标的顺利实现。

（二）绩效指标选择的依据

首先，绩效评价的目的和员工的工作内容、工作性质是绩效指标选择的首要依据；其次，从绩效评价的可测性方面来说，指标的选择还应当考虑信息收集的便利性、数据来源的易得性，从而使绩效指标设计科学、合理。因此，绩效指标的选择依据主要包括以下三点。

1. 绩效评价的目的

绩效评价的目的指的是对员工绩效考核结果的复核，找到员工的优点和缺点，并在下一绩效考核周期绩效计划制订中针对复核结果制订考核方案。绩效指标的选择应当以绩效评价的目的为方向，不能偏离，否则评价的结果将偏离目的。因此，绩效评价的目的是绩效评价指标选取的重要依据。

2. 被评价人的工作内容

每个被评价人的工作岗位在绩效计划阶段都根据工作内容设计了相应的绩效标准，确保工作的顺利进行以及组织战略子目标在该岗位上很好地达成。该绩效标准表现为在限定期限和资源使用数量等的前提条件下，完成一定的工作内容或是达成某种经营成果。根据被评价人的工作内容设计的绩效指标能够引导员工的工作行为，促进岗位工作目标和组织战略目标的实现。

3. 信息收集的便利性

绩效指标的选取还应当考虑评价信息来源的便利性和可靠性。当一个指标评价的信息来源既复杂又不可靠，则该指标就不适合作为绩效考核指标，因为评价信息来源不稳定就会降低该指标的可测性，最终会影响考核结果的准确性和公正性。

（三）绩效指标设计的方法

绩效指标提取来源主要是从部门员工的工作内容和组织整体战略两个方面，根据这两个方面的内容，绩效指标的设计方法主要包括以下六种。

1. 工作分析法

工作分析是人力资源管理的基础模块之一，是人力资源管理其他模块发挥作用的基础工作。通过工作分析可以得出该岗位员工所需要具备的专业技能、沟通协调能力以及文化知识水平等自身素质要求。其中，任职条件和工作描述是工作分析的两个最直接的成果。

利用工作分析法进行绩效考核指标设计的步骤主要有三个：① 通过工作分析确定岗位需要员工具备的专业知识、学历水平和工作职责等；② 确定衡量员工这些素养的指标；③ 确定每种指标的权重，指出员工这些被衡量因素的相对重要性。

2. 个案研究法

个案研究是指对某一个体或者群体进行系统的、长时间的调查研究，并从中找出典型的普遍规律的方法。常见的个案研究法有典型任务研究与资料研究两个大类。

典型任务研究是指对某一相同性质的工作岗位，找出具有代表性质的员工，对其工作绩效、工作态度和工作情境进行分析研究来归纳其所代表的某一群体的评价要素。

资料研究是指以被评价岗位的典型资料为研究对象，通过对这些资料的对比分析和归纳总结，最终得出被评价岗位的评价要素。

3. 业务流程分析法

业务流程分析法是指首先对被考核者在本岗位的工作流程进行分析，找出其在业务流程中所处的位置、和业务流程上下游之间的关系以及在流程中所承担的责任，根据以上信息来衡量绩效指标的设计。

4. 专题访谈法

专题访谈法是指绩效指标设计人员通过与该岗位的被考核者的面对面访谈，用口头的途径获取有关绩效指标提取的信息。专题访谈法分为个体访谈法和群体访谈法。个体访谈法气氛轻松、活跃，可以提高获取信息的效率；群体访谈法以座谈会的形式进行，具有集思广益、团结民主的优点。

5. 经验总结法

经验总结法是指根据一个或者多个专家的经验总结，提出某岗位合适的绩效考核指标。经验总结法一般分为个人总结法和集体总结法。个人总结法是指请人力资源管理方面的专家根据过去个人的工作经验，对以往的绩效指标设计效果进行回顾来总结经验；集体总结法是请若干个人力资源管理专家和组织有关部门的管理人员集体回顾工作内容，以及合适的绩效指标，经总结得出合适的绩效评价指标。

6. 问卷调查法

问卷调查法是绩效指标设计者设计一份问卷调查，将影响岗位绩效的因素写在同一张调查表上，分发给相关人员填写，征集不同人员对绩效指标设计的意见和建议的方法。问卷调查法能够集思广益，收集多方人员的看法。被调查人员根据自身的工作经验选择答案，可以使绩效指标的设计考虑得更加全面。同时，调查表设计的项目不宜过多，并且要尽量减少答题者的时间，以免影响调查表的回收率和填写质量。

（四）建立绩效指标体系的基本步骤

建立绩效指标体系主要遵循以下四个步骤。

1. 确立绩效评价指标

根据上述绩效指标的设计原则、选择依据和绩效指标的设计方法来确定绩效评价指标。这一步骤的意义在于组织需要先根据其规模大小、行业特点和业务流程等，对组织的每个层级选择适当的方法，建立初步的绩效评价指标体系。

2. 划分各项绩效指标权重

确立绩效评价指标之后的步骤就是划分各项绩效指标的权重。该步骤是通过对组织战略目标和岗位工作目标的分析，按照绩效指标对组织战略目标和岗位工作目标的影响程度进行分档。例如，一档绩效指标权重设为 50%～70%，该档次绩效指标应当是对组织战略目标和岗位工作目标达成影响最大的；二档绩效指标权重设为 30%～50%，该档次绩效指标是对组织战略目标和岗位工作目标的达成影响排在第二位的；三档绩效指标权重设为 10%～30%，该档次的绩效指标是对组织战略目标和岗位工作目标影响靠后的。

3. 确定绩效评价指标体系

在确立各项绩效指标权重之后，需要根据指标的相关利益人的意见来最终确定绩效评价指标体系。其中，基层员工岗位的绩效评价指标需要员工和其上级主管进行沟通确定；部门绩效评价指标需要部门负责人和企业高层管理人员讨论决定。通过绩效指标体系的利益相关者的参与，可以使绩效指标的被考核者认同绩效考核指标体系，从而有利于绩效评价工作的开展。

4. 修订绩效评价指标体系

有效的绩效评价指标体系还需要进行反复修订。修订的方式分为两种：① 绩效考核前修订，即通过专家调查法将所确定的考核指标提交给领导、专家及咨询顾问，征求他们的意见，进而进行修改和补充。② 考核后修订，即根据考核及考核结果的应用等情况进行修订，使考核指标体系更加理想和完善。

（五）绩效指标体系的发展趋势

企业内部的发展需要根据外部环境的变化而不断更新，同样地，企业内部的绩效指标体系也随着互联网大数据时代的到来而发展变化。具体来说，随着技术的发展和进步，绩效指标体系大致向以下四种指标体系方向发展：基于用户导向的绩效指标体系、基于利益相关者价值取向的绩效指标体系、基于可持续发展导向的绩效指标体系以及基于赋能视角的绩效指标体系。

1. 基于用户导向的绩效指标体系

在当今数字经济时代，互联网及网络平台快速发展，其背后运营的商业模式的关键在于获得庞大的产品用户基础，并在引导产品用户向付费用户转化的同时，利用产品用户基础吸引广告用户和企业用户。此类商业模式的成功运作离不开对用户的关注。这带来的好处是，一方面，用户导向既能帮助此类商业模式下的企业获得新增产品用户，也有助于留住现有产品用户；另一方面，庞大、活跃的产品用户基础也为吸引广告用户、企业用户提供了可能性。因此，区别于传统企业以盈利指标为核心的绩效评估方法，此类企业的绩效评估都会侧重于对用户体验感和价值感的关注，并建立相应的绩效指标体系进行量化衡量。

例证 3-3

腾讯：基于用户体验的绩效指标体系

不同于传统企业的以盈利指标衡量员工绩效，腾讯主要通过"用户体验"指标评价项目组团队绩效和员工绩效。在这里，"用户体验"指产品在最终用户那里的口碑、成长性以及影响力等。为更好、更精确地衡量"用户体验"，腾讯设计了顾客满意度模型。顾客满意度模型由顾客期望和感知绩效两个维度构成，具体表现为顾客对产品的抱怨情况和顾客对产品的忠诚度两个方面。为精准量化顾客满意度模型，在用户忠诚度维度上，腾讯设计了诸如产品注册用户数、用户活跃度、付费用户转化率等共性量化指标。此外，鉴于不同互联网产品间差异度较大，腾讯亦为旗下每一款产品设计了不同的量化指标，构建了各自的满意度衡量框架。

腾讯的顾客忠诚度和顾客满意度模型如图 3-2 所示。

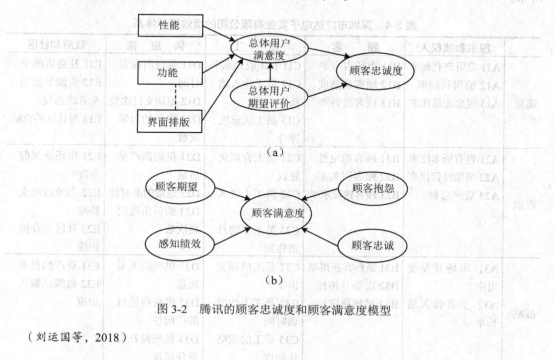

图 3-2 腾讯的顾客忠诚度和顾客满意度模型

（刘运国等，2018）

2. 基于利益相关者价值取向的绩效指标体系

绩效评价包括相互关联的两个方面：一是采用各种方法监测公共政策的运行结果；二是应用某种价值观念来评定这些结果对个人、团体及社会的价值（Dunn，2002）。由此可见，绩效评价兼具价值和工具双重意义。因此，我们切不可为了谋求操作与管理的简单化和便捷性，单方面强调绩效评价的工具意义，而忽略绩效价值取向的深层意义。

而往往关键的业务战略组成部分通常来自利益相关者，特别是企业的关键利益相关者和他们的需求。因此，定义这些利益相关者和了解他们的具体要求对企业的发展是非常重要的。若对一个重要的利益相关者群体没有很好的认知，会造成战略盲点，可能会影响一个企业的绩效。利益相关者可以定义为企业内部或外部对企业的发展战略有兴趣或有影响的任何个人或团体，典型的有员工、股东、客户、供应商，还有政府、工会和当地社区。

例证 3-4

深圳市广达电子实业有限公司基于利益相关者价值取向的绩效指标体系

不同于传统企业以盈利指标衡量员工绩效，腾讯主要通过三层"用户体验"指标来进行评价：第一个层级为准则层，由五类主要利益相关者构成；第二个层级为子准则层，由不同利益相关者的满意、贡献、战略、流程和能力构成；第三个层级则为指标层，由各利益相关者满意、贡献、战略、流程和能力的指标构成。具体评价指标体系如表 3-4 所示。

表 3-4　深圳市广达电子实业有限公司的绩效指标体系

	股东和债权人	顾 客	员 工	供 应 商	政府和社区
满意	A11 总资产利润率 A12 销售利润率 A13 现金流量比率	B11 市场占有率 B12 顾客满意度 B13 顾客投诉率	C11 员工收入水平 C12 员工收入增长率 C13 员工满意度评分	D11 供应商保留时间 D12 超期支付次数 D13 账单的出错次数	E11 社会贡献率 E12 资源节约效率者满意度 E13 对社区的贡献
贡献	A21 自有资本比率 A22 举债经营比率 A23 资产总额	B21 顾客稳定性 B22 顾客回头率 B23 顾客建议水平	C21 员工合理化建议 C22 员工士气水平 C23 员工平均月销售额	D21 供应商产品质量 D22 送货的准时性 D23 购后出现问题次数	E21 市场法规健全度 E22 当地政府支持度 E23 社区公众拥护度
战略	A31 市场开发支出率 A32 主营收入增长率	B31 新顾客获得率 B32 市场开拓性 B33 销售稳定性	C31 员工培训支出率 C32 员工人均受训时间 C33 员工的战略认知度	D31 供应商关系质量 D32 供应商地域的广阔性 D33 供应商社会责任状况	E31 资产纳税率 E32 政策法规认识度

续表

	股东和债权人	顾 客	员 工	供 应 商	政府和社区
流程	A41 新市场占领比重 A42 财务管理制度 A43 债务合同履约率	B41 业务处理水平 B42 准时交货水平 B43 市场敏感性	C41 培训的有效性 C42 高级员工的稳定性	D41 供应商合同履约率 D42 供应商的稳定性 D43 对供应渠道的开拓力	E41 就业贡献 E42 对违规的处理 E43 罚款与销售比
能力	A51 企业品牌评分 A52 管理水平评分 A53 总资产周转率	B51 售后服务水平 B52 品牌意识 B53 市场管理水平	C51 员工劳动生产率 C52 员工的道德水准 C53 人力资源部门的绩效水平	D51 供应链管理水平 D52 折扣率 D53 供应链中的存货水平	E51 公益性捐助能力 E52 守法和公众意识

（温素彬等，2017）

3. 基于可持续发展导向的绩效指标体系

可持续发展已经成为当代人普遍追求的目标和战略思想，企业的发展不能以损害企业的长远利益为代价，必须依靠企业的经济、管理、技术等走可持续的企业发展道路。随着社会、环境、政策对于经济活动的影响越来越大，一些主流企业已经逐渐引入可持续发展绩效管理（SPM）体系。这与以往的绩效指标体系有三点不同：① 它将识别出社会、环境与经济等影响企业发展的驱动力；② 可持续发展绩效管理体系加入了相应的可持续发展目标，并配备了相应的流程管理；③ 构建的这套可持续发展指标是与其他商业指标有机相连的。目前可持续发展管理体系得到了众多领先企业的一致认可，并获得了大力推行。这一方面有利于规避环境风险以及各种项目的执行风险，另一方面也有助于打造企业形象，吸引并留住人才，增加品牌价值，使企业保持长久且可持续的竞争力。

例证 3-5

从企业履行 CSR（企业社会责任）角度来看可持续管理

企业可持续绩效管理一方面需要社会环境的管理和日常经营活动、竞争战略管理的集成；另一方面，为全面决策，需要集成社会环境信息和日常经营活动经济信息。可持续绩效集成管理的最高层面体现在企业价值观、企业领导力原则中的可持续性基本愿景，来整合并制定各种企业可持续政策和战略；中间层面体现的是整合一般经济活动管理体系和社会环境管理体系，设计相应的组织形式，推行正确的经营战略；最低层面涉及企业的自主行为，主要集成经济活动和社会环境管理的测量和报告，如表 3-5 所示。

表 3-5　企业履行社会责任的空间维度上可持续集成管理框架

空 间 维 度	企业可持续集成管理
第一层面	企业可持续政策、目标和战略
第二层面	集成质量、健康安全环境管理体系和审计

空　间　维　度	企业可持续集成管理
第三层面	机会和风险管理
第四层面	企业主动自愿行动，如责任关怀、资源环境意识

（谢琨等，2009）

4. 基于赋能视角的绩效指标体系

以 IT、人工智能、大数据、物联网为代表的数字信息技术使得各个行业的产品和服务快速升级与变革，这其中就需要对"技术"进行赋能，利用技术赋能推动产品或服务的变革，从而推动其在市场上占领优势位置（胡海波等，2018）。此外，近年来，数字信息技术不断创新和发展，使企业和主体内部与外部的信息流、知识流传递距离大幅缩短，互动及合作效率显著提高、方式不断变化（孔海东等，2019）。因此，最先由技术驱动的赋能逐渐转移到对"人"的赋能，尤其是员工竞争力的提升，从而提高企业的绩效。企业通过不断增强对人才发展的关注和培养，为多元化人才提供众多的发展和职业晋升机会，以企业中潜移默化地塑造浓厚的学习氛围和公平竞争氛围。

例证　3-6

e-HRM：通过赋能提升组织绩效

e-HRM 通过赋能提升组织绩效，归纳出领导赋能、心理赋能、结构赋能和文化赋能等多重、交互影响路径，并通过这些核心路径，着重于员工竞争力（工作能力、工作动机、工作机会）等个体工作表现的提升，进而提升组织绩效。

e-HRM 赋能提升组织绩效的路径如图 3-3 所示。

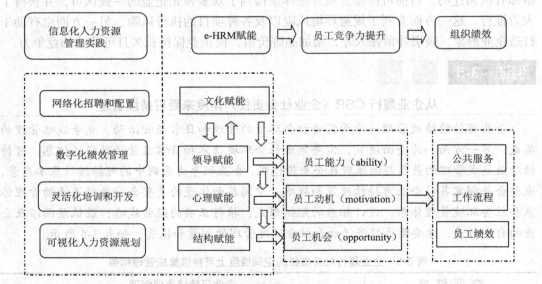

图 3-3　e-HRM 赋能提升组织绩效的路径

（崔国东等，2020）

 **本章小结**

1. 绩效计划的主要内容包括结果计划、行为计划和开发计划。结果计划是指在制定结果标准时，需要考虑员工的关键岗位职责以及他们必须完成的责任与义务；行为计划则更多考虑的是员工的胜任能力，是指一些对绩效结果达成有较高相关性的特质；开发计划是指考核者和被考核者应当在进行绩效计划沟通时，就员工所需要改进的领域达成共识。

2. 制订绩效计划一般遵循以下七个原则：① 价值驱动原则；② 流程系统化原则；③突出重点原则；④ 可行性原则；⑤ 足够激励原则；⑥ 客观公正原则；⑦ 全员参与和职位特色原则。

3. 绩效计划的制订主要有五个步骤：① 梳理岗位职责；② 提炼关键绩效指标；③ 设定工作目标；④ 设计绩效指标权重；⑤ 确定指标目标值。

4. 绩效计划的制订流程主要包括绩效计划的准备、绩效计划的沟通、绩效计划的确认与审定。绩效计划的准备是基础，沟通是过程，审定是最终确认环节，环环相扣。

5. 构建绩效指标体系是绩效计划的重要环节，绩效指标大致有三种划分方式：第一种是硬指标与软指标；第二种是"特质、行为、结果"三类绩效指标；第三种是结果指标与行为指标。

6. 构造有效的绩效指标体系需要遵循绩效指标设计原则，选择合适的绩效指标设计方法，按照绩效指标体系的四个步骤进行：① 确立绩效评价指标；② 划分各项绩效指标权重；③ 确定绩效评价指标体系；④ 修订绩效评价指标体系。

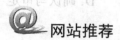 **网站推荐**

绩效管理-人力资源系统网：http://www.irenshi.cn/?list=5

 **影视推荐**

《人力资源经理》

该影片的主人公是耶路撒冷最大的食品公司的人力资源经理，他不得不与自己的妻女分离，做着不喜欢的工作。但是，自从一名外籍员工在自杀爆炸事件中意外丧生之后，公司面临着管理疏忽的指责，而这名人力资源经理被送往死者的罗阿尼亚老家寻求和解，他面对的是死者的妻子，渐渐地，他开始尊敬这个女人，并学会了用自己的良心和努力去真正关心那些"人力资源"。

推荐理由：该片以主人公的人力资源职业经历为主线，从一开始讨厌这份工作到最后体会到了本岗位的价值，增强了我们对人力资源管理职业的认知，是一部温暖人心的电影。

读书推荐

《卓有成效的管理者》

本书从不同的角度出发，目标是讨论如何有效地管理自己。作者开篇即强调"卓有成效是可以学会的"，然后分别介绍了管理者应如何掌握自己的时间、如何处理好组织中的人际关系、如何发掘组织成员的优势、如何选择合适的顺序进行决策、如何将个人见解与反面意见都考虑进管理决策中。

推荐理由：该书作者是德鲁克。德鲁克的思想影响了数代追求创新以及最佳管理实践的学者和企业家们。各类商业管理课程也都深受德鲁克思想的影响。本书是德鲁克的经典代表作，主要面向企业管理者。探讨企业中的个人管理。

出版信息：德鲁克. 卓有成效的管理者[M]. 许是祥，译. 北京：机械工业出版社，2009.

思考练习题

一、选择题

1. 绩效管理体系的第一个关键步骤是（　　）。

    A. 绩效计划   B. 绩效实施   C. 绩效考核   D. 绩效反馈

2. 绩效计划的内容不包括（　　）。

    A. 结果计划   B. 行为计划   C. 开发计划   D. 过程计划

3. 绩效计划的制订流程不包括（　　）。

    A. 准备   B. 沟通   C. 承诺   D. 确认与审定

二、简答题

1. 简述绩效计划的内涵和制订绩效计划的原则。

2. 简述绩效计划的制订流程。

3. 简述如何构建一个有效的绩效指标体系。

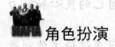

模拟实训：A 公司的绩效计划制订

以 A 公司为例，根据该公司的业务流程、组织架构和组织战略目标，组织本班同学为其制订一套完整有效的绩效计划，并指出其优缺点。

角色扮演

绩效沟通：如何进行一次有效的绩效沟通

甲公司是一家网上电子商务公司，A 是网上购物部的订单处理中心的负责人，B 是网上购物部的经理。网上购物部的主要任务是通过互联网进行日用消费品的销售。订单处理中心的主要职责是直接从网上受理消费者的订货信息，并将信息发送给相应的商品部，由商品部组织为消费者发货，同时还需要对订货信息进行分类、存档。订单处理中心有 5 个人。B 上周刚参加了制订今年经营计划的会议，接下来就要把网上购物部的经营计划分解到每个人身上。本周他将与每个下属人员面对面地进行一次交流，制订本年度的绩效计划。

请两人组队练习，一人扮演 A，另一人扮演 B，模拟绩效计划沟通场景。然后互换角色。之后抽取一组在全班同学面前进行现场角色扮演，师生对其进行点评并讨论。

绩效计划制订

作为家电行业的领导厂家之一，A 公司依靠对产品质量、销售和生产的投入取得成功随着竞争的加剧，A 公司近年来在新产品研发上的投入也不断加大，构建了一定规模的研发队伍，并引入经过不同行业验证的 IPD（集成产品开发）研发模式。但是，在绩效管理上，A 公司还是继续沿用以前的模式。

每年的年底和次年的年初，都是公司绩效经理石先生最紧张和头疼的时刻。总经理将绩效管理工作完全授权给人力资源部下属的绩效管理科。为了达成公司目标，哪些指标是重要的？哪些指标是次要的？各占多少权重？指标值设定多少才合适？跨部门的目标如何处理？研发体系的很多东西难以量化，如何设定目标？很多部门对石先生提出的指标有异议，甚至以人力资源部门不懂业务为由拒绝接受。

请选择 7~8 个同学为一组，一人扮演石先生，一人扮演总经理，剩下的同学扮演各部门负责人，模拟研发部门绩效计划制订过程。然后互换角色。之后抽取一组在全班同学面前进行现场角色扮演，师生对其进行点评并讨论。

案例分析

A 公司绩效指标体系的构建

A 公司是一家物流公司，属于湖南省民营经济百强企业，始创于 1999 年 3 月，已发展成为集医药研发、制药工业、物流配送、连锁零售、电子商务、临床应用为一体的大型企业。由于其行业特点，公司的员工普遍存在一种因害怕承担物流风险的责任而引起的恐惧和忧患意识，不乐意主动创新，只是被动地等着领导的指导或督促；有些员工是在公司工作了很多年的核心员工，他们不愿意接受外来员工的挑战，害怕自己的工作地位被削弱，而忽略和其他成员的工作联系和信息交流。

而作为物流服务企业，其物流服务特性表现为一种网状结构，这个网是由多个节点和连线构成的，任何一个节点出现问题又没有得到及时妥善的解决，就有可能造成重大的损失。因此，在作业过程中，成员要在做好本职工作的同时，为周边相关岗位多想一点和多做一点，使信息传递、业务交接达到无缝化状态。

为此，A 公司为发挥公司全体员工团队协作的精神，在绩效管理上设计了一系列考核指标，并将其结果与员工薪资、晋升相挂钩。表3-6 是 A 公司绩效考核指标体系表。

表 3-6　A 公司绩效考核指标体系表

	一级 KPI	二级 KPI
考核指标	能力维度指标	● 劳动纪律 ● 工作效率
	态度维度指标	● 服务态度 ● 办事效率 ● 服务效果
	个人素质指标	● 政治学习 ● 职业道德 ● 廉政纪律
	绩效维度指标	● 业务量 ● 工作质量 ● 客户管理 ● 新项目拓展

从 A 公司对员工的绩效考核指标分析,可以看出 A 公司目前员工绩效考核指标设计体系具有如下基本特征。

(1)绩效考核指标设计很简单,其结果主要运用于员工的奖惩,直接与经济绩效挂钩。

(2)分别对普通职工与管理人员制定了不同的考核标准,但考核标准也较简单,不能较为全面地反映员工的实际工作业绩。

(3)对普通员工使用考核小组考评的方法,对管理人员采用上级考评与 360 度考评相结合的方法,基本上适应目前简单的物流公司的情况,但在具体操作上存在很大的主观性。

(4)考评方法比较单一,操作简单、成本较低,不能很好地反映工作岗位的性质、任务完成情况,因此对岗位分析不能提供较好的依据。

(付亚和等,2014)

讨论题:

1. A 公司的绩效指标体系有哪些特色?

2. A 公司的绩效指标体系存在哪些问题和不足?你有何改进建议?

参考文献

[1] 付亚和,许玉林. 绩效考核与绩效管理[M]. 2 版. 北京:电子工业出版社,2009.

[2] 李宝元. 绩效管理:原理·方法·实践[M]. 北京:电子工业出版社,2009.

[3] 张云德,田中禾. 现代企业绩效管理:策略与应用[M]. 兰州:兰州大学出版社,2006.

[4] 阿吉斯. 绩效管理[M]. 刘昕,刘仰锋,译. 北京:中国人民大学出版社,2008.

[5] 赵阳. 人力资源管理中的绩效管理对策研究[J]. 技术与市场，2020，27 （8）：158-159.

[6] 饶兰. 绩效管理在企业人力资源管理中的高效应用[J]. 财经界（学术版），2020（9）：251-252.

[7] 程莉. 浅谈人力资源管理中的绩效管理[J]. 现代营销（信息版），2020 （3）：192-193.

[8] 张东民，谢康. 企业绩效管理质量：计划与评估[M]. 北京：电子工业出版社，2010.

[9] 任康磊. 绩效管理与量化考核：从入门到精通[M]. 北京：人民邮电出版社，2019.

[10] 郑芳. 资深 HR 手把手教你做绩效管理[M]. 天津：天津科技技术出版社，2017.

[11] 邓玉金. 绩效管理的 8 节实战课[M]. 北京：中信出版社，2019.

[12] 王小刚. 战略绩效管理最佳实践[M]. 北京：中国经济出版社，2011.

[13] 彼得斯，沃特曼. 追求卓越：美国优秀企业的管理圣经[M]. 北京天下风经济文化研究所，译. 北京：中央编译出版社，2003.

[14] 温素彬，刘莎. 基于利益相关者价值取向的企业绩效评价模型：绩效棱镜在 SZGD 公司的应用案例[J]. 财务研究，2017（2）：46-58.

[15] 刘运国，曾昭坤，刘芷蕙. 互联网平台商业模式对企业绩效管理的影响研究：基于腾讯的案例分析[J]. 中国管理会计，2018（4）：12-21.

[16] DUNN W N. 公共政策分析导论[M]. 北京：中国人民大学出版社，2002.

[17] 崔国东，李诗桐，程延园，等. 信息化人力资源管理提升组织绩效的路径：基于员工赋能视角的案例研究[J]. 中国人力资源开发，2020，37（3）：78-114.

[18] 谢琨，刘思峰，梁凤岗. 企业社会责任和可持续发展绩效管理体系[J]. 生态经济，2009（10）：44-47+51.

[19] SCHULTZ J, MILPETZ F, BORK P, et al. SMART, a simple modular architecture research tool: Identification of signaling domains[J]. Proceedings of the National Academy of Sciences, 1998, 95(11):5857-5864.

[20] VOGHERA A, GIUDICE B. Defining a social-ecological performance to prioritize compensatory actions for environmental regeneration. The experimentation of the environmental compensation plan[J]. Sustainable Cities and Society, 2020,61:102357.

第四章
绩效实施

管理就是界定企业的使命，并激励和组织人力资源去实现这个使命。

——彼得·德鲁克

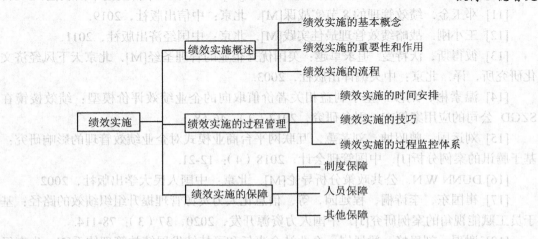

学习目标

> 掌握绩效实施的基本概念、重要性和作用、流程
> 了解绩效实施的关键
> 掌握对绩效实施实现过程控制的策略与方法
> 了解绩效实施所需要的保障

引例

IBM 公司与绩效实施

IBM 公司创建于 1911 年，一直被看作世界上经营和管理最为成功的公司之一。该公司十分强调人力资源管理工作在推行公司战略中的重要性，在加强组织结构和理顺管理职能的同时，不断加强公司的人力资源管理工作，并形成了自己良好的绩效管理文化和鲜明的绩效管理特色。

在绩效实施过程中，IBM 非常重视人的因素，强调沟通的重要性。他们认为领导者应积极进行角色改变，由监督和管理向教练员和辅导员转变，帮助员工积极解决工作中存在的问题，营造相互尊重、相互理解、相互促进的和谐氛围。在沟通方面，IBM 的双向沟通有着自身鲜明的特色。它有以下四条通道使员工和领导保持有效的信息交流。

（1）与高层管理人员面谈。员工可以借助此制度，就个人意见、自己所关心的问题等与高层经理进行交流，并且双方这种谈话是保密的。

（2）员工意见调查。这条通道会定期开通，它可以帮助组织了解员工对公司管理层、企业文化、组织效率、薪酬等方面有价值的建议和意见，以协助组织不断改进管理流程。

（3）直话直说。员工可以将填写完毕的"直话直说"表格投入邮箱，以在不暴露身份的情况下，把意见和建议反映给高层领导。

（4）"门户开放"政策。员工可以就其直接经理未能解决的、与公司或工作有关的问题向申诉受理人提出申诉，并且申诉会被严格保密。

IBM 的四条特别通道表明企业对员工的关心不仅体现在物质层面，还体现在对员工的心理想法的了解，只有这样才能充分激发员工的热情。特别通道将企业制度界面人性化，给员工一种心理上的安全感，从形式上消解了企业无法避免的层级关系和信息不对称的弊端，形成信息双向流动。

此外，IBM 公司还有有效促进员工发展的激励手段。在 IBM，惩罚相对而言是不存在的，更多的是正面的激励；在绩效实施过程中，总会出现问题，而 IBM 的正面激励原则为员工更好地克服困难、增强个人信心、充分发挥个人潜能提供了可靠保障。

（魏宁等，2013）

从上述引例中可以看出，IBM 公司的绩效实施充分重视沟通，注重企业文化建设，形成良好的正向激励氛围，从而为绩效考核打下了坚实的基础。本章将主要介绍绩效实施的基本概念、重要性和作用、流程、过程管理和保障等方面的内容。

第一节　绩效实施概述

绩效实施阶段是绩效管理中影响因素较为复杂、耗时最长的阶段，这一阶段的工作成效决定了组织绩效计划能否有效实施，却很容易被忽视（陈岳堂等，2018）。本节将主要从绩效实施的基本概念、重要性和作用、流程三个方面来介绍绩效实施。

一、绩效实施的基本概念

（一）绩效实施的概念

绩效实施是组织在实践过程中，根据实际情况的变化不断地对绩效计划阶段所设定的绩效目标进行修正和完善，以保证其顺利实现的过程。在此过程中，员工根据绩效计划任务书实现自己的绩效，管理者进行跟踪、检查、指导，及时发现下属工作过程中存在的问题，帮助下属不断改善工作方法和提高技能，随时纠正下属偏离工作目标的行为，从而保证绩效计划的落实和完成（程延园，2016）。

（二）绩效实施的特点

绩效实施虽然处于绩效管理的第二阶段，但实际上贯穿于绩效管理的整个过程。绩效实施是对绩效目标不断进行改进完善的过程，即监督、指导、帮助和提升的过程，与整个绩效目标的实现密切相关。程延园（2016）认为，绩效实施区别于绩效管理的其他相关环节，主要有以下四个特点。

（1）时间的延续性。一方面，绩效实施是绩效管理四个环节中耗时最长的，且贯穿于绩效管理的整个过程；另一方面，该过程直接影响绩效管理的成败，为了充分发挥绩效实施的桥梁作用，管理者要时刻监督和指导员工的工作。

（2）目的的明确性。绩效实施过程始终以绩效目标为指向。无论是绩效实施的管理者还是执行者，都要从组织层面和个人层面明确自己的目标和具体的实施方案，循序渐进，灵活应对变化。

（3）过程的互动性。绩效实施过程员工和管理者要积极互动。员工按照绩效计划开展工作，管理者需要追踪整个过程，对员工进行检查、反馈和指导，同时收集整理员工的相关信息资料，因此绩效实施过程中的双向互动十分重要。

（4）效果的可测性。在绩效实施过程中需要对绩效目标的实现情况进行动态监测，由绩效评价根据一系列明确标准和科学合理的记录表、打分表进行客观衡量，使得绩效实施所达到的效果清晰可测。

二、绩效实施的重要性和作用

人才发展为组织良好运营注入鲜活力量，而绩效管理是组织人才发展、能力提升的有效路径。绩效实施作为绩效管理的重要一环，具有承上启下的作用，既能促进绩效计划执行，又能为绩效考核提供保障，提升企业人力资源管理水平。

（一）绩效实施的重要性

作为绩效管理过程的中间环节，绩效实施是绩效计划的落实和执行，包括从绩效计划形成到绩效目标实现为止的全部活动，是展现管理者管理水平和艺术的主要环节。绩效实施的重要性主要表现在以下三个方面（宋源，2017）。

1. 绩效实施是绩效计划实现的保障

如果只是单纯地制订好绩效计划，并把绩效计划的实施当成员工的个人行为和责任，那么绩效实施极可能带来不好的结果。绩效计划制订好以后，管理者如何与绩效计划的执行者一起将绩效计划分解为可执行的每一步并落实到位，是绩效计划实现的重要保障。

2. 绩效实施可以对绩效计划进行调整

在绩效实施的过程中，管理者与员工需要持续保持有效的沟通，通过对实际情况和公司总目标的把握，及时调整绩效计划。这种调整一般包括两个方面：① 当实际中发生由某些不可预测的因素导致的状况时，就需要根据实际情况来调整绩效计划，从而使绩效计划变得可执行；② 当绩效实施过程中出现了推动绩效计划顺利进行的因素时，可以根据客观实际适当地提高原有绩效计划中设定的目标。

3. 绩效实施是绩效管理的主要环节

绩效实施是绩效计划充分实现的重要保证，绩效考核和绩效反馈也需要绩效实施过程中观察和收集到的信息，因此绩效实施是绩效管理中不可或缺的一个环节。在绩效实施过程中，员工也可就绩效实施过程中遇到的问题随时与管理者沟通，以防出现绩效计划执行不力、考核不公正等情况。

（二）绩效实施的作用

绩效实施阶段处于绩效计划阶段后，管理者在开展工作时对员工的工作进行监督和指导，通过与员工的沟通及时发现、解决问题或调整绩效计划以保证绩效目标的顺利实现。绩效计划是否能够落实和完成依赖于绩效实施，而绩效评估的依据也来自绩效实施过程，因此绩效实施在绩效管理中起着承上启下的作用，对绩效管理的有效程度起着决定性的作用。作为基础性阶段，如何在绩效计划的基础上做好绩效实施工作，将决定能否为随后的绩效考核打下坚实的基础（魏宁等，2013）。

绩效实施的主要作用在于如下两个方面：一方面，绩效实施能够成为管理者和员工沟通的桥梁，促使管理者与员工紧密地联系在一起，建立良好的工作关系；另一方面，绩效实施通过管理者与员工的积极沟通，能够前瞻性地发现问题，就可能存在的问题进行讨论，寻找解决问题的方案，及时解决问题或调整方案。

赵澄旻和吴志康（2016）认为，绩效实施的根本目的在于对员工实施绩效计划的过程进行有效的管理，一般有如下六个具体作用。

（1）了解员工工作的进展情况，以便于及时进行调整。

（2）了解员工工作时遇到的障碍，以便发挥自己的作用，帮助员工解决困难，提高绩效。

（3）可以通过沟通避免一些考核时意外的发生。

（4）掌握一些考核时必须用到的信息，使考核有目的性和说服力。

（5）帮助员工协调工作，使之更有信心地做好本职工作。

（6）提供员工需要的信息，让员工及时了解自己的想法和工作以外的改变，以便管理者和员工步调一致。

三、绩效实施的流程

管理者与员工共同制订了绩效计划后，要保证绩效计划的顺利实施，不仅需要根据市场环境、组织环境等及时调整员工的工作内容，还需要管理者对员工的工作状态和进展加以监督、反馈和指导。管理作为一个持续作用的过程需要有实质的管控监督，而绩效实施的实质在于对绩效管理过程的控制，具体又分为如下三个流程。

（一）绩效沟通

绩效沟通是指管理者和员工在共同工作的过程中分享各类与绩效有关的信息的过程。通过管理者与员工的持续沟通，在已经形成的绩效计划的基础上进行双向协商沟通，试图寻找到一条有利于绩效目标达成的最短通路。

在绩效沟通的过程中，管理者扮演着收集资料并灵活调整的引导者角色，不仅需要掌握有关下属工作情况的各种信息，还需要收集绩效评价和绩效反馈时所需的信息，同时能够根据掌握的信息对绩效计划进行及时的调整。一方面，员工将自己所遇到的困难等反馈给管理者，从管理者那里得到建议、资源等帮助，以更好地解决困难；另一方面，通过持续的沟通正确执行绩效计划，认识绩效问题，员工不断地得到自己绩效完成情况的反馈信息，从而不断地改善方法，提升自己的能力。

绩效沟通的目的就是保证每位员工在任何时候都能够获得改善工作绩效所需要的各类信息。沟通可以采用正式沟通，如书面报告、会议等，也可以采用走动管理等非正式沟通的形式。绩效沟通的方法和技巧实质上就是一般意义上组织内部交流的方法和技巧，只是沟通的内容限于绩效而已（刘湘丽，2018）。沟通的主要内容应包括如下四个方面。

（1）工作的进展如何？

（2）员工的工作状态如何？

（3）工作中哪些方面进展顺利？为什么？

（4）工作中哪些方面遇到了困难或障碍？为什么？

在沟通的过程中，管理者的角色应该是可信赖的师长、可依靠的朋友，至于如何"扮演"好这个角色，就需要管理者自己去用心领会绩效沟通的基本含义，在实际中用自己独特的方式营造良好的沟通氛围。

（二）绩效信息收集

绩效信息的收集工作贯穿于绩效实施的全过程，绩效实施过程中的信息收集侧重于员工从绩效初始状态到后期发展变化阶段的动态过程。绩效实施作为绩效管理的一个重要环节，发挥着收集信息进行阶段性绩效评估，并根据评估结果及时调整员工绩效动态的重要作用。

绩效信息的记录和采集是绩效管理的一项基础工作，很多绩效管理失败的原因就在于绩效信息的不准确以及管理者考核评价的随意性（赵澄旻等，2016）。如果在绩效实施的过程中没有可靠的记录作为依据，可能会导致绩效评估时容易因工作表现的记忆模糊对事实造成歪曲，或者会导致与员工进行绩效沟通时因缺乏足够的事实依据造成对评估结果和反馈的争议。只有备有充分、真实的信息，管理者才能有效地把握员工的工作进度和问题，在对员工的绩效进行评估时有据可查，为员工提供反馈时才能对症下药，使员工对评估的结果心服口服。

绩效信息收集的目的在于为绩效考核与评价提供事实依据，为绩效诊断与改进提供有力依据，为劳动争议的解决提供重要证据（李文静等，2018）。绩效信息收集为绩效实施提供可参考的现实依据，同时为员工个人绩效能力的进步提供过程记录，有助于后期制订更有针对性的员工个人成长计划（IDP），实现以绩效目标为导向的员工个人成长。

绩效信息收集不可能将员工所有的绩效表现都记录下来，收集的内容应根据绩效指标或绩效计划来决定，确保所收集的信息与关键业绩指标密切联系。根据信息来源的不同角度，可将信息分为来自业绩记录的信息、管理者观察到的信息和来自其他人评价的信息。

一般而言，信息收集的主要内容应该包括如下五个方面。

（1）工作目标或任务完成情况的信息。

（2）证明工作绩效优秀或不良的事实证据。

（3）来自内、外部客户的积极或消极的反馈信息。

（4）与员工进行绩效沟通的记录。

（5）员工因工作或其他行为受到表扬或批评的情况。

作为绩效实施的一项基础工作，信息记录和收集工作的好坏对绩效实施的效果具有非常重要的影响。常用的信息收集方法有工作记录法、定期抽查法、检查扣分法、关键事件记录法等。

工作记录法是指由相关人员按照规定，对于生产、销售、服务的数量、质量、时限等指标填写原始记录单，并定期进行汇总统计以获得绩效考核的有关信息。为了保证所收集信息的真实有效性，管理者可以使用定期抽查法对信息进行抽查。检查扣分法是针对关键业绩指标中出现错误的情况进行扣分，并检查登记，发现一次记录一次，以便为绩效考核提供原始信息。关键事件记录法是针对员工特别突出或异常的情况进行记录，关键事件的记录有助于管理者对员工的突出业绩及时进行激励，对员工存在的问题及时进行反馈和纠偏。

综上所述，为了实现绩效数据收集制度化，人力资源部门应对企业各部门上报的数据进行汇总，形成本次绩效管理过程中绩效实施的成果，为下一阶段进行绩效考核提供最真实的参考资料。借助大数据技术形成企业内部人才数据库，建立人才培育模型，为企业人力资源管理提供科学方法，实现企业绩效管理从前期计划制订到中期过程控制，直至最终结果考核全流程的制度化、科学化。

因此，企业管理者在进行信息采集与分析时，需要明确各环节的目的：① 以事实为依据，出具一份针对某个特定员工的工作绩效记录表，为绩效考核和晋升考核等提供一定的参考依据；② 根据信息反馈的情况，及时发现绩效形成过程中的某些问题或者潜在的风险，并根据其原因分析的结果制订科学的应对方案，保证绩效计划的顺利进行；③ 掌握企业员工的工作状态、工作行为以及职业发展计划等，发现有潜力的员工，及时开展相应的培训，避免人才流失。在此基础之上，根据既定的绩效信息收集、分析计划，开展绩效形成过程中相关信息的采集与分析，能够确保绩效信息采集、分析的准确性与高效性。

进入信息时代以来，大数据、云计算技术飞速发展，为企业绩效实施过程中信息的搜集提供了重要的技术支撑。反观当下的管理实践，基于大数据与云计算技术的人力资源管理甚至绩效管理的尝试屡见不鲜。但从可行性角度考虑，大数据技术仅适用于那些拥有海量数据的企业，而针对中小型企业，绩效信息的分析仍然需要考虑在传统的分析方法上做出适当改进，借此提高信息处理、分析的效率与质量，以满足当下的"快节奏"趋势（郭文娇，2019）。

（三）绩效辅导

绩效辅导是绩效实施最为关键的一环，这个环节体现了管理者引导、辅助员工共同完成绩效目标，检验企业绩效实施成效。绩效实施作为绩效管理的内部环节，与绩效管理一样，也强调员工和管理者的共同参与，强调彼此之间形成绩效伙伴关系，共同完成绩效目标的过程（陈镭，2018）。对员工进行绩效辅导，可以帮助员工提升能力，尽快解决潜在的或已经出现的问题，鼓励员工保持其良好表现，督促员工改进不良工作行为，更好地推动企业目标的实现。

管理者在绩效辅导时承担的是指导者的角色，负责员工的绩效反馈、绩效面谈和绩效改进等工作，优秀的指导者应该在以下三个层次上发挥作用（李文静等，2018）：① 与员工建立一对一的密切联系，既要帮助员工制订具有挑战性的目标和任务，也要提供反馈和支持；② 营造一种鼓励承担风险、勇于创新的氛围，使员工能够从自己过去的经验教训中、从别人身上不断地学习；③ 积极为员工提供学习机会，提供富有挑战的机会或新境遇，帮助员工与能够帮助他们提升的人建立联系。

1. 绩效辅导的方法

在绩效辅导阶段，由于员工的能力和工作任务的难易程度不同，因此，所采取的绩效辅导方法也不一样。根据赫西和布兰查德的"领导生命周期理论"，以工作行为和关系行为两者的关系为依据，组织的生命周期可划分为四个阶段，与之对应的是四种不同的管理方式。它们分别是：① 高工作行为—低关系行为的导向型领导；② 高工作行为—高关系行为的教练型领导；③ 低工作行为—高关系行为的鼓励型领导；④ 低工作行为—低关系行为的授权型领导（Hersey et al.，1969）。因此，可根据组织当前的发展阶段选择适合的员工辅导技术，一般有以下四种常用的辅导方法。

（1）导向型辅导。在员工已经掌握完成任务所需的知识和技能，但仍然遇到无法处理的特殊情况或对目标不明确时，需要管理者对员工做出方向性的引导。该方法适用于具有较高工作能力和工作意愿的员工，可对他们进行以目标为导向的指引，并给予其较大的自我发挥空间。

（2）授权型辅导。针对未完全掌握完成任务所需的知识和技能的员工，管理者需要给予其具体怎样完成任务的指示，逐步传授完成任务所需的技能，并定期跟踪该员工的执行情况。该方法适用于工作能力和工作意愿双低的员工，此时需要管理者给予员工更多的成长和试错空间。

（3）鼓励型辅导。针对具备完善的指示和技能的专业人员，管理者辅导时无须阐释细节，只需要给予适当的建议和鼓励，让他们尝试新的方法，增强他们的自主性和创新能力，激发他们自我实现的愿望和潜能。

（4）教练型辅导。针对工作行为和工作意愿双低的员工可给予较为具体的指导，绩效辅导旨在帮助管理者改善下属绩效，是两者真诚沟通、探讨问题、开阔思路、找出对策、互相认同的过程，是下属倾诉困难、寻求上级帮助的过程，也是激励下属、整合资源、提高团队凝聚力的过程（徐升华，2016）。因此，绩效辅导需要把握好辅导的时机，在员工遇到困难或问题，或是有了新点子想征求意见时，抑或学习新技能、刚刚结束培训时，与未能按标准完成任务时，都可采取绩效辅导，而不是等到员工出了问题才进行辅导。辅导过程中也要注意启发员工自己进行思考，探索问题解决的方法。

2. 绩效辅导的内容

绩效辅导的内容通常应该包括以下六个方面。

（1）阶段工作目标完成情况。绩效计划实施一段时间后，管理者与员工需要对应绩效计划每个时间节点的要求，就每项工作的完成情况进行审视和讨论，对任务完成情况进行核查。无论是工作进度与绩效计划相比滞后，还是工作任务的完成存在质量问题，管理者和员工都应该正面应对，积极想办法弥补和改进。

（2）员工工作中的优秀表现。这项沟通属于激励性沟通，主要通过对过去某个阶段员工工作表现的审视，发现员工的闪光点，并及时给予赞赏与表扬，以正面的鼓舞给予员工积极的影响，激励他们持续保持和进一步优化自己的工作行为。这要求管理者在日常工作中要细心观察、善于发现，并懂得表达。需要注意的是，对员工的表扬应该是正向的，不能为了表扬而表扬，要实实在在地表扬值得表扬的行为，而且表扬不能太过空泛，要言之有物，即列出具体的事例，让员工明确自己的哪些行为是对的，进而朝着正确的方向前进。

（3）员工工作中需要改进的方面。直接指出员工的绩效不足，对很多管理者来说，并不是那么简单的事，但在绩效管理中是很有必要的环节。只有指出员工的不足，管理者才能纠正员工的行为，让其知道改进的方向。在沟通过程中，管理者应该就具体问题明确指出员工的不足之处，指出需要改进和提高的地方，然后与员工共同谈论并分析产生问题的原因及克服不足的方法，给出恰当、合理的建议。

（4）员工工作中遇到的困难。询问员工在绩效实施过程中遇到的困难和障碍，并探讨产生这些困难的原因，找出解决的对策。如果是员工在技能和知识层面上存在不足，就应对员工安排适当的培训和辅导。如果员工遇到的困难来自外部，则管理者应对员工提供职权、资源等方面的支持。

（5）协助下属改进工作计划。如果员工没有朝着既定的目标前进，而是出现偏离，管理者就需要帮助员工调整方向，根据目前的工作进展情况，与员工一起讨论、制订或改进计划与措施。

（6）下一阶段的绩效目标和行动计划的确认。管理者与员工一起讨论和确定工作目标，检查工作进度表和考核计划，让员工对总体目标、阶段性目标、何时反馈等有明确的认识。

3. 绩效辅导的技巧

绩效辅导更多依靠良好的提问、倾听和协调技巧，而不是仅仅停留在分派任务或控制结果上。管理者如何在绩效辅导的过程中提问也是需要技巧的，好的提问能够促进员工的积极回应和思考，快而有效地找到解决问题的答案。绩效辅导中的提问可以采用少用反问句、避免使用复合问句、避免用"为什么"进入话题等技巧（赵涛，2010）。

（1）当管理者没有做好接收员工超出预期或者消极的答案的准备时，最好不要提问。人们提问时往往有自己预期的答案，一旦出现超出自己预期，尤其是关于自己负面评价的答案时，态度就会变得恶劣。因此，不要贸然询问对方的意见，除非自己已经做好了接受各种各样的答案的准备。

（2）避免用"为什么"进入话题，可以用"是不是"来提问。如问对方"为什么迟到"，不如问"是不是路上发生了什么事使你无法准时到达"，这样不容易引起被问者的防御心态，从而有利于员工与管理者之间真诚、坦诚的沟通。

（3）少用反问句。反问句具有较强的个人倾向，容易让被问的人感觉到指责，产生对沟通的抗拒。

（4）避免使用复合问句，尽量一个问题沟通完再问另一个问题，否则对方会因为过多的问题混在一起而不知道应该如何回答，或是只选择回答其中一个，如此管理者得到的答案的质量也会因此下降。

好的绩效辅导除了需要良好的提问技巧，还需要管理者学会倾听，不随意打断他人的讲话，除非员工的回答已偏离一开始问的问题，或是其发言完全是在发泄个人情绪，甚至带有污蔑性质，管理者可态度友善地适当纠正员工的话题走向。

例证 4-1

华为部门主管的绩效辅导工作

华为极为重视绩效计划制订后的辅导工作，明令要求部门主管帮助员工达到绩效目标。

（1）主管要重视对下属的指导，每半年要有三次以上的正式面谈。

（2）为及时跟进，部门主管面谈须有详细的记载，公司会进行面谈记录的抽检，对未按要求执行的部门进行严格处罚。

（3）各级管理人员必须与员工保持沟通，每月员工的上级必须与员工进行一次以上的沟通辅导，了解员工的工作进展、需要什么支持以及员工个人职业发展意向，对绩效表现不佳的员工给予及时反馈和指导，以避免可能的误解和拖延。

华为通过绩效辅导改进员工工作，提供资源支持，指导员工完成工作。沟通始终贯穿于绩效目标制订、绩效实施、绩效评估及整个管理过程中。

（资料来源：佚名. 向华为学习如何进行绩效管理 [EB/OL]. [2016-12-26]. http://www.hrsee.com/?id=490.）

第二节　绩效实施的过程管理

在整个绩效管理的过程中，绩效实施及其过程管理是绩效管理方法是否有效的决定性因素。我国政府中出现的官员腐败和为追求 GDP 数字增长而盲目投资的行为，原因之一就是缺乏对政府官员实现目标过程的监督和管理，缺乏在计划实施过程中的动态调节。因此，做好绩效实施过程中的监督和控制是十分重要的。绩效实施的过程管理，一方面涉及绩效实施的流程监控，如绩效沟通、绩效信息收集和分析等（见本章第一节），另一方面还涉及绩效实施过程中的时间安排和实施技巧。本节将就绩效实施的时间安排和技巧进行介绍。

一、绩效实施的时间安排

绩效实施工作需要在实施操作过程中逐步推进，在不同的时间段扎实地完成每个环节的工作。与企业绩效管理体系相适应的绩效实施的行动计划可以按照时间进程，根据组织的实际情况，结合绩效计划来制订。表 4-1 是绩效实施的行动计划进度样例，可作为制订绩效实施时间计划的参考。

表 4-1　绩效实施的行动计划进度样例

时　　间	行动计划内容
绩效实施开始的第 1～2 个月	成立绩效管理委员会，完成前期的各项准备工作
绩效实施期间	持续沟通与信息搜集，进行绩效管理指导
绩效实施结束后的半个月内	绩效实施效果评估，完成绩效面谈
绩效实施结束后的一个月内	应用绩效评估结果，新一周期的绩效实施开始

（陈岳堂等，2018）

二、绩效实施的技巧

企业员工作为绩效实施的主体，需要岗前培训，原因就在于绩效实施需要一定的技巧与理论、知识背景作为支撑。为提升员工绩效实施的效率，有四个绩效实施的技巧：领导兼作教练；选择本公司技术好的人员建立内部讲师团队；师徒制；组织战略目标中的员工成长指标被纳入部门绩效考评项目（赵澄旻等，2016）。

（1）领导兼作教练。管理者要以教练身份辅导下属，使下属尽快地成长为熟练的专业员工。管理者虽然很难成为各个领域的专家，但对员工的指导仍是其工作之重，好的教练应该学会与员工建立一对一的密切关系，营造鼓励承担风险、勇于创新的氛围，并积极为员工提供学习机会（李敏，2015）。

（2）选择本公司技术好的人员建立内部讲师团队。内部讲师是企业培训的重要资源之一，对于企业的培训和开发工作具有十分重要的意义，让本部门的专业人才作为兼职讲师，采取工作指导法或个别指导法来实施质量控制方面的培训，有助于让个别人的技能变成大家的技能，同时还可以降低培训成本。

（3）师徒制。即在企业员工内部选拔思想健康、技术拔尖的业务骨干，明确师傅资格，并分配 1～3 名新进员工作为徒弟，规定相应的教学内容和教学时间，明确验收方法，采用师傅带徒弟的方法，培养出更多的专业能手。一方面，这种技术有助于提升业务骨干的工作自我认同度，使员工受到更多来自企业的认同，由此可增加工作忠诚度；另一方面，这种技术有助于建立良好的企业文化，促进员工内部关系融洽，为企业人才培养增添活力，促进企业人才良性竞争。

（4）个人绩效实施的情况可以纳入绩效考评的范围，即组织战略目标中的员工成长指标被纳入部门绩效考评项目。这种方法将绩效管理的理念贯穿于企业各项工作运转的全过程，促进绩效实施在人才培养与潜力发掘方面的积极作用。

例证 4-2

华为绩效辅导——打造中高层学习榜样

领导者在对员工进行绩效辅导时常采用以身示范的方法,任正非深谙优秀领导人的榜样作用,在内部会议上就多次强调,管理者要敢于并时刻准备着"拿自己开刀",做好榜样,做出绩效。他在推动华为绩效辅导工作中,就非常重视榜样的力量。

在华为高速发展初期,任正非偶然听到华为两名业务员在聊天,得知公司有一个单子和客户接触了很久都没有什么大的进展,原因在于客户单位的经理经常到外地出差,华为业务员没有机会与其面对面地谈话,业务员也十分担心自己的业绩情况。了解到详情后,任正非鼓励业务员不要泄气,并要了对方的资料,表示有机会自己去上门试试。最初业务员以为他在开玩笑,但还是整理了资料交给任正非。令业务员惊讶的是,三天后他就接到了老板的电话,说单子已经谈妥,下午就可以签约了。业务员在与对方签单的过程中了解到,任正非为了第一时间见到对方的项目负责人,连续三天每天下午到对方办公室等候,甚至有一天连晚饭都没吃,到21:00才离开。对方项目负责人知道这件事后非常感动,当即决定签约。任正非的这种艰苦奋斗的精神为华为人树立了榜样,让华为上下对业绩的重要性都有了进一步的认识,更坚定了他们实现目标的决心。

由此可见,榜样的力量是强大的,相较于纯粹的说教,企业领导以身作则,起到带头作用,员工心服口服,自然有样学样,对实现绩效的严肃性和迫切性就会深入每个人的血液,成为员工完成自身绩效承诺的原动力。

(汪廷云,2017)

三、绩效实施的过程监控体系

在绩效实施的过程中,应当加强对绩效实施过程的监控,及时发现问题并予以解决。如果绩效实施缺乏必要的过程监控,就会导致企业责任分配无法明确,绩效考核的客观公正性、绩效管理的规范性和可操作性也难以得到保障。在绩效实施的过程中,很多管理者面对问题时只是一味地抱怨绩效管理的工具不好用、系统不完善,很少有人会意识到实际上是自己忽视了对绩效实施过程采取适当的控制,缺乏沟通、激励、培训或指导等必要的行动。因此,绩效实施过程中的监控有利于保证绩效实施的效果。

(一)绩效实施过程监控体系的概念

作为绩效管理体系中的一个环节,绩效监控即对"绩效管理"进行"监控"的活动,但不同的学者对绩效监控的定义有着不同的侧重点。方振邦(2014)强调监控的沟通作用,认为绩效监控是在绩效计划实施过程中,管理者与下属通过持续的绩效沟通,并采取有效的绩效监控方式对下属的行为及绩效目标的实施情况进行监控的一种活动。而姚锐敏(2010)强调监控的预防作用,将其定义为"整个绩效周期内,管理者采取恰当的领导风格,预防或解决绩效周期内可能发生的各种问题,以更好地帮助下属完成绩效计划,以及记录工作过程中的关键事件或绩效信息,为绩效评价提供依据的过程"。本文在此结合各学者的观点,把绩效监控定义为,在绩效管理闭环运转过程中,通过对部门及个人绩效进展和效果进行持续的记录、检测和控制，对在实现绩效目标过程中出现的各种偏差进行纠正、对工作人员进行适当激励，以确保绩效目标指标实现的一个过程。

（二）绩效实施过程监控体系的内容

绩效实施的管理者根据扮演的角色可以分为组织者、考核者和监督者，而员工既是计划的执行者，也是绩效实施过程中的被考核者。绩效实施过程需要完善的监控措施和手段，保证绩效体系的稳定运行。基于对不同板块的监控，绩效监控可分为以下五个方面的内容。

（1）体系运行监控：主要由组织者承担，例如绩效指标设置及衡量标准是否符合标准、考核者是否按要求经常与被考核者沟通等。

（2）业务运行监控：主要由考核者承担，针对被考核者的业绩指标完成情况随时进行检查。

（3）绩效数据监控：它是全员责任，不论是组织者、考核者，还是被考核者、督导者，每个人都有责任确保采集到的原始数据的真实性和准确性。

（4）绩效异常监控：可由组织者、督导者、考核者进行监控，当员工的业绩目标与实际成绩出现较大差异时，这三者有必要分析原因并提出改进建议或改进目标设置。

（5）绩效结果监控：可由组织者、督导者和被考核者进行，组织者可对绩效结果的实际情况进行监控，督导者可对评分特别高或低的员工进行复审，被考核者在了解绩效实施过程中自己获得的评价后如有不服，也可提出申诉（陈谏等，2015）。

具体而言，绩效过程监控可以围绕以下七个方面来实施：① 各级管理人员是否存在舞弊、工作不作为等现象；② 各个岗位是否正确实施授权批注的业务权限；③ 初期制订的绩效目标是否需要随着环境变化而改变；④ 管理层是否对既定工作计划进行调整；⑤ 内部控制制定是否落实到位；⑥ 是否对已发现的内部制度缺陷进行修正；⑦ 业务执行细节是否按照惯例流程的要求实施；等等（张燕，2015）。

（三）绩效实施过程有效监控的办法

不同管理者在针对具体工作和员工实施绩效监控的过程中有一些点有一定的共通之处，这些就是绩效监控的关键点。绩效监控是否有效的三个关键点分别是：① 管理者领导风格的选择和绩效实施水平；② 管理者与下属之间绩效沟通的有效性；③ 绩效评价信息的有效性。因此，管理者要想实现有效的绩效监控，就应该在监控过程中重视这三个关键点，围绕这三个关键点实现有效监控的常用方法有书面报告、绩效会议和走动式管理三种（成慕敦，2016）。

1. 书面报告

在所有绩效监控方法中，书面报告是最常用的一种，该方法的主要内容是，下级以文字或图表的形式向上级报告工作进展的情况。它可以分为两种类型：① 定期的书面报告，包括工作日志、周报、月报等；② 不定期的书面报告，主要指在绩效管理实践中，针对对绩效影响重大的工作所做的各种专项报告。

书面报告能提供大量、全面的绩效信息，也可以在管理者与下属无法面对面沟通时进行及时的监控。在具体使用该方法时，需要注意以下三点：① 汇报内容需要做到重点突出；② 尽量通过绩效信息平台做到绩效信息的共享；③ 与其他方法组合使用，确保信息的双向沟通并避免汇报内容的形式化。

2. 绩效会议

绩效会议是指管理者和下属就重要的绩效问题通过召开会议的形式进行正式沟通的绩效监控方法。召开绩效会议的目的主要是对绩效实施情况进行例行检查或对工作中暴露的问题和障碍进行分析和讨论，并提出必要的措施，也包括对重大的变化进行协调或通报以及临时布置新任务。为了达到有效监控的目的，管理者在召开绩效会议时要注意以下几点：① 营造平等和谐的氛围；② 给予下属充分的表达机会，充分挖掘下属的积极性；③ 会议目的具体、明确，不开不必要的和冗长的会议。

基于绩效会议的目的，对绩效管理过程中暴露的问题和障碍进行充分的分析和讨论。至于如何高质量地展开分析和讨论，我们可以借鉴分析影响产品因素时常用的方法，即采用因果图进行分析，利用它分析问题能取得顺藤摸瓜、步步深入的效果。如图 4-1 所示，利用因果图，我们可以首先找出导致问题出现的大原因，然后寻找到大原因背后的中原因，再从中原因找到小原因和更小的原因，最终查明主要的直接原因。这样有条理地逐层分析，可以清楚地看出"原因—结果""手段—目标"的关系，使问题的脉络完全显示出来。

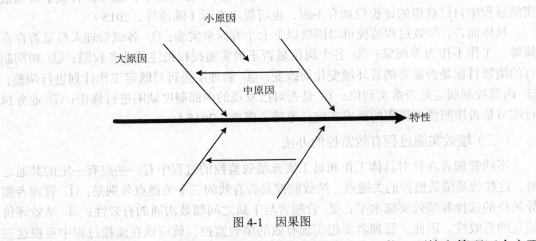

图 4-1　因果图

在具体实践应用中，因果图通常通过将事故原因分为人、物、环境和管理四个方面展开，每个支线再展开，通过箭头表示逻辑关系，最终与基本事件、主要因素连接（杨超，2019）。下面用因果图对煤矿透水事故进行分析（见图 4-2），管理者和员工在绩效会议的讨论中也可以依照这个例子的详细步骤，找出绩效管理过程中出现的问题，再对症下药。

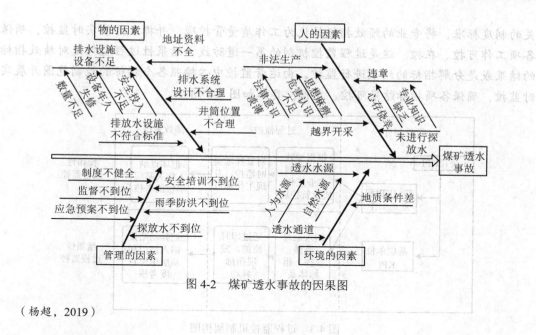

图 4-2　煤矿透水事故的因果图

（杨超，2019）

3. 走动式管理

走动式管理是指高层管理者为了实现卓越绩效，经常抽空前往各个办公室走动，以获得更丰富、更直接的员工工作问题，并及时了解下属员工工作困境的一种策略。走动式管理不是说管理者到各部门随便走走，而是通过非正式的沟通和实地观察，尽量收集第一手绩效信息，发现问题或潜在危机，并配合情境做出最佳判断。同时，走动式管理也是对下属汇报的绩效信息的再核查的过程，带着问题到工作实践中去分析原因并排除障碍。

在使用走动式管理进行绩效监控时，管理者需要注意以下三点：① 需要走进基层和一线，接触工作实际，通过现场的观察和沟通来了解下属的工作进度、实际困难和潜在能力，并获得他们的信任与尊重。管理者需要通过对下属工作的全面观察和沟通，敏锐地捕捉重要的绩效信息。② 不一定每次走动都能获得重要的信息，但是管理者经常走动，对重大的绩效事故的防范有很大的帮助。③ 走动式管理不仅是一种有效的绩效监控的方法，还是一种情感管理、现场管理方法。在使用走动式管理时，管理者需要思考如何实现管理方法和领导艺术的有效融合，有效提升组织绩效，从而使组织获得持续的竞争优势。

例证　4-3

国家电网上海公司绩效管理的过程监控

按照卓越绩效模式的理论，国家电网上海公司认为，只有通过卓越的过程才能保证卓越的结果。因此，公司着重对绩效过程的实施进行了有效监控，并不断改进。

国家电网上海公司将绩效的过程监控分为操作性过程监控和结果性过程监控。操作性过程监控是对绩效指标的实现过程进行监控，由各专业部门按照专业的管理要求和相关的制度标准，将专业的绩效指标转化为工作质量管控项，并据此开展实时监控，确保各项工作可控、在控。这是过程监控机制的第一道防线。结果性过程监控是对绩效指标的结果或是分解指标的结果进行监控，由运营监控中心按照各个指标的控制范围开展实时监控，确保各项指标结果可控、在控，具体如图 4-3 所示。

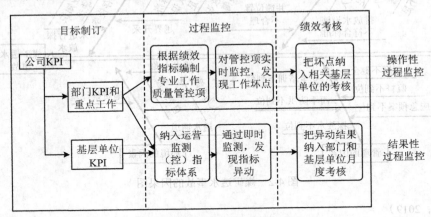

图 4-3　过程监控机制架构图

（张利华，2014）

第三节　绩效实施的保障

有效的绩效实施是实现绩效管理的基础，而有效的绩效实施不仅需要有相应的公司制度作为保障，还需要以公司各层级人员的理解和支持为依托，以及实施前期充分的准备工作等其他的保障。本节将就绩效实施各个方面的保障进行介绍。

一、制度保障

如果绩效实施没有相应的明文规定，那么在正式实施中企业将会出现大量"人治"的情况，这将使绩效管理的效果大打折扣。因此，有效的绩效实施首先需要企业制定明确的规章制度作为保障，这其中包括内部制度保障、企业文化保障和上下联动的沟通保障。

（一）内部制度保障

企业必须建立健全合理的内部保障机制，确保各个部门和各个员工之间都责权分明，分工细致，同时还应该引进监督机制，从而保障绩效管理体系的顺利落实。

企业绩效实施会涉及企业所有人员，大致上可以分为四类，分别是绩效管理促进组、人力资源部、部门负责人和员工。

首先，在企业建立管理组织体系初期，绩效管理促进组由企业高层领导带头组成，主要负责商定企业年度绩效考评指标，下达指令和方针用于企业常规绩效管理和重大绩效问题的应对。其次，人力资源部负责绩效实施的具体协调、组织与执行，负责员工绩效信息收集和绩效辅导决策，并提供详尽的培训计划、执行记录以及效果反馈与指导意见等。再次，部门负责人承担绩效管理过程中最主要的任务，既要将企业绩效目标拆解并落实到部门行动当中，又要负责监督员工绩效执行情况、调控员工绩效水平。部门负责人负责传达上级指示和把目标分解到各个岗位，在辅助人力资源部门完成绩效考核等工作的同时，还需要对部门员工进行绩效辅导。最后，员工是绩效的最终实现者，在完成自己的绩效目标时，还应当及时向上级反馈绩效实施过程中遇到的困难和新想法，为上级提供有关绩效计划和绩效目标可行性和开展进度的真实有效的信息，以便上级对绩效计划做出及时的调整，或及时为下级提供支持和帮助（庄惠，2017）。

　　无论是绩效信息收集，还是绩效辅导，都需要有适当的监督，才能保证双方操作和沟通的客观性。因此，企业绩效实施还需要一定的监督机制。做好绩效实施过程的监督工作，可以促进上级对下级工作的及时反馈和客观评估，也有利于下级工作的积极开展和风险控制。

（二）企业文化保障

　　绩效管理作为企业管理制度的一项重要内容，要想使其顺利开展实施并不断得到发展，就必须有相应的企业绩效文化作为支撑。

　　企业绩效文化的优良程度直接影响着绩效实施能否顺利地推行。健全的企业绩效文化可以发挥极大的促进作用，能够引导公司全员树立正确的价值观念与行为准则，从而确保整个绩效管理体系可以顺利而有效地施行，确保企业绩效水平不断提高（庄惠，2017）。绩效文化是指组织基于未来长远发展和愿景实现而创建，通过对组织战略、人力资源、财务、团队建设等方面进行有效的整合，通过绩效评价、考核体系的建立与完善，让组织成员逐步确立组织所倡导的共同价值观，并逐步形成以追求高绩效为核心的优秀组织文化（胡晓东，2017）。良好的企业文化能够让员工相信自己是在优秀的公司工作，而良好的绩效文化能够让员工有强烈的主人翁意识。绩效文化和企业文化同出一脉，它们都是一种价值观，能够直接决定员工的思维模式和行为方式（陈磊，2018）。但盲目追求绩效导向的企业文化也存在诸多弊端，可能造成企业内部资源争夺与恶性竞争，不利于组织健康持续发展。因此，企业文化的建设也要融合多种要素，综合考量其与企业愿景、使命和战略的适配度，以企业现实为依据，结合以人为本的领导理念促进企业绩效实施。

　　综上所述，倡导和培养健康的绩效文化对于保障绩效实施有着极大的推进作用，能够促进企业全员积极参与绩效管理，促进企业绩效目标的达成，实现企业绩效管理的现代化和科学化。

（三）上下联动的沟通保障

　　绩效实施旨在通过具体的绩效情况，让员工发现工作中的不足并予以修正和改进，在此过程中提高执行能力和工作效率，从而提升企业整体的工作效率和业绩。无论是从员工还是从管理者的角度出发，都需要在绩效实施的过程中进行持续不断的沟通和信息交换，最终获得对自己有帮助的信息。

　　绩效实施需要构建高效可行的内部沟通机制，实现公司内部各个部门、各成员间的沟通和联系。在此特别强调沟通机制的高效性，因为沟通机制建立在组织结构的基础之上，只有当模式与需要相匹配时，才能促进组织构建良好的沟通机制。因此，站在有效加强组织沟通的角度，管理者要充分考虑组织发展模式与当前状况和未来发展目标的适配度，鼓励进行组织变革，建立区别于传统以官僚制为主的新型组织结构，具体有以下六种模式：① 按产品、客户、地域划分且独立运作的超事业部制；② 兼具直线职能制与横向管理系统的矩阵制；③ 同时考虑了产品、地区以及职能参谋部门三者相互制约、促进组织运作的多维立体组织；④ 根据生产技术的特点而采取分权、独立经营与核算的模拟分权组织；⑤ 以业务流程为中心的组织经营模式，实现组织结构扁平化发展，释放员工潜能的流程型组织；⑥ 以信息、通信技术为基础，依靠网络技术链接供应、生产、销售全环节，实现"物联网""经济联合体"等高效互动的网络型组织等。在此基础上有助于构建全员上下联动的沟通机制，保障绩效实施的顺利开展。

　　沟通机制的作用表现在如下两个方面：一方面表现为方便员工汇报工作进展，就工作中遇到的障碍或想到的新点子与管理者一起探讨，及时获得解决建议和支持；另一方面，体现在方便主管人员监督员工的工作情况，对员工的工作目标和实际实施之间出现的偏差进行及时的指导和纠正。管理者与员工之间的沟通不是一次性完成的，而应该贯穿于整个绩效实施的过程之中，只有这样管理者才能收集到足够多的有关员工和绩效实施情况的信息，并就员工存在的问题或实际条件的变化及时予以反馈或调整绩效计划，员工也才能及时获得必要的支持和帮助，保持较高的配合度，顺利完成绩效目标。

例证　4-4

中国电信集团H公司的绩效管理

　　随着我国电信行业的市场竞争日趋激烈，电信公司必须充分应用好绩效管理工具以提升组织绩效。2003年以来，在总公司和外部咨询团队的指引下，中国电信集团H分公司逐步建立起完善的绩效管理体系，员工绩效意识越来越强，公司内形成以贡献为核心的企业氛围，公司绩效也得以在多年间领先全集团。

　　为确保绩效管理工作得以落地实施，H公司先后出台了一系列如《H公司绩效管理实施办法》和《H公司绩效沟通管理实施办法》等绩效管理明文制度，并在实际操作中不断完善，这为绩效实施提供了坚实的制度保障。值得一提的是，在绩效考核中，H公司主要采用强制排序的考核办法，虽然这种办法会给员工带来较大的压力，但实践证明该方法在公司内的推行却得到了大多数员工的接受和认可，这主要归功于H公司的绩效制度公开和透明的绩效文化。H公司一般会在内网公示绩效考评结果，并接受员工申诉，同时规定相关部门必须在规定时间内对员工的申诉进行及时答复。因此，虽然实际绩效工作中面临不少的申诉，但是员工普遍对申诉结果感到满意，绩效结果的公开透明使得员工不会对企业抱有怨言。同时，公司的《绩效沟通管理实施办法》明确规定跨级沟通频率的下限，以制度的方式确保跨级沟通真正实现，才能让企业管理层真正了解基层的工作情况。

（嫣敏，2009）

二、人员保障

事实上，绩效实施不仅需要制定明确的规章制度，如何使绩效实施工作获得企业全体员工的支持也至关重要。只有得到来自企业高层及所有员工的全力支持，绩效实施才能有效开展，而不必担心在实施过程中受到人为阻碍以致影响整个绩效管理的进度。

（一）企业高层支持

要想让绩效管理发挥出其潜在的作用，企业最高管理者的参与支持十分重要。作为绩效实施的领导者与管理者，他们的个人素质在很大程度上也会对绩效实施的效果产生影响。

作为企业经营战略的制定者，企业高层领导一方面需要与下级建立良好的沟通桥梁，准确传达高层的经营理念，需要充分领会总体绩效计划的要求；另一方面，还需要通过与下属的沟通，对实际情况有一定的把握，分解总体的绩效目标和计划，对下属做出具体可行的绩效实施的安排和要求，明确各个岗位的工作标准。这个特殊的位置意味着，企业高层能否理解和支持企业绩效实施，对于整体绩效实施的效果至关重要。人力资源部在绩效管理实施中主要扮演流程和程序的制定者、工作表格的提供者和咨询顾问的角色。至于是否推行，以及用多大力度推行，则与人力资源部无关，这是领导的责任。离开了高层的努力，人力资源部门的一切工作都是白费。此外，在绩效实施所需的各项人力、财力、物力资源上，管理者（特别是高层管理者）的支持也是必不可少的（冯为中，2015）。

此外，企业高层作为管理的主体，在绩效实施的过程中，需要追踪考核对象的绩效进展情况，收集员工的绩效信息，找到影响其绩效提升的原因所在，并适时对员工开展绩效辅导。这些信息包括员工工作进展情况、潜在的障碍和问题、可能的解决措施以及管理者如何才能帮助员工等。可以说，绩效实施的每一步都离不开高层的支持和关心。因此，对企业高层的动员应当贯穿绩效实施的全过程，直到绩效管理实施落地。

（二）企业员工支持

员工是企业实现绩效计划和企业战略目标的最终主体，同样企业绩效制度与实施程序以及绩效成果都与员工个人晋升、奖金薪酬等方面息息相关，企业唯有获得员工的大力支持，才能发挥绩效管理的作用。

获得员工的支持意味着，员工首先需要对企业总体的战略目标和上级为其分解的绩效目标有一定的理解，在与上级沟通的过程中达成对绩效目标的认同。员工对于绩效实施的观念和看法将在很大程度上影响他们在整个过程中的行为表现。如果员工始终把自己看作绩效实施的被动者，习惯于接受安排和被领导，那么其工作积极性就势必会受到影响，导致绩效实施的效率下降，甚至会造成绩效实施结果无法反映自己的真实能力和绩效水平的局面，使得员工产生不公平感以致消极抵触绩效实施的开展。

因此，建设良好的企业绩效文化，加强员工绩效管理培训，获得员工对于企业绩效实施的支持，不仅能够促进个人绩效目标的达成，还可以使员工积极参与到组织绩效实施的过程中，加强组织领导的内聚力，提升员工对参与组织事务的自我认同感，从而促进企业绩效实施的顺利进行。

例证 4-5

西门子 PMP 全球绩效管理项目

西门子在中国推广 PMP 的过程中，并没有在制定好绩效指标后就不再重视绩效实施的过程，反而更加关注绩效的跟踪、沟通、反馈和行动等工作。

绩效跟踪方面，员工的直线经理会在一定时间内跟踪员工目标实施的情况，同时承担"教练"的角色，即时地给予员工相应的指导和帮助，激励员工，并与员工一起调整工作计划以帮助员工达成绩效目标。通过圆桌会议，直线经理会与员工一起就绩效结果进行坦诚的沟通，明确指出其优缺点，给予中肯的意见，鼓励其继续发挥自己的优势，完善不足的地方。绩效反馈方面，将绩效结果引入培训、薪酬、潜能发展、晋升等通道上；绩效行动方面，根据沟通的结果，实施相应的培训，从而形成绩效管理的闭环。

相比起很多企业的管理者为绩效管理实施的"难产"而头疼，西门子却因重视绩效实施这一环节，在实施绩效管理体系中取得了不错的效果，有效支撑了企业战略目标的达成。

（程延园，2016）

三、其他保障

在做好制度保障和人员保障的基础上，企业还要为绩效实施提供其他必要保障，如从观念和意识、知识和理论、技巧和方法等方面对管理者和员工进行绩效管理培训，并在整体上加强绩效管理系统一体化建设，以提高绩效管理工作的系统性和科学性。

（一）做好基础工作

做任何一项工作都要稳扎稳打，基础工作不做好，后面的工作做得再好也是空中楼阁。基础工作中极为重要的一项就是员工的职位说明书，清晰明确的职位说明书不仅是绩效实施中明确各岗位职责和绩效目标的基础，更是绩效考核的目标来源和重要依据。

绩效实施的基础工作还要求企业做好对员工的宣传工作，一方面向员工讲解企业绩效管理的各项制度，另一方面为员工开展绩效管理流程的相关培训，加强企业绩效文化的建设，形成健康的绩效氛围创造条件。因为员工才是绩效管理的"主人"，绩效实施的关键在于帮助提高员工的工作能力和绩效，因此在绩效实施前一定要做好对员工的宣传工作。通过贯彻宣传打消员工的顾虑，让员工明白绩效实施与他们的切身利益相关，每个组织个体都要给予关注，并且能够通过自身努力取得较好的成果，这样才能获得广泛的支持。

（二）对管理者和员工进行绩效管理培训

绩效管理系统本身比较复杂，涉及了企业的方方面面，涉及多种绩效管理的评估方法和技巧，且与被管理者的利益密切相关（王丽娟，2016）。但对很多管理者来说是很陌生的，或者知之甚少，又或者对绩效管理的理解存在较大的偏差。因此在绩效实施之前必须对管理者进行有效的培训，让企业的管理者对绩效管理的本质和开展的意义有充分的认识，了解绩效管理的基本内容和操作流程、技术和方法，才能顺利地开展后续的工作。开展关于绩效管理技巧和方法的培训，使得管理者能制订出下属的工作职责和工作目标，掌握绩效评估和辅导的方法，在绩效实施的过程中还应避免主观因素造成的偏差。

此外，企业还要积极开展员工培训教育工作，提高员工的工作技能，增强员工的核心竞争力。员工通过绩效管理培训理解企业实施绩效管理的意义和目的，认识和接受绩效管理体系，更好地鼓励和引导员工自我学习与提高，营造良好的内部互动交流气氛，明确奖励和惩罚的细则与方式，并将员工薪酬与绩效考评成绩挂钩，确保工作环境有着一定的竞争氛围，将责任追究制落实，加大员工激励力度，尽可能地满足员工的需求，以此来激发出他们的工作积极性与热情（庄惠，2017）。

绩效管理培训的主要内容一般分为三类，即观念和意识、知识和理论、技巧和方法。其中，观念和意识的培训是指通过培训将企业实施绩效管理的意义与目的、绩效管理体系的基本内容及操作流程和相关政策等以全员大会的形式灌输给员工。知识和理论的培训一般由面向人力资源职能的管理人员进行，体现一定的专业深度，必要时可以聘请专业培训机构的专业人士或本公司的资深人力资源管理专家进行。技巧和方法的培训针对管理人员和一般员工的侧重会有所不同，对管理人员的培训主要针对如何对员工进行绩效考核和辅导，对员工的培训不需要让其掌握绩效考核工具的使用，而需要让其明白如何进行有效的绩效反馈与沟通（王丽娟，2016）。

（三）加强绩效管理系统一体化建设

一体化建设强调以整体视角勾勒企业绩效管理系统，重视企业绩效管理系统的完整性，意味着需要同时关注组织层面和个体层面的业绩管理。组织层面和个体层面的情况与要求是不同的，因此在绩效实施的准备阶段，应对组织的性质、所处的发展阶段深入进行分析，尤其要透彻研究组织的经营现状、人员结构，并对组织进行准确定位（陈岳堂，高涵，2018）。绩效管理是一个包含众多绩效环节的闭环系统，绩效实施作为企业绩效管理的重要一环，承担着组织绩效计划执行的过程控制工作。

绩效实施在过程中要始终把绩效管理系统当作互相联系、密不可分的整体，从动态的角度不断循环改善企业的绩效管理系统，兼顾绩效计划和绩效辅导等其他环节。如果把绩效管理系统的各个部分割裂开来执行和应对，就会导致"只见树木，不见森林"的情况出现，在面对突发状况时，绩效实施的管理者就摸不清情况，执行者就无从下手，因此会降低绩效实施的效率（程延园，2016）。

以上保障措施基本皆属于企业内部因素。此外，还需要考虑企业的外部环境。企业的外部环境包括了企业外部的政治环境、社会环境、技术环境和经济环境等诸多方面，其形势通常短期内不为企业高层管理人员所控制，如新冠疫情，但这些环境的情况却会在很大程度上影响企业当前可采用的资源数量以及企业本身所具备资源的价值。因此，积极关注外部环境，能够在一定程度上预估企业绩效实施的效果（陈洁丹，2014）。

例证 4-6

在疫情背景下，雄风科技的绩效考核协商机制

雄风科技是一家采用湿法冶炼钴的冶金企业，一场突如其来的疫情打乱了企业新的经营战略实施。为抗击疫情，雄风科技于腊月二十八停产。其间，该公司积极抓好企业疫情防控工作，为复工复产做好充分准备。2020 年 2 月 12 日，雄风科技作为正余镇第一批复产复工企业恢复正常生产。如何将疫情造成的损失夺回来？该公司党支部书记张宝余说，唯一的措施是提高班产量，而产量的提高关键在于提高员工的生产积极性。公司推出了绩效考核协商机制，公司行政与工会协商，确立班产量绩效考核指标，将班产量确定为每班生产 130 吨，超产奖励，减产处罚。雄风科技协商确立的绩效考核制度得到了员工的积极支持，员工纷纷表示，努力以高产量为公司降低疫情影响。雄风科技 3 月份正常生产以来，班产量都超过基本定额。

最终，自复工后正常生产以来，江苏雄风科技有限公司每班产品生产量高达 130 吨以上，较疫情前增长了三成多。到 4 月底，该公司成品库存量突破了 1000 吨，降低了疫情造成的影响，生产产品总量达到了 2019 年同期水平。

（吴永生等，2020）

 **本章小结**

1. 绩效实施是组织在实践过程中，根据实际情况的变化不断地对绩效计划阶段所设定的绩效目标进行修正和完善，以保证其顺利实现的过程，具有时间的延续性、目的的明确性、过程的互动性和效果的可测性四个特点。

2. 绩效实施在绩效管理中起着承上启下的作用，是管理者和员工就计划执行过程的沟通桥梁，也有利于对绩效管理过程中可能产生的问题进行前瞻性预估和战略性调整，并为绩效考核的顺利开展打下坚实基础。

3. 绩效实施的流程包括绩效沟通、绩效信息收集和绩效辅导三个步骤，其中绩效辅导是绩效管理中最为关键的一环，绩效辅导的方法包括：① 导向型辅导；② 授权型辅导；③ 鼓励型辅导；④ 教练型辅导。

4. 绩效监控是否有效的三个关键点分别是：① 管理者领导风格的选择和绩效实施水平；② 管理者与下属之间绩效沟通的有效性；③ 绩效评价信息的有效性。

5. 绩效实施的顺利推行需要公司制度层面的保障，包括：① 内部制度保障；② 企业文化保障；③ 上下联动的沟通保障。

6. 组织绩效实施既要获得企业高层领导和员工共同的理解和支持，还要建立两者之间持续有效的沟通，推动组织人才发展和个人绩效能力提升，保障其顺利实施。

7. 绩效实施的前期准备工作包括做好职位说明书、员工宣传等基础工作，对管理者和员工进行绩效管理培训，并且重视绩效管理系统的一体化建设。

网站推荐

1. AIHR：https://www.digitalhrtech.com/what-is-performance-management/
2. OPM.GOV：https://www.opm.gov/policy-data-oversight/performance-management

影视推荐

《绩效沟通之古怪的清洁工》

该片讲述了一个 HR 经理、一个物业公司的清洁工，他们本无交集。因为 HR 经理抽烟的行为，引发了双方的交谈。HR 经理只当闲聊，清洁工却话里有话、有些是台词，有些是潜台词，她的脸色、表情等肢体语言给 HR 经理造成了无形的压力，产生了恍惚感。原来，清洁工始终在表达：你抽烟，增加了我的工作量，我要被考核扣分的。

推荐理由：本片属于网易云课堂中职场 HR 系列微电影的第一集，通过清洁工与 HR 经理之间的沟通互动，从外围的视角来表现绩效管理中的绩效沟通（面谈）。

读书推荐

《绩效管理经典案例解析与操作实务全书》

内容概括：本书分为绩效评估与管理、绩效评估与管理实用案例分析、绩效评估与管理制度三篇，主要内容包括绩效管理概述、绩效计划、绩效实施、绩效评估及其应用、绩效反馈等。

推荐理由：该书分为三篇，第一篇以理论为主，第二篇以实例为主，第三篇主要讲述制度类和工具类实例。该书不仅能够为学习者提供丰富的理论知识，还能够为学习者提供详细的实操指导和案例分析。

出版信息：程延园. 绩效管理经典案例解析与操作实务全书[M]. 北京：中国经济出版社，2016.

思考练习题

一、选择题

1. 以下哪个不是绩效实施的特点？（　　　）
   A. 时间的延续性　　　　　　　　B. 目标的可变性
   C. 过程的互动性　　　　　　　　D. 效果的可测性
2. 绩效实施中的关键一环是（　　　），能够帮助员工提升能力。
   A. 绩效沟通　　　　　　　　　　B. 绩效信息收集
   C. 绩效考核　　　　　　　　　　D. 绩效辅导

3. 以下绩效管理培训哪个是针对人力资源职能的管理人员进行的?( )

    A. 观念   B. 知识和理论

    C. 技巧和方法   D. 意识

二、简答题

1. 绩效实施是什么?为什么要重视绩效实施?

2. 优秀的管理者在绩效辅导的过程中应该承担什么角色,发挥什么样的作用?

3. 绩效实施如何做好公司人员方面的保障?

模拟实训

以班级管理计划为例,与其他同学讨论如何运用绩效实施保证该计划更好地实现。

案例分析

顺丰控股的绩效反馈教练技术

顺丰控股诞生于广东顺德,现已逐步成为从消费者需求出发,以数据为牵引,利用大数据分析和云计算技术,为客户提供仓储管理、销售预测、大数据分析、金融管理等一揽子解决方案的快递物流综合服务商。顺丰控股现在不仅是"天网+地网+信息网"三网合一、覆盖国内外的综合物流服务网络的智能物流运营商,还是由总部对各分支机构实施统一经营、统一管理,能够保障网络整体运营直营模式质量的快递企业。

企业绩效实施作为绩效管理闭环中的重要环节,体现组织绩效管理的执行力,其目的在于动态调整员工个人和组织的业绩承诺与计划间的差距。顺丰控股利用其独特的IDP(个人发展计划)绩效辅导技术帮助员工取得绩效改进的巨大成效。

个人发展计划就是管理者引导员工按照指定的个人发展计划进行"专业学习、岗位轮换、有效授权、承担挑战性任务"等。具体而言,就是针对不同对象采取具有针对性的上级教练式辅导,可分为如下五种情况。

(1)针对应届毕业生(职场新人),可选用专业学习、绩效辅导、导师制辅导、"转身90天培养"等方式。

(2)在面对绩效有待提升的员工时,应侧重员工某一具体领域的绩效辅导,引导员工深入思考"是什么原因导致绩效不良",并结合自身优势考虑未来绩效改进的具体途径。

(3)对待绩优且具有较高潜力的员工时,鼓励管理者引导员工制订具有挑战性、上级高度授权的IDP(个人发展计划),以此激发和满足员工追求自我实现的需要,创造企业与个人"双赢"的局面。

(4)针对纳入后备人员的企业员工时,建议管理者引导员工制订符合目标岗位对应能力、经验和专业素养要求的IDP,教练指导也以培养后备人才为目标而进行。

（5）对于管理者自身来说，应结合自身现阶段发展情况与未来可发展空间的综合考虑制订 IDP 与 MFP（经理人反馈计划）。MFP 是聚焦提升各级主管人员管理有效性的专项反馈活动，用于提高主管的自我认知，促进主管在人员管理、双向沟通、传递期望等方面的自我改进。

顺丰控股通过一系列具有明确针对性的绩效反馈教练技术将绩效反馈的结果转变为人才培育的指针，并为不同级别的员工定制培训框架，为企业高效培育胜任力突出的人才、降低人才培育的成本做出了巨大贡献。

（根据顺丰控股集团前高管演讲资料整理而成）

讨论题：

1．顺丰控股集团采用绩效反馈教练技术能对企业绩效实施有什么积极影响？

2．还有哪些方法可以促进绩效实施过程中的有效沟通？

参考文献

[1] 魏宁，杨阳. IBM 绩效实施的启示[J]. 现代商业，2013（2）：94-94.

[2] 陈岳堂，高涵. 绩效管理[M]. 沈阳：东北师范大学出版社，2018.

[3] 程延园. 绩效管理经典案例解析与操作实务全书[M]. 北京：中国经济出版社，2016.

[4] 赵澄旻，吴志康. 三元复合绩效管理系统[M]. 广州：广东经济出版社，2016.

[5] 宋源. 人力资源管理[M]. 上海：上海社会科学院出版社，2017.

[6] 刘湘丽. 绩效与薪酬实务[M]. 2 版. 北京：中央广播电视大学出版社，2018.

[7] 李文静，王晓莉. 绩效管理[M]. 长春：东北财经大学出版社，2018.

[8] 郭文娇. 浅谈如何对绩效形成的过程进行有效控制[J]. 管理纵横，2019（33）：124-126.

[9] 陈镭. HR 达人教你绩效管理一本通：即扫即看视频版[M]. 北京：中国铁道出版社，2018.

[10] 徐升华. 精解 HRBP 实战案例·工具与方案[M]. 北京：企业管理出版社，2016.

[11] 赵涛. 绩效考核与量化管理全方案：成功金版[M]. 上海：立信会计出版社，2010.

[12] 李敏. 绩效管理理论与实务[M]. 上海：复旦大学出版社，2015.

[13] 汪廷云. 华为绩效管理法[M]. 广州：广东经济出版社，2017.

[14] 方振邦. 战略性绩效管理[M]. 北京：中国人民大学出版社，2014.

[15] 张燕. 实施过程控制 提高企业绩效管理效能[J]. 东方企业文化，2015（11）：66-67.

[16] 陈谏，叶曙光. 卓越绩效：互联时代的绩效管理[M]. 北京：企业管理出版社，2015.

[17] 姚锐敏，田鹏，杨炎轩. 人力资源管理概论[M]. 北京：科学出版社，2010.

[18] 成慕敦. 绩效管理[M]. 湖南：湘潭大学出版社，2016.

[19] 杨超. 鱼刺图分析法在煤矿水灾中的应用[J]. 山西冶金, 2019, 42（5）: 119-120, 123.

[20] 张利华. 电力企业绩效管理体系的过程监控机制研究[J]. 华东电力, 2014（4）: 771-774.

[21] 庄惠. 公司绩效管理实施的保障措施[J]. 新商务周刊, 2017（16）: 35-35.

[22] 胡晓东. 绩效管理的理论研究与实践探索[M]. 武汉: 华中科技大学出版社, 2017.

[23] 陈磊. 绩效管理实操全流程演练: 实战案例版[M]. 北京: 中国铁道出版社, 2018.

[24] 鄢敏. H电信公司绩效管理体系的成功因素与提升策略[J]. 中国人力资源开发, 2009（11）: 69-72.

[25] 冯为中. 别输在不懂管理上: 你最容易在管理上犯的101个错误[M]. 北京: 中国华侨出版社, 2015.

[26] 王丽娟. 非人力资源经理的人力资源管理[M]. 北京: 中国经济出版社, 2016.

[27] 陈洁丹. 绩效管理项目化教程[M]. 沈阳: 东北财经大学出版社, 2014.

[28] 吴永生, 刘海滢, 马国兴. 雄风科技绩效考核协商机制激活员工生产潜能[N]. 海门日报, 2020-05-20.

[29] HERSEY P, BLANCHARD K H. Life Cycle Theory of Leadership[J]. Training and development journal, 1969 (23): 26-34.

第五章
绩效考核

将合适的人请上车，不合适的人请下车。

——《基业长青》作者詹姆斯·柯林斯

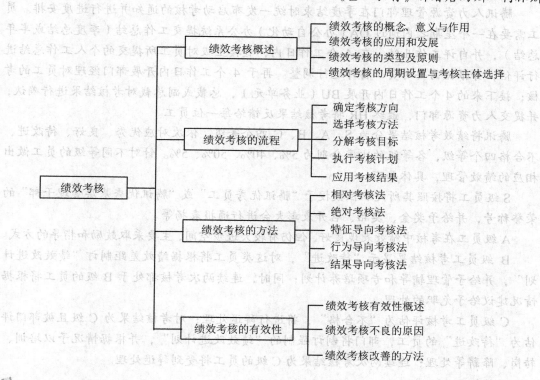

绩效考核概述
- 绩效考核的概念、意义与作用
- 绩效考核的应用和发展
- 绩效考核的类型及原则
- 绩效考核的周期设置与考核主体选择

绩效考核的流程
- 确定考核方向
- 选择考核方法
- 分解考核目标
- 执行考核计划
- 应用考核结果

绩效考核

绩效考核的方法
- 相对考核法
- 绝对考核法
- 特征导向考核法
- 行为导向考核法
- 结果导向考核法

绩效考核的有效性
- 绩效考核有效性概述
- 绩效考核不良的原因
- 绩效考核改善的方法

学习目标

➢ 掌握绩效考核的概念和原则
➢ 了解绩效考核的流程
➢ 了解多种绩效考核的方法
➢ 了解绩效考核的作用、意义及考核过程中常见的问题

引例

腾讯公司的绩效考核

腾讯作为中国互联网巨头之一，绩效考核始终遵循"公正、公开、公平"的三公原则；在绩效管理上遵循团队倾向性原则和客观性原则；面对绩效考核的结果，遵循结果导向和动态发展的原则。

腾讯整体的考核以半年考核与季度考核两种模式进行，由 HR 部门统一组织，各部门分头实施。半年考核的结果将应用于职级评定、干部晋升评估，同时作为薪酬调整与年度绩效奖金分配的依据；季度考核仅作为引导员工个人反思总结、上级了解下级工作状态的手段。

腾讯人力资源管理部门在季度结束时统一发布启动考核的通知并进行进度安排。员工需要在一个星期之内通过 OA（办公自动化）办公系统提交工作总结（季度总结或半年总结），并自评工作业绩。在 4 个工作日内，直接上级对员工所提交的个人工作总结进行评估，并根据需要对员工自评进行调整。再于 4 个工作日内开展部门经理对员工的考核；接下来的 4 个工作日内开展 BU（业务单元），总裁或副总裁对考核结果进行确认，并提交人力资源部门，最终 HR 将考核结果反馈给每一位员工。

腾讯将绩效考核结果分为 S、A、B、C 四个等级，依次对应优秀、良好、待改进、不合格四个等级，各等级的比率分别为 5%、40%、50%、5%。针对不同等级的员工做出相应的绩效管理，具体如下。

S 级员工将按照其所处职位被授予"腾讯优秀员工"或"腾讯优秀基层管理干部"的荣誉称号，并给予奖金、奖品、召开表彰大会进行通报表扬等。

A 级员工在考核中绩效表现良好，但仍有较大进步空间，主要采取鼓励和指导的方式。

B 级员工考核结果显示"待改进"，对这类员工将根据绩效差距制订"绩效改进计划"，并给予管理辅导和专项培养计划；同时，连续两次考核都处于 B 级的员工将根据情况建议给予免职的处理。

C 级员工考核评估为"不合格"，将进行辞退处理；对考核结果为 C 级且被部门评估为"待改进"的员工，部门将制订强制的"绩效改进计划"，并根据情况予以培训、转岗、降薪等处理；连续两次考核结果为 C 级的员工将受到辞退处理。

（资料来源：腾讯官网）

上述引例展示了腾讯公司的绩效考核体系，从中我们能够发现企业进行绩效考核不仅能对当前组织运营效果进行宏观评估，更能对企业各部门、各层级，以及各员工的绩效水平进行微观探查，将考核结果的量化处理应用于人才培训、晋升、淘汰等人力资源管理领域。

只有充分利用企业人力资源，才能最大限度地促进企业的蓬勃发展。绩效考核的结果既是对企业当前经营能力的评估，又是对企业运营过程中所存在问题的诊断，为组织长远发展提供指引。本章将从绩效考核的概述、流程、方法以及绩效考核结果反思等方面进行详细阐述。

第一节 绩效考核概述

从管理学角度来看，绩效既是组织长期期望的结果，也是组织为实现其目标而展现在不同层面上的有效输出（王光伟，2013），具体体现在一定时期内员工个人的工作成绩表现、团队的运作效率或者企业的总体业绩绩效。绩效考核与工作结果、工作行为密切相关。企业对员工的绩效考核通常从工作完成度、产出结果、工作行为、过程与结果结合度、现实结果与未来成果的统一性等几个维度进行。

一、绩效考核的概念、意义与作用

有"世界第一 CEO"之称的杰克·韦尔奇曾说："绩效考核是最好的管理手段。"当前绩效考核理念已深入企业管理者大脑，成为承载企业管理的主要手段（刘刃，2013）。绩效考核作为绩效管理的核心环节，既能检验企业当下的绩效水平，又能给予企业关于未来的发展方向的指引。

（一）绩效考核的概念

绩效考核，也称绩效考评、绩效评价，只是侧重点不同，有的学者就从评价的角度来认识绩效考核。绩效评价是指对某个单位、某个地区的工作采用特定的指标体系，对照统一的评价标准，通过运用一定的数理方法，全面、客观、公正、准确地评价它们所取得的业绩和效益（Kevin et al.，1995）。绩效考核则是组织运用科学的方法对组织内成员一段时间的工作行为、工作效果、绩效目标以及对企业的贡献或价值等方面的考核，是对前段时间的工作总结，同时考核结果为相关人事决策（如晋升、解雇、加薪、发奖金等）提供依据。

绩效考核是事前控制，从绩效考核的过程和结果来说明，认为绩效考核是依据既定的标准，通过一套正式的结构化制度和系统的方法来评定和测量员工对职务所规定职责的履行程度，以确定其工作成绩的一种管理方法（王长缨，2006）。绩效考核是对员工工作绩效的评估，如同考试一般只针对被考核对象进行能力水平测试，并不会直接促使员工绩效水平的提升，但可以为企业未来整体的发展和员工个体能力的提升提供重要参考。

（二）绩效考核的意义

绩效考核作为一种相对客观的人力资源管理工具，一方面能够将员工创造的价值和获得的报酬直接挂钩，进而产生激励效应，能够挖掘人力资源的最大价值；另一方面能够找出员工存在的短板和不足，为人力资源管理部门制订培训计划，为员工自我成长提供方向性的参考。具体而言，绩效考核的意义主要体现在以下三个方面。

1. 有助于达成战略发展目标

绩效考核并非单纯指结果考核，其本质意义在于对工作过程的考核与管理。科学的绩效考核机制通常会将企业中长期战略目标合理划分为月度、季度、年度指标，督促职工不断实现自我价值、达成任务指标。因此，科学和系统的绩效考核制度有助于企业顺利达成战略发展目标。

2. 有助于及时发现并解决问题

制订计划、执行计划、改正不足是绩效管理体系不断完善的基本流程，科学的绩效管理体系具备设定绩效目标、达成绩效目标、修正绩效实施、进行绩效面谈、改进绩效、目标再制订等多个管理环节，在上述环节不断循环往复的过程中，企业可及时发现并解决问题。

3. 有助于增进职工岗位能力

绩效通常与职工薪酬、职工工作能力直接挂钩，绩效愈高，职工可获取的薪酬也越高。在日常工作中，员工为获取高额绩效，提升自身薪资水平，就会以更加饱满的状态完成岗位职责，因此绩效机制的合理应用有着增进员工岗位能力的重要意义（杨荣，2019）。

（三）绩效考核的作用

绩效考核可以被视为具有战略意义的管理形式，各项工作可构成一个循环，突破了传统方式下考核模式过于单一的局限，演变为一个系统性的管理模式。企业针对某一阶段提出具体的战略目标，展开行动，而绩效考核可以将每一个战略目标的实现拆分为多个单元，并细化至各岗位，将工作目标和结果产出可视化。创建一种用于衡量员工工作成效、促进员工端正工作态度的方式，有助于激发员工潜能，提升个人绩效，以及增强部门整体工作能力，最终实现整体战略目标（张芳霞，2020）。企业绩效考核的作用主要体现在以下四个方面。

1. 绩效考核是企业岗位分配的基本指导

企业的岗位设置基于企业发展和应用所需，因此，如何在具体岗位上提供适配度较高的员工，成为企业管理者应该思考的关键问题。绩效考核有助于管理者掌握各位员工的实际工作状况，形成科学的岗位分配方案，从而达到人才利用最大化的效果。

2. 绩效考核是薪酬分配的基本依据

现阶段，我国大多数企业仍实行按劳分配为主体的薪酬分配方式。因此，企业在进行员工薪酬分配的过程中将着重考察员工的工作数量和质量两个方面，基于绩效考核的管理方式能够有效地控制员工规模和工作质量，为企业薪酬分配创建一套科学的标准。

3. 绩效考核是企业人才培养的基本标准

企业人力资源水平的提升离不开组织人才培养，组织人才培养又可具体分为统一培训与集中培训两种方式。前者是面向企业全体员工进行的无差别培训；后者是针对部分员工进一步展开的专项培训。根据"二八法则"可知，企业应集中 80%的资源和精力着重培养 20%的人才。因此，在统一培训中，通过对绩效考核结果的分析，能够排除不适合参与本次培训的人员，从而缓解企业培训的压力，控制成本支出；而在集中培训中，通过实施绩效考核，能够提前整合技术人才，提升培训的针对性，从而提高培训的质量。

4. 绩效考核是企业激励员工的基本方式

绩效考核的目的之一是使企业更好地对员工的劳动成果等进行合理的评价，并以此为结果来评定员工的薪资。这样就保证了员工对考核结果具有较高的满意度和认可度，有效地避免了薪酬分配不公平等问题。从员工角度来说，他们会为了取得更好的考核成绩、获得更多的薪资报酬或追求自我实现的目标，在工作中更加努力，实现员工和组织之间的"双赢"（徐茜，2020）。

二、绩效考核的应用和发展

（一）绩效考核的起源

绩效考核起源于西方国家文官（公务员）制度。最早的考核起源于英国，在英国实行文官制度初期，文官晋级主要凭资历，于是造成工作不分优劣，所有人一起晋级加薪的局面，结果造成冗员充斥，效率低下。

1854—1870年，英国实行文官制度改革，注重表现、看重才能的考核制度开始建立。根据这种考核制度，文官实行按年度逐人逐项进行考核的方法，根据考核结果的优劣实施奖惩与升降。考核制度的实行充分地调动了英国文官的积极性，从而大大提高了政府行政管理的科学性，增强了政府的廉洁与效能。英国文官考核制度的成功实行为其他国家提供了经验。

美国于1887年也正式建立了考核制度。这些制度强调文官的任用、加薪和晋级，均以工作考核为依据，论功行赏，称为功绩制。此后，其他国家纷纷借鉴与效仿，形成各种各样的文官考核制度。这种制度有一个共同的特征，即把工作实绩作为考核的最重要的内容，同时对德、能、勤、绩进行全面考察，并根据工作实绩的优劣决定公务员的奖惩和晋升（肖阳，2010）。

西方国家文官制度的实践证明，考核是公务员制度的一项重要内容，是提高政府工作效率的中心环节。各级政府机关通过对国家公务员的考核依法对公务员进行管理，优胜劣汰。这有利于人民群众对公务员进行监督。

（二）企业绩效考核的应用和发展

文官制度的成功实施，使得有些企业开始借鉴这种做法，在企业内部实行绩效考核，试图通过考核对员工的表现和实绩进行实事求是的评价，同时也要了解组织成员的能力和工作适应性等方面的情况，并作为奖惩、培训、辞退、职务任用与升降等实施的基础与依据（肖阳，2010）。

随着企业人力资源管理专业化和精细化的不断发展，绩效考核已成为企业人力资源管理的重要环节，为人力资源管理提供基础依据和方向指引。从管理科学萌芽开始，各界管理者、学者、企业家对如何激励员工主动性、挖掘员工潜力、提升企业绩效、实现企业利益最大化进行不懈的研究和总结。绩效考核在企业的应用和发展的历史进程可分为以下四个阶段。

1. 平均主义思想下的赏罚调剂阶段

在此阶段的绩效管理完全由企业自主设定的用人标准、赏罚指标和上级部门的主观意愿对员工进行绩效评价。对于员工的赏罚趋于平均。其主导思想在于报酬调剂，即在既定赏罚指标的范围内一定程度地参照员工实际绩效进行赏罚分配。这种调剂思想易造成分配结果失去真实与公正，可能在一定程度上挫伤优秀员工的积极性，助长懒惰员工的消极性。

实施这种考评的企业具有如下四个特点：① 企业大权集中统一。企业权力集中于高层，没有合理下放并落实到更加需要的基层管理者手上，造成权力浪费；② 企业处于初创时期。初创时期团队正处于组建阶段，最主要的任务是扩大团队、提升能力，而非严格的绩效考核；③ 规模较小和人数较少。这类组织没有繁多的职能部门和管理层级，无须设置太过复杂的绩效考核制度；④ 企业缺乏科学管理指导。这类企业急需科学绩效管理的指导。

2. 主观评价阶段

主观评价又称作模糊评价，其主要思想是"辨优识劣、多劳多得"，实现报酬差异化，但没有形成量化统一的评价标准，缺乏科学的评估体系，多参照评估者的主观评价标准，通过对可观察到的客观现象进行定性分析，得出最终考核结果。

采取这种考核方式的企业有如下特点：① 企业存在一定的层级结构，并且给予每个层级一定的授权；② 管理科学处于萌芽或导入阶段，科学管理思想正在渗透企业绩效管理的各个方面，绩效管理也在不断地朝着规范化变革，主体评价意识逐渐发展；③ 企业采取粗放式管理，传统企业更加注重追求短期效益而忽视对于企业长期持续发展的人才培育工作。

3. "德能勤绩"考核阶段

"德能勤绩"考核又称作公务员式评价，即对被评价者进行全面评价，注重不同素质的考核，其中，"德"体现对个人思想品德和忠诚度的考核；"能"偏重于对员工工作能力、个人效能的考核；"勤"考核员工工作敬业度等方面。这种考核思路对企业人力资源管理形成胜任力素质模型具有重要作用，长期进行总结和研究可形成企业用人选拔、人才培养的重要考核指标。这种考核理念体现出一定的科学性与针对性，但同时也存在考核指标庞杂、重点不突出的问题。

应用这种考核理念的企业主要有如下特点：① 企业开始注重科学管理的探索与发展；② 量化管理思想在企业绩效管理中开始萌芽。

4. 量化考核与目标考核阶段

该阶段主要通过对员工工作内容的主要方面用数字进行量化，以数据收集和计算的形式进行绩效考核，为员工树立工作业绩标杆，有效避免评价过程中的"近因效应""晕轮效应"等。但各指标间相互缺乏紧密的内在联系，指标数量过多，在一定程度上干扰了员工努力的方向（高云全等，2015）。因此，以结果为导向的绩效考核虽然有很多优点，但也存在一些不足。组织只有在对自身绩效考核的博弈中成长，才能不断取得长足发展。

另外，需要注意的动向是，众多国际知名企业（如通用电气、IBM、微软、埃森哲等）都纷纷抛弃传统的绩效考核模式，主张"消灭绩效"。究其原因，是在高度不确定的时代，一切都变得更加动荡、无常、复杂、模糊。原来的目标考核模式已然不能跟上现今工作和发展的节奏，不利于公司快速应对变化，因此，企业亟须改善这种状况。而随着社会经济的发展、人工智能的广泛应用，在内卷严重的当下社会，人们不得不提高知识水平，增强个体工作的不可替代性，以满足企业知识型员工占主体的用人需求。因此，大量工作要求员工独立完成或创新发展，要发挥出机器不可替代的工作价值，才能在竞争激烈的环境中生存。而人作为行动的主体，要充分挖掘内在动能。为此，企业管理者应该思考如何通过绩效考核增加个体的内在驱动力，在满足个体基本生存需要的基础上充分激发其自我实现的潜能，为企业创新发展释放动能。

在上述背景下，关注人的能力和动机的"绩效赋能"理念应运而生。相较于传统的绩效考核，"绩效赋能"旨在赋予员工"目标感"，即让员工意识到自己真正想要的是什么，在此基础上帮助员工提升完成目标的能力，赋予员工长期规划和应对未来情况的能力。

三、绩效考核的类型及原则

（一）绩效考核的类型

随着科学管理思想的发展和实践，企业绩效考核也发展出诸多不同的种类，以适应更加灵活多变的企业发展模式，满足企业绩效发展的多元化需求。具体来说，绩效考核有如下三种分类方式。

1. 按考核时间间隔分类

（1）定期考核，即固定周期绩效考核。企业考核的时间周期可以是一个月、一个季度、半年、一年。考核时间要根据企业文化和岗位特点进行选择。

（2）不定期考核，即绩效考核没有固定的周期。不定期考核有两类：一类是组织中对人员的提升所进行的考评；另一类是主管对下属的日常行为表现进行记录，发现问题及时解决，同时也为定期考核提供依据。

根据学习的强化理论，在形成某一习惯的初期，采用定期强化的方式有利于员工规范行为、适应变化，但长期实行某种考核制度，太过频繁或太过固定的考核周期都可能造成员工的倦怠情绪。因此，宜根据企业具体发展情况适度调整绩效考核的间隔时间，以更好地促进企业绩效水平的提升。

2. 按考核内容分类

（1）特征导向型。以工作考核对象的某些所需特征为考核内容。例如，诚实度、合作性、沟通能力等，即考察员工是一个怎样的人，具备哪些能力。

（2）行为导向型。具体考核员工在工作过程中的工作方式和工作行为。例如，服务员的微笑和态度、待人接物的方法等，即对工作过程的动态考核。

（3）结果导向型。是对员工最终工作成果和工作质量所进行的考察。例如，产品的产量和质量、劳动效率等，侧重点是员工完成的工作任务和生产的产品。

值得注意的是，按照考核内容分类更加清晰明确，但是也可能造成企业和员工过于追求考核指标而出现急功近利的情况。

3. 按主观性和客观性分类

（1）客观考核方法，是对可以直接量化的指标体系所进行的考核，如生产量和个人工作成效。

（2）主观考核方法，是由考核者根据一定的标准设计的考核指标体系，以对被考核者进行主观评价，如工作行为和工作态度。

根据所要考评内容的主客观性进行划分，有助于提高绩效考核的针对性和考核结果的准确性。

（二）绩效考核的原则

绩效考核作为绩效管理的关键执行环节，起着实施绩效计划，得出绩效考核结果，并进行绩效反馈和应用的重要作用。为得到真实的考核结果，在此环节需要遵循如下四个原则。

1. "客观公正，公开透明"原则

公正是确立和推行人员考绩制度的前提。不公正，就无法发挥绩效考核应有的作用，无法得到客观真实的结果，在应用不公平绩效考核结果的过程中，也可能造成员工不满的情绪，助长企业不正之风。绩效考核应当根据明确规定的考核标准，制定尽可能详细的考核指标，针对客观考核资料进行评价，还可以建立适当的考核小组，尽量避免渗入个人主观性和感情色彩，可实行多人讨论、一人负责的考核制度，确保绩效考核的客观原则。

最终考核结果还应向被考核者公开。一方面，这样做可以使被考核者了解自己的优点和缺点、长处和短处，从而既可以使考核成绩好的人再接再厉，提升动能，也可以使考核成绩不好的人心悦诚服，奋起上进；另一方面，这样做还有助于防止绩效考核中可能出现的偏见以及种种误差，以保证考核的公平与合理。

2. "严格规范，上级负责"原则

考核过程不严格，就会流于形式，形同虚设。这样不仅不能全面地反映工作人员的真实情况，还会造成消极的后果，误导员工对绩效考核的认知，不利于建立企业健康发展的企业绩效管理文化。绩效考核的严格性包括：① 要设立明确的考核标准；② 要保持严肃认真的考核态度；③ 要有严格的考核制度与科学而严谨的程序及方法。

对各级职工的考核，必须由被考核者的"直接上级"负责。直接上级相对来说最了解被考核者的实际工作表现（成绩、能力、适应性），也最有可能反映员工的真实情况。间接上级（即上级的上级）对直接上级做出的考核评语，不应当擅自修改。这并不否定间接上级对考核结果的调整修正作用。这种绩效考核原则的意义在于明确考核责任主体，只有将责任落实于个人，才能保证绩效考核的效率和准确度，使考核系统与组织指挥系统一致，更有利于加强经营组织的指挥机能。

3. "差别考核，奖惩结合"原则

管理者依据绩效考核的实际结果，采取"差别考核，奖惩结合"原则，对于绩效水平表现较好的员工给予奖金、晋升机会等，而针对绩效水平低下的员工则可能表现出薪酬或职级减降、加大培训力度等措施。并且注重物质与精神激励相结合的原则。奖惩只是促进员工绩效提升的手段而非目的，关注如何提升员工绩效水平的内动力才是企业管理者的永恒课题。只有合理有效地应用考核结果，才能发挥考核的功效，达到绩效考核的真正目的。

4．"双向沟通，信息反馈"的原则

涉及"人"的工作都不可避免地要建立有效的双向沟通，在实际考核过程中，考核双方要在被允许的前提下加强双方信息传递，避免因沟通不良而导致考核结果失真与资源浪费。考核结果一定要反馈给被考核者本人，否则就起不到考核的教育作用。在反馈考核结果的同时，应当向被考核者解释评语，肯定成绩和进步，说明不足之处，提供今后努力的参考意见，辅导设置相应的培训课程，等等。考核结果的信息反馈是持续的双向反馈过程，并不仅限于上级公布考核结果，还包括双方对结果的交流和员工对未来发展的规划。

例证 5-1

三星绩效考核的最大特点：公开透明

三星是韩国的知名公司之一，该集团包括44个下属公司及若干其他法人机构。成长为"世界最受尊敬企业"之一的三星在全世界68个国家拥有429个分部，共计23万员工，业务涉及电子、金融、机械、化学等众多领域。三星公司在中国的知名度不亚于欧美名企，在2019年世界500强的《财富》杂志排行榜中，三星电子位列全球15。

三星公司绩效考核的最大特点是公开透明，一旦绩效考核结束，就会把结果第一时间进行公布，如果员工有异议，可以在任何时候提出申诉。这样做无疑增加了企业绩效考核的可信度和公正度，而且也更容易让员工接受绩效考核结果。三星以客观程序确定目标，并选择合理的考核方式，这样的考核使得员工在考核中即使得到差评，也不会对结果有任何不满。

在三星，只有在程序公正透明，考核的领导人员评价客观，考核结果令人信服的情况下，才能公开结果。为了倾听当事人的声音，三星公司会在公布结果之前先与本人进行协商，保证被考核者接受其结果。这样的绩效考核"可接受性"也逐渐成为三星企业文化的一部分。公开考核结果的前提条件是考核程序透明、领导胜任力强，因此，领导者出于对绩效结果将要公开的顾虑，就会更加慎重、客观地评价员工。自然而然企业具备客观性的考核制度就形成了。

兼具考核"客观性"与结果"可接受性"的企业绩效考核形成了相互制约、相互监督的良好平衡，促进了三星绩效考核的企业文化长期发展。

（资料来源：三星电子集团官网）

四、绩效考核的周期设置与考核主体选择

在绩效考核的周期设置和考核主体的选择阶段，需要明确考核周期与考核主体，这是正式实施考核前的准备阶段，同时也是将责任落实到个体的极为重要的阶段。

（一）绩效考核周期的概念

绩效考核周期是指绩效考核的间隔时间。针对不同的指标和管理特点，绩效考核的

周期也会有所不同，应根据所要考核指标的具体情况科学制定。

需要注意的是，绩效考核周期与数据收集周期意义不同，后者是指多长时间收集一次数据。虽然数据收集的目的是用于绩效考核，但其周期并不等同于绩效考核周期。通常一个考核周期伴随多次数据收集，数据收集周期包含在考核周期之内，并根据具体情况设定更为灵活、频繁的收集周期。

（二）绩效考核周期的影响因素

绩效考核的周期要针对不同情况进行科学设置，考核周期太长容易使考核结果受"近因效应"的影响，使考核结果呈现临近考核的状态，而忽视考核前期情况。如果周期太短，一方面会使员工考核压力过大，并增加了企业绩效管理的时间成本；另一方面许多绩效结果无法在短时间内呈现，最终造成绩效考核流于形式，不利于营造良好的绩效考核企业氛围。

1. 考核指标影响考核周期

决定考核周期长短的最重要因素是考核指标的类型和内容。针对不同的考核指标，考核周期也应当不同。例如，过程性指标的考核周期相对较短，以方便相关人员进行持续监控、评价与改进，实现最终绩效结果的提高；而结果性指标则需要较长时间才能得到效果，与此相对应，考核周期也较长。

此外，工作业绩指标与工作态度指标也要设置不同的考核周期。工作业绩是工作产生的结果，业绩指标主要表现为完成工作的数量、质量、工作效率、为企业创造的价值和所使用的成本费用等。因此，工作业绩指标的考核周期要根据工作完成的时间长短来确定。例如，次品率这种指标可以在短期内达成，组织可以设置以日或周为周期，促使员工集中精力在短时间内达到要求；像利润率、总资产额等业绩指标则需要较长周期才能计算。而工作态度指标在企业中既承担考核任务，又带有一定的目标导向性。这类指标的考核周期一般较长，但在实践中组织通常会通过缩短周期、增加态度指标的权重来引导员工关注工作态度问题，通过频繁的态度指标考核来实现员工态度的转变。也就是说，工作态度指标同时承担着考核与教育的任务。

2. 管理层级影响考核周期

企业不同的管理层级具有相应的职能，承担相应的责任，因此也具有不同的绩效考核周期。

（1）高层管理者的考核周期。高层管理者是对组织整体运营负责的领导者和负责人，对高层管理者的考核目的在于抓住组织发展的战略重点、落实宏观战略、完成整体目标责任。因此，对高层管理者的考核内容应该主要围绕以下方面进行：组织使命、愿景和战略目标的制订；影响组织发展的重要结果性指标的完成情况；组织文化建设；组织架构与流程设置的合理性；组织市场拓展、合作并购等方面。在某种意义上，对高层管理者的考核过程就相当于对整个组织管理的状况进行全面、系统考核的过程，这些项目的推进过程都需要长期进行，伴随较长的考核周期。

（2）中层管理者的考核周期。中层管理者是指企业各部门的负责人，对其考核主要有两个方面：首先，考核组织战略目标的分解与承接在其所处部门的实际完成情况；其次，考核中层管理者的个人绩效、工作态度以及员工评价等方面。由于中层管理者在组织中起着承上启下的作用，要兼顾组织层面、部门层面以及个人层面的绩效目标，其考核周期相对较短。

（3）基层管理者的考核周期。基层管理者及普通员工主要从事具体任务的执行和跟进，评价周期一般较短。一方面，受工作性质的影响，结果呈现较快；另一方面，为了方便员工进行绩效改进，也会相应缩短考核周期，帮助员工及时调整。

3. 职位类型影响考核周期

与员工所处不同的管理层级接受不同考核周期的原理相同，组织根据个人实际工作内容和性质制定适合的考核周期。例如，企业研发团队由于其工作任务的复杂性与科研任务本身耗时长的特性，具有较长的考核周期；一线生产车间的员工主要在生产流水线工作，产量则需按日计算，适合于短期的考核指标；市场销售人员主要从事品牌推广、产品销售、售后服务、市场占有率调查、产品满意度反馈等多项繁杂的工作。这些考核指标的即时评价和反馈对企业整体战略发展具有重要作用，并且商品销售具有一定的季节性，因此，可以按月或季度为周期考核评价主体。

4. 绩效管理应用的程度影响考核周期

绩效管理的实施要经历初步摸索期到不断发展完善的成熟期多个阶段，在企业绩效管理发展的过程中不断积累经验。在企业进行绩效管理的初期，还处于不断试错阶段，考核周期不宜过长，应及时调整考核中暴露出来的问题。以绩效指标的选择为例，由于缺乏经验，考核初期所选指标未必合适，要不断在考核中检验考核指标的信度和效度，及时修正考核指标，以提高考核质量。随着绩效管理的不断实施、组织经验的逐渐丰富，绩效管理系统也愈加完善，此时可以根据企业具体所需设定不同的考核周期。从理论上来说，考核周期在可行范围内越短越好。一方面，在较短的考核周期内，考核主体不易疲劳，具有较好的专注力、目标导向清晰、不易受近因效应的影响；另一方面，对工作产出及时进行评价与反馈可有效激励组织成员，便于及时改进。然而，从实践角度出发，考核周期越短意味着绩效考核的成本越高。因此，企业应充分考虑自身发展所需制定及时有效的绩效考核周期，以提升组织的发展动能。

5. 考核目的影响考核周期

通常意义上的考核主要有两个目的：一是了解并准确评估绩效水平；二是分析并改进绩效能力。针对第一种目的，组织需要把员工在考核周期内的所有绩效成果全部纳入，因此需要较长的考核周期，最终结果将用于人员晋升、薪酬确定、人力资源的培训与开发等方面，考核周期可以是半年或一年。当绩效考核目的是促使员工提升绩效能力时，应采取较短的考核周期，以及时反馈或改进，此时考核周期以日、周、月为宜。

（三）考核主体的选择

考核主体是指在绩效考核过程中对被考核者做出考核评价的人，选择什么样的考核者在很大程度上与所要考核的内容相关。组织在设置绩效考核体系时要注意考核主体与考核内容是否匹配，考核主体的选择遵循如下两个原则。

1. 知情原则

考核者选择的知情原则是指考核者对所要考核的绩效内容与考核对象的职位有所了解。这要求考核者对所要考核的指标和被考核者行动有深入和长期的了解，避免因为缺乏对职位的了解而导致考核者做出以偏概全的判断。

2. 主体多元化原则

单一的绩效考核主体容易产生考核偏差，考核主体多元化则可在一定程度上弥补这种考核的缺陷，既能够使考核结果相互印证，又能够互为补充，提高考核的准确性。通过扩大考核主体的范围也更能够体现出绩效考核的民主性与公正性。例如，360度绩效考核法的考核主体包括被考核者的上级、同级、下属，甚至包括内外部客户（外部供应商、内部工作任务承接部门等）以及自我评价五个维度。在具体考核结果的评定过程中，又可针对不同的考核主体做一定的权重分配。

考核主体的多元化一方面为绩效考核提供了不同的视角，但另一方面也为管理者在选择考核主体时造成了一定的困难。如果考核者对被考核主体的特点不够了解，导致考核主体选择错误，那么绩效考核的结果就毫无意义，甚至可能对企业绩效管理产生负面影响。因此，考核主体的确定要以考核指标为基础，结合考核主体选择的一般原则和不同主体的特点进行综合确定。

第二节　绩效考核的流程

绩效考核既是绩效管理的重要组成部分，又是一个独立的管理系统，是在工作一段时间之后根据对先前工作成果的检验，采用科学的考核方法对员工的工作结果进行评价。在企业的经营和发展过程中，建立一个合理完善的绩效考核和管理体系对企业健康发展十分重要。一个完整的绩效考核流程包括确定考核方向、选择考核方法、分解考核目标、执行考核计划和应用考核结果四大步骤，下面将对每个具体程序进行详细阐述，其中具体的考核方法将在第三节展开。

一、确定考核方向

企业战略目标为企业一切生产经营活动指明了方向，也直接决定着绩效考核的方向和重点。而绩效考核体系的建立和实施又是企业战略目标有效达成的保证（裴雪姣，2015）。因此，在绩效考核实施前，需要对企业战略目标进行梳理，以明确企业绩效考核的方向。

企业战略是指依据企业内外部环境的变化，结合企业实际情况、发展特点等制定的一系列基于企业可持续发展与竞争力提升的方针、策略和计划。从宏观到微观来看，企业战略分别有企业使命、企业愿景，以及企业长期、中期、短期的发展目标。在确定企业具体的绩效考核指标之前，需要明确企业所处的阶段和重点方向，确保绩效管理工作能够推动企业战略持续向前迈进。

在确定绩效考核方向的过程中，首先可以明确针对绩效考核的方向主要有基于结果的考核和基于行为的考核。具体而言，两者的区别表现在以下几个方面。

1. 基于结果的考核

以结果为导向的企业绩效考核将员工工作结果作为衡量绩效水平高低的标准。大多数企业采用的绩效考核方法都是基于结果的评价方法，包括目标管理考核法、KPI 考核法、平衡计分卡等。其特点在于便于测量、具体明确，依据职位有标准划分，并且容易取得实效。

2. 基于行为的考核

以过程为导向的企业绩效考核注重将员工胜任力作为衡量绩效水平高低的标准，通常可采取排序法、行为锚定法、关键事件衡量技术等，具有易受主观因素影响、缺乏量化标准等特点。

确定绩效考核的方向的过程，同时也是明确绩效考核目的的过程。绩效考核是为了让企业的每一位员工都能受到监督和鼓励，这样的管理方式对员工自身的发展具有积极作用。绩效考核可以提升员工的工作热情，增强员工的归属感，进而增强个人工作的主观能动性。

二、选择考核方法

每一种绩效考核方法都有其自身的特点和适用范围，没有一种一劳永逸的方法能够一直符合企业绩效考核的需求。因此，企业需要根据自身的发展需要选择实用、高效、成本合理、根据自身特点本土化的绩效考核方法。

企业在选择绩效考核时应该考虑企业的性质、规模、发展阶段和行业特点。对于那些处于成熟期、具有明确战略目标、员工素质也较高的大型跨国企业而言，采用平衡计分卡进行绩效评估比较合适。而对于一些处于发展期的中小型民营企业来说，它们迫切需要通过绩效考核来解决公司和员工之间的利益分配问题，因此，KPI 方法比较适合该类型企业。对于那些处于成熟期是具有稳固等级层级的国有企业来说，360 度考核方法比较适合它们的结构特点。对于那些处于创业期的中小型民营企业来说，各个部门或岗位的临时任务往往会比较多，它们需要一种简单的、容易操作的考核方法，目标管理不失为一种可供选择的方法。

同时，各种方法并不是独立存在和相互对立的，往往可以交互使用，或者复合使用，它们之间有许多精髓可以相互借鉴和融合，并能在一定程度上相互补充。如应用 KPI 进行绩效考核时，在指标的设计上借鉴平衡计分卡思想，分别从财务、顾客、内部运营以及学习与发展四个方面着手，对企业战略进行分解以穷尽所有绩效考核指标，在最终形成的部门或个人的 KPI 的定性指标中，选择 360 度考核法中的一二个维度，如上级对下级的评价，与 KPI 考核指标进行融合，最终做出上级对下级 KPI 完成情况的考核。根据第一节所述的考核方法，可以做出如表 5-1 所示各种方法的优劣比较。

表 5-1 绩效考核方法的优劣势比较

类 型	优 势	劣 势
相对考核法	① 考核成本较低； ② 使用方便； ③ 客观性程度高； ④ 有利于减少绩效考核过程中的宽大效应、集中趋势、近似效应	① 被考核者满意度较低； ② 不利于评价性目标、发展性目标绩效水平的准确评估； ③ 容易引起晕轮效应
绝对考核法	① 被考核者满意度较高； ② 有利于评价性目标、发展性目标绩效水平的准确评估； ③ 有利于减少考核过程中的晕轮效应	① 考核成本较高； ② 绩效考核客观性水平较低； ③ 绩效考核过程中易造成宽大效应、集中趋势、近似效应
特征导向考核法	① 考核成本较低； ② 绩效标准有意义； ③ 使用方便	① 考核误差较大； ② 对员工的指导效用较小； ③ 不适合用于奖励的分配； ④ 不适合用于晋升的决策
行为导向考核法	① 绩效指标较具体； ② 考核过程易接受； ③ 有利于提供绩效反馈； ④ 依此做出奖励和晋升的决策较公平	① 时间、经费成本较高； ② 可能造成的考核误差较大
结果导向考核法	① 考核中的主观偏见较少； ② 考核过程易接受； ③ 有利于把个人绩效和组织绩效相连接； ④ 鼓励组织上下级共同设定目标； ⑤ 绩效考核结果可用于奖励和晋升决策	① 建立和发展此方法成本较大； ② 容易局限于短期目标的实现，而忽视长远战略； ③ 所获结果可能失真； ④ 考核指标可能不完善

注：① 宽大效应是指绩效考核涉及一个结果准确性的问题，即考核结果高于被考核者的实际情况；② 集中趋势频数分布是指数列中被观察值有一种向中心集中的趋势，即考核结果趋于保守，而损失有价值的极端数据；③ 近似效应是指人们之间的相似性会引起自身对他人的喜欢、吸引的情绪或态度，人们普遍都会喜欢那些与自己相似的人，并给予其更高的评价。

正如前文所说，世界上并没有十全十美的万能的绩效考核方法，企业必须结合自身的实际情况，吸收各种绩效考核方法的精髓，选择适合企业自身特点的方法，设计出科学的、可操作的、与实际相符的绩效管理体系，只有这样才能实现企业的战略目标，并达到绩效管理的目的。

例证 5-2

唐山供电公司：创新绩效考核激发员工活力

在日常绩效管理工作中，针对一般管理人员的个体考核一直是管理机关考核的重点和难点。为探索管理机关目标任务制考核新思路，创新考核评价机制，唐山供电公司于2018 年年初建立了管理人员工作总结考核法，并入选国家电网有限公司绩效管理工具箱。

2019 年 6 月，随着"三项制度"改革不断深入，岗位绩效评价机制的精准性要求越来越高，唐山供电公司又一次积极探索，对管理人员工作总结考核法进行了优化完善，建立了部门岗位绩效精准评价机制。新评价机制有三个突出的创新点：① 引入员工"自我举证"方式，在员工自评环节通过对工作内容的重要性、工作量大小等进行详细描述，提升工作评价准确性；② 设立加分项申请机制，加分申请可选类别共有 7 项，加分项目可以根据部门重点工作导向变化而调整，切实发挥绩效激励导向作用；③ 建立扣分考核机制，对于未完成的日常工作任务采取减分考核机制，确保本职工作顺利完成。

目前，岗位绩效精准评价机制已渗透到各项工作，并取得了良好效果。员工工作热情空前高涨，在目标任务明确、压力逐级传递的前提下，员工工作变被动为主动，积极寻求指标提升解决思路，形成了公司上下全员对标的良好氛围。部门内部打破了岗级概念，充分实现了薪酬分配与贡献大小、业绩水平直接联动，通过开展部门岗位绩效评价，该公司管理机关员工绩效与薪酬挂钩比例达 80% 以上。员工对考核结果满意度增强。新的考核模式建立后，考核流程和结果公平、公正、公开，提升了员工对考核结果的满意度。

（高慧洁，2019）

三、分解考核目标

绩效目标是在绩效管理过程中，能够在一定条件下、一定时间内期望达成的结果。其目标的分解是由企业战略目标自上而下地逐层进行的，即个人目标、部门目标与企业目标相一致，上位目标对下位目标起到一定的导向作用。

绩效目标的分解、制订同样需要遵循一定的流程，但很多时候，由于部门内事务繁多，许多部门主管往往要求员工自己建立个人绩效目标，目标建立完成后报送主管审核并提出修改意见。这种目标制订的流程省略了目标分解前期的沟通环节，看似节省了个人目标制订的时间，但实则这种从员工个人角度出发的个人绩效目标很难从公司或部门的角度进行全局考虑。在主管审核目标时也很容易受到锚定目标的误导，忽视一些全局角度的重要因素。在绩效目标审核完毕后，如果需要对个人绩效进行较大的调整，又不可避免地进行上级与下属的沟通，这样反而会导致前期用工无效、后期弥补缺失的时间损失。因此，绩效目标制订的前期部门任务分配与下属的沟通必不可少。

（一）绩效目标制订与分解的方式和方法

在制订绩效目标时，通常会遇到以下两种情况。

第一种情况，公司的战略目标、部门目标可能不是很明确、具体和可实行。在这种情况下，建立目标时需要以公司各部门职责和职能战略（或者说是目标）为重点，以岗位职责为基础，自上而下地在工作业绩、工作态度、工作行为、个人素质、工作量等方面设计指标体系，但指标体系设计必须从整体上满足公司管理和发展的需要，要满足上下一贯性。即指标和目标值的设定仍然需要以公司发展需要进行设定，而不能出现个人业绩脱离部门或公司业绩范围的现象。

第二种情况，公司的战略目标、部门目标明确、具体、可实行。这种情况比较容易建立相关指标，但需要注意的是指标提炼的全面性和可操作性，也就是在设计绩效管理体系时，要注意将公司的战略目标全面并合理地分解到部门、个人，使战略目标得以顺利落实（谢其虹，2011）。

（二）绩效目标制订与分解的关键点

除了要注意绩效目标制订、分解的流程与方式和方法外，还应当在绩效目标制订与分解的过程中关注以下五个关键点。

（1）不同层级人员绩效目标制订的原则不同。高层人员绩效目标的制订可依据公司战略指标直接制订；个人绩效目标的制订可使用平衡计分卡从四个维度进行；而对于一般的基层人员，更多可从具体的岗位职能职责角度进行指标提炼。

（2）绩效目标的制订与分解需要严格遵循 SMART 原则。不论是公司、部门还是个人的绩效目标，目标的个数在5～9项最为适宜，太多就会成为具体的工作计划，冲淡绩效目标的导向作用。

（3）绩效目标的建立获得公司相关制度、规范、组织目标等的支撑，同时也是企业制度规范的综合体现。许多管理者在制订目标时试图把所有的工作要求、规范都逐项体现在绩效目标中，这是一种认识的误区。绩效管理既不是唯一的，也不是万能的，不能代替一切，必须与制度管理、团队管理、计划管理等结合起来。

（4）绩效目标的建立是"先建立、后完善"的过程。组织建立公司战略指标、部门及个人绩效目标时，应先从流程、技巧上要求各级主管掌握，然后以此为基础逐步优化绩效目标，并做到尽量简洁、有效。

（5）绩效目标一定是双方沟通后确认的指标。在分解与建立目标时，上级主管一定要与下属进行充分的沟通，促使下属认同个人绩效目标。如果缺少双方沟通交流确认绩效目标达成一致的意见的环节，绩效管理也就失去了最初推行的意义。业绩类指标有一定的特殊性，指标下达时也需要双方相互沟通，但是沟通的内容不应当再是指标值的大小（如销售类指标是硬性下达的），而是达成指标的方式和方法。

在绩效管理的过程中，要注重绩效目标是否按照规定流程进行制订与分解、方式和方法是否合理、是否能够将公司的战略指标顺利落实到部门和个人。只有通过上下级的有效沟通，经过同一团队充分调和的认知之后建立起来的绩效考核指标，才能真正使绩效管理具有导向性和真实性，并保证最终考核结果的有效性。

四、执行考核计划

本环节将进入绩效考核的执行阶段，其是在前期充分准备的前提下、对员工在考核期内所表现出的绩效水平进行评定的一项活动。具体分为以下四个步骤。

1. 绩效考核培训

培训是进行系统有效的绩效评估所必需的准备环节。一方面，培训能够加强公司全体员工对绩效考核的认可度，在充分了解的环境中开展有效的绩效考核；另一方面，培训能够加强员工对绩效考核的重视度，以及对考核结果的理性接受度。

从培训内容来看，面向全员的培训主要有绩效管理观念培训、绩效管理制度培训、绩效信息收集培训。面向考核者的培训主要有绩效标准培训、绩效信息收集方法培训、绩效考核指标培训、绩效考核方法培训、绩效考核误差培训以及绩效反馈培训等。

2. 考核信息收集

信息收集主要为后续绩效评价和绩效改善提供依据，此阶段考核者需要尽量全面、客观地收集各类考核信息。在信息收集过程中要关注以下三点：① 要收集工作目标或任务完整情况的信息；② 要弄清楚造成员工绩效水平波动的原因；③ 要收集有助于提高员工绩效水平的信息。

信息收集可采用的具体方法有观察法、工作日志法、他人反馈法、工作记录法。在通过系统的、有计划的方法收集有效考核信息的过程中需要注意以下四点：① 引导员工充分参与信息收集，以便加强个人对绩效考核工作的了解；② 考核信息收集过程中注重信息筛选，避免后续考核还要进行复选；③ 在考核公司整体绩效状况，面对大样本数据时，可采取抽样的方法提取所需数据；④ 明确事实和推测的区别，避免考核结果呈现时两者混淆。

3. 绩效结果评价

绩效结果评价是绩效考核的核心环节，可分为自上而下的管理者评价、管理者与员工的双线评价，以及绩效考核 360 度全方位立体评价。评价过程需要遵循公平、公正原则，充分发挥考核者的考核技能，力争获得全面、客观的数据。

4. 评估成绩控制

一般来说，绩效评估结果的呈现应该使用原始数据结果，但在绩效考核的实际操作中会发现很多时候绩效考核的原始结果呈现出集中趋势、天花板效应等情况，即评分结果较为集中或评分普遍偏向高分段。长此以往，绩效考核也就形同虚设，无法发挥其真正效用。

为了解决上述问题，很多企业引入了正态分布的概念，即将所有被考核者的成绩按照正态分布规律的要求进行排序，合理控制成绩优异者和成绩较差者的数量，呈现"中间多，两端少"的成绩分布形式。

五、应用考核结果

绩效考核结果的应用是指企业根据员工绩效考核成绩所反映出的一系列问题，采取有针对性的应对行为，其目的在于通过考核发现企业绩效管理甚至企业整体运营中出现的具体问题，并对所存在的问题进行及时改正，增强企业发展的韧性。

（一）考核结果的分析

绩效结果应用的前提是对考核结果的分析，由此便于判断绩效问题及其产生的原因，绩效考核的结果分析主要从以下三个维度进行。

1. 绩效考核的信度与效度

通过员工绩效考核成绩与实际工作目标的达成情况、企业整体绩效水平发展情况的综合分析，判断企业绩效考核的信度与效度。绩效考核的信度可表现在利用不同绩效考核方法对同一主体进行评价，比较最终评价结果的一致性水平。一致性水平较高，说明绩效考核的信度较高；反之，一致性水平较低，说明绩效考核的信度较低。绩效考核的效度则表现为所设定的评价指标与所要评价目标的有效性程度，即最终考核结果对预定考核目标满足的程度。考核结果满足程度高，说明绩效考核有较高的效度；反之，考核结果满足程度低，说明绩效考核有较低的效度。

2. 绩效考核的整体绩效水平分析

通过对员工绩效考核分数的分布情况、同比和环比变化情况的分析，可以判断整体绩效水平的高低。由于很多工作计划、目标的完成情况会受到外部竞争环境、内部发展现状等多种因素的影响，因此，在分析整体绩效水平的变化时，需要通盘考虑，避免失之偏颇。

3. 绩效考核的个性与整体性问题的分析

绩效考核的目的在于后续进行绩效反馈，促进个人、组织对过往绩效考核能力的反思，从而有效地提升不同主体的绩效水平，增强企业可持续发展的核心动能。而绩效反馈的核心在于反馈绩效问题，具体而言，可分为以下两种类型：① 个性问题，是指在个别员工中所出现的特殊问题。个性问题的识别可通过横向比较与纵向比较两种方法实现，即通过员工与员工之间的对比和员工自身绩效与历史绩效的对比，判断问题所在。面对此问题，人力资源管理者、相关部门主管应与问题员工共同商讨，制订双方都接受的绩效提升计划。② 整体性问题，是指普遍存在于大多数员工身上的绩效问题。例如，所有销售员都更加注重产品销售、开拓新客户群体，而不注重已售产品的维护和老客户的维系。针对这类问题，企业应当组织高层管理者、人力资源部门负责人以及各部门主管共同讨论，分析绩效问题产生的原因，从各自特有的角度带来更多不同的思考，最终拟订具有针对性并考虑全面的解决方案。

（二）考核结果的应用范围

绩效考核之所以受到各企业的关注，是因为科学合理的绩效考核制度对企业员工工作能力的提升有着重要的意义和影响，对企业员工有着很大的激励、督促和自警作用（王玖春，2018）。

首先，在激励作用方面，企业内部相关管理部门通过绩效考核，能够在很大程度上调动员工工作的积极性，对员工综合素质的培养和企业文化建设也有着重要的推动作用。与此同时，企业员工的工作能力也会通过绩效考核直观地展现出来，相关管理部门可以根据考核结果，对员工进行适当的奖励，对员工有着很大的激励作用。即绩效考核结果与薪酬等级、奖金标准、职位晋升相挂钩，能够充分调动员工规范自我行为、提升自身绩效水平的内在动机。

其次，在督促作用方面，绩效考核工作具有极强的灵活性，可以根据组织发展现状进行调整，能够根据单位内各部门的具体业务进行规划，甚至可以就某一阶段开展的具体工作制定相应的绩效考核。

最后，在自我警醒作用方面，被考核者清晰的自我认知能够有力地推动绩效考核工作的顺利进行，并遵守绩效考核中的制度要求，即所有人员知道自己应该做什么，不应该做什么，明确自身在绩效管理过程中所应承担的责任。

例证 5-3

索尼的绩效主义管理

一旦谈起索尼的绩效管理，人们往往会不由自主地想起索尼公司前常务董事天外伺郎所写的著名文章——《绩效主义毁了索尼》。后来大家就把这篇文章用作抨击绩效考核的"武器"，但事实上，索尼的绩效考核究竟如何呢？

索尼公司实行年度考核制度，到年末每位员工首先进行自我评估，并将评估标准在网上公布，由每位员工的直接上级进行访谈，针对员工的工作内容、工作能力、工作效率、员工的工作态度、团队合作精神等方面进行评估。

索尼内部采用的是 5P 评估体系来全面评估员工的业绩。5P 分别是指 person（个人）、position（职位）、past（过去）、present（现在）、potential（潜力）五个方面。即一个人（person）在一个职位上（position）会有业绩，在这个职位上就要符合该职位的要求。而针对人员晋升的问题，索尼着重考察员工过去（past）、现在（present）以及潜力（potential）三个方面的表现，通过考察一个人过去的进步水平，预测此人未来的进步空间。

在索尼看来，人员晋升和薪酬分配应该完全按照业绩水平的高低进行运作。此外，严谨的索尼对于绩效考核的要求是所有指标必须量化，认为量化指标才是进行能力衡量最有效、最公平的方法，尽管这种思路在面对一些问题时不存在可行性，但极致追求量化的索尼，依然在这条路上渐行渐远。

天外伺郎曾指出，绩效主义使得组织激情集团消失、挑战精神消失、团队精神消失、创新先锋沦为落伍者。

绩效主义曾深受人们追捧，后来被人们抛弃，回顾索尼的绩效主义管理，或许可以给予我们一些启示。今后如何更加妥善地应用组织绩效管理技术、建立合理的绩效考核体系，是企业发展永不过时的话题。

（资料来源：绩效主义毁了索尼[EB/OL]. (2018-06-09), https://www.sohu.com/a/234877650_762280.）

第三节 绩效考核的方法

绩效考核的方法可以分为两大类：① 按照评估的相对性或绝对性，即评估是通过相互间的比较或者与自身过去状态的历史比较，可分为相对考核法和绝对考核法；② 按照评估的标准划分，可分为特征导向考核法、行为导向考核法和结果导向考核法。一个组织在绩效考核过程中可能采用不同种类方法的组合，以此相互补充，取得更好的考核成效。

一、相对考核法

相对考核法是指在对员工进行相互比较的基础上对其进行总体排序，提供一个员工在总体同类员工中绩效优劣的相对评估结果。大多数绩效考核工具要求考核者依据某些优胜标准来考核员工绩效，通过与其他员工比较得来而非某种固定格式的评分。

（一）个体排序法

个体排序法也叫作排队法，就是把员工按从好到坏的顺序进行排列，即简单排序。就像学生考试成绩名单，从前往后表示成绩递减。简单比较法还演变出平均比较法，是将每位员工的工作业绩与其他员工的工作业绩进行比较，最终将在每一对比较中获得"胜出"的员工依次排列。但这种平均比较法也曾受人质疑，他们认为员工的绩效目标应当是完成规定的个人绩效目标，目标之间不具备相互可比性。因此，有人认为这种考核法的关注点似乎失之偏颇。

此外，个体排序法还有交替排序的形式，是指根据某些绩效考核要素，将员工按照绩效成绩最好的人到绩效成绩最差的人进行排序，这比将他们互不相同的绝对绩效进行直接排序合理。因此，交替比较法成为一种常用的绩效考核方法，用于辅助其他绩效考核方法的实施。具体步骤如图 5-1 所示。

| 列出被考核员工名单，剔除不熟悉员工的名字。 | 在考核表上针对不同考评素质分别填写表现最好的和最差的员工姓名。 | 在剩下的员工中挑选出最好的和最差的，并依次排列，直到得出全体员工的顺序排名。 |

图 5-1　交替排序法使用步骤

（二）配对比较法

配对比较法也称作相互比较法、两两比较法、成对比较法或相对比较法，就是将所有要进行评价的职务列在一起，进行两两配对比较，其价值较高者可得 1 分，最后将各职务所得分数相加，其中分数最高者即等级最高者，按分数高低顺序将职务进行排列，即可划定职务等级。但由于两种职务的困难性对比不是十分容易，所以在评价时要考虑周全。表 5-2 所示为配对比较法对员工绩效考核表。

表 5-2　配对比较法对员工绩效考核表

| 就"工作质量"要素所做的考核 | | | | | | 就"创造性"要素所做的考核 | | | | | |
| 被考核员工姓名： | | | | | | 被考核员工姓名： | | | | | |
比较对象	A	B	C	D	E	比较对象	A	B	C	D	E
A		+	+		-	A		+	+	-	-
B	-			-	-	B	+		-	+	+
C	-	-				C	-	-		-	
D	+	+	-		+	D	+		+		
E	+	+	+			E	-	-	-	+	
	2+	4+	2+	1+	1+		4+	1+	1+	2+	2+

进行配对比较的过程中，"+"代表好，"-"代表差。最后将每位员工"好"评次数相加，"好"评次数最多的人为绩优者，在此表中，A 员工的创造性是最强的，其在创造力指标上的得分最高。

配对比较法的缺点是，一旦下级人数过多（大于 5 人），操作起来就比较麻烦，因为配比的次数将按公式[$n(n-1)$] / 2（其中 n=人数）增长。5 个下级就要配比 10 次，10 个下级就要配比 45 次，50 个下级就要配比 1225 次。而且这种方法只能评比出下级人员的名次，不能反映他们之间的差距，也不能反映他们的工作能力和品质的特点（付亚和、许玉林等，2017）。

（三）强制分布法

强制分布法也称作强制正态分布法、硬性分配法，是根据正态分布原理，即俗称的"中间大、两头小"的分布规律，预先确定评价等级以及各等级在总数中所占的百分比，然后按照被考核者绩效的优劣程度将其列入其中某一等级。例如，要求考核者将 10%的人评为最高分那一级，将 15%的人评为次高分那一级，将 50%的人评为居中的那一级，将 15%的人评为次低分那一级，将 10%的人评为最低分那一级，如表 5-3 所示。

表 5-3　GE 组织的考核等级处理

等　　级	所 占 比 率	处 理 办 法
S	（顶尖人才）占 10%	晋升或升级，100%获得股票期权
A	占 15%	90%得到股票期权
B	（中等）占 50%	变动弹性、可塑性较大，50%获得股票期权
C	占 15%	需要接受培训，督促改进
D	占 10%	考虑淘汰

（魏光丽，2013）

强制分步法的实施步骤如下。

第一步，确定 A、B、C、D、E 各个考核等级的奖金分配的点数，各个等级之间点数的差别应该具有充分的激励效果。

第二步，由每个部门的每位员工根据业绩考核的标准，对自己以外的所有其他员工进行百分制的评分。

第三步，对称地去除若干个最高分和最低分，求出每位员工的平均分。

第四步，将部门中所有员工的平均分加总，再除以部门的员工人数，计算出部门所有员工的业绩考核平均分。

第五步，用每位员工的平均分除以部门的平均分，就可以得到一个标准化的考核得分。那些考核标准分为（或接近）员工应得到"中等"的考核结果，而那些考核标准分明显大于 1 的员工应得到"良"甚至"优"的考核，而那些考核标准分明显低于 1 的员工应得到"及格"甚至"不及格"的考核结果。在某些企业中，为了强化管理人员的权威，可以将员工团体考核结果与管理人员的考核结果的加权平均值作为员工最终的考核结果。但是需要注意的是，管理人员的权重不应该过大。各个考核等级之间的数值界限可以由管理人员根据过去员工业绩考核结果的离散程度来确定。这种计算标准分的方法可以合理地确定被考核者业绩考核结果的分布状况。

第六步，根据每位员工的考核等级所对应的奖金分配点数，计算部门的奖金总点数，然后结合可以分配的奖金总额，计算每个奖金点数对应的金额，并得出每位员工应该得到的奖金数额。其中，各个部门的奖金分配总额是根据各个部门的主要管理人员进行相互考核的结果来确定的。

为了鼓励每位员工客观准确地考核自己的同事，应对同事的考核排列次序与最终的排列次序最接近的若干名员工进行奖励。另外，员工的考核结果不应在考核当期公开，奖金发放也应秘密进行，以保证员工的情绪稳定。但是各个部门的考核结果应该是公开的，这样做的目的在于促进部门之间的良性竞争。

这种考核方法的优点可体现在以下三个方面。

（1）等级清晰、操作简便。绩效考核等级划分清晰，不同的等级被赋予不同的含义，区别显著，在实际考核过程中只需要确定各层级比例，通过简单的计算即可得出结果。

（2）激励性强。"强制分布法"常常与员工的奖惩联系在一起。对绩效"优秀"的重奖，对绩效"不及格"的惩罚，强烈的正负激励同时运用，能够发挥激励员工的积极作用。

（3）强制区分。由于这种方法必须在员工中按比例区分出等级，从而会有效避免评估中过严或过松等一边倒的现象。

与此相应，强制分布法的缺点表现在以下两个方面。

（1）如果员工的业绩水平都十分优秀，那么还要强制进行正态分布、区分绩效优劣，就容易引起员工的不满。

（2）这种考核法只能将员工分为有限的几种评价类别，难以具体比较员工差别，也不能在诊断绩效问题时反馈具有改进意义的信息。

从以上三种基本的考核方法可以看出，相对考核法的优点在于成本低、实用性强，考核所花费的时间和精力较少，并且这种考核法可以消除某些考核误差，如避免了宽厚性错误（宽大效应）及考核者的趋中性错误。

当然，相对考核法也有其自身的缺点。首先，这类绩效考核的评判标准不明确，可能导致最终考核结果的准确性和公正性受到质疑；其次，相对考核法并没有具体说明员工在绩效发展过程中应当努力达到什么标准，因而无法充分监督或指导员工的工作行为；最后，组织如果只是单一采取这类绩效考核方法，那么无法通过考核得到对企业未来发展具有建设性的指导，无法通过对绩效考核结果的反思，制订有利于组织、部门和员工个人的未来发展计划，造成效率低下。

相对考核法固然有其自身的优缺点，但企业管理者在实际应用的过程中，应该更多地考虑如何通过绩效考核方法的合理组合发挥其最大效用，为企业绩效管理创造更多的价值。

二、绝对考核法

绝对考核法是指直接对每位员工自身的工作进行绩效评估，而非在员工之间相互比较的基础上评价其绩效情况。绝对考核法主要包括自我报告法、等级考评法、因素考核法、面谈考核法。

（一）自我报告法

自我报告法是利用书面形式对自己的工作进行总结和自评的一种考核法。通过个人自我陈述和自我评鉴的方式生成测量个人工作主观态度的自我报告。自我考核是对自身工作的阶段性总评，即引导被考核者主动对自身的表现加以考核和反省。

自我报告法通常让被考核者填写员工自我鉴定表，对照自身的岗位要求，回顾一定时期内的工作状况，列出未来的打算，举例说明在此考核期内的优秀经验和不足、仍可进步的方面，并反思原因。具体可参照表 5-4 的内容。

表 5-4　自我鉴定表

姓　　名		部门		入本部门的时间		现任岗位	
项　　目							
目前工作	本月（年）你担任什么工作？在进行当前工作时遇到了什么困难？						
工作目标	本月（年）你的工作目标是什么？						
工作进度	本月（年）你的工作进度如何？						
原　　因	促进或阻碍你目标实现的原因分别有哪些？						
贡　　献	你认为本月（年）对公司的贡献有哪些？						
工作构想	在你负责这项工作的过程中，你有什么更好的构想？请具体说明						

（二）等级考核法

等级考核法是针对员工所在不同等级的一种考核法，分为评级量表法和等级择一法两种。

1. 评级量表法

评级量表法把员工的绩效分成若干项目，每个项目后设一个量表，由考核者做出评价。评级量表法之所以被用得最多，是因为考核者发现其完成度和有效性较高，所消耗的时间和精力成本较低。

评级量表法之所以能实现考核的目标，是因为它将考核结果数量化了，能够将员工绩效的每一因素都反映出来，总考核成绩还可以被看作绩效增长或被用作进行提升的依据。

评级量表法通常有效性更强，是因为它对量表所表现的每一个特征都做了简短的说明，不是简单地对量表进行高低评价，而是根据量表上每一个特征所做的精确描述，对员工（被考核者）的绩效做出更精确的评价。在表示形式的评级量表上，考核者只能主观地确定每个要素每一等级的水平。例如，什么是"低于平均"？这种量表的考核内容与工作联系更紧，更针对员工的实际表现。

每个测评单位可根据自己行业的特点，统计一些考核特质构成等级考评量表，没有统一的模板，只要能测出所要考核的员工的不同品质即为有效。

总的来说，评级量表既简单又省事。同时，决策者发现评级量表可以满足很多考核目标，因为它给出了绩效的结果，这个数量结果可以用来调薪、调配工作等。评级量表格式如表 5-5 所示。

表 5-5　评级量表

考核内容	考核项目	说　明	评定 等级：A B C D E 分数：10 8 6 4 2
业务能力	实践力	是否充分具备现任职务所要求的基础知识和业务实践技能	
	理解力	是否能充分理解上级的指示，在规定时限内高质量地完成本职工作	
	判断力	是否能充分理解上级意图，正确把握发展现状，做出相应判断	
	表达力	是否具备现任职务所要求的表达力（口头、文字），能否进行一般联络、说明工作	
	创新力	是否有在实际工作中从事创造性活动的能力	
工作态度	纪律性 协作性	是否在与企业内外人员交涉时，具备使双方共同接受或达成合作协议的能力	
	积极性 责任感	是否对分配的任务积极主动、尽力而为；能够从事具有挑战性的任务	

评级量表法也有一定的缺陷，使用这种量表，考核者很容易产生晕轮效应和趋中误差，判断标准过于宽大或中庸的考核者就会把每个人的每个项目很快地评为高分或平均分。同时，多数评级量表并不针对某一特别岗位，而是适用于组织的所有单位，因而不具有针对性。

2. 等级择一法

等级择一法是指在事先规定各等级标准的基础上，由考核人员根据考核对象的实际状况对应某一等级做出决定，等级择一法是最为简单而又实用的考核方法。等级择一法是在规定评价尺度时采用了一些有等级含义的短语来表示的。例如，对员工的"专业知识""沟通能力""团队合作能力"等维度进行 1～5 等级的选择，分数由低到高划分为"不合格""合格""良好""满意""优秀"。

等级择一法的缺点在于：① 无法对员工的行为起直接的指导作用；② 无法通过这种方式了解如何才能支持组织目标和改善个人绩效；③ 不能为具体的、易于接受的绩效反馈提供足够的信息；④ 考核的信度和效度较差。

（三）因素考核法

因素考核法是将一定的分数按权重分配给各项绩效考核指标，使每项绩效考核指标都有一个考核尺度，然后根据被考核者的实际表现在各考核因素上进行评分，最终汇总所得的总分即为考核最终结果。此方法更加简便易行，并且比相对比较法更加科学。

例如，我们在对被考核者的能力、出勤、成绩以及组织纪律进行考核时，可以按照如下权重进行分配。

（1）工作能力：占总分的 30%，分为上、中、下三个等级，技术水平高、能独立完成任务的得分。在考核阶段内，若有一个月未完成下达的任务则扣除 10 分。

（2）出勤情况：占总分的 20%，分为上、中、下三个等级，出勤率 100%为满分 20分，排除企业福利假期之外，病假、事假一天扣 1 分，迟到或旷工一次扣 10 分，旷工、缺勤一天及以上一次性扣除 20 分。

（3）考核成绩：占总分的 30%，分为上、中、下三等，协调能力强、任务完成度高、工作质量优的员工具有较高得分，在工作中出现一次差错造成损失，或质量、安全方面出现问题的员工一次扣除 10 分，若造成公司重大事故与损失者一次性扣除 20 分，并伴有其他形式的处罚。

（4）组织纪律：占总分的 20%，分为上、中、下三等，评价依据工作服从分配、遵守规章制度、工作上团结同事、具有较好的敬业度和忠诚度等方面。若有违反公司规章制度或因工作失职造成企业损失者一次扣除 10 分。

各考核因素自上而下分为三个等级，内部细分比例均控制在 25%、60%、15%。

例证 5-4

荷兰皇家壳牌石油公司管理人员的绩效考核

荷兰皇家壳牌石油公司（Shell）是目前世界上第一大石油公司，其总部位于荷兰海牙，由荷兰皇家石油与英国壳牌公司合并组成。作为国际石油巨头之一的企业，其长期稳居《财富》杂志世界 500 强的前五。

在绩效考核的内容设置上，壳牌对管理人员的绩效考核建立在业绩与胜任力结合的基础上。企业的业绩考核在结合职位分析、个人发展计划和组织经营发展计划的基础上，管理人员需要提出年度工作目标，从而确保公司的整体业务绩效和经营发展计划的顺利达成。壳牌公司将这一绩效考核体系称作"目标和业绩评价"（goals and performance appraisal，GPA）。在组织胜任力考核方面，管理者的领导力是壳牌公司关注的核心，其主要目的是实现管理人员的个人发展，因此又将其称作个人发展计划（individual development plan，IDP）。壳牌公司的胜任力关注员工的基本能力（capacity）、成就力（achievement）和关系力（relationships）三个方面，简称 CAR 模型。

公司在考核主体安排上，采用多元视角对管理人员进行评价，包括对上级、协作者、下属、客户进行全方位考核信息的收集，以保证考核结果的完整性和客观性。壳牌公司管理人员的考核周期分为定期考核和不定期考核。定期考核是对员工业绩和个人发展胜任力的全面考核，往往以半年为周期进行，一般定在每年的 6 月和 12 月；不定期考核是在日常工作中动态进行的，因为壳牌公司不仅对常规工作目标和内容进行考核，还对管理人员的流动工作进行考核，即不论员工派遣到哪里，都要对其工作情况进行追踪考核。

（方振邦，2018）

（四）面谈考核法

面谈考核法是一项重要的考核技术，它被广泛应用于人力资源管理的各个环节。例如，在企业战略目标向绩效目标转化的过程中，就需要上级主管与一线员工进行深度面谈沟通。此外，还有不定期的面谈申诉规定、用于绩效考核中的面谈答辩等。

绩效考核过程中的面谈测验主要是为了了解书面测验无法收集到的、具有较强主观隐蔽性的信息。为了减少考核过程中受考核者主观性所影响而产生的考核误差，面谈考核法主要采用 3~5 人的小组集体面谈法。即考核者提出某一话题，使一组被考核者展开自我讨论，考核者以旁观者身份参与观察与记录，所获信息作为员工绩效考核的辅助资料，帮助完善考核结果。

面谈考核法还可用于企业人员选拔过程中的"压力面试"环节，以及考核员工个人内在潜力或具体任务执行过程中的个人工作动能。在人员晋升中面谈答辩一般由多个上级管理者组成考核团来进行，但这种考核结果并不具有决定性作用，因为晋升的考核周期主要由长期以来员工工作绩效的综合表现构成，面谈考核法在实际应用中更应作为绩效考核的辅助形式增添绩效考核结果的人性化水平，增强绩效考核的真实性。

三、特征导向考核法

特征导向考核法主要表现为图解考核的形式，也被称为图尺度评价法。该方法首先需要列举出一些企业期望的绩效考核要素（如质量、数量、客户满意度等），还应列举出跨越范围较宽的工作绩效评价维度（从"非常不满意"到"非常满意"可以根据主观评价分为 5~7 个等级）。在进行工作绩效考核时，首先针对每一位下属员工从每一项考核要素中找出最能符合其绩效状况的等级，再根据考核等级赋予相应的分数。将每一位员工所得到的所有分值进行汇总，得到其最终的工作绩效考核结果。

当然，许多组织并不仅仅停留在一般性的工作绩效因素上，而是将作为考核标准的工作职责进行进一步的分解，形成更详细和有针对性的工作绩效考核表。此外，利用图解考核法不仅可以对员工的工作内容、所承担的责任、员工个人行为特征进行考核，还可以向考核者展示一系列被认为是成功工作绩效所必需的特征项（如合作性、适应性、成熟性、动机等），并对此进行考核，具体可参考表 5-6。

表 5-6　图解考核法样表

员 工 姓 名		职　　位	
所 在 部 门		薪　　酬	
考核目的：□年度例行考核　□晋升　□人员淘汰　□薪资调整　□试用期考核　□其他			
员工任职时间：			
上次考核终止时间：			
本次考核开始时间：			
说明：请根据员工从事当前工作的现有水平仔细评价绩效水平，在相应的水平位置进行填写。请按照尺度表中所标明的等级来核定员工的工作绩效分数，并将其填写在相应的方框内。最终的工作绩效结果通过将所有的分数进行加总和平均得出			
考核等级说明			
非常满意：员工绩效水平极高，工作成果创造巨大价值，在此方面表现突出。 比较满意：在此评价中，员工绩效水平达到满意程度，在其他水平均线以上，有较好的表现。 一般满意：在此项目中，员工表现水平一般，基本达到及格水平，但无法达到满意程度，仍需提升。 比较不满意：在此项目中，员工表现较差，存在一定的缺陷，需进行改进和完善。 非常不满意：员工该项绩效水平远远达不到组织期望，无法让人接受，必须立即加以改进			

员 工 姓 名		职　　位	
所 在 部 门		薪　　酬	
员工绩效考核要素	考核尺度		考核评语或备注
产出质量：任务完成的精确度、有效性和可接受性	□非常满意　　□比较满意　□一般满意 □比较不满意　□非常不满意		
工作效率：在单位时间内所创造的产品数量和价值	□非常满意　　□比较满意　□一般满意 □比较不满意　□非常不满意		
成长性：在工作过程中从有到无，不断提高的学习应用能力	□非常满意　　□比较满意　□一般满意 □比较不满意　□非常不满意		
勤勉性：员工考勤情况、上下班积极性、公司各项规定遵守情况	□非常满意　　□比较满意　□一般满意 □比较不满意　□非常不满意		
创造性：员工在完成工作过程中提出新思路、创造意外价值的能力	□非常满意　　□比较满意　□一般满意 □比较不满意　□非常不满意		
独立性：完成工作时不需要或较少需要监督及指导	□非常满意　　□比较满意　□一般满意 □比较不满意　□非常不满意		

图解考核法的优点在于使用较为方便，并且能为每一位雇员提供一种定量化的绩效考核量表。但这种方法同样存在如下三个缺点：① 这种方法不能有效地指导员工工作行为的改进，只能给出考核的最终结果，而无法提供相应的解决方法；② 这种方法不具备为员工创造良好反馈机制和评价体系的条件；③ 这种方法的客观性和准确度不高。由于这种考核表多测量定性考核指标，对于绩效水平的评价没有量化证据证明，因此考核者常常凭主观认知来填写，容易造成考核结果缺乏客观性，易受个人主观偏见的影响。

四、行为导向考核法

行为导向考核法主要体现一定的过程动态评估性，主要包括行为锚定法、行为观察法和以关键事件为基础的考核法。

（一）行为锚定法

行为锚定法也称作行为定位法、行为决定性等级量表法或行为定位等级法，是美国学者史密斯（P. C. Smith）和肯德尔（L. Kendall）于20世纪60年代提出的。

行为锚定法是一种由有经验的管理者将同一职务工作可能发生的各种典型行为依照表现优劣进行分级，建立一个锚定评分表，并以此为依据对员工工作中的实际行为进行测评打分的考核办法。

行为锚定法实质上是把关键事件法与评级量表法结合起来的行为导向考核法，且兼具两者之长。行为锚定法是关键事件法的进一步拓展和应用。它将关键事件法和等级考评法结合在一起，通过一张员工多维度工作行为优劣等级评价表可以发现，在同一个绩效维度中存在一系列行为，每种行为分别表示这一维度中的一种特定绩效水平，将绩效水平按等级量化，可以使考核结果更有效、更公平（刘秀丽，2014）。通常要求按照以下五个步骤来进行制定。

（1）进行岗位分析，获取关键事件，以便对一些代表优良绩效和劣等绩效的关键事件进行描述。

（2）建立行为评价等级。一般分为 5~9 级，将关键事件归并为若干绩效指标，并给出确切定义。

（3）对关键事件重新加以分配。由另一组管理人员对关键事件做出重新分配，把它们归入最合适的绩效要素及指标中，确定关键事件的最终位置，并制定绩效考核指标体系。

（4）对关键事件进行评定。审核绩效考核指标登记划分的正确性，由第二组人员将绩效考核指标中包含的重要事件由优到差、从高到低进行排列。

（5）建立最终的工作绩效评价体系。

应用此考核法，不同的业绩评定水平可通过一张等级考核表得以反馈，并根据考核员工的特定工作行为被描述出来。假设进行员工绩效考核的一个考核要素是"接受和适应环境变化的能力"，那么在这项考核要素中，最佳考核结果可能是"期望该员工在接受组织职位调整、部门变换后快速适应新的工作环境，掌握新的工作要求，表现出较好的胜任力"。与此相反，这个考核要素最消极的考核结果可能是"员工在接受组织重新任命一段时间后，仍无法适应新的工作环境，未培养出胜任工作的能力，绩效水平持续低迷"。在最积极和最消极的考核等级间存在若干等级，行为锚定法对各种行为进行了举例，如表 5-7 所示。

表 5-7 客户服务行为锚定评定表

评 分 等 级	锚定行为评分点
7	把握企业长远发展使命、愿景，与客户达成伙伴关系
6	掌握企业战略目标，关注客户潜在需求，为客户提供最大化服务
5	及时满足客户所提需求，能提供超值服务
4	承担工作责任，履行工作义务，有较好的敬业度
3	定期与客户保持清晰的沟通，了解服务满意度
2	能有效地回应客户的提问，有问必答
1	被动回答客户提问，服务态度较差

行为锚定法可以对同一考核维度的不同特定行为进行考评，这种方法可以为企业管理者提供讨论依据，有助于弥补其他考核方法的弱点，并且结果是根据观察和经验获得的，具有较强的可操作性。但行为锚定法有如下三个缺点：① 行为锚定的文字描述耗时多，同时需动用较多的人力和物力；② 针对不同的工作必须有不同的表格，这不便于评估的管理；③ 经验性的描述有时易出现偏差。

因此，只有在合理范围内组合应用多种绩效考核技术，才能更有效地提升企业绩效考核的科学性，不同考核方法相互补充才能发挥出绩效考核的最大功效。

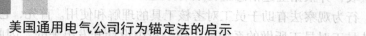

例证 5-5

美国通用电气公司行为锚定法的启示

美国通用电气公司前首席执行官杰克·韦尔奇以采用员工行为锚定法的绩效考评而闻名。他将人员依照绩效排名，被评为倒数 10%的人员如果工作表现无法进步，可能面临被开除的命运。在韦尔奇的领导下，通用电气的表现突出，许多公司纷纷效仿，带起一股对员工进行排名的风潮。根据统计，美国《财富》500 强企业中有近 1/5 的企业给员工的表现排名。

理论上讲，公司对员工论功行赏和论罪处罚，应该可以让公司运转得更好，但是实际上对员工进行排名这一管理手段是否奏效，专家和学者的看法正反参半。赞成者认为，员工排名简单而且公平，是衡量员工绩效的良好工具。平时可以督促或淘汰表现不佳的人员，在公司需要裁员的不景气时期，更可以帮助公司精准减负，让员工知道自己表现得如何、是否需要改进，可以激励员工努力工作。反对者则认为，公司应该提倡团队合作精神，排名造成员工之间的不良竞争。主管将被迫比较下属员工的能力，即使所有的员工表现都在水准之上，表现靠后的员工也要受到不应该受到的评价及处罚，这将打击他们的工作士气。

（资料来源：美国通用电气公司官网）

（二）行为观察法

行为观察法（behavior observation scale，BOS）也称作行为评价法、行为观察量表评价法，是由美国的人力资源专家拉萨姆和瓦克斯雷在行为锚定等级评价法和传统业绩评定表法发展的基础之上于 1981 年提出的。行为观察法适用于对基层员工工作技能和工作表现的考察，这种考核法与行为锚定法有异曲同工之妙，都需要制定想要考察的工作行为优劣等级的评价量表（Freeman et al.，1980）。

行为观察法的作用，一方面在于明确指出员工获得高绩效得分所需的具体工作行为；另一方面，管理者也可以根据行为量表所提出的具体指标维度更加有针对性地指导员工行为，并根据具体的行为条件及时给出反馈，保证员工能够及时复查和调整自身的工作行为，在额外消耗工作动能之前调整并规范自身行为，将精力集中于关键绩效的达成（王建军等，2008）。

行为观察量表的使用不是要先确定员工工作表现处于哪一个水平，而是要确定员工某一行为出现的频率，然后通过给某种行为出现的频率赋值，从而计算出得分。具体步骤如下。

（1）将内容相似或一致的关键事件归为一组行为观察量表法中的一个考核标准。例如，销售量创造历史新高、客户满意评分为满分的销售人员为该部门的绩优者。

（2）对评估考核者进行考核标准化的培训，保证绩效考核过程的内部一致性，提高考核题目的信度。

（3）通过观察具体考核对象不同工作行为的发生频率，填写企业关键事件的行为观察量表，并根据上述信息进行最终评定。

行为观察法有助于员工对考核工具的理解和使用。首先，它是基于系统的工作分析，是从员工对员工所做的系统的工作分析中设计开发出来的，因此，有助于员工对考核工具的理解和使用。其次，行为观察法有助于产生清晰明确的反馈。因为它鼓励主管和下属之间就下属的优缺点进行有意义的讨论，有效避免了组织绩效考核的一般化，即绩效考核的大众化、形式化。

从考核工具区分成功与不成功员工行为的角度来看，行为观察法保证考核具有较高的内容效度，即考核者必须对员工做出全面、准确的评价，而不是根据过往经验回忆员工的工作行为。行为观察法对关键行为和等级标准一目了然，由于行为观察法明确说明了对给定工作岗位上的员工的行为要求，因此其本身可以单独作为职位说明书或作为职位说明书的补充。这种允许员工参与工作职责确定的方法可加强员工对组织绩效考核的认同感和理解，并且能提升行为观察量表的信度、效度和科学性。

但是，行为观察法也有不可忽视的三个缺陷：① 行为观察法需要花费更多的时间和成本，为不同的职位开发不同的行为观测指标；② 行为观察法过分强调行为表现，这可能忽略了许多工作真正的考核要素，特别是对管理工作来说，应更注重实际的产出结果，而不是所采取的行为；③ 在组织结构日益趋向扁平化的今天，呈现出组织层级压缩、部门横向发展，一位管理者将同时管理多个部门及众多下属员工的发展趋势。因此，让管理者观察在职人员的工作表现，不具有可操作性。

以关键事件为基础的考核法将在后续章节进行详细讲解。总体而言，行为导向评估法就是根据一定的客观评价标准对员工的工作行为进行评价，注重行为过程的一类评估方法。其优点在于这类绩效评估与组织的战略目标联系较为紧密，可以向员工提供明确的绩效指导和反馈，使用这一技术的人也参与了绩效考核的开发和设计，所以有较高的可接受度；而缺点在于这种考核方法必须时常对行为的衡量进行监控和修正，才能保证其与组织的目标联系在一起，而对于比较复杂的工作而言，这种考核法不太适合。

五、结果导向考核法

关注结果的绩效考核注重工作的最终业绩，以工作结果为导向，评估内容主要集中在工作的实际产出和贡献，而不关心成员的行为和过程。它营造的是一种比较理性、任务导向的文化氛围，适应当今时代迅速变迁，市场快速变化的新时代。具体考核技术包括个人绩效合约法、产量衡量法和目标管理法。

（一）个人绩效合约法

个人绩效合约法是以个人绩效承诺为基础的绩效考核法，该方法借用了目标管理的核心思想，强调员工绩效目标的实现及员工对于组织目标达成的具体承诺。

个人绩效承诺（personal business commitment，PBC）一方面强调承诺和共同参与的重要性，体现了绩效管理的核心思想，另一方面也体现了公司价值观和企业文化，如强调团队合作、员工执行力等。从内容上来说，个人绩效承诺包含三大部分：结果目标承诺、执行措施承诺、团队合作承诺。

（1）结果目标承诺：员工承诺的本人在考核期内所要达成的绩效结果目标，用以支持部门或项目组总目标的实现。对于结果目标，一般应有衡量指标，说明做到什么程度或何时做完。这是季度末衡量员工绩效是否达成的主要依据。

（2）执行措施承诺：为达成绩效目标，员工与考核者对完成目标的方法及执行措施建立定性或定量的考核指标，在最终考核过程中，由先前指定的标准化评定维度，得出较为科学的评定结果。制定执行承诺的主要目的在于让上下级就结果目标达成的关键措施进行认真分析，将一些风险、外部障碍尽量考虑周全，从而使得上下级双方做到心中有数。因此，执行措施承诺主要针对较关键的结果目标。

（3）团队合作承诺：为保证团队整体绩效的达成，更加高效地推进关键措施的执行和结果目标的达成，员工须就组织内部的相互交流、共同参与、互助理解和相互支持等方面进行承诺，以保证团队任务中能以目标结果为导向，保持方向一致性。

运用个人绩效合约法对员工绩效进行考核。首先需要根据组织的使命、愿景将组织战略目标进行逐层分解，确定不同员工的主要绩效范围，而后设定相应的绩效目标并确定具体的考核指标，与员工进行沟通并签订个人绩效合约。在绩效考核的全周期内，员工将按照签订的合约进行目标达成工作，并在定期的例会中反馈当前进展、分享经验，帮助企业建立自我管理绩效、自我监督绩效的良好氛围。

（二）产量衡量法

产量衡量法是指纯粹通过产量来衡量绩效的方法。例如，对生产工人的工作日产量进行衡量；对销售人员在单位时间内的销售量和销售额进行评估。

这种方法与目标管理法的区别在于，产量衡量法事先未必有明确的考核目标，并且衡量的结果以具体数值表示，而非"高于""低于"某个特定指标。产量衡量法实施过程较为简单，仅需要记录员工的最终产值，但与此相应，员工参与率也较低。

上述两种以结果为导向的绩效考核法侧重对绩效结果的关注，但如果单独使用这类方法可能会造成绩效考核的重点本末倒置，无法发挥理想的效果。因此，这种以结果为导向的考核法被看作绩效结果评估的一种重点辅助方法。绩效考核应采用过程、结果双管齐下的方式进行系统考核。

（三）目标管理法

目标管理法是一种常用的绩效评估工具，它促使组织中的上级和下级一起协商，并依据组织的使命确定某段特定的时期内组织的总目标以及上下级的责任和分目标，将这些目标视为组织经营管理、绩效评估和奖励的主要参考标准。

"目标管理"的概念是由管理学专家德鲁克在 1954 年提出的。德鲁克认为，人们不是因为有了工作才会有目标，恰恰相反，人们是因为有了目标之后才明确了自己的工作。因此，在一个企业中，企业的使命和任务必须转化为目标。只有明确了企业的目标，才能完成企业的使命和任务。在明确了企业的目标之后，企业需要对目标进行分解和管理，将其转化为各个部门和岗位的分目标，依据各个部门和岗位对目标的完成程度来考核、评价和奖惩下级。德鲁克提出"目标管理"的概念之后，其便在美国被广泛应用，且很快被西欧、日本等国家学习。在实际的操作和应用过程中，尽管目标管理的具体形式多种多样，但其实际的核心内容是不变的（林新奇，2020）。

目标管理法的主要思想之一在于分解目标，即将总目标拆分为一个个小目标，并通过小目标的实现，实现最终的总目标。具体到实际操作中，公司首先会建立一个总的目标，并将总目标分为各个部门的目标，各个部门将部门目标进一步分解为员工个体的目标，从而构建一个较为完整的目标管理体系。在用目标管理法进行绩效考核时，企业会重点考核员工目标的完成程度，并将其作为该员工绩效表现的重要评判依据（龙梅兰，2016）。

第四节　绩效考核的有效性

在社会与经济不断发展的过程中，企业绩效考核工作得到了很大程度的重视，很多企业内部存在的绩效考核体系问题更是引起了高度重视。通过对多种企业的研究与分析，能看到目前很多企业对绩效考核体系的认识不全面，系统也不完整。企业自身的绩效考核体系存在着各种各样的问题，其中绩效考核的标准设计不够科学、考核体系不完善和绩效考核的结果没有被有效利用等问题比较突出（任雪霞，2020）。

绩效考核对企业发展具有极其重要的促进作用，很多企业都将这一机制引入自己的管理实践中，以期实现对人力资源的充分开发和利用。但是，在考核具体实施过程中，相当一部分企业绩效考核导入的效果都不是很理想，并没有达到预期的目的，以致影响绩效考核的有效性。本节将介绍绩效考核的有效性，反思绩效考核不良的原因，分析绩效考核中常见的问题，并指明提升绩效考核有效性的方法。

一、绩效考核有效性概述

绩效考核是绩效管理的关键，采用科学的方式对员工的工作和个人的表现进行考核，能在一定程度上促进员工的工作热情，激发其斗志，但在实际运用过程中难免会遇到各种阻碍，影响着绩效考核的有效性。了解绩效考核有效性有助于企业根据实际情况调整绩效考核指标，使绩效考核不再是固定僵化的，而是灵活动态的。

（一）绩效考核有效性的含义

绩效考核是指在对企业经营活动进行评估过程中，采用符合企业制定的客观标准对员工的工作情况和个人行为进行评价，以期更好地对企业经营活动进行判断。王秀婷（2016）认为，企业绩效的有效性是为了评估企业整个经营活动是否能达到预期，是否能使企业管理者获得满意的效果；侧重于考核企业的经济活动，目的是为了更好地了解企业当前的经济活动状态，同时为企业管理者在做决策时提供重要、客观的参考标准。

企业绩效考核的有效性主要指考核的主体（企业管理者）能够运用最优秀的考核工具和考核手段对考核的客体进行评估，即在对企业的员工进行考核时，选取的方式最能节省人力、物力和财力，同时考核的结果又能够达到企业管理者所期待的效果，获得两全其美的成效。在此基础上，企业绩效考核的有效性体现着企业文化中的价值观。企业在运行过程中形成了企业全体职工共同的价值准则，只有在企业员工的价值准则达成共识的基础上才能产生企业正确的价值目标，而正确的评判标准的确定能使企业员工分离追求目标，一步步达成最终目标。只有这样企业才会有前途，才会发挥出企业绩效考核的有效性。

企业绩效考核的有效性主要体现在考核工具的有效性和考核结果的有效性两个方面。

1. 考核工具的有效性

企业考核工具是指企业考核的相关制度和考核的方式、判断标准。考核工具的有效性能够提高考核的效率，所谓考核的效率是指考核产出和考核投入之比。考核工具越有效，考核效率就越高，两者呈正比关系。因此，企业应该尽力降低考核所投入的成本，并充分运用有效的考核工具，以期实现考核效果的最大化。

2. 考核结果的有效性

考核结果出现不同的原因主要是考核主体不一致。例如，提到企业，我们会将其与盈利挂钩，考核的结果更要侧重于经济效益；与之相反，对于事业单位等政府部门，考核的结果更侧重于社会效益。两个不同的主体产生了不同的考核结果，但无论是企业还是政府部门，其考核的结果都能反映出员工在工作方面的绩效问题，有效的考核结果能够真实反映出员工的工作状态以及在工作中存在的问题。

（二）绩效考核有效性的意义

企业绩效考核的有效性不仅会对企业具体目标的实现产生深远影响，甚至会影响其他的管理活动，进而影响企业战略目标的实现。因此，杜治兵（2018）提出在绩效考核的有效性上，需要注意两点：一是要注重考核的效果或者成效；二是要注重考核的效益，即考核行为本身的成本应该低于收益。从考核目的来讲，企业绩效考核的有效性有以下四个方面的意义。

（1）有效的绩效考核方式能指导企业员工更高效地完成各项工作，使之尽量趋向于企业的战略目标，同时便于规范和监督员工的行为，确保企业的组织目标的实现。例如，某公司员工经常由于一些经济活动而收到管理层下达的突发性任务，完成这些任务需要加班，但这些临时性的且仅针对具体情况的事件并未纳入绩效考核中，使得员工在加班过程中出现工作懈怠现象，这显然会影响员工工作的积极性。而当企业调整绩效考核指标，增加针对此情况的量化指标时，员工在加班过程中享受到了企业的关爱，会大大提高工作的效率，促使企业更好地实现突发紧急情况下的经济目标。

（2）有效的绩效考核更能真实反映企业员工工作情况以及组织是否科学运行，在一定程度上能为管理者提供参考意见，提供更加全面、客观、科学的决策信息，从而使管理者正确地制定关于员工的升职、加薪、调动、培训等决策方案。例如，企业对员工的绩效考核情况进行分析时，发现财务部门的 A 员工在做财务报表时经常出现工作不细致的现象，对于工作的疏漏部分，企业对其部分工资进行扣除，同时要求其进行相关的学习和培训以弥补相应知识与技能的漏洞。但在考核过程中却发现该员工的人际沟通能力很强，管理层认为该员工有巨大的潜能未被开发，故决定将其调整至市场部门以期发挥更大的个人价值。

（3）绩效考核中涉及对员工工作业绩的评价反馈，对员工表现优异的部分进行肯定，对员工工作的疏漏和不足及时指出，加以纠正，并在整个过程中辅之以相应的激励政策。因此，有效的绩效考核是对员工能力的激励和开发，能够帮助员工提升工作素养，改善工作行为，提高员工对工作公平性的满意程度，降低员工的流动率。例如，企业在年会上对表现优异的员工进行表彰，颁发"优秀员工"荣誉称号并给予相对金额的奖励。一方面，对员工的贡献进行肯定，鼓励其继续努力工作；另一方面，树立榜样，让其他员工向榜样学习，共同营造一个积极向上的组织氛围。而对于部分员工的工作疏漏给予相应的惩罚，其中严重的，如出现一些安全事故，则直接取消其考核资格并扣除部分工资。

（4）绩效考核作为内部考核，可以有效地控制考核成本，提升企业绩效考核的有效性则能相对增加考核的效益，即间接达成高于成本的组织经济效益产出。

（三）影响绩效考核有效性的因素

绩效考核的有效性直接影响着企业的经济活动与战略目标的实现。而在实践过程中，考核的有效性主要受以下四个方面问题的影响（王玉昕，2018）。

1. 绩效考核的定位

绩效考核定位的本质在于弄清楚绩效考核需要解决什么样的企业人力资源问题，以及要达到一个怎样的目标。员工的工作态度、工作能力和工作业绩是衡量员工绩效的重要方面，合理的考核定位应该关注如何使员工端正工作态度，发展职业技能，提升工作业绩。然而，在实际运作中，绩效考核容易出现"形式主义"的问题。一些企业不清楚绩效考核的定位，不明确要解决什么问题，甚至会为了效仿其他企业或者因为领导让实施考核才不得不进行考核，从而出现为了考核而考核的情况。往往这些企业的考核工作虎头蛇尾、流于形式，结果不了了之。

2. 绩效指标的选择

绩效指标是衡量考核最终结果的依据，绩效指标的选择没有一个普适的标准，对企业来讲，这是重点，也是难点。不同企业所采用的绩效考核方法不同，考核指标也必然存在差异；而在特定绩效考核方法下，不同的考核主体所侧重的指标也有所不同，如在360度绩效考核方法下，领导重视工作业绩，同事重视工作态度，供应商重视服务态度。同时，一些企业设立各种指标，如生产指标、设备指标、服务指标、技术指标、销售指标等，但在如何量化指标且使其具有操作性上却考虑欠佳。无论采用哪种绩效考核方法，抓住员工工作的关键指标是在众多纷繁复杂的指标体系中应该重点把握的内容。

3. 绩效考核的主观性

考核主观性是影响考核公平性、公正性的重要因素。在人力资源管理实践中，由于人为因素产生的晕轮效应、类己效应、趋中效应、近因效应等均影响考核的客观公正性。

晕轮效应是指考核者夸大被考核者某方面的特征从而产生认知和评价偏差；类己效应是指一些考核者偏向于给那些与自身具有相同特质的被考核者较好的评价；趋中效应是指考核者不从实际的情况出发，坚持让结果呈现正态分布而导致考核评价趋于平均；而近因效应是指一些考核者仅重视被考核者在最近一段时间内的行为，而忽视其之前的表现，导致考核结果不能反映被考核者在整个考核期间的表现。绩效考核掺杂人为因素较多，主观性、片面性的评价导致绩效考核的信度、效度较差。

4. 绩效考核反馈问题

绩效考核的根本目的是发现绩效问题，员工根据问题改进自身的工作。但是一些企业的人力资源管理部门将绩效考核看作企业机密事件，对员工反馈较少，在此过程中与员工的沟通较少，绩效考核的应有作用尚未体现。企业大部分员工不清楚公司考核主体是谁、考核内容是什么，对考核指标、权重更是一无所知，考核结果究竟如何出来不得而知，员工无法根据绩效考核发现自身优势及劣势，更不知道原因所在，对如何做有针对性的改进就更加迷茫。

二、绩效考核不良的原因

企业绩效管理常见的问题主要表现为绩效考核的标准设计不科学、评价体系不完善以及考核结果未得到有效利用等。在许多传统企业中，绩效考核长期以来都采用封闭式的人事管理制度，企业封闭式的绩效管理思想根深蒂固，这导致了改革前期的绩效考核呈现疲软的态势，绩效考核大多数时候都流于形式。那么，绩效考核不良都有哪些原因呢？

（一）客观因素

1. 考核目的不明确

在当今高速发展的时代背景下，企业在自身发展的同时不得不密切关注其他同行企业的发展运营情况。对手引进新的管理思想、制定新的考核政策，都会构成外部竞争关系。因此，不少企业总是顾不上思考自身适宜的发展模式，就一味效仿其他企业的做法，最终导致资源浪费，而花费巨大成本制定的绩效考核制度却成为"空中楼阁"，不具有明确的目的性和可操作性。绩效考核的目的不明确，使得一些企业在绩效考核过程中形成两种极端现象：一种是有的企业片面地低估绩效考核，认为绩效考核和传统的人力资源管理没有什么区别，不过是平时做考勤，年终做述职，偶尔听评议；另一种是有的企业片面夸大绩效考核，甚至把绩效考核等同于当前人力资源领域中被广泛强调的绩效管理。实际上，绩效考核仅仅是绩效管理的关键一环，不能代替绩效管理（付亚和等，2017）。

2. 考核欠缺科学性

绩效考核标准在制定和实施的每一个环节都要尽量考虑科学性，力图在找问题与促发展之间找到一个具有建设性意义的平衡点。这种寻找支点的过程可能会造成绩效考核自身存在一定的偏差。Motowidlo 和 Scotter（1994）提出，绩效考核应该包括任务绩效（task performance）和周边绩效（contextual performance）。其中，任务绩效是指具体工作内容，与操作熟练度、工作知识、个体能力密切相关；而周边绩效强调人际技能和以改善工作关系为目的的人际互动，大部分考核指标都具有较强的主观性，很容易影响绩效考核的公正性。

（二）考核者角度

在绩效考核的实施过程中，考核者的一些主观因素及某些心理倾向，如晕轮效应、趋中倾向、过宽或过严倾向、年资或职级倾向、盲点效应、刻板印象、首因效应、近因效应等，导致了考核结果不切合实际，也就无法正确合理地运用考核结果。具体来说，考核者角度的影响因素和应对措施可体现在以下八个方面。

（1）晕轮效应的出现是因为考核者对被考核者的某一清晰特质的强烈感知而掩盖了该人其他方面的品质，导致考核过程受某一特质的持续影响而产生主观偏差。针对这种现象，应对措施主要是消除考核者的偏见，在评价中设置不同的着眼点，从不同的侧面评价员工绩效水平可采用360度绩效考核法增加评价维度，减少误差。

（2）趋中倾向表现为员工的考核分数集中在某一固定范围内，评价结果无好坏的差异，呈现"中庸"趋势，导致绩效考核流于形式，结果不具有应用价值。在具体应对上，一方面，考核者要密切与员工接触、对照评价标准，全面准确地了解被考核者的工作情况；另一方面，采取强制分配法、排序法等绩效考核方法，把绩效表现优秀和绩效表现差的员工控制在总数的5%～10%。

（3）过宽或过严倾向是考核者在绩效评价过程中，有过分严厉或宽大评定员工的倾向。原因在于考核者采用了主观评价标准，忽略了客观评价标准，且对绩效的判断通常是武断的、凭印象的。应对方法：可以选择合适的方法，逐步建立考核者的评价自信或进行考核角色互换培训，还可以采取强制分配法消除评价误差。

（4）年资或职级倾向是考核者受个人主观意识、惯性思维的影响，倾向于将年资或晋升机会给予服务年资较久、担任职务较高的被考核者，不利于激发员工的积极性。相关应对方法可通过绩效管理、绩效管理培训、参与绩效岗位设计等方式逐步建立"对事不对人"的企业绩效管理思维，引导考核者客观针对被考核者的工作完成情况、工作职责履行情况进行合理评价。

（5）盲点效应是指考核者难于察觉员工身上存在的与其自身类似的缺点和不足，这种忽视可能导致考核者对被考核者的评价不完善。应对方法是可以将更多类型的考核主体纳入考核范围，化解单一考核者评价结果对员工绩效的完全决定作用，可建立绩效考核评定小组进行综合评价，而不只是由部门负责人评价。

（6）刻板印象是指个人对他人的看法往往受到该人所属群体的影响，将群体的某些特征夸大并赋予个体。有效的应对方法是考核者注意从员工的实际工作行为出发，并非仅依据员工的某些显著特征对其进行考核。

（7）首因效应是根据第一印象去判断一个人，但最初印象往往存在一些偏差，因此这样的判断不够全面。针对首因效应的应对方法是，考核者可从多角度、多层次对员工进行持续评估。

（8）近因效应是指依据最近的或最终的印象对个体进行评估，这种方法具有较强的时效性，但却只是依据近期情况进行的评价，不具有全面性。针对这种现象，可以在考核前先由员工进行自我评价，还可以在较长时间内设置合理的考核次数，定期进行阶段性考核，保证考核结果具有时序性，以观测较长考核周期内被考核者绩效水平的变化情况。

（三）被考核者角度

在绩效考核的实施过程中，除了考核者的一些主观因素及某些心理倾向外，被考核者的因素也可能会导致不良的绩效考核结果，例如，被考核者个人的归因偏差。在归因偏差理论中，自利性偏差是指人们在被告知获得成功时将成功归因于自己的努力和能力，而将失败归因于坏运气或问题本身，即由外部情境因素所致。但这种偏差会把他人的成功归因于外部情境因素，而将他人的失败归因于个人内在因素。

此外，内群体偏好也会影响团体工作中个体对自身所属团队的评价偏袒和保护的倾向，而造成评价偏差。这些由于归因偏差造成的个人不公正感，也使得绩效考核受到来自不同主体主观偏差的影响。

三、绩效考核改善的方法

绩效考核工作应在平时做扎实，遵循管理理念正确引导、指标体系完善清晰、评价主体多方角度、制度设置完善有效、相关体系配套跟进的原则，从组织文化、薪酬管理制度和绩效考核体系中探寻原因，有效把握问题本质，确立科学解决方案，使绩效考核工作更加客观、公平和公正，实现绩效管理系统的良性循环，从而不断提高员工、部门、组织的绩效（刘洋，2014）。

虽然说绩效考核可以使表现优秀的员工受到鼓励或奖赏，使表现不良的员工受到批评或惩罚，但由于考核过程中存在一些主观因素，考核出现误差是在所难免的。因此，如何增强企业绩效管理的科学性、公平性，营造良好的企业绩效管理文化，通过有效的绩效考核最终推动企业整体经营、管理水平的飞跃是永恒的课题。在考核方案的实施过程中，可从前馈控制、过程控制、结果控制、最终处理和结果应用四个方面保证绩效考核的公正性和公平性。

（一）前馈控制

前馈控制是在企业生产经营活动开始之前进行的控制，是一种开环控制。该环节包括计划控制、责权控制、制度控制和人员控制四大工作要点。计划控制是指通过组织程序确保考核过程和行为的秩序；责权控制是对责任主体的工作过程和结果予以明确界定和监控；制度控制是一个规定做事原则、程序和方法并制定相关奖惩规则和措施的过程；人员控制是指对员工岗前任职资格、岗中行为态度和岗后行为结果的检测和控制（杨修平，2015）。管理过程理论认为，只有当管理者能够对即将出现的偏差有所觉察并及时预先提出某些措施时，才能进行有效的控制，因此前馈控制具有重要的意义。

1. 树立绩效管理的思想

实践证明，提高绩效的有效途径是进行绩效管理。绩效考核是绩效管理重要的一部分，有效的绩效考核依赖于整个绩效管理活动的成功开展，而成功的绩效管理也需要有效的绩效考核作为支撑。

绩效管理可以帮助企业实现其绩效的持续发展，促进企业形成以绩效为导向的企业文化；能激发员工开发自身的潜能，提高他们的工作满意度；可以增强团队凝聚力，改善团队绩效；通过不断的工作沟通和交流，发展员工与管理者之间的建设性、开放性的关系，给员工提供表达自己工作愿望和期望的机会。反观，当绩效管理文化根植于每一个企业人的内心，并获得极大认同时，组织自然能从自觉、上进的员工身上得到更多的积极反馈。

2. 明确绩效考核的目的

只有明确了绩效考核的目的，企业才能更有效地进行绩效考核。现代管理理论认为，绩效考核实则是对管理过程的一种控制，其核心的管理目标在于通过评估员工的工作绩效及团队合作水平、组织运营效率等多方成效，并通过反馈考核结果和分析绩效差距来实现员工绩效的提升，进而改善企业管理水平和业绩。此外，考核的结果还可以用于确定员工的培训、晋升、奖惩和薪酬。

3. 设计科学的指标体系和有效的考核标准

绩效考核的首要一步就是建立一套科学合理的、系统的考核指标体系，即圈定考核范围。有效的考核标准是在已有考核体系之中依据具体工作制定的，因此在制定标准时要对照所考核员工的岗位说明书，而且所制定的标准应该是双方协商确定的，是可以达成、易于明确了解且可衡量的。在选择绩效考核的指标时，应尽量将指标进行定量化处理，如无法量化分解则需进行定性分解。绩效标准的内容越丰富、越明确，下属员工越能通过它全面清楚地了解员工工作的全貌，管理者越能从多个方面来考核其下属员工，绩效考核的结果才能让员工更信服，同时也能更加全面地指出员工在工作中的长处及应该改进的地方。

（二）过程控制

过程控制又称为程序控制，即对经常性的重复业务，按规定的标准化程序来完成，以保证业务处理质量达到控制目标和要求。

1. 选择合适的考核方法并制定适当的考核周期

开展绩效考核的方法有许多种，但每种方法都有其各自的优点和不足，在选用时一定要根据考核的目的和对象、成本等具体情况，选择最合适、有效的方法。例如，强制分布法可以避免趋宽、趋中、趋严等偏差的出现，使被考核者"对号入座"，激励先进。又如，360度全方位绩效考核体系分别考核了员工的任务绩效和周边绩效，其结果更加客观和公平；可以引导员工加强上下级之间、同级之间、内外部之间的沟通，促进组织和谐健康发展。量化评价方法的成本通常高于定性评价方法的成本，但定性评价又会因为信息在传递过程中失真较大而增加管理运作成本和组织成本。

同样，考核周期也要根据企业不同战略目标和岗位需求而设定，不宜太长，太长可能会失去考核的意义；但也不能太过频繁，否则会加重员工的考核负担，适得其反。

2. 加强对考核者的培训

绩效考核不仅要做到绩效指标和考核标准制定科学，还要尽量保证考核过程的科学执行，这就需要保证考核者具有较高的考核水平和能力；要保证考核结果的可信度和效能，就必须加强对考核者的培训。

由于不同考核者在理解力、观察力、判断力以及个性倾向等方面存在一定的差异，因此在考核方案的实施过程中，人力资源部必须对企业中主要的考核者进行认真培训，使其深刻了解整个考核方案。对考核者的培训主要包括以下几个方面的内容：① 组织考核者认真学习绩效考核的内容及各项考核标准；② 列举典型的考核错误，加强对考核误区的识别能力；③ 提高考核者的观察力和判断力；④ 提升考核者对绩效考核工作的重视度。

（三）结果控制

重视考核过程中的沟通和反馈是提高绩效考核有效性的办法之一。绩效考核的一个核心就是充分沟通和及时反馈，沟通的思想要贯彻在绩效管理的整个循环之中。

绩效指标和标准的确定、考核过程中的辅导、绩效指标的调整、绩效结果的反馈及运用都离不开主管和员工之间的沟通。绩效沟通和反馈可以使员工了解主管对自己的期望、自身的发展现状，以及待改进的方面。同时，员工也可以提出自己在完成绩效目标过程中遇到的困难，请求上级的指导。管理者要及时消除企业在绩效管理过程中遇到的障碍，保证员工能够顺利地完成绩效。

（四）最终处理和结果应用

1. 正确处理考核结果

在绩效考核过程中，各种主观和客观因素难免会导致一些错误性结果，如趋中效应、宽厚性错误等问题，这些问题会使大部分员工的考核结果集中处于某个区域，而无法显现绩效考核的区分度，从而无法调动员工的工作积极性。使用强制分布法或其他统计方法，可以将被考核者分别放到每个工作绩效等级之上进行等级排序，使得考核结果呈现出科学合理的分布。

2. 正确利用考核结果

绩效管理是人力资源管理的一个重要组成部分，与人力资源管理的其他环节密不可分，这种关系具体体现在绩效考核结果的应用上。绩效考核的结果更多用于薪资调整、绩效反馈、绩效改进、人员晋升、人员配置、培训开发、继任计划和员工的职业生涯规划等方面。注重员工的能力评价，可以发现员工所具备的潜质及将来可以发展的方向，帮助管理者做出更加科学有效的人力资源决策。

针对如何正确利用考核结果，应该注意以下三点：① 利用绩效考核的结果指导员工认识自身工作能力的不足，并提高工作技能，通过发现员工在完成工作过程中遇到的困难和工作技能上的差距，制订有针对性的员工发展培训计划；② 绩效考核的结果可以公平地显示出员工对公司做出贡献的大小，据此进行奖惩分配和报酬调整；③ 绩效考核结果的充分应用表现在把考核的结果与人力资源管理的其他环节挂钩，为企业发展收集评估数据，为人力资源管理决策提供信息。

例证 5-6

伊利集团奶粉事业部的绩效管理

内蒙古伊利实业集团股份有限公司总部位于内蒙古自治区呼和浩特市，伊利集团稳居全球乳业第一阵营，连续六年亚洲乳业第一，营收实现连续超百亿级增长。2019 年实现营业总收入 902.23 亿元。伊利集团奶粉事业部的绩效考核方案采用了多种不同的考核方法、手段以及工具——KPI（关键业绩指标）、KMO（关键管理目标）、360 度绩效考核、员工考核强制分布等。然而，针对不同部门的员工所采用的考核方法和周期也是不同的，依据奶粉事业部的年度计划、经营部门管理目标计划和任职者的职位说明书，针对高层经理，主要采用 KPI 和 KMO 相结合的办法，考核周期设置为半年；而针对中层经理主要采用的是 360 度绩效考核，每个季度考核一次；针对基层经理与一般员工主要以 KPI 考核为主，一般每个月都会进行考核。

尽管伊利集团奶粉事业部的绩效考核因岗而定，因人而异，但仍然存在一些不足，主要表现在以下四个方面。

（1）作为一个以营销系统为主的考核方案，没有把客户相关的指标作为考核内容，甚至在实行 360 度绩效考核手段时，也没有把客户列为考核人之一，因此在考核维度的设置上有所欠缺。

（2）KPI 指标选取过于单一，只集中于年度经营目标计划上，应参考 BSC 平衡计分卡的模式，尝试从财务、客户、内部运营、学习与成长四个角度来选取 KPI 指标，以便持续促进绩效的改进，实现企业的战略目标。

（3）通过考核为员工打分，将考核结果强制分布的这种绩效考核方式越来越遭员工质疑，很多企业已经抛弃了这种方法，例如微软和 IBM 等。其主要缺点是破坏了员工间的团队合作，只关注短期利益和眼前利益而不愿去冒险和创新。

（4）考核结果在应用方面侧重于经济手段刺激，却忽略了非经济手段。可以将考核结果应用于岗位调动、员工培训、绩效辅导等人员激励措施。

（资料来源：伊利集团绩效考核方案的分析[EB/OL].（2018-01-11）. http://www.hrsee.com/?id=608.）

 **本章小结**

1. 绩效考核是组织运用科学的方法对组织内成员一段时间的工作行为、工作效果、绩效目标以及对企业的贡献或价值等方面所进行的考核。绩效考核是对前段时间的工作总结，同时考核结果为相关人事决策提供依据。

2. 绩效考核的意义主要体现在三个方面：① 有助于达成战略发展目标；② 有助于及时发现并解决问题；③ 有助于增进职工岗位能力。

3. 绩效考核作为绩效管理的关键执行环节，需要遵循如下四个原则：① "客观公正，公开透明" 原则；② "严格规范，上级负责" 原则；③ "差别考核，奖惩结合" 原则；④ "双向沟通，信息反馈" 原则。

4. 绩效考核通过以下五个循序渐进的步骤实现：① 确定考核方向；② 选择考核方法；③ 分解考核目标；④ 执行考核计划；⑤ 应用考核结果。

5. 绩效考核的方法包括相对考核法、绝对考核法、特征导向考核法、行为导向考核法和结果导向考核法五大类。

6. 绩效考核的有效性是指考核的主体（企业管理者）能够运用最优秀的考核工具和考核手段对考核的客体进行评估。影响绩效考核的主要因素有以下四个：① 绩效考核的定位；② 绩效考核指标的选择；③ 绩效考核的主观性问题；④ 绩效考核反馈问题。

7. 绩效考核不良的原因主要在如下几个方面：① 考核目的不明确和考核欠缺科学性所致的员工情绪抵触；② 晕轮效应、趋中倾向、过宽或过严倾向等考核者个人主观意识影响造成的考核偏差；③ 被考核者的归因偏差、自利性偏差、内群体偏好等因素造成其对自身评价和对他人评价的标准有所不同，从而导致考核不公平的现象。

8. 绩效考核有效性的提升主要可从前馈控制、过程控制、结果控制、最终处理和结果应用四个方面进行全流程的防控与调节。

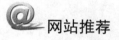

网站推荐

1. 绩效考核常用指标：https://zhuanlan.zhihu.com/p/82680543

2. 绩效考核方案库：https://www.51test.net/cehua/fake/

影视推荐

《未生》

这部韩国职场剧讲述了最高学历只有高中鉴定考试、外语能力全无、特长只有围棋的职场 "空降" 菜鸟进入综合贸易公司成为营业部 3 组的一名实习生，在这里开始他职场打拼的故事。

推荐理由：这部剧作为职场员工写实作品，充分展现出新人在职场所遇到的重重压力，主角遇到业绩考核、上司任命、与客户沟通等真实可寻的各种情节，能够唤起每一位职场人内心的共鸣。这部剧以现实取材，在揭露职场人所承受压力的同时透露出人情冷暖，直击人心。

读书推荐

《世界 500 强企业绩效考核管理工具》

内容概括：汇集了世界 500 强企业常用的 65 套管理制度和 301 张企事业单位各级别

通用职位的绩效考核管理表格，内容涉及绩效管理系统构建、绩效管理方法、绩效管理指标库、绩效管理制度范本和绩效管理表格范本等模块，条款规范、表格实用，可以有效提升企业管理者的管理效率和工作业绩。

推荐理由：《世界 500 强企业绩效考核管理工具》适合企事业单位的经营管理者、人力资源管理人员、企业培训师、企业咨询师以及高等院校相关专业师生阅读使用。

出版信息：李建军. 世界 500 强企业绩效考核管理工具[M]. 北京：人民邮电出版社，2013.

思考练习题

一、选择题

1. 以下哪一项不是绩效考核体系的流程？（　　）
   A. 战略目标制订　　　　　　　　　B. 选择考核方法
   C. 分解考核目标　　　　　　　　　D. 考核结果应用
2. 以下哪项不是绩效考核有效提升的途径？（　　）
   A. 进行前馈控制　　　　　　　　　B. 加强过程控制
   C. 减少考核维度　　　　　　　　　D. 利用统计分析结果

二、简答题

1. 简述绩效考核的含义与所要遵守的原则。
2. 简述绩效考核体系的建立过程。
3. 针对企业绩效考核存在的问题提出解决办法。

模拟实训：设计办公室主任定量考核表

选择一家企业，在了解办公室的具体组织结构以及员工的岗位特点与职责的基础上，挑选人员组成小组进行交流讨论，并设计出一张该企业办公室部门中办公室主任对直接下属的定量绩效考核表。

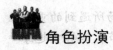

角色扮演

绩效考核体系设计：以太平洋保险公司为例

假如你是太平洋保险公司人力资源主管，请从日常考核、关键岗位及工种考核、晋升级考核、素质和能力考核四个方面设计一套合理的绩效考核体系，并以小组为单位展开讨论，最终每小组派出一名代表分享结果，由老师进行打分，全班同学最后共同参与讨论。

相关考核指标的含义如下。

（1）日常考核。保险公司坚持对每位员工的每项工作都要进行考核，考核的内容为员工当日的生产成绩、工作态度、文化知识及技能、安全工作等，并要求认真进行考核记录统计。

（2）关键岗位及工种考核。保险公司的承保、分保、理赔、精算等岗位部门的专业性、技术性特点较为突出，对这些关键岗位、工种的工作人员要严格挑选，进行专业培训，经考核合格后才能上岗操作。

（3）晋升级考核。对保险公司普通职员的考核内容是基础保险理论知识和保险实务，其成绩作为晋升、奖励、惩罚的依据。同时，还要考核他们完成工作的指标、安全生产、维护公司设备和维护公司形象，以及在该岗位或领域的特殊贡献等内容。

（4）素质和能力考核。素质考核是对人的各种素质，如身体素质、思想素质、心理素质、知识智力素质等内容进行的考核。能力考核是对员工的各种能力的考核，如营销能力、创造开发能力等。

（资料来源：太平洋保险）

绩效考核改进

小王和小张是某企业人力资源管理部门专门从事企业绩效考核的两名员工。年末，按照企业惯例开展了年度绩效考核并得到了相关考核结果，他们发现本次绩效考核受到考核人员主观评价的影响较大，考核结果出现较大的集中趋势。

针对此类问题，请以小组为单位开展讨论，最终派两名小组代表在班级内进行问题探讨，并由老师和其他同学进行打分。

案例分析

字节跳动的绩效管理理念深得人心

北京字节跳动科技有限公司（以下简称"字节跳动"）成立于 2012 年 3 月，是北京的一家信息科技公司，也是最早将人工智能应用于移动互联网场景的科技企业之一。2020年 8 月 1 日，TikTok（抖音短视频国际版）在美国业务将被出售的消息传出，时任美国总统特朗普突然发难，叫停了这辆高速行进中的"列车"，TikTok 的命运发生了翻天覆地的变化。

美国政府将 TikTok 推上风口浪尖的原因广受争议，而我们仅从人才聘用与企业绩效管理角度切入，不难发现 TikTok 让美国政府警觉的一丝线索。

目前，字节跳动在美国的办事处位于硅谷、纽约和加州，员工总人数 1400 人。字节跳动计划在三年内使员工人数增加到 1 万人。字节跳动除常用的招聘手段之外，还利用高薪从其他美国公司那里"挖人"。

TikTok 已从谷歌（Google）和脸书（Facebook）两大巨头挖来了几百位员工，其中还包括数名高管人士。其中比较出名的就是在脸书工作了 12 年之久的全球合作关系副总裁布雷克·钱德利（Blake Chandlee），他于 2020 年 1 月跳槽到了 TikTok，担任全球业务解决方案副总裁。

据一位跳槽的 TikTok 的匿名工程师透露，TikTok 给他开的基础年薪是 246 000 美元，让人无法拒绝。这一系列动作也符合字节跳动创始人张一鸣的一贯作风，但对于企业人才引进与长久管理并不能仅靠高薪买入，还要有更加契合企业发展愿景与战略的绩效管理。

在进行企业绩效考核时，张一鸣希望能够兼顾理性与公平，抛开熟人因素，把年度审查当成一场重新面试。绩效考核不光是对员工的考核，更是让企业管理者思考如何留住优秀员工、充分促进员工成长、增强员工忠诚度的过程。例如，考虑"这位员工如果重新加入，你会给他一个什么样的岗位，以及什么样的薪酬？""如果下属提交辞呈的理由是有一个更好的工作，你是否会为此感到遗憾？"

字节跳动内部的绩效考核结果一共有 8 级，从低到高依次为 F、I、M-、M、M+、E、E+、O，并进行强制分布，对应年终奖和月薪百分比的涨薪，其中考核结果为 M 或以上就有涨薪机会。晋升面试也主要依据绩效考核成绩。考核周期为每半年一次，一般在 3 月和 9 月，考核方式借鉴了 Google 的 OKR+360 模式。在开放的考核思想中，强调绩效目标与个人指标设定的公开透明性，采用多维主体的绩效考核模式激发员工的内在潜力和主动性。

根据 TikTok 人力资源管理、绩效管理的思想，可以发现字节跳动受到美国硅谷科技巨头众多高管和员工热捧的原因主要有以下三点。

（1）企业人才引进务实、接地气。在谈及企业文化和愿景之前，给予员工足够有吸引力的回报是基础。尊重员工的基本需要比任何管理都有效。

（2）将组织、薪酬和绩效三者系统联动起来，这样才能做到引进人才并长久为己所用，为企业创造更大的价值。

（3）人力资源管理的创新。字节跳动把 ROI（投资回报率）、市场薪酬定位分析、岗位级别的市场供求情况等概念引入 HR 工作当中，帮助促进企业业务发展，从而促使部门及个人业绩水平上升。

（资料来源：字节跳动的管理秘诀[EB/OL]．（2020-03-25）．https://www.sohu.com/a/382944626_120545602．）

讨论题：

1．根据上述材料讨论怎样的绩效管理思想有利于促进企业绩效考核高效进行。

2．结合所学知识思考 TikTok 绩效考核结果还可应用于哪些方面，进而促进企业发展。

 参考文献

[1] 王光伟．绩效考核管理实务手册[M]．北京：清华大学出版社，2013．

[2] 刘刃．绩效考核与绩效管理[J]．现代企业文化，2013（2）：85-86．

[3] 王长缨. 从绩效考核到绩效管理是人力资源管理方式的深刻变革[J]. 吉林省经济管理干部学院学报，2006（1）：44-46.

[4] 张芳霞. 试论绩效考核在人力资源管理中发挥的作用[J]. 中国市场，2020（16）：61+63.

[5] 徐茜. 试论绩效考核在人力资源管理中的作用[J]. 中国市场，2020（22）：82+84.

[6] 杨荣. 国有企业人力资源管理中绩效考核制度的应用意义[J]. 经济管理文摘，2019（19）：39-40.

[7] 肖阳. 绩效考核的起源[J]. 企业管理，2010（6）：59-59.

[8] 高云全,杨良成. 浅析绩效考核制度的起源与发展[J]. 当代经济,2015(32):24-25.

[9] 付亚和,许玉林,宋洪锋. 绩效考核与绩效管理[M]. 北京:电子工业出版社,2017.

[10] 魏光丽. 人力资源管理：理论与实务[M]. 北京：中国工商出版社，2013.

[11] 刘秀丽. 剖析行为导向型的绩效考评方法[J]. 华人时刊（旬刊），2014（3）.

[12] 王建军，李海. 基于价值观的绩效考核及其在公共部门的应用[J]. 中国行政管理，2008（6）：43-45.

[13] 裴雪姣. 绩效管理作用及绩效考核体系研究[J]. 商场现代化，2015（4）：70.

[14] 邱伟年，张兴贵，王斌. 绩效考核方法的介绍、评价及选择[J]. 现代管理科学，2008（3）：81-82.

[15] 谢其虹. 绩效目标的制定与分解[J]. 科教文汇（中旬刊），2011（9）：196.

[16] 王玖春. 企业内部控制环境下绩效考核实施分析[J]. 中国市场,2018(21):92,95.

[17] 任雪霞. 企业绩效考核的现状及措施研究[J]. 纳税，2020，14（4）：275.

[18] 王秀婷. 试论企业绩效考核有效性问题[J]. 中国集体经济，2016（10）：99-100.

[19] 杜治兵. 提高企业绩效考核有效性的研究[J]. 企业改革与管理，2018（12）：67+76.

[20] 王玉昕. 企业绩效考核有效性探讨[J]. 中国市场，2018（20）：109-110.

[21] 刘洋. 绩效考核的影响因素及对策[J]. 现代经济信息，2014（18）：22-23.

[22] 杨修平. 绩效管理的理论要义与实践路径[J]. 中国商贸，2015（2）：23-25.

[23] 高慧洁. 唐山 创新绩效考核激发员工活力[N]. 河北经济日报，2019-12-07.

[24] MURPHY K R, CLEVELAND J. Understanding performance appraisal: social, organizational, and goal-based perspectives[M]. London: Sage Publicatipns,1995.

[25] FREEMAN B J , SCHROTH P, RITVO E, et al. The behavior observation scale for autism (BOS): initial results of factor analyses[J]. J autism dev disord, 1980, 10(3):343-346.

[26] Brown J H, OPLATKA I, Market orientation in universities: a comparative study of two national higher education systems[J]. International journal of educational management, 2010, 24(3): 204-220.

[27] MOTOWIDLO S J, VAN SCOTTER J R . Evidence that task performance should be distinguished from contextual performance[J]. Journal of applied psychology, 1994, 79(4): 475-480.

第六章

绩效反馈

企业管理过去是沟通，现在是沟通，未来还是沟通。

——日本松下电器创始人松下幸之助

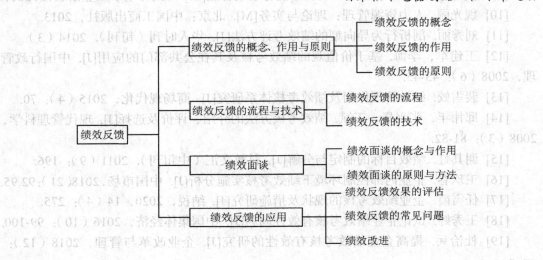

绩效反馈
- 绩效反馈的概念、作用与原则
  - 绩效反馈的概念
  - 绩效反馈的作用
  - 绩效反馈的原则
- 绩效反馈的流程与技术
  - 绩效反馈的流程
  - 绩效反馈的技术
- 绩效面谈
  - 绩效面谈的概念与作用
  - 绩效面谈的原则与方法
- 绩效反馈的应用
  - 绩效反馈效果的评估
  - 绩效反馈的常见问题
  - 绩效改进

学习目标

➤ 掌握绩效反馈的概念与作用
➤ 了解绩效反馈的原则
➤ 掌握绩效反馈的流程与技术
➤ 了解绩效反馈效果的评估
➤ 了解绩效反馈的常见问题
➤ 掌握绩效改进的方法

引例

绩效反馈引导 IBM 的绩效管理

IBM 传统的绩效管理方式已经存在了十年之久，即业内鼎鼎大名的基于个人业务承诺（PBC）的绩效考核。这种方式被国内众多企业所模仿和学习，其工作流程是：① 在考核初始阶段，管理者利用 KPI 工具为员工设立年度工作目标；② 在考核中期，对员工进行期中评估；③ 在考核期末，对员工整个考核周期的工作情况、任务完成水平进行评价和打分，以决定员工的考核等级，从而决定他们奖金的分配和职位的升迁。

随着现代商业环境不断变化，市场不确定性与日俱增。这种传统的绩效管理方式暴露出巨大的弊端：① 企业在考核开始时所制订的目标可能会受政策、行业、客户、竞争对手等多因素影响而发生变化，但较长的考核周期则无法满足这种变化所需；② 员工在这种考核形势下所获得的反馈非常有限，已有的绩效反馈已不能对新生代员工产生激励作用，无法促进他们获得职业上的发展。

针对上述问题，IBM 首席人力资源官戴安娜·赫森（Diane Herson）在 IBM 公司内部社交媒体 "Connections" 上发表文章，让全球 38 万员工参与调查，最终这篇文章获得 7 万多次点击、2000 多条评论。通过这篇 "爆文"，IBM 的管理者从中了解到员工的需求：他们希望能够获得更频繁的反馈，不想进行自我评价与所谓的绩效排名。

经过此前一番铺垫，IBM 最终下定决心，在 2016 年年底时，对其全球的绩效管理方式进行变革，并使用了一个新的绩效管理系统 "Checkpoints"，将取代了旧的个人业务承诺（PBC）绩效系统，在绩效反馈思想的引导下开展绩效管理的改革。

具体变革主要体现在如下三个方面。

（1）借用平衡计分卡的思想设立五个考核维度：① 可衡量的业务成果；② 对客户的成功影响；③ 创新；④ 对他人的责任；⑤ 技能。

（2）从反馈频率来看，新系统要求每个部门经理每个月都要向员工至少征求一次反馈意见，而每半年中经理和员工至少要进行四次关于目标的讨论和变动。为了保证评价反馈的效率，IBM 特地开发了一个名为 "ACE" 的 App 程序，其中 "A" 表示感激（appreciation）、"C" 表示教练（coaching）、"E" 表示评价（evaluation）。该程序能够记录反馈情况和参与反馈双方的态度。此外，它还可以随时让其他人征求匿名反馈意见，提高绩效考核及反馈的准确性。关注短期目标和员工满意度，在员工认为必要时及时予以反馈，这样定期的反馈检查能确保团队目标更快实现、持续发展。

最后，IBM 将原来五层绩效考核等级减少至三层，分别是优秀（exceeds）、合格（achieves）和待改进（expects more）。这三档情况分别代表对员工工作情况的判断和说明，最终得出员工绩效水平的综合结果。

（资料来源：佚名. IBM 在绩效管理上的变革 [EB/OL].（2020-08-02），http://www.hrsee.com/?id=1568.）

在上述引例中，通过增强绩效反馈的频率并应用相应的技术提高反馈的准确率，IBM 加强了绩效考核结果的有效应用，有效提升了企业绩效管理的能力。本章将详细阐述绩效反馈的概念、作用与原则，绩效反馈的流程与技术，绩效面谈绩效反馈的应用。

第一节 绩效反馈的概念、作用与原则

运用反馈来改善组织绩效的做法可追溯到 20 世纪 70 年代。此后，绩效反馈广泛应用于组织管理实践中。本节将对绩效反馈的概念、作用及原则进行重点阐述。

一、绩效反馈的概念

绩效反馈是绩效管理在一个循环系统中的最后一步，是指考核者与被考核者之间就被考核者在考核周期内的绩效情况进行沟通和讨论，在肯定被考核者成绩的同时，找出其在工作中的不足并加以改进的过程（王世华，2005）。绩效反馈既包含前期就反馈内容的准备阶段和反馈实施阶段，也包括针对绩效反馈的经验回顾与总结改进阶段。

绩效反馈的目的是让员工了解自己在本绩效周期内的业绩是否达到目标，行为、态度是否合格，让管理者和员工双方达成对评估结果一致的看法，同时双方探讨绩效未合格的原因所在，以制订绩效改进计划。在绩效反馈中，管理者要向员工传达组织的期望，双方对绩效周期的目标进行探讨，最终形成一个绩效合约。由于绩效反馈在绩效考核结束后实施，而且是考核者和被考核者之间的直接对话，因此，有效的绩效反馈对绩效管理起着至关重要的作用。

对于绩效考核而言，考核结果的公平性、公正性成为人们关心的焦点，绩效反馈的效果的提升不能完全依靠制度的改善而实现。一方面，绩效考核结果的应用涉及被考核者的切身利益，所以，绩效反馈应赋予被考核者应有的知情权、发言权；另一方面，程序化的绩效申诉可有效降低考核过程中不公正因素所带来的负面效应。因此，在考核者与被考核者双方之间找到结合点、平衡点，将对整个绩效管理体系的完善起到积极作用（王浩，2014）。

二、绩效反馈的作用

绩效反馈是由参与考核的双方一起回顾和讨论考核的结果，如果不将考核结果反馈给被考核的员工，那么考核将失去极为重要的激励、奖惩和培训的功能。因此，有效的绩效反馈对绩效管理起着至关重要的作用，主要表现在如下七个方面。

1. 绩效反馈是考核公正的基础

在实际的绩效考核过程中，考核结果不可避免地会受到考核者个人主观因素的干扰，从而无法呈现客观评价。绩效反馈的重要性体现在能够较好地解决这个矛盾，给予被考核者知情权、主动权、发言权，能作为自身利益保障的监督人，形成企业管理者与员工之间双向沟通、相互合作以及相互制约的工作模式。此外，如果被考核者的合法正当权利受损，还可通过程序化的绩效申诉进行维权。绩效反馈作为绩效管理的一个重要环节，能够有效降低考核过程中不公正因素所带来的负面效应，意在打通被考核者与考核者之间信息不透明、单向决定性评价的旧模式，建立一套有利于维护公正、保障员工工作积极性的良好管理模式。

2. 绩效反馈是提高绩效的保证

考核结束后，被考核者在接到绩效考核结果通知单时，在很大程度上并不了解考核结果的由来，这时就需要考核者就考核的全过程，特别是被考核者的绩效情况进行详细介绍，指出被考核者的优缺点，特别是考核者还需要对被考核者的绩效提出改进建议。其中，提出改进建议的目的在于为员工后续工作提供方向性指导，规范工作行为，提升工作质量，以期提高组织整体绩效。

3. 绩效反馈是增强竞争力的手段

任何一个团队都存在两种目标：团队目标和个体目标。个体目标与团队目标一致，能够促进团队的不断进步；反之，就会产生负面影响。在这两者之间，团队目标占主导地位，个体目标属于服从地位。通过有效的绩效反馈，可促进个人目标的实现，并为团体目标的达成提供动能，以便最终实现组织目标。因此，绩效反馈可成为增强组织竞争力的手段。

4. 绩效反馈有利于提高绩效考核结果的可接受性

绩效反馈在绩效考核结束后为考核双方提供了一个良好的交流平台。一方面，管理者要告知被考核者绩效考核的结果，使其真正了解自身真实的绩效水平，并就考核结果出现的原因进行深入的探讨，使考核双方就绩效考核结果达成共识；另一方面，被考核者可以就一些具体问题或自己的想法与管理者进行交流，指出绩效管理体系或绩效考核过程中存在的问题，提出自己的意见和建议，也可以对自己超出或没有达到预期目标的原因做出解释，并对今后的工作进行计划与展望。总之，绩效反馈为管理者和下属搭建起了一座沟通的桥梁，提高绩效考核结果的可接受性（方振邦等，2018）。

5. 绩效反馈有利于被考核者了解自身取得的成绩与不足

绩效反馈还是一个对绩效水平进行全面分析的过程。当被考核者取得优异成绩时，管理者给予的认可和肯定可以起到积极的鼓励作用；同样，要引导被考核者认识到自身在知识、技能等影响绩效水平的因素方面存在的缺点与不足，并提出改进建议。绩效反馈使得被考核者既获得了鼓励，又发现了不足，从而为进一步提升绩效水平奠定了重要基础。

6. 绩效反馈有利于绩效改进计划的制订与实施

绩效反馈的一个重要目的是实施绩效改进，即针对被考核者当前绩效存在的不足提出改进计划，为下一个绩效管理周期中工作的开展提供帮助和指导。绩效改进计划对于绩效不佳的组织、部门和个人尤为重要，如果相关管理部门对此无法给予充分重视，评价对象自身也缺少绩效改进的动力，不分析导致绩效偏差产生的原因，那么绩效不佳者就很难发现改进自身绩效的有效途径和方式，也就无法达到提高绩效水平这一重要目的。另外，让被考核者参与绩效改进计划制订过程的做法，会让其更容易接受绩效改进计划，增强对绩效改进的承诺，从而有利于绩效改进计划的贯彻落实。

7. 绩效反馈能够为员工的职业规划和发展提供信息

促进员工的职业生涯发展是建立绩效管理体系的目的之一。因此，在绩效反馈阶段，管理者应当鼓励下属积极地讨论个人发展的需要，以便建立起有利于达成这些发展的绩效目标。此外，为了帮助下属掌握职业发展所需的技能，管理者和下属要详细计划培训以及培训所要涉及的领域，管理者应当为员工提供一定的支持。在绩效反馈面谈结束后，管理者和下属要根据反馈结果，结合组织、部门和个人的下一步计划，共同制订员工个人的发展计划，为下一阶段的绩效达成提供支持（Ligon et al.，2012）。

三、绩效反馈的原则

绩效反馈作为绩效管理的一个关键环节，在实施时需要遵循以下六个原则。

1. 经常性原则

绩效反馈应保持经常性，而非一年一次，其原因有两点：① 管理者一旦意识到员工在绩效中存在缺陷，就有责任立即给予纠正，如果员工的绩效在 1 月份时就低于标准要求，而管理人员却非要等到 12 月份再去对绩效进行评价，那么这就意味着企业要蒙受 11 个月的生产率损失；② 绩效反馈过程有效性的一个重要决定因素是员工对于评价结果的认同程度。因此，考核者应当向员工提供经常性的绩效反馈，通过双向沟通促进员工与管理者对于绩效评价的认可度，促进员工个人与企业协调的长足发展。

2. 对事不对人原则

在绩效反馈面谈中双方应该讨论和评估的是工作行为和工作绩效，即工作中的一些事实表现，而不是讨论员工的个性特点。员工的个性特点不能作为评估绩效的依据，如个人气质的活泼或者沉静，或者个人工作风格。在谈到员工的主要优点和不足时，可以谈论员工的某些个性特征，但要注意这些个性特征必须是与工作绩效有关的。例如，一个员工的个性特征中有不太喜欢与人沟通的特点，这个特点使他在团队工作中的绩效受到影响，这种对企业的未来发展具有关键性作用的个性特征还是应该指出来的。

3. 多问少讲原则

长期处于"发号施令"角色的管理者很难实现从上司到"帮助者""伙伴"的角色转换。因此，管理者在与员工进行绩效沟通时应遵循"二八法则"，即把 80% 的时间留给员工，把 20% 的时间留给自己，而自己在这 20% 的时间内，可以将 80% 的时间用来提问题，20% 的时间用来"指导""建议""发号施令"，因为员工往往比经理更清楚本职工作中存在的问题。换言之，提问题的关键作用在于引导员工自己思考和解决问题，自己评价工作进展，而不是由管理者自上而下地布置任务、提出改进措施。否则，绩效反馈的作用与绩效目标制订毫无区别，更糟糕的是，过于命令化的反馈还可能引起员工的反感情绪。

4. 着眼未来原则

绩效反馈中很大一部分内容是对过去的工作绩效进行回顾和评估，但这并不是说绩效反馈将精力集中于过去。谈论过去的目的并不是停留在过去，而是从过去的事实中总结对未来发展有用的经验。因此，任何对过去绩效的讨论都应着眼于未来，核心目的是制订未来发展的计划。

5. 正面引导原则

不管员工的绩效考核结果如何，管理者都应该多给员工一些鼓励，至少让员工感觉到："虽然我的绩效考核成绩不理想，但公司使我得到了一个客观认识自己的机会，我找到了应该努力的方向，并且我在前进的过程中会得到主管人员的帮助。"真正有效且积极的反馈并不是引起被考核者对自身缺点的过度反思和懊悔，而是能够引起被考核者对自身问题的全面思考和对未来发展充满希望。总之，绩效反馈后管理者要确保员工能把一种积极向上的态度带到工作中。

6. 制度化原则

绩效反馈必须建立一套标准化制度，只有将其制度化，并明确具体执行步骤、所要使用的技术与要遵守的原则时，绩效反馈才有持久发挥作用的可能。

例证 6-1

Google 的绩效反馈

Google 作为全球最为成功的互联网企业之一，一直都是众多企业学习、研究和标榜的对象。作为一家大型知识型跨国企业，其成功的原因在于它的人力资源管理卓有成效，特别是一些绩效管理经验值得借鉴。

在国内，很多公司把考核结果与加薪、晋级合在一起进行绩效面谈。而 Google 的绩效反馈分为两次：第一次是绩效结果反馈，侧重员工的职业发展；第二次是加薪和晋升面谈。这两次面谈的时间间隔为一个月。

为了保证绩效反馈的有效性，谷歌在反馈面谈之前都会做好以下四个方面的准备。

（1）明确面谈目的。第一次面谈的目的是为了提高员工的工作绩效，让员工了解自己的优点和需要改进的地方；第二次面谈则侧重薪资调整和晋升。

（2）明确谈话结构。整个谈话应该根据其谈话目的提前设置相应的谈话结构，例如先让员工回顾他一整年的业绩，再告知他考核结果和需要改进的地方，最后需要基于当前状况一起讨论未来的发展计划。管理者在面谈过程中需要非常清晰、有条理地将信息传达给员工，也可以在面谈前把要表达的内容列成一张表。

（3）收集和整理有关绩效的各种真实信息与事实。管理者在反馈面谈前要充分做好准备，包括绩效评价表、工作日常情况记录和总结、该评价周期的绩效计划和员工绩效评价的基本结果以及员工的基本信息。在反馈过程中，所有绩效考核结果都应以事实、数据作为评价依据，而非凭借主观印象。

（4）学会提问。在绩效反馈过程中，管理者要掌握一定的面谈技巧，要把更多的时间留给员工，让员工敞开心扉。

（资料来源：佚名. Google 是如何做绩效考核的？Google（谷歌）绩效考核体系案例 [EB/OL]. （2018-01-06）. http://www.hrsee.com/?id=599.）

第二节 绩效反馈的流程与技术

绩效反馈具体的执行流程并不复杂，大多数时候都采用直接的方式进行，但这并不意味着随意反馈，绩效反馈同样需要遵循一定的流程，并在一定技术的指导下才能充分发挥其效用。

一、绩效反馈的流程

一般而言，绩效反馈是针对组织不同部门和不同层面的绩效反馈，考核者涉及组织内各个层级的主体（包括组织管理层、公司人力资源主管部门、各部门直属主管等），多主体共同参与有利于保证绩效反馈的公正性。该环节主要遵循如下三个步骤。

（一）绩效反馈的前期准备

绩效管理的任一环节都需要考核者全方位的计划和监控，绩效反馈也不例外。

首先，选择合适的反馈时间。一般而言，绩效反馈时间选择对于最终的绩效反馈效果有很大影响。管理者应该根据具体工作安排，在征得下属同意的前提下确定面谈时间。尽量不将绩效反馈安排在临近上下班和非工作时间，不额外占用员工私人时间。需要注意的是，所确定的时间并不是一个时间点，而应当是具有弹性的时间段。时间段的长短要适宜，过长会使双方疲倦、注意力不集中，从而增加信息交流偏差的可能性；过短则可能造成信息传递不充分、不完全而无法达到沟通的目的。

其次，选择合适的面谈地点和环境。一般来说，绩效反馈应选择比较安静、不易被干扰的场所，其中小型会议室或接待室是比较理想的场所。但现实中往往由于条件所限，管理者的办公室成为最常见的选择，因此，管理者最好能够在绩效反馈期间拒绝接听任何电话，停止接待来访的客人，以避免面谈受到干扰。反馈的场所除了选择封闭式的环境，也可以选择工作场所之外的地方，如咖啡厅、茶楼等。这种非正式办公地点可以有效地拉近管理者与下属之间的关系，使管理者和下属在轻松的环境中充分表达自己的真实感受。

最后，收集、整理、反馈所需要的信息资料。管理者和接受反馈的对象都要收集和整理日常积累的有关绩效的各种信息。管理者要在绩效反馈面谈之前准备并且熟悉反馈所需的资料，这些资料主要包括绩效考核表格、工作情况的记录和总结、该绩效周期的绩效计划、绩效考核结果以及考核对象的基本信息。在实际面谈的过程中，面谈对象往往需要根据自己的实际情况陈述整个周期的工作情况，因此面谈对象也应该提供一些能够表明自己绩效状况的事实数据，另外，还可以准备一些与绩效管理有关的问题。这既可以对绩效考核结果复查，又可以顺着被考核者的回答共同制订未来改进的计划。

（二）绩效反馈的面谈阶段

绩效反馈的面谈阶段主要包括开始阶段、实施阶段和结束阶段三个部分。

1. 开始阶段

在绩效反馈面谈的开始阶段，管理者应该向接受反馈的对象简要说明反馈的目的和基本程序，并保证反馈内容仅用作员工个人绩效结果的回顾而不会被泄露。管理者可以从一个轻松的话题切入，帮助下属放松心情，从而使下属能够在面谈中更好地阐明自己的看法。绩效反馈面谈的一项重要职能是帮助管理者获得那些无法从绩效考核过程中获得的较为隐蔽、特殊的员工个人情报。这样做的目的在于深入了解员工的个人所需和情况，再结合企业发展的目标，提高人才的适配度，充分挖掘企业人力资本。因此，绩效反馈面谈从一开始就应明确访谈目标，具有一定的导向性。

2. 实施阶段

在绩效反馈面谈的实施阶段，管理者和面谈对象要就绩效考核结果、绩效改进计划进行深入沟通并交换意见，达成共识。

首先，管理者要就下属在上一周期的绩效表现做一个总体的回顾，并告知其绩效考核的最终结果。对于绩效较好的方面，鼓励下属；对于绩效不佳的方面，则要采取建设性批评的方式进行训导，这时特别要注意沟通的方式和方法。此外，还应针对被考核者的行为表现，如工作态度、工作能力等方面进行沟通。引导被考核者关注个人工作态度和工作能力，以帮助被考核者更好地完善自己，提高其自身的技能，也有助于员工进行职业生涯规划。如果下属对绩效考核结果有异议，管理者要耐心倾听，并就存在争议的问题给出合理、满意的答复。

其次，管理者和面谈对象要对绩效不佳的原因进行分析，绩效管理的最终目的在于改善绩效。在面谈过程中，针对员工未能有效完成的绩效计划，管理者应该和员工一起分析绩效不佳的原因，并设法帮助员工提出具体的绩效改进措施，共同制订绩效改进计划和符合员工自身实际情况的个人发展计划。

3. 结束阶段

当面谈的目的已经达到或由于某些因素无法取得预期进展时，应当适时结束反馈。在绩效反馈的结束阶段，管理者要对面谈对象进行正面激励，使面谈对象鼓足干劲，以满怀斗志的状态开始下一绩效周期的工作。

管理者要与下属商定下一个绩效管理周期的工作任务、工作目标及其衡量指标等，并签订绩效计划协议书，建立本次绩效管理循环与下次循环的基础。绩效反馈是绩效管理流程中的最后一个环节，考核者应在这个环节中结合上一绩效周期的绩效计划完成情况，并结合被考核者新的工作任务，和被考核者一起提出下一绩效周期中新的工作目标和工作标准，这实际上是在帮助被考核者制订新的绩效计划。

（三）绩效反馈面谈的总结和改进

在绩效反馈面谈结束之后，管理者要对面谈的整体情况进行评估，对面谈过程中所记录的内容进行总结与反思。管理者要高度重视面谈对象提出的疑问或要求，并采取措施加以解决，不断提升企业整体绩效管理的水平。此外，管理者也要对自己在面谈过程中的表现进行反思，如是否采用建设性的沟通方式、是否为下属提供了有效的支持与帮助等，及时弥补自身不足，以便在下一次绩效反馈面谈中取得更好的结果。

绩效反馈面谈的总结主要根据本次绩效管理周期内的整体运营情况进行，绩效反馈的改进则主要强调反馈技术和反馈效度的提升。具体改进措施有如下三点：① 确立制度，构建企业绩效沟通文化；② 加强培训，提高管理者绩效沟通技巧；③ 扩充沟通方法，重视员工参与性。

企业绩效反馈是企业管理者与企业员工之间所进行的一种双向沟通活动，并不是单向沟通，沟通应当存在于组织绩效管理工作的全过程，并成为应该予以高度重视的核心内容（何小艳，2015）。加强企业绩效沟通工作顺应了时代发展的必然趋势，是我国现代企业发展过程中的必然要求。

二、绩效反馈的技术

绩效反馈的顺利实施不仅要建立在良好的企业内部沟通基础上，还要管理者掌握相应的反馈技术，能够让员工有效地接收自身绩效考核信息、反思绩效考核结果，并能够着眼于未来长远发展，制订有利于个人绩效能力提升从而促进企业绩效水平上升的目标。绩效反馈的技术主要有集体反馈、教练技术、"5W1H"技术、软硬兼施的管理手段以及通用技术等。

（一）集体反馈

奥尔波特曾说："一个人单独做一项工作往往不如一群人一起做同样的工作效率高。"在绩效反馈的过程中也是这样的道理，在某些情况下，集体反馈技术拥有比单独反馈强十倍的效果。例如，集体反馈过程中的社会助长作用有助于提高被考核者之间的相互模仿和竞争，从而投更多的精力于取得优异的绩效和获得更好的评价中，后期积极反思有益于自身发展的行动。

在面对有反馈经验的被考核者、有众多对象需要接受绩效反馈，以及公司绩效反馈时间预算较为紧张等情况下，可以着重考虑使用集体反馈技术。

这种反馈技术通常有"理解结果"和"发展技能"两个递进层面。理解结果阶段在于确保每一位考核对象准确完整地理解自己的考核结果，并能够有效地思考自身现存的问题和未来需要改进的方面。同时，给予每位被考核者机会，去聆听其他被考核者所存在的问题，从而接受替代反馈，督促自身不犯同样的错误，这同时是一个学习和提升的机会。这样的一场集体反馈需要 2～5 小时，多数情况下采取类似授课的方式进行，强调考核结果和提升经验的传递。发展技能阶段是通过案例分析、小组互动讨论等方法，帮助考核对象在理解考核结果的同时学习新技能。这个过程更长，通常考虑 1～2 天，甚至一周时间。集体反馈所具有的独特价值主要体现在如下三个方面。

1. 增强评价的透明性与安全感

集体反馈在本质上是一种以公开透明的方式公布考核结果的形式。同时，在集体共同参与的反馈过程中个体能够体验到更多的安全感，而非接受一对一反馈时所需面对的压力，在这样的环境中给予被反馈者更多安全感，防止在一对一的反馈过程中由于受到追问而产生负强化的作用。

2. 形成相互支持的氛围

集体反馈过程中的评价接收者之间很容易因为共处同样境地而相互共情、接纳、自我暴露，形成相互支持、互助的氛围。在这种情况下所建立的"同盟"关系更可靠，并能在以后工作中发展为长期稳定的友谊关系。共同思考、相互帮助，这对于个人而言也有助于其深刻剖析问题，思考改进之道。

3. 获得额外的补充信息

一般情况下，集体反馈会将具有相似特征的评价对象放在一起进行反馈。例如，人力资源管理部门可能会让同一批新入职员工在培训后进行集体反馈。相识相熟的人在集体反馈中的交流可能会使他们获得更多关于自己的信息。这同样也是对评估报告的额外补充形式。

集体反馈技术是绩效反馈中一种不可忽视的辅助技巧，同时，也是在面对庞大反馈群体时推荐考虑的首选方案。如何将集体反馈的效用发挥到最大，如何促使个体在集体反馈中收获更多有益信息，将是未来绩效管理议题中值得探讨的话题。

（二）教练技术

国际教练联合会（International Coach Federation，ICF）对教练的定义是：教练是客户的伙伴，其通过发人深省且极具想象力（创造性）的对话过程，最大限度地激发个人职业潜能（Gray et al.，2010）。教练技术（coaching）是一门通过完善心智模式来发挥潜能、提升效率的管理技术，教练通过一系列有方向性、有策略性的过程，洞察被教练者的心态，向内挖掘潜能，向外发现可能性，令被教练者有效达到目标。

教练技术的核心内容是：教练以中立的身份，通过运用聆听、发问等教练技巧探索被教练者的心态，从而区分其行为是否有效，并给予被教练者直接的反馈，使其洞悉自己、及时调整心态、清晰目标、激发潜能，以最佳状态去创造成果（杨富云，2008）。教练的作用在于帮助被教练者将已有的技术、资源和创造性等最大限度地发挥出来，这种技术能赋予个人强烈的动机感，促使个体主动发现问题、解决问题，自觉设计美好的未来。教练技术不同于传统的领导对下属下达命令，促使下属被动接受信息的方式，而是将管理的重点落在引导并激发员工自身潜力的行动上。因此，绩效反馈过程中的教练技术就更能发挥其独特作用，通过仔细聆听和主动发问的方式增强员工对自身现有水平的准确认知，并主动思考下一阶段自我改进的措施。

教练技术被誉为当今世界最具革命性和效能的企业管理技术，已成为当今欧美企业界提高生产力的最新、最有效的管理方法之一。有效的教练技术可以帮助管理者提升企业绩效反馈的有效性，丰富传统绩效反馈过程中以面谈形式为主的反馈形式，增加反馈结果的多维解释角度，促进被反馈者对自身问题的深层认识和自我工作改进的内驱动力。

将教练技术应用于企业绩效反馈的过程，目的在于以更具行动力的方式及时引导和纠正被考核者在绩效考核中所呈现的不良方面，是一种结合实际改进引导的绩效反馈方式。其独特的方式也可改变过去传统的仅注重面谈分析的反馈模式，这种方法的应用有助于组织及其成员克服成长瓶颈、释放潜能、提升绩效。具体而言，其作用主要体现在以下三个方面。

1. 激发员工的创造性思维

教练方式与教练的环境可以激发员工创造性的思想，增强员工的学习能力，鼓励员工提出创造性的建议，并且不用担心遭受嘲讽或被直接驳回。教练技术的个性化激励和潜能开发对于促使学员自身的成功有较好的作用，员工的个人特点和特长得以保留和发挥，其与企业的契合度也能够得到相应的增长。

2. 改善组织成员的人际关系

教练技术在员工沟通能力的培训中伴随着具体而微的实施措施，更多时候还要求开放性和灵活性较强的询问性引导，这种询问方式本身就注重双方的协调沟通，而非命令式的沟通。在教练技术中，人际交往是双向沟通、和谐平等的，所建立的非正式关系与正式关系相互作用，促进接受教练技术的个体在增强个人绩效能力的同时，增加与企业的黏性，提升组织归属感、认同感。

3. 提升组织绩效和生产力

组织教练方式下的员工乐于承担责任，能发掘自身潜力，有一定的团队责任感，因此，他们的负责任行为更多源于自身意愿，而非外界强迫。组织形成主动担责氛围后，员工会自动以这种企业文化要求和规范自身，有利于形成良好自觉的企业高效运作模式。教练技术可以充分发挥个人以及团队的最大潜能，高效完成绩效目标。

例证 6-2

教练文化植入企业——可口可乐通往变革管理的全新之路

曾有句话这样说："当一个组织经营状况良好时，很容易在员工上投资，然而，在艰难时刻，用于人才和领导力发展的资源经常会成为第一个被削减的对象，而且往往恰好是在这些资源最被需要的时刻。"

可口可乐 Hellenic 装瓶公司俄罗斯公司正在改变这种说法。这家企业作为可口可乐公司的特许授权装瓶商（Coca-Cola HBC），在 2001 年整合了可口可乐公司在俄罗斯的所有运营工作。在俄罗斯，它是非酒精饮品行业中最大的公司之一，雇用了超过一万名员工，并在其产业价值链中提供了超过六万个工作机会。2010 年 12 月，可口可乐 Hellenic 装瓶公司俄罗斯公司开始实施教练项目，以推动公司改变固有的监控型管理模式，为员工们创造更多价值。这个教练项目最初仅聘请外部教练，到后来发展到拥有一支不断扩大的教练核心队伍，不仅是经过严格训练的内部教练（内部认证教练），同时也为经理和领导者如何运用教练技术提供培训。

即使在俄罗斯经济下滑，公司面临严峻挑战之际，可口可乐 Hellenic 装瓶公司俄罗斯公司依然认为提升员工的管理水平和归属感，可以令公司扭转形势。这样能够持续推动教练文化成为公司文化的一部分。

有了这个迫切而长远的目标，公司愿意从以下两个方面推行教练文化。

（1）建立内部认可的教练团队，该团队中的教练已接受 72 小时 ICF 认可的 ACSTH 培训，并不断进行在职练习和持续学习。

（2）培养高层管理人员在工作中运用教练技术。这些管理人员需接受 4 天培训，并进行在职练习，公司还为其配有指导教练。由此公司培养了 40 位内部认证教练和 400 位经理教练。

可口可乐 Hellenic 装瓶公司俄罗斯公司在整个组织中都能感受到植入教练文化的好处。超过 90%的与内部认证教练沟通过的员工表示对于教练的过程和结果非常满意；在团队中运用了教练技术的经理也表示团队成员之间有了更高的信任度，人际关系增强了，而且员工创新能力和敬业度也都有所提升。公司的价值观指数（员工是否认同并实践公司价值观的量化指数）一直在逐年增长，目前已经达到 85%～88%。2013—2016 年，整个公司的员工敬业度已经提升了 26%。

HBC 在短短 6 年内把教练文化植入公司，而且取得了期望的、可持续的成功。

（资料来源：可口可乐通往变革管理的全新之路[EB/OL]．（2017-07-04）.https://www.sohu.com/a/154406201_99897349.）

（三）"5W1H" 技术

当代管理思想和管理理念的发展脱离不了逻辑的支撑，唯有逻辑自洽的理论和方法才能得以发展，并受到大多数人的推崇。绩效反馈的 "5W1H" 技术就深刻体现出具有逻辑框架的绩效反馈技术。在进行实际反馈前，"5W1H" 技术要求管理者首先确定反馈的原因、主体、对象、时间、内容和方法，掌握绩效反馈的具体内容，有条理、有方向地开展绩效反馈。

1．why——绩效反馈的原因

早在 20 世纪初，社会学家库利在研究儿童自我概念发展的特殊作用时曾指出，儿童的自我概念是通过 "镜像过程"（looking-glass process）形成的 "镜像自我"。这是由于别人对于儿童的态度反应（表情、评价与对待方式）如同一面镜子，儿童就通过这些外界反馈了解和界定自己，并形成相应的自我概念（章志光，2015）。

绩效反馈也如同一面镜子，通过上级、同事、下级对自己的绩效考核，被考核者能够了解自身的绩效水平以及公司和管理者对自己的预期，从而在未来工作中有针对性地改进绩效，并向管理人员反映在实现工作过程中遇到的问题和困难，以取得相应的绩效辅导和帮助。

通常，绩效反馈结束后，要达成以下 4 个目的。

（1）被考核者与管理人员就绩效考核的结果达成共识。被考核者与管理人员难免会对绩效产生不同看法。因此，双方要进行沟通，统一看法，就绩效考核指标和相应的评估标准达成一致意见，只有这样才能进一步改进绩效。

（2）明确指出被考核者的优点和缺点。在绩效反馈过程中，管理人员应当肯定员工的成绩和优点，并予以鼓励，从而使员工今后更好地工作；同时，还要指导员工认识到自己的缺点和不足，并指出在将来的工作中应当提高的地方。

（3）有针对性地制订绩效改进方案。经过绩效反馈，管理人员与员工充分沟通，双方共同制订绩效改进方案和具体实施计划。管理人员应当对员工提出改进绩效的意见和建议，而员工也要提出自己的绩效改进方案，并向管理人员提出自己需要的资源支持，双方关注未来绩效提升的途径。

（4）制定下一个周期的绩效考核标准。一个周期绩效反馈的完成，意味着下一个绩效考核周期的开始。因此，在进行绩效反馈的过程中，管理者与员工应当根据本次绩效考核的结果以及双方共同制订的绩效改进方案，共同制定下一个周期的绩效考核标准，从而确保绩效考核的延续性和下一周期绩效考核标准的针对性，不断促进企业绩效管理的可持续发展。

2．who——绩效反馈的主体

从广义上来说，绩效反馈的主体可分为上级反馈、同事反馈、部门反馈、自我反馈以及工作反馈。工作反馈既可以是工作成果反馈，也可以是内外部客户的反馈。反馈主体多维立体更有助于保证考核结果的公平、真实。

其中，最主要的反馈主体是上级管理者。通过绩效反馈，管理者不仅能够使员工了解自己的绩效情况，扬长避短，还有利于管理者自己将公司的发展战略、经营计划和具体部门的未来发展目标进行综合阐述，向员工渗透。绩效面谈也是管理者全面了解各部门每位员工、与员工建立融洽的关系、树立自身威信的重要契机（胡华成，2019）。

3. whom——绩效反馈的对象

绩效反馈的对象就是被考核的员工。在绩效考核之后，管理者与下属通过绩效反馈面谈，将考核结果反馈给下属，并且和下属共同分析工作绩效不佳的原因，合作制订绩效改进的计划。被考核的人员向上级反馈绩效。在绩效考核过程中，要考虑员工的个体差异。通常，可以根据业绩与态度两个维度，将员工分为四类，如图6-1所示。

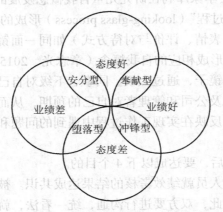

图6-1　根据业绩与工作态度划分的四类员工

针对这四种不同类型的员工进行绩效反馈时，侧重点也应有所不同。① 对于奉献型员工，应当予以肯定和鼓励，同时，引导其制定更高的绩效考核标准；② 对于冲锋型员工，要兼顾态度与业绩的综合考虑，不能因为工作态度差就全盘否定业绩，而要与之耐心沟通，寻找员工工作态度不好的原因，然后对症下药，通过绩效辅导改善其工作态度；③ 对于安分型员工，则应制定明确的、科学的绩效改进方案，循序渐进，帮助其不断提高和改进绩效，在保持良好工作态度的基础上给予绩效培训的支持，提升其业绩创造能力；④ 对于堕落型员工，就要使其明确绩效考核目标、企业绩效管理制度，端正工作态度，逐步改进和提高其绩效，必要时可调岗甚至清退。

4. when——绩效反馈的时间

绩效反馈有较强的时效性，因此要抓住时机及时反馈，在问题尚不严重时给予善意的提醒，这样会使员工更加乐意接受；但如果事情发生已久，在员工产生了习惯性心理认可之后再进行绩效反馈，会引发员工的反感与抵触心理。

及时进行绩效反馈才能促使员工及时认识到自己的问题并加以改进，公司也可以节省为解决绩效不良问题而耗费的大量时间和精力。因此，进行绩效反馈的时间也需要慎重考虑，绩效考核结果一经公布就应开始着手准备绩效反馈，反馈工作一定要在考核结果对员工的薪酬、晋升等切身利益产生影响之前进行，这样双方才能达成一致，反馈才不会变得形式化、流程化。

5. what——绩效反馈的内容

在绩效反馈过程中，管理者尤其应该注意绩效反馈的重点是绩效考核结果，绩效反馈应当针对绩效本身，而不是针对员工个人。这就意味着，首先，绩效反馈不应责怪和追究员工的责任与过错，要尽量保持客观，不掺杂情感主观因素；其次，交谈要具体落实，不做抽象而空泛的一般评价，要拿出具体结果作为结论的支撑，援引数据，列举实例，以数据说话；最后，通过双向沟通，找出绩效较差的原因，双方共同协商制订相应的改进计划。

绩效反馈的内容包括绩效、态度、行为等多个方面，从内容的积极、消极属性来说，绩效反馈的内容又分为正反馈和负反馈两个维度。正反馈即积极的反馈，负反馈即消极的反馈。由于员工接受反馈的经验不同，相同的反馈内容会产生不同的作用。研究表明，得到积极反馈的个体会出现两种状态：一是表现得更加自信，提高自己的奋斗目标；二是产生骄傲和满足情绪，不再继续努力。得到消极反馈的个体会出现要么更加努力，要么降低自己的目标，要么拒绝接受反馈的现象，这些情况的出现通常受被评价主体自身归因特点的影响。因此，引导员工树立理性、公正的个人归因方式，对员工接受考核结果的态度有重要作用。

此外，还有一种表现为，刚开始得到了负反馈的员工会更加努力地工作，但如果总得到负反馈，就会产生负面影响——员工可能不会再继续努力提高自己，而是会逐渐降低目标、拒绝反馈或逃避工作。也就是说，长期得到负反馈的员工会陷入一种"习得性无助"的状态，即对自己丧失信心，认为无法改变现状，这显然不利于企业人才管理与资源开发。

因此，在进行反馈时，反馈者要根据员工本人的具体情况、反馈的目的、反馈的时效性等因素把握反馈策略。值得注意的是，绩效反馈应该是一个动态跟进的过程，需要时时更新和调整，以发挥绩效反馈的最大效用。

在绩效反馈过程中，除了要把握如何正确运用正反馈与负反馈的策略外，还应考虑在绩效管理的不同阶段有不同的绩效反馈。

（1）在前期准备阶段。应全面收集员工个人及其工作岗位的相关资料，包括工作进展与现状、潜在问题、解决问题的可能措施、帮助员工提高的具体方案等。这些可以从职位说明书、绩效考评表、年度计划以及自评、他人的满意度评价等资料中获取。此外，该阶段需要通过相应的培训使员工做好沟通准备，使他们能够中肯地评估自己的绩效表现，这样双方才能开展有效沟通。

（2）在反馈实施阶段。应充分注意反馈的内容，以问题为导向找到产生问题的原因和解决问题的办法，基于对过去绩效考核的不足之处，将重点放在未来绩效改进的研究与讨论之上。管理者应该站在员工的立场思考，引导员工表达个人需求，了解员工对绩效管理的期望，积极回应员工的异议，并做出合理的解释，不利用管理职位和权威对员工施加压力或者敷衍员工，秉持公平公正、就事论事的态度进行反馈。

（3）在反馈行为结束阶段。反馈行为结束并不代表反馈结束，反馈的内容包括后续持续的动态观察，要注重观察反馈后员工的反应和绩效的改善情况，了解反馈的实际效果，及时进行再次沟通。

6. how——绩效反馈的技巧

能否正确掌握反馈技巧是有效提升绩效水平的重要影响因素。在实际操作中，每一次绩效反馈的时间都不宜太长，要想仅通过一次面谈就完成上述所有内容比较困难，而且绩效改进计划的执行结果也需要一段时间才能体现出来，还需要再次进行绩效反馈面谈加以确认。因此，最理想的是能够进行2~3次绩效面谈。

例证 6-3

联想集团的绩效反馈沟通

联想集团成立于1984年，是多元化发展的大型企业集团和富有创新性的国际化科技公司。联想集团十分重视企业绩效管理，并将员工绩效考核等级分为A、B、C、D四大级，其中A级又分为A+与A-两个层级；B级分为B+、B、B-三个层级；C、D各成一级。各级别自高到低排列，A级表示"非常杰出"，D级表示"难以胜任"。

联想集团在每次绩效考核结束后，都要求直接上级对员工进行绩效反馈，并且明确规定了绩效反馈的时间和地点：在会谈室进行不少于40分钟的反馈，并记录会谈内容及结果。联想集团的绩效反馈面谈注重以下三个方面。

（1）管理者在与被考核者的绩效反馈面谈过程中再次确定绩效考核得分，保证被考核者对自身得分的认同。

（2）将被核实的绩效总分与评定等级打印在员工工资单上发放给员工，并做客观解释。

（3）绩效评定为C、D两级的员工由隔级上司进行复谈。

此外，当管理人员与员工的评估意见不一致时，为使结果客观公正，可向评估人的上一级申诉，直至问题得到解决，保证员工有维护自身合法权益的途径。

（资料来源：联想控股官方网站）

目前，大多数企业都有绩效考核这一管理步骤，但有不少公司都忽略了在考核之后对员工进行及时反馈，只公布考核成绩，没有对考核进行解释，也没有为员工量身定制改进方案。员工更多时候只能通过私下的相互比较进行自我在团队中的排名，但这种非正式沟通通常会导致员工之间相互猜忌，不利于发扬团队精神。

员工之间的薪酬对比会导致员工与员工、员工与公司之间出现不和谐，加剧公司的内部消耗甚至导致人员纷争。如果公司能够建立一个从高层领导制订计划到中层管理人员实施推进，再到员工个人的定期考核、反馈与改进机制，就可以提前预见并避免很多风险。因此，企业建立绩效管理的"PDCA"闭环，并进行完整的PDCA循环运作，能够有效提升个人和公司的绩效水平，最终实现公司的总体战略目标，具体如图6-2所示。

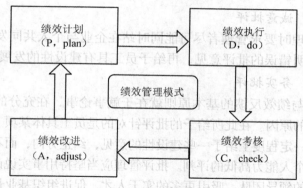

图 6-2 PDCA 闭环

绩效反馈是绩效管理的非常重要的最后一步，但同时也是非常容易被忽视的一步，做好绩效反馈才能将考核结果和绩效改进紧密结合起来，真正发挥绩效考核的作用，使绩效管理落到实处。因此，一定要在"5W1H"的基础上做好绩效反馈，促进绩效管理的良性循环（胡华成，2019）。

（四）软硬兼施的管理手段

软功能管理是指人力资源管理在企业运作过程中所采取的柔性管理措施，以及将尖锐矛盾软化的管理技能。软功能管理具有弹性大、重视民主化、个性化管理等特征，展现出人本主义思想渗透于企业管理的发展趋势。其主要功能包括组织对员工工作的协调和沟通、对矛盾和不满的疏解，以及对员工良好表现的激励、表扬等方面。其中，表扬管理最具代表性，根据海德（Heider，1958）的归因理论可知，上级对员工表扬可以加强员工对自身积极行为的内在性、可控性、稳定性归因。例如，通过个体努力和良好的工作态度而取得某方面成功时，就能增强人格自信，从个人已有成就中激发自我效能感，产生正强化的积极作用，从而提升员工忠诚度与自我实现的内在驱动力。

与此相对，硬管理主要是通过组织硬性规章制度进行规范管理的措施，这种管理技术主要针对组织内部纪律、生产指标等具有明确基准线的管理条例。其中，用于督促和保证硬指标顺利完成的手段之一就是惩罚管理。惩罚管理是一种两面性极强的管理手段，只有当这种技术良好应用时才能发挥提升企业管理水平和效率的积极作用。根据海德的归因理论可知，当个体将导致自身失败的原因归为内在性、不可控性、不稳定性因素，例如，自身能力等方面时，将会造成个体对自我价值的否认和对自身胜任力的怀疑。这不利于员工的自我发展，长此以往，还可能给员工带来一定的心理负担，使员工产生工作倦怠感，甚至形成习得性无助感。

因此，在进行员工批评管理时管理者要注意遵循如下四个原则。

1. 因人而异，适度批评

管理者在进行员工批评时要注重员工个人特质和对批评的接受阈，不为了批评而批评，而是以适度批评的方式警醒员工改正不良工作行为，建立长远的个人发展规划。

2. 以诚待人，诚意批评

在进行批评管理时要求管理者尽可能同时站在企业与个人共同发展的角度，先就员工不当之处给予指明错误的批评意见，再给予员工具有建设性的发展意见。

3. 以理服人，务实批评

企业绩效管理与绩效反馈的基本原则就在于就事论事，在充分的事实依据之上解读员工绩效水平低下的原因。在此所给予的批评针对的是员工具体某项工作任务处理不当的地方，期望能够在一定程度上给予一些建设性的意见，纠正方向，而不仅是给出模糊的正误判断，或是给出个人能力高低的评判。批评管理应当坚持用事实说话、以理服人，这样才能建设让人信服的领导团队，吸引更多的实干人才，促进组织基业长青。

4. 以负为正，激励批评

批评管理给人的第一印象是负向的，但在组织绩效反馈的应用过程中应注重将负向手段正向化。在使用这种技术时可采用欲扬先抑的方式，先明确指出员工在绩效任务中的不足，并给出方向指引，而后可以对员工已有成就给予表扬，并给予员工个人能力上的肯定和对未来工作发展上的期望。据此，可以充分发挥以负为正，批评管理与表扬管理相辅相成的组织绩效反馈与管理作用，促使员工更加全面地评估个人发展现状，并激发个体对未来发展的辩证思考，从而推动组织整体发展。

（五）通用技术

绩效反馈的一般技能又称为绩效管理的通用技能，体现在以面谈为主的绩效反馈过程中，既是绩效反馈能够顺利进行并取得较好结果的保障，又是为下一阶段绩效管理循环奠定良好的员工心理准备的关键技术。常用的绩效反馈的通用技术主要包括及时反馈、就事论事、双向沟通以及促进发展等。

1. 及时反馈

绩效反馈的及时性对绩效反馈的效果至关重要，对于好的方面及时奖励和表扬可提高员工的自我效能感，并形成内在自我动能的激发；对于不好的地方及时批评与纠正也能发挥最大的教育效果。如果事情发生已久，或不良影响长期存在而被人们忍受，则可能使人产生习惯性的心理认可，而在下一次工作中继续被反馈出这种不足时，则很难引起被考核者对改进这项不足的动力和决心，由此量变积累到质变，可能会对企业造成无法弥补的损失。

2. 就事论事

在绩效反馈，尤其是消极反馈的过程中，应该做描述性而非判断性的评价反馈，并且尽量以温和、试探性的口吻进行询问，必要时可借助"第三人称"的方式进行举例说明。"就事论事"指的是，绩效反馈是针对当前绩效结果而非某个员工个人品质等方面，因此，在反馈面谈过程中要注重话语表述，避免伤害员工自尊心，导致对方遭受巨大打击。该技术同样要求反馈者以一种公平、公正，不掺杂个人主观情绪与预先判断的态度进行。

3. 双向沟通

绩效反馈是双通道沟通过程，即员工在接收反馈的过程中可以就自己的情况做出解释或对反馈信息提出意见，绩效反馈面谈具有对有关情况做出进一步深入了解的作用，如果员工提出的意见合理且具有可操作性和改进意义，则应该灵活地对有关评价做出调整、修正；如果员工的解释无法令人信服，则应该进一步向员工做出必要说明，通过双方良好的沟通与员工达成共识。

企业高层管理者需要重视战略性沟通，自上而下，提高各级管理者和下属员工对管理沟通的重视程度。构建一套自上而下的完善沟通机制，加快信息传递速度，提高信息的全面性、有效性，使员工能够积极提出有关企业发展的意见和建议，从而提升企业的团队凝聚力。当获得信息与实际情况不符时，各级管理者要及时采取调控措施，纠正偏差。同时，考核者在制订绩效计划时，更要与被考核者保持充分的协商和沟通，加强与被考核者之间的交流。要及时反馈考核结果，提出相应的改进意见，构建高绩效的队伍（倪燕娜，2019）。

4. 促进发展

绩效反馈包含向员工解释个人绩效考核结果与促进员工个人绩效能力提升两个方面的意义。因此，在绩效反馈时，不能简单地把问题抛给员工自己去解决，而应该与其一同研究造成失误的原因或自身的不足，通过责任分担、信任表态等方式缓解员工的心理压力，从而能够更好地聚焦在问题的解决上，而不是聚焦在已造成的失败上。

绩效反馈面谈技术是促进双方在针对绩效结果的沟通过程中能够传递有效信息的方法。对绩效反馈技术的把握和不断反思提升是企业管理者应该不断提升的自我素质，而良好的反馈仅靠拥有相关技术远不足以达成，还需要反馈者具备相应的自我反思、沟通能力，在人际沟通过程中获得绩效反馈与员工激励的双重效果。

第三节 绩 效 面 谈

面谈是一种高效的信息沟通方式。作为正式绩效沟通，绩效反馈阶段的绩效面谈旨在赋予上下级面对面交流下属绩效的机会，让双方在面谈中对绩效结果及存在的问题达成一致看法，以此明确下一阶段绩效管理的工作重点。但是在企业管理实践中，绩效面谈常常没有得到应有的重视，为了节约绩效管理成本，人们常常将绩效考核表格填写及考核结果计算作为绩效管理的最终环节。面谈环节的缺乏往往会导致考核者和被考核者对绩效考核结果的认可程度产生偏差，也无法找出导致实际绩效结果与绩效目标之间差距的真正原因，后续绩效改进工作也就无从谈起。

一、绩效面谈的概念与作用

（一）绩效面谈的概念

绩效面谈是指上级和被考核者面对面沟通，在沟通过程中向被考核者告知绩效考核的具体结果，找出绩效表现不佳的相关方面，并由双方共同分析导致实际绩效结果与绩效目标之间差距的真实原因，最终制订出相关绩效改进方案。

绩效面谈一般包括工作业绩、行为表现、改进措施和新的目标四个方面的内容。

1. 工作业绩

了解被考核者工作业绩的完成情况是绩效面谈的一个重要方面，在面谈中应进行及时的反馈，让被考核者了解上级对他表现的考核结果。有时员工会不赞同考核结果，此时上级需要与员工进行耐心的沟通，阐明绩效计划和绩效考核标准，详细地解释绩效考核结果的由来。通过对绩效考核结果的反馈，被考核者可以对自身工作表现不足之处及如何改善进行经验总结，从而为将来的工作奠定基础。

2. 行为表现

绩效面谈不仅要重视对绩效考核结果的反馈，还要考察被考核者在追求绩效目标过程中的行为表现，具体包括工作态度和工作能力等。对于行为表现的关注，不仅能挖掘出工作业绩产生偏差的原因，从而帮助员工提高自身的工作技能，还能为员工指明其职业生涯的下一步方向。

3. 改进措施

如何改进绩效是绩效管理的最终目的，因此在面谈过程中应该指出员工绩效不佳之处，并与他共同探讨深层原因和具体的改进措施。有时员工可能认识到自己的不足并且非常渴望改正，但由于缺乏专业的指导和适合的计划，所以一直停滞不前。这是管理者和员工都不想发生的情况，因此在面谈中提出改进的具体措施尤为重要。

4. 新的目标

绩效面谈作为绩效管理的最后一步十分重要，上级应该结合员工上一周期的绩效完成度和当前的工作提出下一周期的绩效计划和绩效标准。如果没有目标，员工会像无头苍蝇一样，不知道如何高效地将自己的精力分配到不同的工作中去。因此，这一步能帮助员工在工作中更有计划并且提高工作效率。

（二）绩效面谈的作用

绩效面谈不仅能找出上一阶段员工绩效表现不佳的原因所在，还能为下一阶段的绩效管理工作奠定基础。具体而言，绩效面谈的作用包括以下四点。

1. 绩效面谈有利于考核双方对绩效结果达成共识

绩效面谈是一种双向的沟通，可避免上级和下级之间产生误解。人们对于同一件事常有不同的看法，即使看法一致，深层的理解也不会完全一样，此时良好的沟通就显得非常必要。绩效面谈作为一种有效的沟通方式，是将上级的想法传递给下级，而且下级也能及时表达自己的看法，避免了上级强加评价、下级闷闷不乐的尴尬局面，最大限度地调动了员工的积极性。

2. 绩效面谈有利于被考核者全面认识自己

在绩效面谈中，管理者会不加修饰地褒扬你的优点，指出你的缺点，有利于员工正确地认识自己，认识到自己的潜能的同时，及时进行自我矫正。一个称职的管理者能够及时发现员工的不足并提出建设性建议，从而促进员工绩效的提升。这不仅是上级帮助下级进行自我提升的环节，更是员工自省、全面认识自己的环节。

3. 绩效面谈有利于制订下一阶段的绩效目标与计划

在绩效面谈中，管理者和员工在工作方面进行了深入的交流，因此对工作有更深的了解，能够更好地制订下一周期的绩效目标和计划。在达成一致意见后，员工可以主动提出绩效改进计划，并向管理者寻求帮助。管理者首先应该对此计划的可行性进行全面的考察，随后尽力协助员工制订具体的计划。

4. 绩效面谈有利于促进员工个人发展

在绩效面谈环节中，上级会指出员工的优点和缺点，让员工对自己有更综合、更深入的了解。在了解自身的优点和缺点后，员工能够更好地发现自己适合做哪个方面的工作，更有针对性地进行职业生涯规划，把握自身的职业生涯走向。

二、绩效面谈的原则与方法

不同于其他反馈方式，面谈是考核者和被考核者之间面对面的交流，鉴于已有的上下级关系，绩效面谈如果不讲究相关技巧，管理者可能无法从被考核者口中得知绩效不佳的真正原因，制订的绩效改进方案及新绩效计划也可能失去其应有的效力。绩效面谈时应注意相关原则与方法，以帮助管理者在实际绩效面谈过程中能够获得更加真实的相关信息。

（一）绩效面谈的原则

一般而言，在绩效管理中，如果被考核对象为个体员工，那么绩效面谈双方一般为员工及其上级领导；而如果被考核对象为部门层次，那么绩效面谈双方则为部门主管及上级部门主管。不管是哪种考核层次，绩效面谈对个人、部门乃至组织都具有重要影响，因此在绩效面谈过程中双方必须遵循以下八个原则。

1. 开门见山原则

管理者应该在绩效面谈的一开始就向员工指明此次会谈的目的，让员工清楚地知道自己应该做什么。管理者在与员工的交流中，应以积极夸赞的词汇为主，并且谈话内容涉及未来的计划。例如，"我们今天的面谈主要是探讨一下你最近的工作情况，遇到了什么难题，获得了什么经验，以及下一阶段的工作准备如何进行。"

2. 具体原则

泛泛而谈的面谈过程必然不会带来任何实质性的信息交流，绩效面谈必须做到信息交流直接具体，避免一般性的、抽象性的评价。如果上级要对下属进行表扬或者批评，其依据必须基于具体的绩效考核结果，通过客观的事实让员工了解自己还有哪些方面亟待改善；而对于员工而言，如果员工对绩效结果有任何不满意的地方，同样可以在面谈中向上级主管主动提出疑问或进行申辩，但是也要基于足够客观的事实进行说明，否则只会给上级留下狡辩、轻浮的印象。只有双方在面谈中交换具体客观的事实，绩效面谈过程才能保证公平、公正，反馈结果也才能更加有效地指导后续工作。

3. 互动原则

由于管理者和员工固有角色的高低位置，绩效面谈很容易变成管理者的单口相声。为了避免这种情况的出现，管理者应鼓励员工说出自己的想法，多交流。当员工有意愿进行表达时，管理者不应该打断或压制。只有当员工愿意主动表露自我时，管理者获得的信息才是真实有效的。当员工提出好的建议时，管理者应该充分给予肯定，谦虚承认自己有待改进并与员工探讨改进计划。

4. 求同存异原则

在绩效面谈中，求同存异是一个重要的原则。管理者代表着公司的利益，而员工则会从自身利益出发，这使得两者间难免出现分歧。此时管理者应与员工积极地沟通，争取员工的理解，同时也设身处地为员工着想。如果分歧难以解决可暂时搁置，换个思路探讨其他方面，当其他方面的问题探讨完之后，管理者和员工由于对整个谈话有了全局观，此时再对难以解决的问题进行探讨会有些新的灵感。

5. 基于工作原则

工作绩效应该是绩效面谈的核心。有时员工的某些性格会导致工作效率低，此时管理者应通过工作业绩提醒员工进行某些改进，而不应该直接对员工的性格进行批判，性格本身无好坏之分，更不应该成为考核的依据。

6. 分析原因原则

在面谈中，管理者往往会关注"怎么样"，而不是"为什么"，而找出原因是解决问题的前提。很多时候员工能够认识到自己在工作方面的问题，却找不到导致问题的原因，此时他们可能会求助于管理者。管理者作为一个富有经验的"旁观者"，能够更客观地从事情的全貌去分析，引导员工提升自己找出问题的原因的效率。因此，只有管理者主动对员工的问题进行深入的原因分析，才能从根本上解决问题。

7. 信任原则

如果上下级缺乏信任，绩效面谈的氛围就会从轻松变为紧张、烦躁。绩效面谈是上下级进行绩效交流的良好渠道，双方应该互相理解，营造一种彼此信任的氛围。管理者应该充分尊重员工，倾听员工的想法和观点，努力站在员工的角度，设身处地为员工着想。管理者犯错时应主动向下级承认错误，努力获得员工的理解和信任。员工也应该尽量转变思维，上下级并不是对立的关系，而是携手共进的关系，因此应该充分信任自己的上级，把握住这次良好的交流机会。

8. 关注未来原则

绩效面谈是为了通过回顾过去的绩效，帮助员工制订未来的绩效计划，其核心目的是通过制订计划提高员工的工作效率，而不是陷入过去的漩涡。管理者应主导方向，将员工的注意点引向如何制订未来的工作计划。

（二）绩效面谈的方法

为了充分达到绩效面谈的目的，考核者和被考核者均应预先选择合适的时间、地点，准备各项资料。此外，管理者也应该提前掌握一些面谈的方法保证面谈的顺利进行，确保面谈在融洽的氛围中进行，在愉快的告别中结束，避免成为批斗会、辩论场。

1. 鼓励员工说话

绩效面谈作为一种有效的沟通方式，双方应该进行双向沟通。对于性格特别内向的员工，我们应鼓励他尽量多发表自己的意见，因此我们可以灵活地运用各种提问技巧引导员工发言。首先我们可以提一些开放性问题，如"你认为怎样才能使效率提高？"接着针对员工的回答运用一些鼓励性话语，如"你还有什么别的意见吗？"等，管理者要极力避免横加指责。

2. 认真倾听

善于倾听是一种能力，管理者只有当一个好听众，才能从面谈中获得有用的信息。面谈有时会出现双方同时开口的情况，此时管理者应该停下来，鼓励员工继续发言。在倾听的过程中，管理者要敏锐地捕捉关键信息，发掘员工真正的想法和感受。管理者在交谈中主动退让、鼓励员工优先发言，会让员工感到"我说的内容很重要""上级很尊重我"等，使得员工更加重视此次面谈。

3. 运用肢体语言

在交流的过程中，肢体语言更能反映我们真实的内心。因此，管理者应该管控好面部表情和肢体语言。在面谈过程中恰当地使用肢体语言，可以获得比使用语言更好的效果。例如，倾听员工讲话时，可以用点头表示赞同，使身体前倾或主动记录表示对此发言感兴趣。此外，还可以增加眼神交流，让对方感到他是被重视的。同样，管理者也可以关注员工的表情、动作等微小反应，来发现其中隐含的言外之意。

4. 小道具的运用

在绩效面谈中，适当地运用一些"小道具"将有助于制造谈话气氛。例如，主动给员工倒一杯茶或咖啡，主动为员工递上一根烟，这些小小的行为不仅透露你对员工的重视和尊重，还能让双方关系更亲密。在轻松的氛围下，员工才会更愿意与你交流，吐露自己真实的想法。

5. 妥善处理员工的对抗情绪

防御性反应是每个人都有的自然反应，如果在面谈中员工被指责表现较差，员工会立刻为自己找各种客观原因，甚至会突然愤怒并产生攻击性。公开承认自己表现不好是一种比较难的行为，因此这种攻击性表现只是一种自我保护的方式。管理者应该预想到这种情况的发生，在员工情绪稳定后再继续进行讨论。同时，管理者也应该反思自己的言语是否过于激进，针对易于产生对抗情绪的员工，管理者应将批评改为提出建设性的建议。

第四节　绩效反馈的应用

绩效反馈作为绩效管理的重要内容，能够帮助企业加强内部的管理，促进企业人力资源发挥作用。打造高效的工作团队对于提高企业的核心竞争力和创造力具有重要意义。

绩效反馈能够为高绩效的团队建设提供重要的参考价值，从而促进企业的发展和进步（邓颖，2014）。绩效反馈的应用是对本次绩效管理循环中所取得成效的综合发挥，以期在未来绩效管理过程中吸取绩效管理经验，促进企业绩效水平提升。

一、绩效反馈效果的评估

作为组织绩效管理的最后一个重要环节，绩效反馈不应只是一次短暂的面谈，而应该呈现为一个阶段性的跟进评估。绩效反馈的跟进过程既是对本次绩效管理的总结，又是下一次绩效管理循环的过渡。绩效反馈面谈结束后，管理者需要对面谈效果及后续改进成效进行持续跟进调查，从而了解绩效反馈对员工工作行为的影响。绩效反馈结果通常可使员工表现出如下三种状态。

（一）激发积极、主动的工作状态

通常情况下，绩效反馈与下属自我绩效考核基本一致，通过双方的绩效考核，对员工的优异表现给予奖励，可以促进个人工作态度的改善。在团队建设的过程中，也应当采取有效的激励反馈来加强团队成员的主动性，这是团队建设的关键。这样能够帮助团队的领导者激发团队成员的积极性，从而更好地发挥团队成员的创造力。

绩效反馈将有效信息以积极的、建设性的沟通方式传递给被考核者，评价员工个体工作任务的完成情况、工作职责的履行情况和胜任力发展情况，反馈正面及负面信息，不断发展组织胜任力模型，采用和善的态度，引导一种向上的氛围，使被考核者真正能够朝着组织及其个人有利的方向发展。这样，绩效反馈既是主要管理者和员工个体对绩效考核结果的良性沟通，同时也是实现"人企双赢"的过程。通过企业管理者和员工个体深入查找自己在胜任力上的不足，反思绩效目标未达标的原因，从而提出有效改进的办法和措施的过程（徐峰，2012）。

基于积极心理学视角，员工自身的优点和积极特性（例如工作投入的自我效能感和主观幸福感）会影响其工作行为，从而产生不同水平的幸福感、组织承诺和工作绩效。积极心理学在其中不断挖掘员工积极的心理特质，促进员工生活满意度、工作绩效等的提升（侯奕斌等，2006）。

（二）保持原来的工作状态

绩效反馈后也可能存在员工工作状态保持原样不变的情况，在本次绩效考核结果与先前考核结果基本一致时，员工可能会受到惯性思维的影响，从而与先前状态保持一致而不做出任何改变。这种稳定的工作状态看似有利于维持现有水平，实则不利于组织进步——个人习惯性地安于现状，可能会感染整个部门，使大家都处于同样疲软的工作状态，积少成多，便形成组织慵懒成性的组织文化，由此便不具有参与市场竞争的核心动力，最终会造成企业垮塌。

针对上述情况，绩效反馈应注重多维度反馈，在沟通过程中反馈者对被反馈者使用激励、惩罚、探讨、询问等多种形式为一体的反馈形式，针对每位员工制订专属的访谈计划，并不断与先前绩效考核的结果进行比较，引导员工建立自身内在的绩效结果考核机制。反馈的最终目的在于促进个人内在反馈机制的完善，因此，积极有效的反馈应该注重弥补员工对自身绩效能力认识的盲区，提供额外信息促进个人对自身的全面认识。

（三）调节消极、被动的工作状态

员工消极、被动的工作状态会影响其个人工作效率和成果产出的质量，甚至可能在部门内形成消极应对的低压工作氛围，从而削弱整体士气，这种结果是管理者不愿意看到的。这种结果出现的原因可能是绩效反馈情况与下属自我绩效考核不一致，也可能是绩效反馈情况基本一致且绩效良好，但员工对绩效反馈的形式不满意。

因此，在绩效反馈的过程中要注重绩效反馈结果与员工自我绩效考核的一致性，提升管理者绩效反馈的沟通技巧，使得双方情感沟通方向一致，保持客观公正的态度，努力倾听员工的心声。首先，由于管理者在长期的反馈面谈过程中容易形成自己的面谈风格，但在面对不同性格的员工时应考虑采取适用于面谈对象的风格，以发挥面谈的积极效果；其次，员工长期受绩效考核影响，易有压力和负面情绪，管理者更应该及时为员工做压力管理和疏导，以便维持组织高效的运转力。

二、绩效反馈的常见问题

绩效反馈结果的运用要遵循"以人为本，促进员工发展"的原则，还要注重将员工个体和组织紧密联系起来，促进员工与企业共同成长和发展。在此基础上做到统筹兼顾、综合运用，为人力资源决策提供科学依据。然而，绩效反馈极为复杂，并无法避免受双方主观价值的影响，很难做到绝对完美，具体可能产生如下四个问题：① 企业绩效考核反馈制度不完善；② 绩效考核反馈内容与员工个人的切身利益结合不紧密；③ 员工的绩效反馈没有与员工培训、个人发展良好结合；④ 组织管理者绩效反馈技术应用不成熟，绩效反馈沟通效率低。

首先，从企业层面来看，完善的企业绩效管理制度有利于在企业内部形成"能者多劳，劳有所得，公平合理"的竞争氛围，而现实情况是许多中小型企业并未建立起完善的绩效管理制度，绩效面谈不具备成熟运作条件，这样绩效反馈面谈将不可避免地损失意义或仅仅流于形式。站在管理者角度来看，绩效面谈为绩效管理工作的开展提供沟通基础，在帮助员工树立工作信心、开发员工胜任能力、强化其绩效管理参与度方面发挥着重要作用，同时也可以及时调节组织目标，最终实现企业与员工的共同发展（陈米园，2017）。在实践过程中，由于组织各层管理者没有引起足够的重视，导致面谈前期没有做充分准备，最终导致效果欠佳。

其次，员工层面的原因在于个人思想与企业整体管理理念不匹配，只有组织各层面主体在绩效管理过程中通力合作、密切配合，才能取得较好的反馈效果。而在实际反馈中，会出现接受反馈的员工对绩效面谈出现排斥、恐惧心理。造成这种情况的一个原因在于绩效管理前期培训宣讲不到位，使得员工对绩效反馈面谈产生认知偏差，另一个原因在于员工个人思维模式固化、安于现状，不愿打破固有模式。

最后，从绩效反馈面谈技术的角度来思考，造成反馈效果不佳的原因主要有如下两点：① 面谈双方缺乏有效的双向沟通，在实际面谈过程中主管往往没有把握反馈核心，从而无法引起员工内心的真实共鸣；员工也没有总结自己的绩效完成情况并做好客观的自我评价。双方缺乏深入沟通，仅依据固定流程陈述考核结果和询问固定问题，员工可能会处于一种自我期待中等待管理者的提问，但结果往往以失望结束。长期执行这种固定模式的绩效反馈会使得员工失去对反馈的期待，最终以出消极的态度应对。② 绩效反馈面谈后缺乏持续反馈和跟进，绩效面谈后的反馈跟进便于人力资源部门在绩效管理工作后期对该员工的绩效表现进行衡量，在下一个绩效考核周期内持续关注员工的绩效表现，比较员工在不同的绩效考核周期内的绩效水平变化，为下一阶段和员工个人发展收集信息，为企业人才选配、人员晋升奠定基础。然而，该环节处理不当则会造成企业绩效管理信息收集缺失，甚至会对下一阶段的绩效管理循环造成影响。

因此，绩效反馈面谈要在大的运作方面制定明确的执行流程，尽量做到全盘考虑，注重细节把控。在针对个案反馈的过程中则应该注重个性化设计，把握员工问题核心，给予具有说服力和指向性的积极反馈（Ye et al., 2020）。

三、绩效改进

绩效改进是绩效管理过程中的一个重要环节，包括绩效分析、绩效改进计划的制订以及绩效改进计划的实施与评价。在绩效反馈结束后，由管理者综合回顾本次绩效管理所获成效以及所走过的弯路，总结经验和教训，并做出相应的调整和改进。传统绩效管理的目的是通过对员工的工作业绩进行考核，将考核结果作为确定员工薪酬奖赏、晋升降级的标准。而现代企业绩效管理远不止这些，还会将考核结果用于促进员工提升绩效能力、企业持续改进等方面。因此，绩效改进工作是否有效，事关企业未来的可持续发展。

（一）绩效分析

绩效分析是绩效改进流程的第一步，其目的在于明确个人、部门和组织层面存在的绩效差距，找出导致差距的原因，并依据相应的规范编制绩效分析报告。

1. 寻找绩效差距

我们通过科学准确的绩效评价，将绩效考核量表中个人、部门和组织三个层面的目标值与实际产值进行对比，即可以得出这三个层面的绩效差距。其中，关于造成该差距更可能是由随机误差或是绩效过程中的具体操作引起的问题，可以通过统计处理方法进行检验。如果绩效差距由具体操作所引起，但又需考虑弥补绩效差距需要付出大量的人力、物力和财力成本与组织资源有限的现实情况，组织就需要对绩效改进要点进行取舍，首先改进当前最主要的问题。

一般来说，组织趋向于采用二维的选择方法，即考虑绩效问题是否亟待解决，以及问题改变的难易程度，先针对急需解决和容易改善的问题进行改进。这是这种方法的关键要点。在管理实践中，管理者要综合考虑每个拟选定项目所需的时间、精力和成本因素，选择用时较短、精力花费少和成本低的，也就是更划算的项目。此外，绩效差距与组织战略的相关性程度、存在差距的部门在组织结构中所处位置的重要性程度等，都是确定绩效改进要点排序的重要因素（方振邦等，2018）。

2. 分析绩效差距的原因

绩效差距的分析根据所看待问题着眼点的不同分为如下两种方式。

（1）以客观因素为着眼点的四因素法，考虑知识、技能、态度、环境四个方面的因素。关注员工在实际工作过程中的知识经验、所具备的技能、主观工作态度和客观工作环境等因素。

（2）以环境主体为着眼点的三因素法站在不同主体角度思考。首先，站在员工角度考虑没有完成任务的原因是否在于采取了错误的行动。造成这样错误的原因可能是主管的要求不明确、个人的知识技能不足以应对，或是个人的主观工作动机不足，等等。其次，站在管理者的角度思考，是否由于管理者的不当行为导致员工无法发挥自身能力，或者是否由于管理者的不当态度造成员工的绩效水平低下。最后，考虑外界环境因素是否影响员工的绩效能力。

例证 6-4

霍桑实验的绩效反馈沟通

1927 年心理学家乔治·埃尔顿·梅奥（George Elton Mayo）在美国芝加哥西方电器公司所属的霍桑工厂中所进行了一系列研究员工福利待遇变换与生产效率关系的实验，这系列实验简称"霍桑实验"。霍桑实验具体分为四个实验过程：① 照明实验；② 继电器专配工人小组实验；③ 大规模访谈；④ 继电器装配测试室研究。这一系列相关研究发现，良好的成员关系和上下互通的反馈机制有利于提升员工工作效率，而物质条件或工作环境的改善并非促进员工工作效率持久提升的必要因素。

霍桑实验的结果显示，企业中人的因素比物的因素和财的因素更为重要。因为人并非只是关注经济利益的"经济人"，而是有着情感、理智和社会交往需要的"社会人"。因此，人的劳动生产效率高低在一定程度上取决于工作中的情绪，即生产效率受社会因素和心理因素的影响。工人们长期以来对工厂的各项管理制度和方法存在许多不满，无处发泄，访谈计划的实行恰恰为他们提供了发泄机会。发泄过后心情舒畅，士气提高，使产量得到提高。因此，组织应注重研究人与人之间的融洽关系，以提高工作效率，达成管理者的预期目标。

（郭丹，2019）

根据上述两种看待绩效差异的不同角度，我们可以从客观角度对个体能力、特质以及环境等方面进行综合分析；或者站在不同主体角度换位思考，从宏观视角和微观视角进行全面分析，以帮助管理者明晰造成员工绩效差异的原因。

3. 填写绩效分析报告表

绩效分析报告表是对绩效管理全流程的情况进行分析总结而汇总的信息反馈表，包括对绩效反馈和后期个人情况跟进的内容，具体可参照表 6-1。

表 6-1　绩效分析报告表

影响绩效的维度		绩效不良的原因	备　注
个人	知识		
	技能		
	态度		
管理者	指导		
	交流		
	态度		
环境	内部		
	外部		

绩效反馈整体效果：

员工绩效改进情况：

（二）绩效改进计划的制订

在完成绩效分析表的填写之后，组织就要针对造成绩效差距的根本原因，开发能够缩小或消除绩效差距的方案，这些方案的组合共同构成绩效改进计划。其中，绩效改进计划的成功与否取决于改进措施的选择。

组织在经过绩效分析后，已经明确了绩效差距，并选择出首先要进行改进的问题，在这个阶段改进措施的选择标准有两个：一是能否"对症下药"；二是改进成本的高低。

员工可采取的改进措施包括向上级或有经验的同事学习，通过观摩他人的做法，参加组织内外的有关培训，参与相关领域的研讨会，阅读相关的书籍，进行模拟训练，选择符合自己能力的任务并逐级增加难度，以不断取得提升。

管理者可采取组织自上而下的培训，对组织人才根据培训需求进行划分，开展有针对性的培训。而提升管理者自身绩效能力的措施一般包括参加组织内外关于绩效管理、人员管理等的培训，向组织内外有经验的管理人员学习，等等。

在环境改进方面，管理者可以从组织文化的变革入手，建立积极的组织文化，并努力渗透到部门和每位员工内心，引导他们依此形成自己的工作价值观。此外，还可以适当调整部门内的人员分工或加强部门间人员的相互交流，以改善部门内成员间的人际关系；在组织资源允许的情况下，尽量改善组织工作环境和工作条件，营造良好的组织工作氛围。

以个人层面的绩效改进计划为例，绩效改进计划制订的内容主要包括以下五个方面。

（1）收集个人的基本情况、绩效反馈面谈的效果、个人未来的工作计划等。

（2）根据本次绩效管理循环的绩效考核结果和绩效反馈情况，确定在工作中需要改进的方面。

（3）明确造成绩效问题的原因以及解决问题的突破口，并附上前一个绩效管理循环中个人在相应考核指标上的得分情况和考核者对该问题的描述或解释。

（4）明确写出个人现有的绩效水平和经过绩效改进之后要达到的绩效目标，并在可能的情况下将目标明确地表示为在某个考核指标上的得分。

（5）提出具体而有针对性的改进措施。除需要确定每个改进项目的内容和实现手段，还需要确定每个改进项目的具体责任人和预期需要时间，并指定具体执行方案。

而在部门层面的绩效改进计划应当是在管理者和员工充分沟通的基础上制订的，也只有管理者和员工就绩效改进问题进行充分探讨，才能制订出有利于双方改进的现实性计划，从而实现绩效改进的目的。

（三）绩效改进计划的实施与评价

成功的绩效改进计划离不开对绩效考核和绩效反馈的前期资料收集。而绩效改进计划的实施阶段是监督绩效改进计划能否按照预期进行，并根据考核对象在绩效改进过程中的实际工作情况及时修订和调整不合理的改进计划的过程。绩效改进计划实施的要点主要有以下三个方面。

1. 保持持续的沟通

在绩效改进计划的实施过程中，离不开员工和管理者双方的努力协调，随着环境的变化及时调整计划并有效实施，双方共同协作会使工感受到外部支持，并非孤立无援。

2. 注重强化技术的应用

从本质上来说，绩效改进可促进某些符合期望的行为发生或增加发生的频率，或减少或消除不期望出现的行为。因此，可以通过正强化（给予喜好刺激）或负强化（撤销喜好刺激或增加厌恶刺激）的方式加强员工的某些工作行为，最终促成绩效能力提升。

3. 适当采取惩罚措施

相较于上一条强化技术的使用是为了增加员工的某些工作行为频率，采取惩罚措施的目的则在于减少员工的某些不当工作行为。但处罚只是手段，而不是目的，最终还是期望通过这种方法促进员工改进绩效，所以在采取处罚措施时要注意三个问题：① 采取处罚措施前要先让员工明确自身绩效考核的结果，以及自己所受处罚的原因，保证员工的知情权；② 所采取的处罚措施要合乎情理，由轻渐重，不要过于严苛；③ 采取措施后要注意监控和评估处罚后的结果，保证适量适度原则（张军，2010）。

总的来说，绩效改进是一个系统化的过程，是指通过对现有绩效状态的分析，找出与理想绩效之间的差距，设计并执行相应措施来缩小绩效差距，从而提升个人、部门和组织绩效水平的过程。绩效改进是对本次绩效管理循环的总结，也是下一次绩效管理循环的准备，充分利用绩效考核、绩效反馈面谈的信息，并对考核、反馈的问题做出相应的改进，以促进企业绩效管理能力健康发展。

例证 6-5

宝洁绩效管理与人际沟通的结合

每个财政年度末，宝洁公司都要开展绩效考核工作，考核参照年度工作计划进行，其特色体现在如下六个方面。

（1）管理者将考核业绩分为业务业绩和对组织发展有贡献的业绩两个部分，对组织的贡献包括培养下属、招聘、培训、效率提升和知识分享等方面。

（2）年度业绩考核没有采取单项指标打分的方法，而是由主管对员工进行综合评分，如果由于客观条件没有达标，只要主观方面尽到最大努力，照样可以拿高分。

（3）业绩考核结果采取强制分布，分1、2、3等，1为最优。其三个等级分别占比10%～15%、60%～70%、15%。管理者在打分时有时做2+和2-的区分，只有等级2以上的员工才有资格升级和跨部门轮岗。

（4）在业绩考核的同时，对员工进行能力分析和评估，明确员工的优势能力和需要改进的能力。

（5）由员工个人提出自身长期（3～5年）和短期（1～3年）的职业规划，再由管理者、上级部门针对员工个人的意见、同事的反馈及上级主管的观察共同协商规划员工个人的发展计划，安排所需的培训课程。

（6）员工对组织的贡献指标几乎占业绩考核50%的权重，这促使所有人都重视并积极思考自身对组织发展有哪些贡献，形成共同促进企业发展的良好局面。

在注重绩效管理的同时，不可忽视企业内部的人际沟通。宝洁公司总结并发展出一套适用于自身的"归纳三点"法，加强人与人之间的信息沟通和传递。其过程是在面对混乱复杂的信息时，首先，将信息小组化，选出重要信息；其次，收集所欠缺的信息；最后，通过讨论，构成信息的三点集约。这种方式能够有效地提高员工分析、归纳和总结的能力。

（资料来源：宝洁公司官网）

 **本章小结**

1. 绩效反馈是绩效管理在一个循环系统中的最后一步，是通过考核者与被考核者之间就被考核者在考核周期内的绩效情况进行沟通和讨论，在肯定被考核者成绩的同时，找出其在工作中的不足并加以改进的过程。

2. 绩效反馈的重要性体现在绩效管理的方方面面，该过程所要遵守的一般原则包括以下六点：① 经常性原则；② 对事不对人原则；③ 多问少讲原则；④ 着眼未来原则；⑤ 正面引导原则；⑥ 制度化原则。

3. 绩效反馈流程如下：① 绩效反馈的前期准备；② 绩效反馈的面谈阶段；③ 绩效反馈面谈的总结和改进。在此过程中涉及的绩效反馈技术包括：① 集体反馈；② 教练技术；③ "5W1H"技术；④ 软硬兼施的管理手段；⑤ 通用技术。

4. 绩效面谈上级和被考核对象之间进行零距离沟通，以分析绩效差距的原因并制定相应的方案，其应遵循以下八个原则：① 开门见山原则；② 具体原则；③ 互动原则；④ 求同存异原则；⑤ 基于工作原则；⑥ 分析原因原则；⑦ 信任原则；⑧ 关注未来原则。与此同时，管理者也应该掌握以下五种方法以确保面谈顺利进行：① 鼓励员工说话；② 认真倾听；③ 运用肢体语言；④ 小道具的运用；⑤ 妥善处理员工的对抗情绪。

5. 绩效反馈的评估通常表现出如下三种状态：① 激发积极、主动的工作状态；② 保持原来的工作状态；③ 调节消极、被动的工作状态。

6. 绩效反馈的常见问题包括以下四点：① 企业绩效考核反馈制度不完善；② 绩效考核反馈内容与员工个人的切身利益结合不紧密；③ 员工的绩效反馈没有与员工培训、个人发展良好结合；④ 组织管理者绩效反馈技术应用不成熟，绩效反馈沟通效率低。

7. 完整的绩效改进流程包括以下三个环节：① 绩效分析；② 绩效改进计划的制订；③ 绩效改进计划的实施与评价。

网站推荐

1. 绩效反馈资源网：https://www.indeed.com/career-advice/career-development/performance-review-phrases

2. 绩效反馈学习网：https://venngage.com/blog/performance-review-examples/

影视推荐

《平凡的荣耀》

这部影视剧将更广阔的视角投射到千千万万普通的职场人身上，讲述了一个高中毕业，做过外卖员、服务员的职场菜鸟在高才生和风云人物汇聚的公司里不断成长打拼的故事。在这部影视剧中，每个人都能从不同的角色身上看到自己的影子。故事情节与任务主线真实展现了当代职场现状，包括上下级沟通、组织绩效考核、客户沟通、危机应对等。

推荐理由：这部剧作为职场斗争题材的影视作品，极具渲染力，向观众们展示出企业内部的快节奏竞争和职场压力，但通过对"小人物"的角色渲染向观众传递职场正能量。

读书推荐

《绩效分析与改进》

内容概括：本书通过系统与全面的组织绩效诊断和对工作场所专业技能的描述，能够为改进组织的、流程的、团队的以及个人的绩效提供实际的基础，制订基于组织实际需要和目标的绩效改进方案。主要包括评估组织真实的业务需要和支持系统状况；诊断和改进工作流程；分析必需的专业技能、知识及态度；具体的绩效要求和评估标准；提供切实可行的和全面的绩效改进计划。

推荐理由：通过阅读这本书，我们可以掌握绩效改进、组织变革和人力资源开发与评估等方面的知识，提升管理者在绩效管理方面的技能，提高企业绩效管理效率。

出版信息：斯旺森. 绩效分析与改进[M]. 孙仪，译. 北京：中国人民大学出版社，2010.

思考练习题

一、选择题

1. 以下哪一项不是绩效反馈的作用？（ ）

A. 加强组织内部沟通 　　　　　　B. 缓解组织内部矛盾

C. 增强组织凝聚力 　　　　　　　D. 为下一阶段的绩效管理奠定基础

2. 以下哪一项不是绩效反馈的原则？（ ）

A. 对事不对人原则 　　　　　　　B. 目标程序原则

C. 着眼未来原则 　　　　　　　　D. 正面引导原则

二、简答题

1. 简述绩效反馈的概念。

2. 简述绩效反馈的流程。

3. 简述绩效改进的程序。

模拟实训：组织一次有效的绩效反馈面谈

在班级内部进行分组，构成3～5人的小组，模拟一次组织绩效反馈面谈的实践活动，假设绩效考核或组织内部面临某些需要通过沟通改善的问题，围绕问题开展一次有效的绩效反馈面谈。其中一人扮演接受反馈者，另一人扮演管理者，并由其他成员扮演评委，提出建设性的建议。

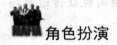

角色扮演

以某公司销售部内部员工绩效反馈面谈为例

假设你是公司销售部的经理，黄刚是负责东北地区的销售员，三年前从一家小公司跳槽加入你的部门。前两年黄刚只是把精力用于发展客户关系，但都未能够完成销售任务，同时，黄刚对客户的业务需求了解很肤浅，对公司的产品性能了解也很有限。基于上述这些表现，你给黄刚的业绩评定连续两年都只是及格。

而今年，东北地区一家集团公司突然决定实施ERP项目，你和技术部经理立即组织力量投标，经过几轮奋战，最终拿到了合同。作为销售员的黄刚在项目运作期间工作很努力，以建立各种关系为重点，成为项目组的骨干。由于ERP项目的成功，黄刚的销售业绩当年达到了130%。

但是作为销售经理，你注意到黄刚在与技术工程师合作时，关系处理得非常紧张，工程师们抱怨黄刚不能够准确及时地满足客户需求，没有制订具体的项目计划，也不与大家沟通，几次造成方案重新设计，大家都不愿意与他合作。另外，黄刚没有在事先预报该ERP项目，导致公司不得不临时紧急抽调人员。综合以上考虑，你计划给黄刚良好

的绩效考核成绩。

今天你约了黄刚来做本年度的绩效反馈面谈，那么，作为经理，你认为对黄刚的绩效反馈面谈要讨论哪些关键点呢？你希望达到的目的是什么呢？

在这个案例中，可以做出以下思考。

（1）回顾黄刚在这个项目当中所做出的重要贡献。

（2）要与黄刚充分地沟通。引导他谈谈对这个项目顺利实施的看法，看看黄刚是否意识到自己的问题所在。

（3）直接告诉黄刚存在的不足。要直接告诉黄刚，他与技术人员的沟通不畅，进一步点出黄刚对业务不熟悉，对客户的需求不清楚。

（4）要告诉黄刚他的业绩考核结果。询问是否认同，如果黄刚认同这个良好的业绩考核结果，即达成了共识；如果不认同，那么就进入第五步。

（5）让黄刚树立正确的职业价值观。要说服黄刚正确地看待销售过程当中的偶然性和必然性，告诉黄刚如何在良好的客户关系的基础上，侧重于业务知识的积累，侧重于专业销售方法的提升。

（6）要共同展望。要对黄刚通报企业的整体绩效情况、销售业绩情况，告诉黄刚他在整个销售队伍当中的排位，要给黄刚传递一些工作的压力，让他知道前进的方向。

（资料来源：绩效反馈面谈的案例分析 [EB/OL]．（2018-06-28）．https://mp.weixin.qq.com/s/9owjA4SSeS2Rqv8izmy0Mw.）

案例分析

Adobe：绩效考核？别逗了！该 "check in" 绩效谈话才对！

Adobe 是一家加利福尼亚州本土公司，以发布创意软件而闻名天下，多年前便采用了员工排名绩效管理的制度。这种强制分配体系从 20 世纪 80 年代开始风靡，即要求主管将员工进行曲线排名，将处于末位的 10% 的员工裁员，这一体系后来被出任通用电气公司 CEO 的杰克·韦尔奇赞誉为大型企业高绩效的核心组件。

每年 1 月，Adobe 公司的 11 000 多名员工都会结束上一年度的绩效考核，2 月则意味着为了排名而明争暗斗的日子终于告一段落。而这种绩效考核导致了颇有争议的企业文化，使那些受挫的员工不得不另谋职业，其中许多人恰恰对公司的发展起着关键作用。

在这种迫切改变的局面下，Adobe 用 "check in" 模式替换了沿用多年的绩效管理制度。这是一种更为频繁却非正式的绩效谈话，核心在于解构从前那种呆板的评级方式和年度反馈的报告架构，用以支持季度、月度，甚至每天的绩效谈话。Adobe 公司的高级副总裁唐娜·莫里斯（Donna Morris）和其他主管用其新理念 "check in" 模式来培训经理们，并将此称为 "前进的教育"（ongoing education）。

莫里斯表示这种 "众包模式" 使她心中最初的改革想法逐渐成形——摒弃行政手段，向员工提出明确的期望，得到持续的反馈，也使管理人员在此过程中发挥更积极的作用。

2012 年 7 月，Adobe 公司将这种新评估手段命名为 "check in" 并开始推广实施。接着，HR 部门开展了介绍并学习这一概念的活动，HR 团队利用"联结"（connect，Adobe 公司的网络会议平台）举办了由主管牵头的讲座来介绍"check in"模式，同时，也通过一些非正式的社交场合搜集员工对新政策的反馈意见。

该模式有以下三大目标。

第一，所有员工必须知晓公司对他们的期望。

第二，所有员工和管理人员必须参与其中。

第三，该体系应该给员工进步的空间和机会。更为重要的是，该模式必须由管理人员全权掌控，不受 HR 部门的干预。

"check in"绩效谈话要求每季度一次，不过有些管理人员选择将它变成每周或每月一次的一对多谈话。在这些绩效谈话中，管理人员应该向员工提出明确的目标。他们和员工也应对绩效谈话做出具体的反馈。这种反馈并非单向的，员工也应在同一次对话中向经理提供绩效反馈。虽然在 Adobe 内部，每个部门和管理人员可能对"check in"有不同的执行方式，但莫里斯表示绩效谈话一直持续进行着。

Adobe 公司锐意进取，根据获得的反馈，还在持续改进其"check in"模式。盖茨表示 HR 团队不断地将有用的工具和资源加入员工资源中心，以便管理人员在组织中开展"check in"模式的绩效谈话时可以使用。在两年多的时间里，"check in"模式在 Adobe 公司企业文化中大放异彩。员工自愿离职率在过去两年内降低了 25%，同时 Adobe 公司的股价有了稳定攀升。因此，Adobe 公司正在将这一举措推广到全球。

（资料来源：Adobe：绩效考核？别逗了！该"check in"绩效谈话才对！[EB/OL]．（2016-08-22）. https://www.sohu.com/a/115511444_187697.）

讨论题：

1．Adobe 公司"check in"绩效谈话的核心思想是什么？

2．这种绩效反馈方式有什么优点？

参考文献

[1] 王世华．绩效反馈不可忽视[J]．通信企业管理，2005（5）：71．

[2] 王浩．以终为始，绩效反馈与运用关乎整个绩效考核的命运[J]．经营管理者，2014（32）：185．

[3] 付亚和，许玉林，宋洪锋．绩效考核与绩效管理[M]．北京：电子工业出版社，2017．

[4] 方振邦，刘琪．绩效管理：理论、方法与案例[M]．北京：人民邮电出版社，2018．

[5] MICHAEL M D. Handbook organizational creativity[M]. London: Academic Press, 2011.

[6] 章志光．社会心理学[M]．3 版．北京：人民教育出版社，2015．

[7] 张世和．领导艺术纵横论[M]．重庆：重庆出版社，2002．

[8] 胡华成．绩效管理与考核全案[M]．北京：清华大学出版社，2019．

[9] 倪燕娜. 企业绩效反馈中的面谈技巧和薪酬激励策略[J]. 市场观察，2019（4）：66.

[10] 何小艳. 基于绩效管理流程的企业绩效沟通研究[J]. 企业改革与管理，2015（12）：78.

[11] 杨富云. 解读企业教练技术[J]. 当代经济（下半月），2008（8）：34-36.

[12] 邓颖. 论绩效反馈的运用与高绩效团队建设[J]. 东方企业文化，2014（9）：341.

[13] 徐峰. 人力资源绩效管理体系构建:胜任力模型视角[J]. 企业经济，2012，31（1）：68-71.

[14] 侯奕斌，凌文辁. 积极组织行为学内涵研究[J]. 商业时代，2006（27）：4-5.

[15] 陈米园. 绩效面谈的问题与对策[J]. 纳税，2017（22）：68-71.

[16] 刘美凤，方圆媛. 绩效改进[M]. 北京：北京大学出版社，2011.

[17] 郭丹. "经济人""社会人"理论与启示[J]. 中国管理信息化，2019，22（7）：119-120.

[18] 张军. 绩效改进计划：绩效管理的重要环节[J]. 中国人力资源开发，2010（9）：52-54.

[19] HEIDER F. The psychology of interpersonal relations[M]. New York: John Wiley & Sons Inc (The psychology of interpersonal relations), 1958.

[20] GRAY D E , Goregaokar H . Choosing an executive coach: the influence of gender on the coach-coachee matching process[J]. Social ence electronic publishing, 2010, 41(5): 525-544.

[21] YE Y, YU W, NASON R. Performance feedback persistence: comparative effects of historical versus peer performance feedback on innovative search[J]. Journal of management, 2020, 47(4): 1053-1081.

第七章
目标管理考核法

效率是"以正确的方式做事"，而效能则是"做正确的事"。对企业而言，不可缺少的是效能而非效率。

——现代管理学之父彼得·德鲁克

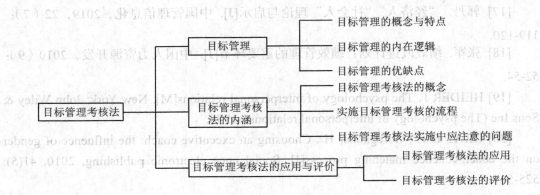

学习目标

➤ 了解目标管理的概念、特点、内在逻辑和优缺点
➤ 掌握目标管理考核法的概念、实施流程和注意事项
➤ 掌握运用目标管理考核法的方法
➤ 了解对目标管理考核法的相关评价

引例

索尼公司与目标管理

索尼公司是日本一家全球知名的大型综合性跨国企业集团，是世界视听、电子游戏、通信产品和信息技术等领域的先导者，是世界最早便携式数码产品的开创者，是世界最大的电子产品制造商之一。索尼集团发布 2019—2020 财年财报，集团销售收入 82 599 亿日元，实现营业利润 8455 亿日元。

在一次与员工就餐的过程中，索尼公司的董事长盛田昭夫了解到年轻职员存在工作不被上级领导重视、工作创新难被认同的瓶颈，甚至一度怀疑自己不是在为梦想中的企业——索尼工作，而是在为科长工作。员工的个人目标与组织目标不一致，更多时候只是自上而下地单向承接部门主管下发的任务。

面对这样的员工质疑，盛田昭夫开展了人事管理制度变革，引入目标管理技术和人本主义管理理念，关注员工个人目标与组织目标相结合的共同发展。索尼公司开始每周出版一次内部小报，刊登公司各部门的"求人"信息，员工可以自由而秘密地前去应聘，上司无权阻止。另外，索尼公司原则上每隔两年就让员工调换一次工作，特别是对于干劲十足的青年员工而言，公司不应只是让他们被动地等待工作，而应主动地给他们施展才能的机会。在索尼公司实行内部招聘制度以后，有能力的人才大多能找到自己较中意的岗位，而且人力资源部门可以发现"流出"人才较多的部门上司所存在的问题。将员工个人子目标聚焦于组织总目标之上形成高效统一的组织目标管理模式，可以大大提升公司绩效水平，降低资源浪费。

索尼公司积极把握住目标管理的理念，形成目标一致、团队凝聚、领导引领、员工激励相协调的组织管理机制。在企业内部建立良好的管理机制，要遵循如下 5 个方面的原则：① 组织目标与个人目标相结合的原则；② 物质激励与精神激励相结合的原则；③ 目标导向相一致的原则；④ 个性化激励同时满足员工个人与组织整体发展需求的原则；⑤ 坚持民主公正的原则。

不得不说，索尼公司在激烈的市场竞争中能够占有一席之地，在一定程度上得益于其注重组织目标管理与人才培育的管理思路。

（资料来源：索尼公司官网）

从上述引例中可以看出，索尼公司重视组织目标管理和企业人才培育，凭借着自身的科技实力和目标管理所发挥的作用，在国际市场上抢占先机。本章主要介绍目标管理的基本概念和特点，并详细探讨如何实施目标管理考核法，最后对其综合应用进行分析与评价。

第一节　目 标 管 理

目标管理是现代企业管理中举足轻重的内容。本节对目标管理的基本知识进行概述，主要探讨目标管理的概念、特点、内在逻辑以及优缺点。

一、目标管理的概念与特点

（一）目标管理的概念

目标管理（management by objectives，MBO）由美国著名管理学家彼得·德鲁克在其 1954 年出版的《管理的实践》（*The Practice of Management*）一书中提出。德鲁克认为，所谓目标管理，是一种程序或过程，它使组织中的上下级一起协商，根据组织的使命确定一定时期内组织的总目标，由此决定上下级的责任和分目标，并把这些目标作为组织经营、评估和奖励的标准。从员工的角度来说，目标管理实现的是"要我干"到"我要干"的过程。

（二）目标管理的特点

彼得·德鲁克（2014）认为，任何组织的目标与部门和个人的目标必须步调一致。虽然企业的每个成员所做的贡献各不相同，但是，他们的努力必须全都朝着同一方向，他们的贡献必须融成一体，以产生整体的业绩。与其他管理模式相比，目标管理具有以下5个特征。

1. 重视人的因素

目标管理是一种参与的、民主的、自我控制的管理理念，是一种把个人目标和组织目标结合起来的管理理念。在这种管理理念下，上级和下级的关系是平等，相互尊重、信任和支持的，下级在对目标做出承诺和被授权之后是自觉、自主的（方振邦，刘琪，2018）。

2. 系统导向

目标管理运用总目标指导分目标，用分目标保证总目标。目标管理通过专门设计的过程，建立起目标锁链和目标体系，把组织的整体目标逐级分解，转换为各部门、各员工的分目标，从组织的目标到各部门的目标，再到个人的目标。这些目标方向一致，环环相扣，互相配合，形成协调统一的目标。

3. 注重"统一"

一方面，它强调工作和人的统一，管理者不断地挖掘员工本身所具有的自我实现的欲望，让员工从工作中获得生存的价值，更好地达成目标；另一方面，它强调个人目标和组织目标的统一。

4. 强调"自我控制"

德鲁克（2014）认为，员工是愿意负责的，愿意在工作中发挥自己的聪明才智和创造性。目标管理的主旨在于，用"自我控制的管理"代替"压制性的管理"，它使管理人员能够控制他们的成绩。这种自我控制可以成为更强烈的动力，推动他们尽自己最大的努力把工作做好。

5. 注重结果

目标管理以目标制订为起点，以目标完成情况的评估为终点。工作结果是评估目标完成情况的依据，成为评估工作绩效的唯一标准。至于完成任务的具体过程和方式，上级并不做过多的干预。因此，在目标管理理念下，监督的成分很少，而控制目标实现的能力很强。

例证 7-1

华为的目标责任制

华为曾经做过一个项目，项目操作过程中员工的疏忽使物料报废高达66万元，造成了严重的成本浪费。事后，华为对参与项目上下游的各个部门和相关工作人员展开调查，以确定谁该为此负责。

经过调查发现，物料清单在归档时，由于旧 BOM（物料清单）系统处于向 MRPII

（制造资源计划）数据库的更换阶段，对物理软件与载体对应关系的理解不够清晰，所以引起了失误。这一过程还要经过人工审核，损失完全可以在这一环节避免。然而，BOM科人员在审核时却没有起到正确的指导作用，导致错误的清单流入下一个环节。

之后，还有一次机会可以避免损失，那就是BOM科第二次归档清单进行审核时，而这一次失误也未被发现。此外，市场人员也应该负一部分责任，因为在市场竞争下，迫于压力，他们忽视了老版本物料的消耗，提前销售了新产品。

由此可见，华为物料报废的损失是完全可以避免的。然而在多重环节中，员工都不够仔细和负责，没有发现失误，导致损失产生后才回过头来追究责任。

这要求目标达成过程中，要先将责任确立下来，让每个人明白自己应负的责任。有时，目标实施混乱，出现问题的并不是某一个人或部门的责任，而是因为个人之间、部门之间都不知道自己要承担什么样的责任，因而导致团队协作困难。

2010年，由于微波ODU（集光纤配线单元）生产速度的加快，掌握微波芯片的核心技术成了当务之急。为了集聚更多的智慧，理出研发的头绪，华为ODU团队与华为米兰研究所的专家、海思团队组成了一个超级研发阵容，共同攻克技术难题。

然而，研发进展得并不顺利，主要原因是各地沟通不畅，导致每个团队都不清楚自己的责任和角色。例如，ODU团队无法将自己的需求描述出来，在米兰的专家不了解批量生产领域的指标，海思团队面临设计转化成产品的压力不知如何突破。团队之间责任的模糊，使合作期间出现了不少误会，导致合作十分不愉快。

之后，华为不得不重新梳理组织和责任，将每个团队的责任和角色确立下来。在2011年6月，团队的合作才逐渐走向正轨。2013年，在各团队的共同努力下，华为自主研发的微波芯片终于取得了成功。

（郭楚凡等，2018）

二、目标管理的内在逻辑

综合德鲁克关于目标管理的观点，目标管理不是任务管理，不是计划管理，而是一个激励系统，而且是在管理哲学层面。目标管理的本质和精髓是成就激励，其内在逻辑是：目标—责任—（自我）控制—成就（邱国栋，王涛，2013）。

1. 责任心是目标管理的起点

员工没有责任感，目标管理就无从谈起。目标管理将每个人制订自己的目标看作他们的首要责任。为此，德鲁克（1954）提出了"有责任心的工人"的概念，"有责任心的工人"愿意对工作承担责任，并从完成具有挑战性的业绩目标获得成就感或满意感。责任是对绩效的一种承诺，目标管理依靠的是"有责任心的工人"。

2. 成就激励是目标管理的本质

目标与计划的根本区别就在于，目标是计划的前导，目标具有激励性，而计划则没有激励性。目标管理的本质就是为实现组织目标而设计的一种激励机制和管理手段，德鲁克提出目标管理的本心正在于，通过目标去激励员工提高工作的效率并取得成就，从而实现组织的目标。德鲁克（1954）认为，组织的中心是人，因此，管理必然与人对自由和理想、人的发展和自我实现联系在一起。德鲁克的目标管理就是想从管理中剔除"监督式管理",把人们从泰勒的科学管理中解放出来,从而建立一种非独裁的、能够充分发挥员工积极性、主动性和创造性的工作环境和管理方式。

3. 共同目标是目标管理的核心

"是什么将个人的力量和责任心与组织的绩效联系在一起?"德鲁克(1954)认为,"只有共同目标"。共同目标是组织与个人、理想和公司现实之间的寻求协调与平衡的一个立足点,它增强了组织存在的必然性和合法性。汤姆·彼得斯(1992)认为,"为组织设定明确的任务或目标"是组织迈向成功管理的两个步骤之一,企业必须为人们的注意力和努力指明共同方向,建立起协作关系,并使个人的目标与公共的利益相互协调。

组织目标与个人目标的相互协调和统一正是目标激励的基础,也是实现目标管理的关键和核心。一方面,对个人而言,只有将个人需求融入了组织利益,目标管理才真正成为员工任务和责任的依托和纽带,每个人在实现个人目标的同时也履行了自己的责任,实现了组织的目标。在德鲁克看来,目标管理正是一种谋求组织目标与个性发展相和谐的智慧和艺术。另一方面,对组织而言,它比以前任何工作都更大地扩展了人的能力和发展机遇。

4. 自我控制和参与式管理是实现目标管理的途径

自我控制(self-control)和参与式管理(participative management)是行为科学理论在目标管理中的具体运用。自我控制就意味着较高的绩效目标和更远大的愿景。人的价值和理想的实现,人对自主性、实践性和能动性的追求,从本质上讲,取决于一个需要不断进行的自我管理过程。

目标管理通过实行"参与式管理",对组织目标进行反复协商和综合平衡,以使所确定的目标更具有动员性和激励性。参与式管理的意义在于,它打破了阻挡在组织与员工之间的藩篱,在组织内部建立起无障碍的沟通和学习机制,激发了员工"作为人"的主体性和创造精神,增强了组织目标的执行力。

5. 信息反馈是实现目标动态管理的内在要求

在目标的制订、实施和评价过程中,信息的反馈和分析是非常必要的,它可以增加实现目标的可能性。对所取得的绩效进行适时的自我评价以及对所设定的目标进行动态调整,都必须基于有效的信息反馈。因此,每个参与者都应该获得他们为考核自己的绩效所需的信息。此外,外部环境和内部条件的变化对目标管理的影响也必须考虑,这要求对目标进行动态调整,以适应环境变化的要求。为了取得管理绩效,必须为每一个参与者提供有效的考核和评价信息,有关信息应该成为自律的手段,而不是上级控制下级的手段。

三、目标管理的优缺点

目标管理是一个以目标为导向,注重结果的激励系统,强调人的主观能动性。为了更好地制订组织目标,实现最终目的,了解目标管理的优缺点十分必要。

（一）目标管理的优点

目标管理在激励员工、推动组织目标的实现、改进企业管理方式等方面都具有显著优势。总的来说，目标管理具有以下四个优点。

1. 以人为中心，重视员工个人

目标管理重视人的因素，通过让下属参与、由上级和下属经过协商共同确定绩效目标，来激发员工的工作兴趣和价值，满足员工自我实现的需要。此外，员工实现目标的过程，也是其不断挖掘自身潜力和提高个人能力的过程。

2. 促成组织目标的实现

目标管理可以帮助管理者厘清思路，有利于组织目标的顺利实现。目标管理通过专门的过程，使组织各级管理者及所有员工都明确组织的目标、组织的结构体系、组织的分工与合作及各自的任务。在目标制订的过程中，管理者通过明确权力和责任，将个人的需求和组织目标结合起来。这有利于目标实施过程中的相互配合和既定目标的顺利实现。目标管理还迫使管理者仔细思考实现目标所应采取的方式、方法，所需的时间和资源，以及行动计划的效果和可能遇到的问题，等等，从而确保行动计划的切实可行。

3. 有效改进管理方式

目标管理能够改进管理方式。目标管理强调以量化的指标作为最终目标，而在制定和完成指标的过程中又充分考虑了员工的想法，努力在企业中实现科学管理，避免出现"过度人治"或"过度法治"。

4. 营造良好的组织氛围

目标的制订和执行需要上下级充分沟通，这样能够有效地改善人际关系，营造良好的组织氛围。此外，目标管理重视员工激励，可以使员工的向心力大大提高。

（二）目标管理的缺点

尽管目标管理在一定程度上调动了员工的积极性、主动性和创造性，便于达成组织目标，但同时它也不可避免地存在不足之处，主要体现为以下四点。

1. 目标管理人性假设过于乐观

目标管理假定人们对成就动机、能力与自治有强烈的需求，员工愿意接受有挑战性的目标。然而，组织中的员工并非都具有高成就动机，愿意参与决策，承担挑战性任务。目标管理对人性的假设过于乐观，这使其效果在实施过程中大打折扣。正因为如此，许多组织仅对中高层管理者或技术人员实施目标管理。

2. 实施目标管理的成本过高

在目标管理实施过程中，上下级为目标的制定和思想统一所必须进行的反复沟通，需要耗费大量的时间和成本，这容易使目标管理流于形式。正如方振邦等（2018）如此评价，"值得嘲讽的是，目标管理经常制造的是纸片风景，计划变得越来越长，文件也变得越来越厚，焦点散乱，质量因目标标准过多而混乱，能力都花在机制上而不是结果上"。

3. 绩效标准难以量化比较

目标管理过分地强调通过量化指标来衡量绩效。然而，组织中的许多工作却是难以量化的，并且绩效标准也因人而异。这就使得采用目标管理的组织无法提供一个相互比较的平台，目标管理的公平性因此受到质疑。

4. 容易导致短视行为

在目标管理实施过程中，考核压力使得员工倾向于选择短期目标而牺牲长期目标。这最终会导致组织的长期利益被忽视，不利于组织的可持续发展。

例证 7-2

华为的目标管理教训

华为某研究所的员工在执行任务过程中曾经犯过严重的错误，经常导致任务执行中找不到材料。原因是该研究所的员工在接到上级分发的任务后，习惯性地在初步形成框架时就立即着手行动，根本不考虑行动前要做好哪些准备，更没有对行动过程中可能遇到的问题进行分析。在执行任务过程中，经常出现设备少几条电缆，各个模块设计编码虽完毕却因参数变化无法连上而需要返工，还有每个小任务完成的时间点未提前明确，导致工作计划无法跟踪等情况。到最后实在没办法协调，就只能调动一切资源不断地调整和修补才能完成任务。这期间导致时间大量浪费，而且任务完成的质量也受到影响。华为某研究所在执行任务过程中出现的混乱，是因为未提前做好规划造成的。

这也告诉我们，没有好的计划，不经过深思熟虑后再开展任务，就会使整个任务在执行时乱成一锅粥，甚至造成企业资源的损失，以及时间、人力等的浪费。而这些恰恰是企业在竞争中取得优势的重要因素。不管是在目标执行时，还是在争取客户订单时，都应该收集信息，通过团队的仔细分析后制订一份计划，并严格按照计划中规定的目标和责任执行。同时，做好提前的协调准备，明确分工也是十分必要的。

（张继辰，2015）

第二节　目标管理考核法的内涵

目标管理不是一蹴而就的组织行为，而是持之以恒、循序渐进的过程。目标管理考核法是目标管理在绩效考核中的具体运用，对于目标管理的实现有着极为重要的意义。

一、目标管理考核法的概念

目标管理考核法，即按一定的指标或考核标准来衡量员工完成既定目标和执行工作标准的情况，根据衡量结果给予相应的奖励。它是在整个组织实行"目标管理"的制度下，对员工进行的考核方法。

目标管理考核法是目标管理原理在绩效考核中的具体运用，与组织的目标管理体系和工作责任制等相联系。工作成果作为目标考核的主要内容，由工作目标被实现的程度来体现。这种方法要求管理当局首先根据目标管理原理和工作责任制确定各部门及个人的工作目标，然后将员工的绩效同这个预先设定的工作目标相比较，得出员工绩效超过、达到，或与目标要求有距离、差距很大等结论。一般来说，工作目标的内容有可能是单一的，也有可能是多样的。如果是多样的，那么在各项内容与目标相比较有了结论以后，还需将各项内容综合起来得到一个结论。综合的方法可以是较为主观的定性方式，也可以是各项得分加权平均的定量方式。

目标管理考核法被越来越多的企业所应用，它的导入较关键绩效指标体系和平衡计分卡的难度小（刘惠，2009）。目标管理得以推广的重要原因在于，它能更好地把个人目标和组织目标有机结合起来，达到一致，避免出现员工每天都在忙碌，但所做的事与组织目标毫不相干的情况。

二、实施目标管理考核的流程

目标管理考核的实施需要按照一定的流程进行，具体操作分为四个步骤，如图 7-1 所示。

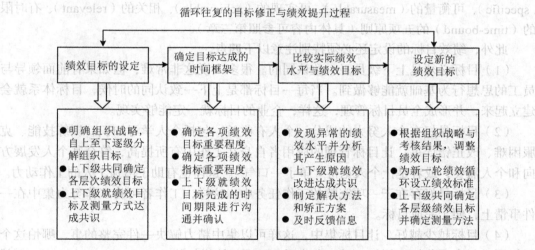

图 7-1　目标管理的实施步骤

（一）绩效目标的设定

绩效目标的设定是目标管理程序的第一步，实际上这是上下级共同确定各个层级所要达到的绩效目标的过程，通常分为总体目标和执行各层的具体目标。

在实施目标管理的组织中，通常是上级考核者与被考核者一起来共同制定目标。目标主要是指所期望达到的结果，以及为达到这一结果所应采取的方式、方法。根据德鲁克的观点，管理组织应遵循的一个原则是：每一项工作必须为达到总目标而展开。因此，衡量一个员工是否称职，就要看他对总目标的贡献如何。反过来说，称职的员工应该明确地知道他期待达到的目标是什么。否则，就会指错方向，浪费资源，使组织遭受损失。在目标管理中，绩效目标的设定开始于组织的最高层，他们提出组织使命和战略目标，然后通过部门层次往下传递至具体的各个员工。在大多数情况下，个人目标由员工及其上级主管在协商一致的情况下制订，而且在目标设定的同时，他们需要就特定的绩效标准以及如何衡量目标的实现达成共识。

一般来说，绩效目标的设定需要经过如下四个步骤。

（1）高层管理预定目标。这是一个暂时的可以改变的目标预案，可以由上级提出，下级讨论，也可以由下级提出，上级批准。

（2）重新审议组织结构和职责分工，每一个目标都应该有确定的责任主体。

（3）确立下级目标，分目标要具体量化，便于考核，要分清轻重缓急，有挑战性，又有实现可能。

上级和下级就实现各项目标的条件以及实现目标后的奖惩事宜达成协议。

一旦确定以目标管理为基础进行绩效考核，就必须为每个员工设立绩效目标。目标管理系统是否成功，主要取决于这些绩效目标陈述的贴切性和清晰性。设定绩效目标通常是员工及其上级部门之间努力合作的结果。各级绩效目标能否清晰合理地设置，直接决定了绩效考核的有效性。绩效目标的设定必须遵循"SMART 原则"，满足明确具体的（specific）、可衡量的（measurable）、可实现的（achievable）、相关的（relevant）、有时限的（time-bound）的五项原则（具体内容可参照第三章）。

此外，绩效目标的设定还必须特别注意以下四点。

（1）目标必须是上下级员工一致认同的。很多人说这非常难，但如果有前面领导与员工的思想行为基础就能够做到。当每一目标都是上下一致认同的时候，目标体系就会建立起来，并形成全员目标管理，这样，企业的目标就一定能够实现。

（2）目标最好有个人努力的成分。个人有收益，包括个人学习知识、训练技能、克服困难、改正错误等。让目标管理的应用者自身在工作中有所提高，符合其个人发展方向和个人需要，或者是让个人觉得"争了一口气"。这样也有助于增强个人的工作动力。

（3）目标最好存在于一项完整的工作任务中。这样，工作者可将工作努力集中在一件事情上，便于完成目标。

（4）目标越少越好。让目标集中，这样可以集中精力解决一件完整的事，哪怕这个目标再进行多项分解。例如，对一个公司，一项经济增加值（economic value added）就可以代替收入、利润、回收率等多个指标；对以生产为中心的制造业，一个单位产品成本就可以代替产量、劳动生产率、费用等多项指标。

（二）确定目标达成的时间框架

确定目标达成的时间框架是实施目标管理的第二步。这样员工可以合理安排时间，了解自己在做什么、已经做了什么和下一步将要做什么。目标管理强调"自我控制""自我突破"，但绝不是要放弃管理控制，只不过是用双向沟通代替了专制管理，通过确定绩效目标达成时间的有效约束，可以更有效地保证组织目标的实现。

在第一步和第二步的过程中，难免会使有些员工认为目标管理作为绩效考核的工具就是一个监督工具。如此一来，他们在填写目标时，就会把容易完成的工作定为主要目标，并在确定绩效目标的时间框架上将自身利益凌驾于组织利益之上。更为有害的是，员工或部门可能为了体现业绩，用短期见效的目标取代意义重大但长期见效的目标。因此，作为管理者在推进以目标管理为基础的绩效考核时，在设计绩效考核指标时，一定要把好绩效目标的"权重关"，把工作按照重要性和迫切性划分为四个象限，即重要又迫切、重要但不迫切、不重要但迫切、既不重要又不迫切，通过各个方面的彼此协调，减少资源浪费，尤其是时间资源。

（三）比较实际绩效水平与绩效目标

比较实际绩效水平与绩效目标是实施目标管理的第三步。这样，考核者就能够找出未能达到既定绩效目标的原因，以及实际达到的绩效水平远远超出预先设定的绩效目标的原因。该步骤不仅有助于确定对于培训的需求，还有助于确定下一个绩效考核周期的各级绩效指标。同时，也能提醒上级考核者注意组织环境对下属工作表现可能产生的影响，而这些客观环境是被考核者本人无法控制的。目标管理的考核不是考核行为或其他，而是考核绩效。如果目标确立是具体的、可验证的，那么考核过程就简单。管理者与员工讨论他们是否完成了目标，并分析为什么能完成或不能完成目标。组织将这些检查考核工作情况记录下来并成为正式的绩效考核。

（四）设定新的绩效目标

设定新的绩效目标是实施目标管理的第四步。凡是已成功实现其绩效目标的被考核者都可以被允许参与下一个考核周期新的绩效目标的设置过程。而对那些没有达到既定绩效目标的被考核者，在与其直接上级进行沟通、判明困难的出现是否属偶然现象、找出妨碍目标达成的原因并制定相应的解决办法和行动矫正方案后，才可以参与新一轮考核周期绩效目标的设置。

尽管在对员工进行绩效考核的过程中，目标的使用对于激发他们的工作表现、工作热情等方面是很有效的，但有时很难确定有关产出方面的工作衡量标准。例如，工作过程、工作行为可能与工作结果同样重要。如果说一个员工通过一种不道德的或非法的手段达到了他的目标，这对组织来说是非常有害的。仅仅以目标管理所确定的目标作为绩效考核的依据，在一定程度上会忽视员工的技术知识和态度等其他方面，而员工的绩效水平却是这些方面的综合结果。

例证 7-3

东芝公司的目标管理

谈到土光敏夫的时代，不能不涉及东芝公司独具特色的目标管理方式。目标管理作为一种先进的管理方式，并非由日本人首创，但是东芝公司接受和借鉴了德鲁克的"目标管理"的管理理念，并应用到实践中，有效地提升了企业的绩效。具体而言，东芝公司的目标管理概况如下。

（1）目标的制订。在目标管理实施中，东芝公司首先把目标的制订放在首位。在制订目标时要求两点：第一，员工的目标和企业的目标保持一致；第二，每个人都要制订切实的目标。另外，在制订目标时还遵守了以下几个原则：① 目标数量不宜过多；② 目标的内容具体明确；③ 目标难度以略高于本人能力为准；④ 不能失去长远的观点。

（2）目标管理的特征。东芝目标管理的特征主要包括两点：直接结合经营需要的一贯性，即目标管理必须从企业的整个经营体制出发，保持完整的一贯性；以个人为中心提高能力，即每个人的目标是按照本人的能力、适应性和性格等特点个别确定的。

（3）目标管理的结构。东芝公司的目标管理，重要的前提就是相信每个人的能力和积极性，恰如其分地明确每个人的工作和任务，然后通过权力下放和自我控制，确立好整体的目标体系和每个人的目标体系。在目标管理的最后阶段实施成果评价，并与绩效考核挂钩，给予相应的奖惩措施，提高员工的积极性。

（4）目标管理的实施。在东芝公司目标管理的实施过程中，坚持少而精主义和能力主义。此外，在实施过程中还坚持"信任下级"原则，适当下放权限，上下级之间建立信任；最后，依据目标达到程度、困难程度、努力程度三个要素进行成果评价，进行相应的奖励，保证目标管理的有效性。

（王春莉，2011）

三、目标管理考核法实施中应注意的问题

实施目标管理考核法的目的在于保证公司总体目标的实现和任务的完成，公正合理地评价员工的工作表现和成绩。在目标管理考核法的实施过程中，需要注意以下五个问题。

（一）目标执行与修正

企业设定的目标要落实到各个目标执行部门和员工身上，由目标执行人具体执行。工作标准或工作目标的制订实际上有很大的困难：一是很难说什么才是适中的目标；二是工作内容的各个方面并不具有同等的可量化的特性。这常常导致两个方面的问题：一是过高或过低的目标限制了团队成员积极性的充分发挥；二是由于目标设置的非科学性导致了考核结果的失真。这对管理者提出了两点要求：一是管理者尽量使目标量化，因为量化的目标更明确、可控、可衡量，因而具有激励性；二是目标量化时要遵循目标的性质和规律，使其具有可操作性。

因此，当企业的目标活动不能达成时，企业应该对制订的目标进行修正。首先，管理层根据目标管理原理和工作责任制确定各部门及个人的工作目标；其次，将员工的执行情况同这个预先设定的工作目标相比较，得出超过目标要求、达到目标要求、与目标要求有距离、与目标要求差距很大等结论；最后，对下级何时需要修订目标做出指导。

在目标管理的过程中，对照设定的目标和评价标准，对员工完成目标的情况做出具体评价。通过评价，员工找出自己实际工作与预定目标之间的距离。接着就必须分析造成这些差距的原因，内容包括原定目标、原定目标进度、修改后目标、修改后目标进度、修改理由、领导审批意见等。

（二）目标追踪

企业各级目标确定后，必须对目标实施的情况进行跟进，以发现目标的执行与预定

目标之间的差异，并及时协商，确定改进办法。在目标执行过程中，常常会使用目标追踪工具来追踪目标完成情况。

目标执行过程应有追踪与检讨。单位目标的追踪，由各单位目标执行人按数月为一期自行追踪并填写单位目标追踪卡；个别目标的追踪，由各阶层目标执行人按每数月（或三月）一期自我追踪目标执行成果一次，并将追踪检讨结果简要地填入目标管理卡的检讨栏内。总目标与单位目标每年度应分期检讨，其检讨内容应包括目标检讨、主管检讨，前者是指依目标计划进行，后者则指主管人员是否尽力帮助部属目标的达成及其对本制度的付出程度。

（三）注意成本控制

从管理者的角度来看，管理者将目标分解成若干目标菜单，让下属根据自身能力自主选择。但是，由于下属自身能力存在差异、看待问题的角度和方式不同以及目标实现的难易程度不同，下属偏向于选择自己感兴趣的且容易实现的目标。于是，在实际目标选择的过程中，有些分目标被过多人选择，而有些分目标却无人问津，这就导致了管理者分解目标在时间和精力上的浪费。

从下属的角度来看，每个目标都是下属按照自觉自愿的原则去完成的，在下属主动选择目标的过程中更多根据自己的实际情况而定，过多关注目标的完成，而忽视了实施目标的成本负担。

（四）重视员工的参与

传统的管理者强行分解目标、指派分目标，不让下属自由选择，忽略下属的参与性。而目标管理是企业员工自我管理的一种方法，强调企业员工的参与，注重将企业目标与个人目标结合，由上级分解目标，再由下属选择目标，并且在上一级目标范围内对已经分解的目标进行适度调整，自上而下共同制订企业目标。整个目标制订过程中员工会提出自己的见解，一方面可以调动员工的积极性、主动性、创造性；另一方面可以有效地弥补企业高层管理者决策的不足，所以体现了参与性的特征。但由于整个目标制订的过程是自上而下的，企业员工众多，在此过程中考虑人的因素，体现上下级之间较为平等、互相尊重的关系，让员工在选择目标的过程中不再是被动接受，而是主动作为。真正想让每一位员工参与进来，仍需要企业多下功夫。

（五）加强内部沟通

对于目标的认识，管理者与下属之间关于目标的认识代沟始终存在，管理者更容易理解目标的性质和规律，但是下属对目标的认识可能存在偏差，因此，管理者应该与下属主动沟通目标的性质和规律，让他们认识目标维度和难度，从而评估自己是否能完成。另外就是期望的奖励，管理者应主动了解下属的价值需求，并且向下属传达恪守承诺的信息。这其中需要双方多次沟通，管理者才能有效地接收下属的价值需求并传递自己的承诺。值得注意的是，管理者要着眼长远，对合理的价值需求恪守承诺，不合理的价值需求积极劝导，切忌开出空头支票。

例证 7-4

充分授权——海底捞的目标管理智慧

海底捞是著名的餐饮企业，在管理上十分注重权力的下放。企业创始人张勇鼓励每位员工都积极参与到企业管理中来。海底捞的中高层管理人员都有一定的审批权或签字权。

在海底捞，与顾客距离最近的一线员工也有一定的决策权。例如，一线员工可以根据情况免费赠送一些菜给顾客，还具有免单权。如果当天对顾客来说是个特别的日子，如过生日，一线员工则可以自行决定给顾客开设雅间，或者赠送果盘，在菜的价格上也可以给予一定的折扣。海底捞充分发挥以客户为中心的原则，一线员工甚至可以暂时离开自己的岗位，与顾客一起庆祝。这种管理方式使顾客对海底捞感到很亲切，顾客也越来越多。

海底捞对员工放权的方式，开始也受到不少人质疑，认为员工可能会滥用职权，如给自己的亲戚朋友免单，等等。但实际上，海底捞的企业文化在充分赋予员工权力的同时，也坚持了完善的监督和责任体系。一旦有员工违反规定，就会受到相应的处罚，因此员工的职权得到了很好的利用。放权给员工的做法给海底捞带来巨大利益的同时，又大大增强了员工的自信心，激发了员工的主人翁意识。

如今，很多企业推崇海底捞的管理方式，但是也要像海底捞一样有一个健全的员工管理制度，这样就不用担心授权给员工后，会使员工因不受约束而滥用职权。有些企业害怕授权给员工，为了约束员工而制定僵化的工作流程，使得员工为了提升绩效而不顾公司真正的利益。

（邹金宏，2013）

第三节　目标管理考核法的应用与评价

自改革开放以来，目标管理考核法在我国各企事业单位及政府部门中得到了大力推广，部分企业实施效果显著，业绩获得了快速的上升，但有一部分实施效果并不显著。本节主要探讨目标管理考核法的应用和评价，一方面有助于更加全面地认识目标管理考核法，另一方面通过分析目标管理考核法在运用过程中存在的问题，可对更加合理有效地运用目标管理考核法做出指导。

一、目标管理考核法的应用

目标管理考核法在一定程度上能够激发企业员工的潜能，推动企业目标的实现，拓展发展空间。但在具体实施的过程中，企业难免会遇到一些问题和困难，如何合理有效地运用目标管理考核法是企业所不容忽视的。

（一）目标管理考核法在我国企业中运用的现状及存在的问题

随着我国市场经济的推行，目标管理考核法已成为现代管理体系中一种必要的管理手段。《中国企业人力资源管理调查报告》显示，目前，目标管理在我国企业中的应用比例为45.3%（张芳芳等，2015）。从目前我国国有企业的发展现状来看，很多企业虽然也实施目标管理，但是在执行过程中效果不尽如人意（谷雪丽，2015）。目标管理考核法曾风行于欧洲、美国、日本等国家和地区，但当这一观念与方法引进国内之后，不仅没有引起太大的轰动，甚至还导致部分企业HR抱怨连连，主要存在以下八个问题。

1. 企业目标定位不准

首先，由于目标的考核与奖励连在一起，基层和高层之间往往会出现讨价还价，指标要低，出力要少，奖金要多，因此基层提供的资料往往有所保留；其次，企业的基础管理、财务管理薄弱，财务报表反映的数据不真实（王鹰，2005）。此外，很多企业在进行目标设置时员工不能够参与其中，一切目标的决策由管理者来进行，下级员工只管执行，上级与下级之间的信息交流缺失，管理者所制订的决策目标没有考虑员工的感受（谷雪丽，2015）。下级常常仅做简单的汇总，与上级的沟通不充分，导致高层不能准确决策并制定合理目标。

2. 管理者对企业战略目标认识不够

在实施目标管理的企业中必须有明确的战略目标，管理者必须深刻了解并领悟企业的战略目标，否则一些企业战略目标不清、不现实或不可行，管理者对目标认识不够，那么设定的目标将有可能不能和企业的战略目标一致，考核的目的也就无从说起。

3. 过于重视目标的可测量性

目标管理是建立在自我控制和指导的基础上的，但是在实际的目标设定中，太过于重视目标的可靠性和可测量性，由于存在不易定量的目标，或在不易定量的领域也必须勉强地使用数字来进行目标的设定，容易使目标的等级降低，也容易造成目标设定的效果降低。

4. 过于注重一个部门的员工和管理者之间设定的目标

目标管理过多地注重一个部门的员工和管理者之间设定的目标，无法跨部门进行统一的目标设立。因此，难以在企业内部对不同部门的工作绩效进行横向考核及比较，也不能为员工跨部门发展提供晋升依据。

5. 奖惩不一定都能够与目标成果相配合

目标管理与绩效考核脱节，责任不明确，以至于有时奖惩不一定都能和目标成果相配合，也很难保证公正性，从而削弱了目标管理的效果。这是因为目标管理最终以目标的实现为奖惩的唯一标准。目标管理的有效实施除需要掌握具体的方法，还需要特别注意把握工作的性质，分析其分解和量化的可能，使目标管理的推行建立在一定的思想基础和科学管理基础上，要逐步推行，长期坚持，不断完善，从而使目标管理发挥预期的作用。

6. 反馈机制不健全

如果不具备有效的反馈机制，那么目标管理过程中出现偏差将不能及时纠正。目标管理的执行应按照确定的目标和监督过程，不断将执行结果反馈给各级目标负责人，及时纠正偏差，完善目标及实现目标的措施，以最高效率取得最佳效果。在基于目标管理的绩效考核系统中，目标成果反馈是绝对必要的。

7. 设计绩效考核指标时难以把好绩效目标的"权重关"

在目标管理的实施过程中，难免会有一些员工认为目标管理作为绩效考核的工具就是一个监督工具。这样，他们在填写目标时，就会把容易完成的工作定为主要目标，并在确定绩效目标的时间框架上将自身利益凌驾于组织利益之上。更为有害的是，员工或部门可能为了体现业绩，用短期见效的目标取代意义重大但长期才能见效的目标。

8. 员工各行其是，缺乏团队精神

企事业单位内部关系紧张，员工钩心斗角，没有合作互助的团队精神，员工压力过大，对工作产生厌恶情绪，对工作任务消极应付，工作时没有激情和干劲儿（沈振萍，2011）。目标管理在实施过程中的主要困难是员工各行其是，缺乏团队协作意识。如果各部门和各员工只关注自身目标的利益，而忽视相互协作和组织目标的实现，滋长本位主义和急功近利的倾向，缺乏互相沟通和协商，势必影响目标的实施和实现。因此，在实际中推行目标管理时，要注意提高员工的职业道德水平，培养合作精神，建立健全各项规章制度，注意改进领导作风和工作方法。

例证 7-5

纸上谈兵的应用——联想集团的目标责任制

由于种种原因，联想集团的目标责任制的实施停留在了口号、形式上，具体表现在如下五个方面。

1. 企业文化缺乏对责任感的强调

目标管理以"Y理论的人性假设"为基础，"Y理论的人性假设"强调自我控制、自我调节，强调人们不但愿意而且能够主动承担责任，即不仅强调自我管理，还强调富有责任感。联想的企业文化以人为本，然而其所体现的更多是自我发展、自我管理，却没有注重责任感，并不满足"Y理论的人性假设"条件。

2. 高层对目标管理理念认识有限

联想公司实行的目标管理虽然各个阶层都有参与，扮演着不同的角色，然而，大部分高层领导并不理解目标管理的内涵及相关知识，不知道具体应该怎么做，甚至片面理解"上级要对下级提供必要的支持和建议"的意思，仅把目标管理看作一种工具，规定目标让下属去贯彻执行，又不给下属适当的授权，从而导致下属对领导的信任危机，挫伤其工作积极性。

3. 不重视上下级沟通

目标管理建立在平等沟通的理念基础上。例如，联想在目标设定时，要么仅有上下级间的沟通，却没有同级间的沟通；要么重视同级间的沟通，却忽视了上下级间的有效沟通。

4. 企业缺乏柔性管理意识

联想公司在实施目标管理时，过于强调刚性管理，难以变通，易于僵化。

5. 目标不够清晰

SMART 原则要求目标必须是清晰明确、便于考核的。联想的目标设定虽然比较明确，但有时评价标准过于模糊，没有明确的工作标准，即使有评价，也不能称之为"绩效"评价，只能是"好好先生"评价。

（张芳芳等，2015）

（二）如何合理有效地运用目标管理考核法

虽然目标管理本身存在一定的缺陷，在运用中也会遇到许多阻碍，但并不意味着不能采用目标管理思想进行企业管理。在适宜的条件下，目标管理仍然是一种高效的管理方法（沈振萍，2011）。为了更加合理有效地运用目标管理考核法，充分发挥其效能，在运用目标管理考核法过程中应该注意以下三个问题。

1. 增强上下级沟通，目标设置科学合理化

目标的设定是成功实行目标管理的第一步。沟通在整个目标管理中是一个重要的环节，无论是最开始的目标设置，还是员工工作的实施或者年终的评定，都需要上下级之间有一个有效的沟通交流机制。企业管理者在进行目标决策时应该使员工也参与其中，倾听员工的诉求，与员工共同协商，双方进行协调，共享双方的信息资源，由此通过标准流程达到双方满意的效果。

上级应不定时对员工的工作进展和成果进行检查，下级也有义务定时向上级汇报自己的工作进展和困难，以便上级对下级的工作做出及时的调整或给予及时的帮助。通过确保员工的参与权和发言权，使员工从中感受到企业的尊重，提升员工的价值感。同时通过合理的奖惩制度鼓励员工，提升员工的工作效率。这样的决策目标的设置既能保证员工很好地将任务完成，又能上行下效，双方满意，具有更强的操作性（谷雪丽，2015）。

2. 建立过程管理，考核制度透明化

如果说好的目标是领航舵，那么过程管理就为目标的最终实现起到了保驾护航的作用。目标管理在实施过程中，除了监督、指导目标达成外，我们还要对目标的执行情况进行定期的总结和回顾。要考虑诸如政策、行业或企业内部等出现的变化，以及这些变化因素对组织的目标活动造成的影响（蒙晓梅，2012）。

绩效考核的周期过长就无法对员工的绩效进行如实的反馈，并对其执行过程进行及时的纠正或帮助，不利于企业和员工的长足发展。绩效制度的不完善会导致员工的绩效考核过程不能够公开化和透明化。但绩效考核至关重要，是企业中所有成员共同努力的方向，绩效考核制度实行得越好，越能激发员工的潜力和工作积极性，反之则会挫伤员工。因此，要想使企业的目标考核发挥其应有的作用，必须制定合理的绩效考核制度，将考核评定公开化、透明化。在制定考核周期时，既要考虑周期长短的适宜性，根据实际的情况来定，也要根据不同岗位设置考核周期，符合员工的具体情况（谷雪丽，2015）。

3. 评价绩效考核，反馈考核结果

单位负责人应通过月工作例会等形式，定期就各部门的实际工作成绩与预期目标加以比较，定期召开绩效评价会议，与下属对目标达成的进度进行交流，及时修正工作中

的偏差，围绕工作目标通过沟通反馈与员工实现良性互动（刘玫，2010）。

二、目标管理考核法的评价

（一）目标管理相较于传统管理模式的优势

目标管理的指导思想是以麦格雷戈（McGregor，1960）的 Y 理论为基础的，其认为在目标明确的条件下，人们能够对自己负责，具体方法上是泰勒科学管理的进一步发展。它与传统管理模式的差异可概括为以下五点。

1. 向制度管理的转变

市场竞争机制的形成，需求环境的转变，使得企业面临更加复杂多变的市场竞争环境，传统管理经验不足以满足如今企业多元化的运营机制和多变的市场环境。目标管理的应用是企业从传统经验管理向现代制度管理思想转变的体现，使企业不再依靠经验，而是通过制度和科学的方法来进行管理，是一套系统化、理论化的管理方法。

2. 重视人的因素与工作因素的和谐统一

一方面，目标管理强调人在组织中发挥的巨大作用，强调组织目标制订的人本思想，强调上下级共同协商分解和制订组织与个人的目标，旨在将个人目标与组织目标结合起来，激发员工潜在的工作能力和自我实现的需求；另一方面，摒弃了行为科学学派偏重以人为中心，忽视同工作结合的一面，把工作和人的需要统一起来。

3. 权、责、利明确

通过对组织目标的横向、纵向、斜向逐级分解，将组织总目标分解转换至各个部门、员工的分目标，同时对目标责任人赋予相应的权限、责任、义务，改善了企业传统组织结构带来的信息传递弊端，促使权力下放，使权、责、利更加明确，也有助于在保持有效控制的前提下，使组织内部更加有活力。

4. 重视成果

目标管理以制订目标为起点，以目标完成情况的考核为中介，工作成果是评定目标完成程度的标准，也是人事考核和奖评的依据。至于完成目标的具体过程、途径和方法，上级并不过多干预。因此，在目标管理制度下，监督的成分很少，而控制目标实现的能力却很强。

5. 强调"自我控制"

目标管理是在 Y 理论假设上发展起来的，大力倡导目标管理的德鲁克认为，员工是愿意负责的，是愿意在工作中发挥自己的聪明才智和创造性的。如果我们控制的对象是一个社会组织中的"人"，那么我们应"控制"行为的动机，而不是行为本身，也就是说，必须通过对动机的控制来达到对行为的控制。

（二）目标管理考核法在美国不被认可

目标管理考核法是一种开明和民主的管理方式。不断对目标质疑，从根本上说，是试图把握不断变化的社会需求，因此在刚提出时就在发达国家的社会备受推崇，然而随着其在欧美国家企业的迅速推广和运用，该考核法在美国受到了如下质疑和指责（姜朝辉，2006）。

1. 绩效考核的可行性差

目前为止，还没有有效的研究证实：实施绩效考核，一个企事业单位的状况就会更好。而在更多情况下会发现：一个企业花费资金和精力，在咨询公司的帮助下，建立了绩效考核系统，但在实施的过程中，由此产生的弊端和问题在没有见到绩效考核的效果之前，就已经让企业领导焦头烂额。自己曾努力推动的绩效考核管理的失败，自然而然成了一件很多企业领导不愿意承认的现实。

2. 绩效考核与领导力、团队协作不相容

绩效考核使得每一位员工与其主管之间都存在个别绩效期望与评审的关系。由于主管的评价决定了员工的个人利益，团队成员之间形成了竞争的关系，因此团队成员间相互帮助反而会使自己的绩效下降；而团队成员与团队之间则有期望及互依关系，有时员工必须面对主管期望与团队期望相冲突的现实，在面对是以主管还是以团队为重的抉择窘境时，员工通常会选择迁就主管而舍弃团队。

另外，领导的政策和做法会表现出对人信任或不信任、对人忠诚或不忠诚。也就是说，绩效考核反映了领导对员工的态度，会导致一个团队的分裂和团队成员间的冷漠，使组织失去温暖，喜欢推卸责任，员工士气低落。

3. 系统失去不断改进的机会

尽管绩效考核的正式目的也许是为了改进，然而却常常流于评定及判断，最重要的改进工作常常被管理者所忽视。改进系统和过程需要的是反馈而不是判断，目标管理在应用的过程中却多沦为对被考核者个人的掌握。

具体而言，改进的方法有两种：① 把注意力集中在改进系统及找出问题的系统成因；② 使个别员工获得提升并找出提升的方法。而绩效考核的焦点绝大多数放在个人身上，有时放在小组上。大多数问题在于改进系统和过程本身，而非聚焦于个人或小组。以"找罪犯为主"的解决方式鼓励了问题解决的表面化，鼓动人们问"谁"而不是"为什么"。然而，企业的绝大多数问题是由系统本身引起的，如果简单地忽略了系统存在的偏差，就会因此失去了不断改进系统和过程的机会。

（三）目标管理考核法在我国实践中的意义

目前中国企业中普遍使用目标管理考核法来对企业的绩效进行管理，目标管理不但在中国生根发芽，还形成了独特的中国式目标管理，深深影响着我国企业的管理实践。目标管理对我国管理实践有如下五点意义。

（1）目标管理考核法在人们心中激起了强烈的归属感和认同感。中国传统文化具有强烈的人本主义色彩，这与目标管理考核法中隐含的"有责任心的工人"假设是相通的。儒家文化向来被视为正统的传统文化，儒家文化强调"以人为本、以德为先、人为为人"的"三为"思想，其"诚、信、和"的实质内涵和孟子的"性善说"，与德鲁克的有责任心的工人并无根本区别。

（2）目标管理考核法更好地体现了道家文化"君无为、臣有为"的主张，反映了企业领导者高屋建瓴地制订企业战略目标的管理思想。中国传统文化中的道家文化主张"无为而治",因而在我国企业实践中缺乏目标、定额、限额、计量和原始记录等,管理的基础工作非常薄弱,在实际工作中面临着泰勒所说的"如何有效地衡量工人合理的劳动量"的问题。这说明我国企业还需要补上"科学管理"这一课。目标管理引入中国,对我国企业的上述问题具有极强的针对性,目标管理和绩效考核极大地推动了我国企业管理基础工作的完善。今天,完善管理基础工作已经成为改进质量、提高管理水平与提升生产力的重要手段。

(3)目标管理考核法本身也是一种有效的控制方法,是一种通过实现分解目标从而保证组织目标实现的结果控制方式,它加强了人性化管理,提高了管理控制的质量(林新奇,2016)。中国几千年封建制度所形成的金字塔式科层制结构和人们对上级无条件服从的意识,已经转化为人们的一种责任感和使命感,这有力地推动了目标管理考核法在我国组织中的实施。加拿大管理学家明茨伯格(2004)指出:"'机械化'组织(即科层制组织)的一个显著特征就是对控制的热衷,控制思想自始至终贯穿于整个组织的各个层级。"在目标管理中,德鲁克引导组织控制从管理者控制向员工自我控制的转变。德鲁克用圣贤式的"责任心"标准代替失业危机感、思想操纵,以及秒表控制的独裁式管理工人和工作的方法。从本质上讲,这意味着把经理所用的自我控制方法推广到基层。

(4)目标管理考核法与我国企业所崇尚的全面管理有着天然的联系。我国著名管理学家蒋一苇教授认为,全面计划管理、全面质量管理、全面经济核算管理和全面人事劳动管理等"四全"管理是中国式管理的核心内容(许一,2006)。而这些方面的工作可以与目标管理有机地结合在一起。我国推广的目标管理不仅应用于工商企业组织,还应用于学校、医院和政府机构等非营利性机构。

(5)目标管理考核是一个有机的过程,它的运行原则是导向具体目标的自我控制。通过个人的发展最终求得组织的平衡发展。目标管理与科学发展观相结合,强调目标管理的生命力在于不断地质疑目标,这是中国式目标管理在新世纪所表现出来的特色。不断质疑目标,从根本上说,是试图把握不断变化的社会需求。个人在组织中既保留了自己的尊严和自由,但同时又要为组织履行职责,所有这些最终将有助于创造一个自由和以人为本的社会。

目标管理对我国组织管理水平的提高,特别是对我国企业生产力的提升和促进作用是有目共睹的。组织创新和管理创新是组织管理的永恒主题。随着组织的发展和管理的进步,管理者需要克服目标管理在组织管理中的思维惯性,在组织的发展过程中不断运用新的维度空间对目标管理在组织中的适用性进行分析,与时俱进地发展目标管理的理论与方法。

 **本章小结**

1. 目标管理是上下级共同协商、通力合作完成总目标或分目标的过程,此过程包括上下级有效的双向沟通、科学的目标制订与分解,以及结果导向。其特点有以下五点:

① 重视人的因素；② 系统导向；③ 注重"统一"；④ 强调"自我控制"；⑤ 注重结果。

2. 目标管理以责任心为起点，以成就激励为本质，以共同目标为核心，以自我控制和参与式管理为实现途径，并以信息反馈为内在要求。

3. 目标管理的主要优点有如下四点：① 以人为中心，重视员工个人；② 促进组织目标的实现；③ 有效改进管理方式；④ 营造良好的组织氛围。

4. 目标管理同样有以下四个方面的不足：① 目标管理人性假设过于乐观；② 实施目标管理的成本过高；③ 绩效标准难以量化比较；④ 容易导致短视行为。

5. 目标管理考核法，即按一定的指标或考核标准来衡量员工完成既定目标和执行工作标准的情况，根据衡量结果给予相应的奖励。它是在整个组织实行"目标管理"的制度下，对员工进行的考核方法。

6. 目标管理考核法的具体操作可分为如下四个步骤：① 绩效目标的设定；② 确定目标达成的时间框架；③ 比较实际绩效水平与绩效目标；④ 设定新的绩效目标。

7. 目标管理考核法实施中应注意的事项：目标执行与修正、目标追踪、注意成本控制、重视员工的参与、加强内部沟通。

8. 目标管理考核法在我国企业中的运用存在以下八个问题：① 企业目标定位不准；② 管理者对企业战略目标认识不够；③ 过于重视目标的可测量性；④ 过多地注重一个部门的员工和管理者之间设定的目标；⑤ 奖惩不一定都能够与目标成果相配合；⑥ 反馈机制不健全；⑦ 设计绩效考核指标时难以把好绩效目标的"权重关"；⑧ 员工各行其是，缺乏团队精神。

9. 在运用目标管理考核法过程中应该注意以下三个问题：① 增强上下级沟通，目标设置科学合理化；② 建立过程管理，考核制度透明化；③ 评价绩效考核，反馈考核结果。

10. 目标管理相较于传统管理模式的优势：① 向制度管理的转变；② 重视人的因素与工作因素的和谐统一；③ 权、责、利明确；④ 重视成果；⑤ 强调"自我控制"。但同时目标管理考核法在美国受到过质疑：① 绩效考核的可行性差；② 绩效考核与领导力、团队协作不相容；③ 系统失去不断改进的机会。

11. 目标管理考核法在我国实践中的意义：① 目标管理考核法在人们心中激起了强烈的归属感和认同感；② 目标管理考核法更好地体现了道家文化"君无为、臣有为"的主张，反映了企业领导者高屋建瓴地制订企业战略目标的管理思想；③ 目标管理考核法本身也是一种有效的控制方法，是一种通过实现分解目标从而保证组织目标实现的结果控制方式，它加强了人性化管理，提高了管理控制的质量；④ 目标管理考核法与我国企业所推崇的全面管理有着天然的联系；⑤ 目标管理考核是一个有机的过程，它的运行原则是导向具体目标的自我控制。

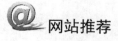 网站推荐

人力资源学习网：http://www.hrxuexi.com/

影视推荐

《卡特教练》

　　该片讲述了主人公卡特教练将一支原本整个赛季只赢了 4 场的里士满篮球队逐渐改造成了一支战无不胜的强队，最终大部分球员都顺利上大学的励志故事。在这一过程中，教练和球员都经历了严峻的考验，如社区居民对教练的侮辱与抗议、球员亲戚被害等。但是教练带领球员学会遵守规则，并且严格按照有时限、有效的训练方案来训练，最终克服了困难，成就了彼此。

　　推荐理由：虽然此电影没有体现出上下级共同协商这一目标管理的内容特点，但是根据 SMART 法则制订科学的训练方案，以及达成目标过程中所体现的"自我控制"和"契约精神"，都值得我们学习。

 ## 读书推荐

《管理的实践》

　　内容概要：该书就管理者的角色、职务、功能的认知以及未来面临的挑战，有着精辟独到的见解，揭开了管理的奥秘。而该书关于"目标管理与自我控制"的论述完全可以被称为一种管理哲学。

　　推荐理由：就目标管理而言，德鲁克通过生动而干练的语言，以经验主义学派的视角，对误导管理者的重要因素、管理者的目标应该是什么以及管理者的目标如何确定等重要问题进行深刻阐述，更好地指导和帮助企业进行科学合理的目标管理。

　　出版信息：德鲁克. 管理的实践[M]. 齐若兰，译. 北京：机械工业出版社，2000.

 ## 思考练习题

一、选择题

1. 目标管理（MBO）这一概念首先在德鲁克的哪本著作中被提及？（　　　）

    A.《卓有成效的管理者》　　　　　　B.《成果管理》

    C.《管理的实践》　　　　　　　　　D.《管理导论》

2. 目标管理的优点不包括（　　　）。

    A. 有利于激发员工的内在潜力　　　　B. 有利于清晰员工的责、权、利

    C. 有利于改善组织氛围　　　　　　　D. 有利于降低管理难度

3. 目标管理的本质是（　　　）。

    A. 责任心　　　　　　　　　　　　　B. 成就激励

    C. 共同目标　　　　　　　　　　　　D. 自我控制

二、简答题

1. 简述目标管理的概念与特点。
2. 简述目标管理的实施步骤和实施原则。
3. 简述如何合理运用目标管理考核法。

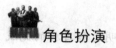

模拟实训：大学生课程效果改进探讨

以本校大学生管理学课程学习为例，与其他同学讨论如何运用目标管理的理念来提升教学质量和学生学习质量。

角色扮演

小李的目标管理卡

小李是一名培训机构的教师。平时，小李总是能够在课上将课程知识清晰地讲述给学生。但是，由于不能及时给学生答疑解惑，小李的学生满意度评价较为一般。对此，主任在每月末都会与小李共同签订目标管理卡，但是，其结果往往流于形式，难以对小李起到约束或者激励作用。请两人组队练习，一人扮演主任，另一人扮演小李，根据"SMART"法则模拟目标管理卡的签订以及日常反馈。然后再互换角色。之后抽取两组在全班同学面前进行现场角色扮演，师生对其点评，讨论分享，并在课后进行复盘总结。

案例分析

惠普公司"知易行难"的目标管理

惠普公司是一家全球领先的计算、成像解决方案与服务的供应商。经过多年的发展，这个从车库里走出来的公司已经在全球 100 多个国家建立分支机构，拥有 30 200 名员工。惠普公司在 2015 年美国财富 500 强中名列第 19 位，《财富》世界 500 强中名列第 53 位。全球有 1/6 的人口在使用惠普公司的产品。惠普公司的创始人戴维·帕卡德（David Packard）在《惠普之道》（*The HP Way*）中说，没有任何管理原则比"目标管理"原则对惠普的成功的贡献更大。

虽然目标管理的实施原理是相同的，但具体到每个公司却有着质的区别。惠普公司目标管理的特点是"知易行难"，主要目的是在工作中培养员工的领导力，其具体内容如下。

1. 了解并信任每一位员工

这是实行目标管理的必要前提。基于这一企业文化，惠普公司要求每个经理都要信任、尊重每位员工，并根据员工的胜任力与他们共同设定适当的目标，以最终帮助企业目标的实现。通过信任每一位员工，给予他们实现个人目标的适当权力，最终真正激发员工的主动性、积极性和创造性。

2. 用 SMART 法则设定目标

设定目标本身就是一件充满挑战的工作，正确、有效的目标在惠普公司内是采用 SMART 原则进行设定的，即：S=specific（具体的）；M=measurable（可衡量的）；A=achievable（可实现的）；R=relevant（相关的）；T=time-bound（有时限的）。

SMART 法则仅仅是设定目标的出发点，后续公司在目标设定的过程中还会考虑到：① 一个好的目标要具有关联性。在一个企业内部，每一个目标都要具备上下关联性，从而为企业的整体目标服务。② 一个终期的目标需要由几个阶段性的目标组成。通过这种方式可以及时发现问题，进而解决问题。③ 不能只有结果目标，还要有过程目标。对企业来说，同样重要的还要考虑包括销售平均定额、效率衡量、员工满意度、客户满意度、企业公民行为等在内的过程目标。

3. 实践目标管理的三要素：数据、GAP 分析和激励

任何目标的实现，都需要配套的、有效的数据采集系统，用于说明过程目标的完成情况，用来评价阶段性目标和过程目标。

定期的 GAP 分析与检查是实现目标管理的利剑。所谓的 GAP 分析就是站在未来某一时间点上，通过分析现状和预期之间的差距，及时发现目标可能无法按时实现的风险，进而做出切中要害的分析，重新找到达成目标的方法。

要根据 GAP 分析与检查的结果，在每一个过程目标实现后，激发员工的脑力及主动思考能力，对于表现出色的员工要给予奖励；对于没有完成任务的员工，应帮助他分析原因，激励他克服困难，迈开脚步更好地完成任务。

在惠普公司，即使是一个合同制员工，也有很大的发挥空间。经理给员工设定了工作目标，但他并不会手把手地教员工如何去做，也不会干涉员工的工作方法，而会鼓励员工自己动脑筋，想出达成目标的方法。惠普公司所倡导的目标管理主要包括以下四个步骤。

（1）设定目标（set objective）。目标的内容要兼顾结果与过程，这是根据岗位职责和公司整体目标，由主管经理和当事者一起讨论确定的。

（2）当事者要自己动手，制订工作计划（business plan）。其中最重要的内容就是设计阶段性目标（mile stone），提出达成阶段目标的策略和方法。在此过程中，主管者只是指导者和讨论对象，而不会越俎代庖。一个不能对终极目标进行阶段性分解、不能自己选择工作方法的员工，也就难以成长为合格的领导者。

（3）定期进行进展总结（review progress）。由主管经理、当事者和业务团队一起，分析现状与目标的差距，找到弥补差距、完成目标的具体措施。

（4）在目标任务终止期，进行总体性的绩效评估（performance evaluation）。如果没有达成目标，要检讨原因；如果超出预期，或者达成了当初看上去难以完成的目标，则要分析成功的原因，并与团队分享经验。分享成功经验（the best practice sharing）是惠普公司多年来实施的非常有效的一种管理实践。

在实行这一系列措施的过程中，惠普公司的主管领导始终在努力创造一种氛围和机会，调动员工的主动性和潜力，激发员工追求卓越和创新的精神。主管人员不仅要具有

足够的勇气，给员工尝试、创新的机会，同时也要有敢于承担失误、承受风险的勇气。更重要的是，还必须了解每一个员工的特点，具备对时机、风险、分寸的把握和判断的能力。

（林新奇等，2015）

讨论题：

1. 惠普公司的案例中体现了目标管理中的哪些特点？
2. 惠普公司在实施目标管理的实际过程中可能会遇到哪些困难？

参考文献

[1] 方振邦，刘琪. 绩效管理：理论、方法与案例[M]. 北京：人民邮电出版社，2018.

[2] 龚龙，刘兴星. 管理理论与实务[M]. 北京：北京理工大学出版社，2011.

[3] 谷雪丽. 目标管理在国有企业管理中的运用[J]. 现代商业，2015（12）：239-240.

[4] 郭楚凡，黄艳平. 华为目标管理[M]. 北京：电子工业出版社，2018.

[5] 姜朝辉. 谈彼得·德鲁克的目标管理和自我控制[J]. 时代金融，2006（9）：44-45.

[6] 林新奇. 绩效管理[M]. 大连：东北财经大学出版社，2016.

[7] 林新奇，张可人. 聚焦硬件制造及科技服务差异的目标管理：联想公司与惠普公司案例比较[J]. 中国人力资源开发，2015，342（24）：68-74.

[8] 刘惠. 浅谈目标管理考核方法[J]. 现代企业文化，2009，141（29）：140-141.

[9] 刘玫. 目标管理法与绩效考核[J]. 湖南工业大学学报（社会科学版），2010（6）：45-48.

[10] 邱国栋，王涛. 重新审视德鲁克的目标管理：一个后现代视角[J]. 学术月刊，2013，45（10）：20-28.

[11] 德鲁克. 管理的实践[M]. 北京：机械工业出版社，2005.

[12] 彼得斯. 解放型管理[M]. 北京：中信出版社，2006.

[13] 沈振萍. 目标管理在我国企业中的应用现状[J]. 交通企业管理，2011，26（12）：18-20.

[14] 王春莉. 对东芝公司目标管理的案例分析[J]. 中国市场，2011（22）：25，27.

[15] 许一. 目标管理理论述评[J]. 外国经济与管理，2006，28（9）：1-7.

[16] 明茨伯格. 明茨伯格论管理：洞悉我们奇特的组织世界[M]. 燕清联合组织，译. 北京：中国劳动社会保障出版社，2004.

[17] 张继辰，王伟立. 华为目标管理考核法[M]. 深圳：海天出版社，2015.

[18] 邹金宏. 海底捞管理智慧[M]. 广州：广东经济出版社，2013.

[19] 张芳芳，刘攀坤. 论目标管理在我国企业中的应用：以联想公司为例[J]. 北京城市学院学报，2015，（2）：1-6.

[20] MCGREGOR D. Theory X and theory Y[J]. Organization theory, 1960 (358): 374.

第八章
关键业绩考核法

管理职能包括明确地说明目标及获得实现所定目标必需的资源和努力。

——"近代理论之父"切斯特·巴纳德

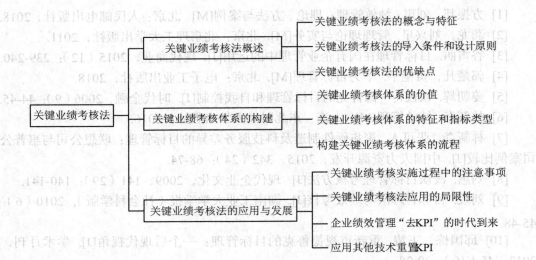

学习目标

➤ 掌握关键业绩考核法的概念与特征
➤ 了解关键业绩考核法的条件、原则与优缺点
➤ 掌握构建关键业绩考核体系的流程
➤ 了解关键业绩考核法应用的局限性
➤ 了解关键业绩考核法的发展趋势

引例

关键业绩指标法在阿里巴巴绩效考核中的应用研究

阿里巴巴在 2013 年成为了全球最大的零售交易平台，成为中国企业的一面旗帜，其成功得力于有效的绩效管理。这其中，关键业绩指标法及平衡计分卡法的实施功不可没。阿里巴巴的绩效考核体系实行的是双轨制，通常分为两个部分：一是业绩考核，确保关

键绩效考核指标与战略目标分解一致，以充分调动员工的积极性，让管理者和员工对企业的战略目标达成共识，共同为实现企业的战略目标而努力；二是价值观考核，考核员工的日常行为是否符合阿里巴巴所倡导的价值观要求，通过企业文化把大家凝聚在一起，促使员工认同企业的价值观，在调动员工积极性的同时，促进公司战略目标的实现。

在设定评价标准及指标权重方面，阿里巴巴采取的绩效打分政策为 2-7-1 政策——就是 20%的优秀员工、70%的普通员工和 10%的淘汰或者备淘汰员工。关键业绩指标法在阿里巴巴绩效考核中的应用所取得的成效颇丰，具体如下。

（1）提高了员工的积极性。阿里巴巴的双轨式绩效考核体系在重视绩效改进的同时，促进了员工自我价值的不断实现，通过管理者与员工之间不断地设立目标、评价和改进目标，实现了员工与部门利益的统一。

（2）形成了具有阿里巴巴特色的绩效考核体系与独特的企业文化。阿里巴巴的双轨式绩效考核体系基于员工业绩指标和价值观指标考核，企业价值观获得广大员工的深切认同，因此成为阿里巴巴不断发展的动力。

（廖萌，2018）

从以上引例可以看出，企业在应用关键业绩考核法过程中，不仅要发挥关键业绩考核法自身的评价效用，还要结合企业自身情况延伸价值。本例中阿里巴巴将关键业绩考核法与企业文化建设相结合，有益于企业的长足发展。本章将对关键业绩考核法的相关理论、关键业绩考核体系的建立以及关键业绩考核法在企业应用过程中的局限性和发展进行阐述。

第一节　关键业绩考核法概述

关键业绩考核法（key performance indicators，KPI）是一种长期、全面评估企业绩效水平的量化评估方法，在企业战略制定、企业绩效水平与管理能力的提升上发挥积极作用。同时，关键业绩考核法本企业与其他同类企业在某一环节上进行比较。

一、关键业绩考核法的概念与特征

（一）关键业绩考核法的概念

关键业绩考核法（KPI）是通过对组织内部流程的输入端、输出端关键参数进行设置、取样、计算、分析，并将组织战略目标经过层层分解，最终生成具有可操作性的、用以衡量组织战略实施效果的关键性指标体系（Parmenter，2007）。

关键业绩考核的目的是建立一套符合企业战略发展，并能将企业战略转化为内部发展流程的绩效管理方法，促进企业获得持续竞争优势。通过 KPI 能够促使部门主管明确各部门的主要责任，并明确部门人员的业绩衡量指标。

KPI 可分为两个层面：① 战略层面，是指站在企业使命、愿景的宏观战略角度，通过对企业整体目标决策分层产生有可操作性的目标，是宏观战略执行效果的监测指针；

② 职位层面，是指衡量某职位任职者实际任务完成度与岗位贡献程度，给予个人和组织明确的能力水平鉴定，有助于个人发现自身工作问题，积极提升自身能力；同时，也为企业提供人员选拔、晋升、薪酬分配的量化参考指标。

关键绩效考核具有以下三个方面的含义。

第一，KPI 用于评估员工绩效水平，最终得出被考核者可量化、可操作的结果。即 KPI 是一个指标体系，其最重要的作用是对关键绩效项目进行量化。

第二，KPI 关注的是在组织发展过程中起到增值作用的绩效指标，即 KPI 起到连接个体目标、部门目标与组织战略目标的桥梁作用，是针对组织战略目标起到增值作用的工作而设定的。基于此的 KPI 对绩效进行评价，就可有效保证使对组织有贡献的行为受到鼓励。

第三，通过 KPI 的协商制定，公司各层面人员都可进行有效的工作展望。关键业绩是凝聚组织成员并促使其朝同一目标前进的核心推动力，具有鞭策人心、规范行为的积极作用。

（二）关键业绩考核法的理论基础和特征

1897 年，意大利经济学者帕累托偶然注意到 19 世纪英国人的财富和收益模式。在调查取样中，他发现大部分的财富流向了少数人手里，财富分配呈现一种不平衡的模式。后人对其发现做了不同的命名，例如"二八法则""帕累托定律""帕累托最优"等说法（刘秀英，2004）。

其大概原理是：在任何特定群体中，关键因子通常只占少数，而非关键的因子则占多数，因此只要能控制具有重要性的少数因子就能控制全局。关键业绩考核法（KPI）的理论建立在"二八法则"基础之上，具体体现在企业在价值创造过程中，每个部门和每位员工 80% 的工作任务由 20% 的关键行为完成，抓住这 20% 就等于抓住了主体。

KPI 关注绩效考核的结果，通常情况下考核体系与指标的建立源自市场、客户的需要以及企业自身发展的战略需求。在明确的目标前提下利用头脑风暴法和鱼骨图提炼出企业的业务重点，即企业价值评估的重点。KPI 从企业战略目标或企业总目标上分解而来，对不同部门和岗位具有一定的针对性和系统性。关键绩效考核法具有以下五个方面的特征。

（1）KPI 是对重点经营活动的衡量。即使公司各岗位工作庞杂且业务领域广泛，但企业管理者并非对所有工作都进行严格考核，因此，从众多业绩指标中选取对公司整体战略目标影响较大、对战略目标实现起到不可或缺作用的工作进行衡量。

（2）KPI 是组织上下均认同的。KPI 指标并非由上级强行指定推广，或由下级部门自行制定，而由上级与员工共同完成，是双方就企业战略发展与目标考核所达成的一致意见。它不是以上压下的工具，而是组织管理过程中相关工作人员对岗位工作绩效要求的共同认识。

（3）KPI 帮助组织各层级人员明确目标方向的一致性。作为公司战略目标的逐层分解，KPI 的制定有力地推动公司战略在各单位（各部门）的有效执行；KPI 促进企业上下级对岗位工作职责和关键绩效要求做出清晰的认知。

（4）KPI 为绩效管理提供可量化的指标。作为对关键经营活动的绩效反映，KPI 引导企业员工聚焦对公司战略有最大驱动力的任务。

（5）KPI 复盘为企业整体绩效改进提供依据。通过定期回顾 KPI 执行结果，管理人员能够清晰地了解经营领域中的关键绩效参数与关键目标达成情况，及时诊断存在的问题，并采取行动予以改进。相较于传统的绩效评估体系，关键业绩考核法假定员工会采取一切积极的行动，努力达到事先确定的目标，依次设立以组织愿景和使命为驱动、自上而下服从组织战略目标与竞争要求的各项增值性指标。

二、关键业绩考核法的导入条件和设计原则

在明确企业战略目标后，要根据岗位业务标准确定关键业绩指标、绩效评定维度与实际因素的关系，在明确 KPI 导入必要条件的基础上遵循相应原则，分解关键业绩的指标，并进一步落实关键业绩的考核。

（一）KPI 导入的必要条件

任何绩效管理技术都在一定范围内对特定主体的绩效考核结果有积极作用，因此在使用关键业绩考核法之前要评估企业是否具备一定的条件。

首先，能够充分收集到企业背景资料，包括：① 企业的使命、愿景和战略；② 企业经营环境和组织管理模式；③ 行业发展资料及竞争对手资料；等等。

其次，具有支持 KPI 考核的组织环境，包括：① 重视构建良好的绩效沟通制度。沟通是组织健康发展的前提，KPI 的分解与制定是一个自上而下的制度化过程，只有通过不断沟通、协商才能制定出最符合企业利益的绩效指标，发挥 KPI 的最大效用。② 形成制度化、规范化的人力资源管理平台，明确各岗位的职责边界，确保不同主体进行绩效考核时权责对等。③ 拥有以绩效为导向的企业文化支持，形成以追求优异绩效为核心价值观的企业文化，以企业文化为内驱力带动企业整体发展。④ 强调关键业绩考核的结果与价值分配紧密挂钩，通过绩效结果与个人薪资、晋升等发展要素的密切关联，促进个体积极发挥个人潜能，提升工作绩效水平。⑤ 创造企业全体员工的共同事业，绩效管理不只是人力资源主管部门的任务。KPI 考核注重制定自上而下贯彻的企业管理方针，着重强调全员参与式的绩效管理方法，在技术人员的带领下将员工个人利益与组织发展的整体利益紧密衔接，促进企业与个人共同价值的实现。

（二）KPI 的设计原则

在满足上述必要条件之后，企业需要遵循以下四个 KPI 设计原则，才有可能最大限度发挥关键业绩考核的功效。

1. 目标导向原则

目标导向原则强调企业 KPI 是依据公司总体战略目标及上级突出发展目标共同制定的，是组织运作过程中不断提炼与归纳出的有利于战略目标实现的关键成功要素，同时也是将企业战略目标分解成具体可控、可实现的阶段任务和量化指标的有效工具。关键业绩指标基于组织战略所制定，对企业战略发展具有长远意义。在实际设计过程中，要

注重将个人发展前景与组织可持续发展的要素紧密相连，还应注重个人价值与内外部客户价值相连接，关注企业能力的全方位提升，明确呈现企业发展的重要战略与企业成功的关键要点。

2. 执行原则

关键业绩考核的成功与否取决于企业执行力成效如何。因此，营造良好的企业执行文化和工作氛围，扫清企业发展的困难和阻碍，能够有效促使 KPI 考核真正成为推动企业管理创新和提升效益的有效手段。

3. 客户导向原则

"满足客户的需求，为客户创造价值"是企业的首要任务，也是企业能够持续发展的重要基石。针对客户方面的能力体现了企业对客户需求的反应效率，对于使用 KPI 考核技术的企业来说，应市场标准和最终成果责任并重，明确这些方面应达到的目标，并将其转化为企业 KPI。

4. SMART 原则

确定关键绩效指标有一个重要的 SMART 原则。SMART 具体所指如下（Schultz et al.，1998）。

（1）S 代表具体的（specific），指绩效考核要切中特定的工作指标，而非笼统指标。

（2）M 代表可衡量的（measurable），指绩效指标是数量化、行为化、可操作的，验证这些绩效指标的数据或者信息是可得出量化结果的。

（3）A 代表可实现的（achievable），指绩效指标在付出努力的情况下可以实现且具有一定的挑战性，避免设立过高或过低的目标。

（4）R 代表相关的（relevant），指绩效指标与上级目标对齐且具有明确的关联性，最终能与公司目标有效结合。

（5）T 代表有时限的（time-bound），注重完成绩效指标的特定期限，要求在相应的时间范围内完成，具有条理性。

SMART 原则被定义为企业绩效管理的"黄金法则"，在绩效管理进行识别、衡量和传达有关员工工作绩效水平的信息时发挥巨大作用，是帮助组织目标得以实现的一种逐步定位的方法。但是，SMART 原则依旧存在自身的缺陷，因此在实际应用过程中要尽量做到客观、公正，并以事实为依据，结合其他定量化的工具一起使用，以取得更好的效果。以下是在实际应用 SMART 原则的过程中可能存在的五个误区。

（1）对具体原则理解偏差导致过度细分指标。具体原则的本意是指绩效考核要以特定的工作指标为切入点，但是在此过程中，不少管理者却理解为应尽量细化，从而导致过分细化的指标无法成为影响企业价值创造的关键驱动因素，反而造成资源浪费。

（2）对可衡量原则理解偏差导致的关键指标遗漏问题。可衡量原则是指企业绩效考核指标必须是数量化、可操作的，能够找到验证这些绩效指标所需的数据或信息。但是，不可否认的是一些部门工作无法进行量化，这时如果仍旧强调指标的量化，就会导致一些部门的 KPI 指标质量不合格，从而无法反映其工作中的关键业绩，甚至扭曲关键业绩考核的初衷。

（3）对可实现原则理解偏差导致的指标"中庸"问题。绩效考核目标制订得过高可能导致员工和企业无论怎样努力都无法完成，还容易造成人心涣散，增强工作倦怠感；而绩效考核目标制订得过低又起不到激励作用。因此，导致 KPI 系统的设计者在实际目标制订过程中为避免目标设置的两极都趋于"中庸"，即选择某一维度的均值作为指标，不敢提出突破性的创新指标，这显然不利于组织创新发展。

（4）对现实性原则回避而导致的考核目标偏移问题。绩效考核需要考虑费用成本，而很多企业内部 KPI 体系设计者为了迎合企业压缩考核成本的想法，最终舍弃了一部分考核需要支付费用的关键业绩指标。实践证明，大多被舍弃的考核指标对企业战略达成起到关键的作用，甚至因这类指标被舍弃得过多，从而导致 KPI 与公司战略目标脱离，其所衡量的职位的努力方向也将与公司战略目标的实现产生分歧，出现适配度较低的现象。

（5）对时限原则理解偏差所导致考核周期过短的问题。KPI 考核的时限原则是指在特定时间内需要达成一定的指标，绩效指标的时限设置应当通过科学计算得出。现实中存在一种为了及时了解员工状况及工作动态，认为考核的周期应是越短越好的误区。而事实上，不同的指标应该有不同的考核周期，有些指标是可以短期看到成效的，因此可以按季度为周期进行考核；而有些指标则需要较长时间的努力才能看到成效，则需要以年为周期进行。

准确把握上述原则和规避实际应用中可能进入的误区，对于关键业绩考核法的使用具有重要意义，促使企业在实际应用过程中始终明确自身发展的目的和标准，同时也有益于企业绩效管理及时自我反馈。当进行关键业绩管理出现问题和阻碍时，能够有效地诊断问题所在，及时做出调整和改善。

例证 8-1

海底捞 KPI 指标应用所走的弯路

海底捞成立于 1994 年，是一家以经营川味火锅为主、融汇各地火锅特色为一体的大型跨省直营餐饮品牌火锅店。2018 年 5 月 17 日海底捞国际控股在香港交易所递交上市申请。在 2019 智慧零售潜力 TOP100 排行榜中，海底捞排名第 35 名。

但值得我们注意的是，海底捞在设立 KPI 考核指标的初期曾存在过如下三个应用误区。

1. 对分店考核"翻台率"

为了提升客户的满意度，海底捞曾经对分店考核"翻台率"。认为"翻台率"越高，证明客户满意度越高。海底捞生意火爆，不预订肯定没有位置，但是预订了，客人晚到几分钟，结果发现还是没有位置。因为预订客人晚到，意味着空台，"翻台率"就会下降，这时分店就会把预订好的位置让给其他客人。结果这就造成分店考核"翻台率"的初衷与实际结果相背离，反而造成了客户满意度的下降。

2. 难以落实的 KPI 指标

海底捞在给员工提供住宿方面有一个 KPI 指标：员工从餐厅到宿舍步行不能超过 20 分钟。但餐厅一般都设在繁华地段，片区内的房源数量少且价格昂贵，而海底捞依然坚持在高档小区给员工租房子。这一度被网络热评为对员工关怀的管理典范。但是从绩效考核的角度来说，这是不利于企业绩效发展的指标。

3. 走向极端的绩效考核

正因为海底捞在 KPI 指标设置上走过这么多弯路，因此海底捞干脆去掉了所有量化客观的绩效考核指标，走向了极端。它主要选取了三个主观评价指标：顾客满意度、员工积极性和干部培养数量。对客户满意度的考核方式，是派小区经理去分店巡查，询问店长关于客人的满意情况；对员工积极性的考核方式，是以上司评价为主，以抽查和派遣"神秘访客"为辅；对干部培养数量的考核方式，是看管理者培养了多少个分店店长和一级店长。而上述所有考核均是上级的主观评价，这种绩效评价方式非常容易导致争议，会为企业带来大量的管理成本。

海底捞 KPI 管理走过的弯路带给我们以下启示。

（1）绩效考核指标不能太过单一，要定性、定量指标相结合，并能够与工作岗位合理搭配，科学分配权重，充分发挥其真正作用。

（2）指标设置要合理，避免指标设立与企业战略导向相矛盾的情况，让员工或部门承担其职权范围之外的考核压力不利于企业绩效发展，要提高 KPI 指标设置的科学性。

（资料来源：佚名. 海底捞在 KPI 绩效考核实践中走过的一些弯路 [EB/OL]. （2018-11-25）. http://www.hrsee.com/?id=867. ）

三、关键业绩考核法的优缺点

企业应用关键业绩考核法，可以有效地帮助部门主管明确部门的主要责任，并以此为基础明确部门人员的业绩衡量指标，制订出清晰明确的个人、团队不同时期的目标。但同时，这种绩效管理使用可能会使员工长期处于被动状态，不符合"以人为本"的企业管理思想。任何绩效管理方法都是"双刃剑"，存在自身的优点与缺点。

（一）关键业绩考核法的优点

关键业绩考核法在绩效管理实践中应用广泛，这种绩效管理法有助于发挥战略导向的牵引作用，形成对组织成员的激励和约束机制，具体优点包括如下三个方面。

1. 关键业绩考核指标以企业战略发展为导向

关键业绩考核指标直接源于组织战略目标，有利于组织目标的实现，通过目标分解找出成功的关键领域并加以执行，一方面有利于快速完成组织期望的任务；另一方面可减少资源浪费。此外，组织将关键业绩考核指标体系与组织战略保持动态一致，由此保证你在面对组织环境变化或战略转变时，关键业绩考核指标能够进行及时调整，以确保组织战略对绩效管理系统的动态牵引，有助于增强组织绩效管理的适应性和可控性（方振邦等，2016）。

2. 有助于组织绩效与个人绩效协调一致

个人层面的关键业绩指标是通过企业级业绩指标层层分解下来的，因此个人目标具有与企业战略发展目标相一致的方向。员工在努力达成自身业绩指标的同时，能够推动企业整体绩效发展，有利于实现组织与个人的共赢。

3. 有助于组织明确关键任务

关键业绩考核指标强调目标明确、重点突出、以点带面。关键业绩考核指标的存在就是为了化繁为简，提炼出最为重要的绩效指标并进行逐层分解、量化。这种绩效管理方法不只注重结果的达成，同样重视指标分解、分配，把控执行的全过程。

（二）关键业绩考核法的缺点

虽然 KPI 可以为企业管理活动带来诸多帮助，并为绩效管理思想提供新思路，但是 KPI 不是万能的。随着管理实践的不断深入，KPI 在很多情况下并不适用，具体体现在如下四个方面。

1. 关键业绩考核指标的战略导向针对性不明确

关键业绩考核指标虽强调战略导向，但并未明确"战略"具体针对公司发展层面、企业竞争层面，还是企业职能层面。这在绝大多数企业 KPI 制定过程中未进行详细区分和讨论，大多数人认为是企业竞争战略，但任何绩效管理技术都有其适用的条件，针对不同情况有着不可复制的应用模板。并且，在对企业战略目标进行分解的过程中，并未关注组织的使命、愿景和核心价值观，这种战略导向不够全面，也缺乏战略检验和调整的根本标准。尤其是在组织面对不确定性环境时或在战略调整过程中，KPI 应用的局限性尤为明显（方振邦，2014）。

2. 关键结果领域相对独立，各领域间缺少逻辑关系

关键结果领域（key result areas，KRA），是为实现企业整体目标而不可或缺的、必须取得满意成果的领域，具体可理解为企业关键成功要素的聚合。关键结果领域是根据企业具体战略需求确定的，是对战略有贡献作用的相对独立区域。这种存在性质就导致各领域之间独立性较强而关联性较弱。一方面，不同 KPI 设计者创造不同关键结果区域可能导致关键绩效指标间缺乏逻辑关联；另一方面，关键结果领域的独立性可能造成业务板块割裂，最终使得企业有效资源浪费。

3. 关键业绩考核指标对绩效管理系统的牵引方向不明确

在实际的考核过程中，如果关键业绩考核指标间缺乏明确的因果关系，则容易导致不同指标的叠加对员工行为的牵引方向各异，使得个体失去行动主线。KPI 在应用过程中出现对资源配置导向不明确，或指标间相互冲突对立时，就容易导致不同部门和员工就资源分配问题进行争夺或重复利用，从而造成不必要的损失。

4. 关键业绩考核指标过度关注结果，忽视过程控制和人的因素

绩效管理包括计划、实施、考核和反馈的全过程。因此，绩效管理方法不能只着眼于考核结果，还需要对实现路径进行全面关注，加强监控和管理，充分发挥员工的积极性，引导建立良好的企业绩效考核体系，并渗入企业文化的发展中，成为引导员工不断追求更好绩效的内在动力。KPI 绩效考核技术过度关注绩效达成结果，忽视了员工个人成长的需要，在一定程度上不利于营造良好的员工工作氛围，高压环境可能会导致员工主动性丧失，最终造成企业损失。

上述这些优缺点既反映出关键业绩考核法的某些特性，又表现出其使用过程中出现

的矛盾点。任何事物的发展都是在不断克服自身矛盾的过程中前进的，因此，我们在看待绩效管理方法时也要运用辩证的思维，要在具体情境下分析该考核法应用的优劣，而非仅关注某一个方面，要培养发散思维以全面分析企业在进行绩效管理时使用 KPI 技术的实际应用效果。

例证 8-2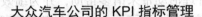

大众汽车公司的 KPI 指标管理

大众汽车公司是一家总部位于德国沃尔夫斯堡的汽车制造公司，是世界四大汽车生产商之一的大众集团的核心企业。大众汽车公司基于集团内部的管理，设置了九项 KPI 指标，均来源于集团的战略目标，具体如下。

（1）客户交付。即将新车辆交付给终端客户的量化指标，该数字能够反映出大众汽车的受欢迎程度与公司产品在市场上的竞争地位。

（2）销售收入。销售收入是公司财务的重要组成部分，大众汽车公司的销售收入主要是指销售汽车产品所获得的收入，这是大众汽车公司的主要收入来源。

（3）经营业绩。对于一个企业而言，企业的经营业绩是检验其工作成果的重要标准。大众汽车公司的经营业绩对于检验该公司的工作成效具有重要的作用。

（4）营业收入。营业收入代表着大众汽车公司的主要经营成果，是其取得利润的重要保障和主要组成部分。加强大众汽车公司的营业收入管理，可以帮助大众汽车公司更好更快地发展。

（5）汽车事业部研发比。汽车研发部门比率显示出与销售收入相关的总研发成本。突显研发比率是为了激励员工为公司未来发展不断创新，竞争性盈利的目标是实现可持续增长。

（6）汽车事业部资本投资与销售收入的比率。即部门的资本开支与销售收入的比率，反映大众公司的创新能力和未来竞争力。

（7）汽车事业部净现金流。即可用于分红支付的经营活动的超额资金。

（8）汽车事业部的流动性净额。包括非第三方接待融资的现金、现金等价物、证券、贷款和定期存款的总和。

（9）汽车事业部的投资回报率（ROI）。

上述九项 KPI 指标依据重要性依次排序，可以明确看出大众汽车公司将客户交付排在第一位，突显出公司以结果为导向的战略目标。

（资料来源：大众汽车官网）

第二节 关键业绩考核体系的构建

关键业绩考核法效用的发挥依赖于关键业绩考核体系的构建，良好的根基是建筑绩效管理大厦的基础，更是日后在此基础上不断拓展和应用的基石。

一、关键业绩考核体系的价值

关键业绩考核体系（简称 KPI 体系）是根据企业战略目标逐层分解，有效反映各项关键绩效驱动因素变换的可衡量参数。KPI 体系是一个涵盖从制定、实施到考核结果反馈全过程的机制，目的在于有力地推进企业战略目标的执行、为企业未来发展提供行动指南。其主要价值具体体现在如下四个方面。

（1）企业 KPI 体系的创建有利于建立以责任成果为导向的企业管理体系，推进企业重点任务的完成，提高任务完成的质量和水平，努力提升企业核心竞争力和业务承载力。促进考核体系不断完善，还有助于培养以结果为导向、注重绩效成果的企业文化。

（2）企业 KPI 体系的创建有利于企业建立激励与约束并存的员工行为管理制度，为企业绩效评价与绩效管理提供有益的参考框架，促使经营者将精力集中于对绩效有最大驱动力的经营领域，创造更高的企业价值。此外，从人才培养的角度来看，有利打通企业晋升空间，以此吸引更多的人才汇聚，为企业增加内部动能。

（3）企业 KPI 体系的创建有助于各部门任务的分工与合作，避免任务责任推卸的情况。在逐层分解关键业绩后，应准确评估各子任务所要落实的重点工作涉及哪些部门，并明确责任分工，如有必要还要明确指出合作范围。这样才能使各职能部门、业务主管单位都有明确的行动依据，也为业绩管理和上下级沟通提供客观基础。

（4）企业 KPI 体系的创建充分发挥牵引与规整个人绩效、部门绩效、企业绩效的联动作用，通过战略目标导向的一致性促使各层级保持目标一致，从而保证企业的可持续发展。

企业关键绩效体系是适应企业自身发展、外部市场环境与竞争环境的变化而不断发展的，从而起到传递市场压力、促使工作聚焦、明确责任分配、标明成果价值、及时诊断经营领域的问题并采取相应措施的作用，为企业现阶段发展和目标把控做出重大贡献。

二、关键业绩考核体系的特征和指标类型

关键业绩考核体系的特征分为笼统特征与独特特性，不同企业 KPI 体系的独特特性受企业自身发展状况的影响，从而不具有普遍代表性。因此，这里仅介绍关键业绩考核体系的笼统特征与分类。

（一）关键业绩考核体系的特征

KPI 作为一种常用的企业绩效考核技术，能够有效提升企业绩效管理水平，完善企业绩效管理体系。关键业绩考核体系作为促进企业整体绩效管理体系建设的一个子因素，发挥着不可或缺的重要作用。关键业绩考核体系具有以下三个方面的特征。

1. 系统性

关键业绩考核体系是镶嵌于绩效管理体系中的一个完整子系统，其本身具有系统化的特征。其中，公司整体、各部门以及员工都有其独立运作的 KPI，前提则是必须围绕企业战略目标进行。企业战略目标的制订依赖于企业使命、愿景和整体效益等方面相互支持与联系。在该系统内，组织的管理者和员工通过积极参与、沟通协商，针对企业的

战略、各岗位相应的职责、企业文化的内核等方面进行讨论，最终帮助员工明确眼前个人绩效任务的关键和所在部门的关键绩效任务，从而不断推进组织愿景与战略目标的实现。

2. 可控与可操作性

企业 KPI 的设计来源于较为抽象的企业战略目标。因此，KPI 体系制定过程中的可操作化是指将一些抽象目标转化成能够通过定性研究、量化研究得出任务完成情况的过程。此外，要求 KPI 体系的构建在可控范围之内，不得超出企业的自身发展和管理能力，否则可能会造成企业无法承担的后果。

3. 企业价值牵引与导向性

在谈及关键业绩考核法的缺点时，我们提到该方法过于注重结果而忽视人的因素。在此，提及的企业价值不一定建立在全体员工认同并追寻的企业文化之上，而更多侧重于由企业规章制度引导，通过长期行为的规范化作用而形成的一种全体员工默认的企业价值，成为员工内在潜意识中的行动指南，以此为导向约束个人行为，形成注重绩效和结果的行动导向。

（二）关键业绩考核指标的类型

根据不同的标准，可将关键业绩考核指标分为不同类型，具体而言，包括如下四大类。

1. 按关键业绩考核指标的层次划分

企业 KPI 体系分为组织层面、部门层面和个人层面三个部分，由企业战略目标指引逐层分解，并在总目标的牵引之下发挥各自层面的最大效用，促进企业发展。企业各层级的 KPI 指标是对企业战略目标进行分解和细化的产物，是企业战略在操作层面的具体反映，也是企业战略目标拆解到各个具体职位工作绩效的体现。

例证 8-3

阿里巴巴集团的 KPI 指标拆解

如果说运营是正确地做事以实现战略，那 KPI 就是让战略落地的梯子。2014 年天猫国际的上线意味着区别于传统的淘宝商城，阿里巴巴集团的 BD（商务拓展）团队为天猫国际下达开辟国际一线品牌的 KPI 指标，运营团队领导的 KPI 是将客户单价提升到一个较高水平。这样的 KPI 设置是一种高明之举，因为 BD 团队的任务是去拓展商家入驻天猫，在时尚化这个战略下，很明显他们要提高准入门槛，吸引头部品牌商入驻。这些品牌入驻的比例越高，时尚感自然就越强。就好像我们在逛线下商城时，能通过入驻品牌的层次判断这家商城的档次和定位。

众所周知，有个电子商务万能公式为

$$销售额 = 流量 \times 转化率 \times 客单价$$

这里没有把销售额和流量拿来当 KPI，是因为越追求销量和流量，运营人员越会让淘品牌上活动，而淘品牌本身就是从淘宝诞生出来的，其在淘宝天猫都有开店。淘品牌虽然能产生巨大的销售额和流量号召力，但不利于用户对天猫的品牌认知。反而是客单价这个容易让人忽略的指标，反映了一个用户的单次购买金额。国际大牌的单价都比较高，也不像天猫国际上线后更加爱打折，扶持国际大牌客单价自然就会更高。拓展商路的第一要义就在于创新，可以是技术创新，也可以是商业模式创新，天猫国际在众多指标中紧抓客单价，这成为其制胜的法宝之一。

天猫国际 KPI 战略目标自上而下的拆解可以具体表现为：① 企业拓展当前市场；② 开发新客户群体；③ 提升综合竞争水平；等等。在分解到组织销售部门时主要表现为：① 寻找适合的销售渠道；② 研发创新型销售模式；③ 增加新产品市场占有量；④ 提升企业口碑；等等。再进一步分解到具体销售岗的员工时表现为：① 增加个人销售业绩；② 提升用户使用回访率；③ 提高客户满意度；等等。

（资料来源：佚名. 阿里员工如何制定、拆解 KPI? [EB/OL]. （2020-03-21）. http://www.woshipm.com/zhichang/3552160.html. ）

2. 按照企业不同职位的职能和工作性质划分

根据企业不同的职能和工作性质来看，关键绩效指标可分为财务指标、经营指标、服务指标以及管理指标四种类型，如表 8-1 所示。具体而言，财务指标注重衡量组织创造的经济价值；经营指标侧重衡量组织经营运作的流程；服务指标侧重衡量利益相关者对组织及其客户所提供的服务质量和水平；管理指标则表述企业管理者对内进行企业人员等日常管理的效率和效果。

表 8-1 按职能和工作性质进行的关键绩效指标分类

类　别	目　标	关键绩效指标范例	作　用
财务指标	侧重与公司会计职责相一致的价值创造	● 公司投资资本回报 ● 业务单元损益	确保创造财物价值
经营指标	侧重在日常经营运作流程及跨职能、跨业务辅助流程中创造价值	● 新产品收入占总收入的份额 ● 细分市场所占份额 ● 新媒体渠道所获销售额	制订和实施企业销售计划
服务指标	提供客户对公司经营满意度的评价	● 客户满意度指数 ● 公司外界形象 ● 公司购买价值	监督与提升企业总体服务水平，创新服务项目
管理指标	人才选拔、培训、业绩考核	● 员工满意度指数 ● 高级人才流失率 ● 员工绩效考核水平	内部人才引进与保留，促进企业整体竞争力的提升

（方振邦等，2017）

3. 按照关键绩效指标重要性的划分

在绩效管理实践的过程中，关键业绩指标并非绩效指标的全部构成要素，一般业绩绩效指标（performance indicators，PI）也是绩效指标构成的一部分。因此，针对绩效考核指标的设计，在企业层面通常为较为宏观的关键业绩指标，而在部门和个人层面则承担更多具体细分的一般绩效指标。例如，企业中的秘书处、财务部、人力资源管理部、后勤部等，所承担的绩效指标更多来自部门的职能责任，而非组织战略的分解。因此，这类部门所承担的关键绩效占比较少。个人层面的绩效指标也同样根据个人所处职位和等级由关键绩效指标和一般绩效指标共同构成（方振邦等，2017）。

4. 按照员工的个人表现划分

企业在对员工的绩效进行考核时，对于员工的个人表现情况有三个不同的维度，分别是工作态度、个人能力和业绩。

员工的工作态度是指员工对完成某项工作的配合度、个人对工作的敬业度以及与其他员工的团队协作能力；个人能力可以用胜任力模型进行衡量，通过胜任力模型能够描绘出鉴别绩效优异者与绩效一般者的动机、特质、技能和能力，以及特定工作岗位或层级所要求的行为特征（严正，2013）；业绩是指员工完成某项工作后所取得的成绩，用以证明自己的能力以及为企业创造效益。

理想状态下，企业最看重的应当是员工的工作态度，其次是个人能力，最后是业绩。但在实际操作层面，企业为追求效益，常常更加看重员工的个人业绩，如销售岗位一味依据业绩作为考核指标，在经济大萧条环境情况下，几乎所有销售人员的绩效评分都会呈现较低状态，因此，业绩有时并不能如实反映出销售人员的工作态度和努力情况。企业只注重员工的工作业绩必然会影响员工对工作的热情以及完成工作的效率，进而对企业自身发展产生影响。

因此，企业应按照员工个人的综合表现制定更加科学的考核指标。绩效考核指标可以员工不同表现类型分为三大类，即工作态度、工作能力与工作业绩。其中工作态度与工作能力可称为定性指标，工作业绩则是定量指标。作为定性指标，员工的工作态度与工作能力是工作时呈现的一种状态，无法通过定量的方式衡量，但这两者又直接决定着工作完成情况的好坏，故而可将两者进行分解，通过特定的行为方法对员工的特定行为进行判断，从而提供更为客观公正的评价依据，对员工起到一定的督促和指导作用。作为定量指标，员工业绩的衡量可结合企业的年度目标，将其分解成季度和月度目标，最后按照岗位特性分解到个人。但需要注意的是，企业目标应实事求是，根据企业内外在的综合因素进行合理的规划，避免盲目扩张，造成企业目标与实际情况不符。

三、构建关键业绩考核体系的流程

关键业绩考核体系的建立要点在于坚持系统地、有计划地遵循构建体系的各项流程。各层级的 KPI 无论应用于组织、部门、团队或是个人，都应在绩效指标的设立和达成过程中遵循以下四个方面的基本方针：① 明确绩效考核对象的增值工作产出；② 针对每项工作制定相应的绩效指标和标准；③ 划分各项指标的相对重要性等级；④ 追踪跟进绩效考核效果和水平。关键业绩考核体系的设计流程如图 8-1 所示。

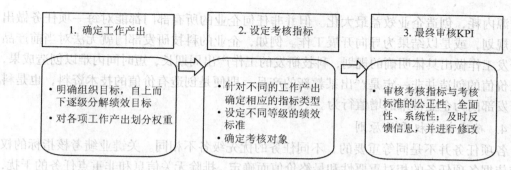

图 8-1 关键业绩考核体系的设计流程

（一）确定工作产出

关键绩效考核法确定工作产出的目的在于清晰界定各层级主体的预计工作产出，这同时也是设定 KPI 指标的基础。预计工作最终成果可以呈现为有形的具体产品，如研发部门推出新的产品；也可以呈现在无形的状态结果中，如市场部门对新老客户的服务跟进等。例如，对于销售部门的员工而言，工作产出应当是本月或本季度的具体销售额；而对于客户服务经理来说，他的工作产出应当体现在客户满意度、顾客回头率等。在制定工作产出时，应考虑如下几个问题：① 被考核者面对的组织内外客户有哪些？② 组织内外客户所需的产品或服务是怎样的？③ 被考核者如何进行才能使客户满意？④ 这些工作产出在被考核者的工作中各自占比情况如何？在考虑上述问题的同时，应充分遵循以下四个原则。

1. 增值产出原则

企业制定一系列绩效考核与管理的目的都在于优化企业资源配置，利用已有资源实现企业利益最大化。因此，在对 KPI 体系进行设置的过程中要确保各层级工作产出与组织目标相一致，并且能够在一定程度上为组织创造价值，成为组织创造收益的重要一环。

2. 客户导向原则

随着企业结构的不断变迁，开始出现众多项目承包、企业控股的新型组织模式，依靠云服务、大数据等互联网产业的融入，整体呈现出以客户服务为导向的企业经营管理模式。因此，在制定企业 KPI 体系时，应当将被考核者的工作输出作为考核对象，将企业内外部主体都视作客户。从客户的需求出发，尤其强调组织内部客户价值链的概念，将组织内部不同部门或个人间的工作承接关系也当成客户关系。抱着为客户服务、精益求精的态度去完成部门任务，争取在每个环节都达到最佳绩效，促进企业的长足发展。

3. 结果导向的原则

保持"以终为始"的企业经营管理思维，一方面确保企业在激烈的商业竞争环境中平稳发展，另一方面有利于培养管理者企业管理的前瞻性思维，提升看待长远问题的能力。例如，在企业准备推出新产品时，应由市场部做好前期市场调查并进行营销策划，做出产品销售情况的预估，再按照科学预估的结果进行产品生产与调配，最大限度地减少资源内耗，创造企业效益最大化。但并非任何企业的所有部门都能对每一项任务做出长期规划，或是以结果为导向开展工作。例如，企业的科技研发部门就无法对当前产品的研发工作做出具体明确的规划，科技研发的工作产出周期长，短时间内难以创造成果，所以价值的创造并非一定是产出某款新的产品，即便是创造有价值的技术资料，也是科技研发部门为企业带来的增值行为。

4．确定相应权重的原则

各项任务并不是同等重要的，不同任务的优先级各不相同。关键业绩考核指标的权重应依据各项任务的相对重要性和最终价值而确定，排除无关信息和非重点任务的干扰，进行有效分配。

确定工作产出是制定 KPI 体系的第一步，也是基础环节。要明确企业的战略目标，层层分解并落实到每一个部门和个体上，并依照不同任务的重要性进行权重划分，由此为后续 KPI 考核的实施过程做铺垫。

关键业绩考核指标体系的建立通常使用因果图，主要操作如下：① 确定个人或部门的业务重点，明确哪些个体因素或组织因素与公司相互影响；② 确定每一职位的业务标准，定义成功的关键因素，即满足业务重点所需要的策略手段；③ 确定关键绩效指标，判断一项绩效指标是否切合实际；④ 关键绩效指标的分解与落实（古银华，2008）。战略目标分解因果图示例如图 8-2 所示。

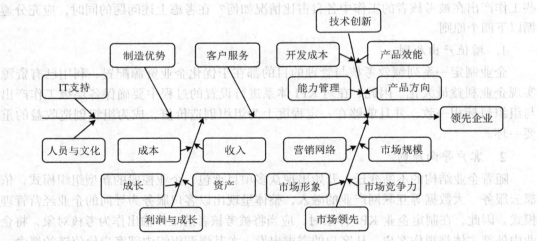

图 8-2　战略目标分解因果图示例

（二）设定考核指标

KPI 体系建立的第二步是针对不同工作产出类型设立相应的考核指标，再针对不同主体明确具体考核对象及相应标准。

首先，对考核指标和标准这两个概念进行区分。一般来说，指标是指从哪些方面和维度来评价和衡量工作产出；而标准则是回答在各项指标上我们应当达到什么水平和程度的问题，标准又被划分为不同等级，以量化指标进行明确呈现（方振邦等，2018）。具体区别如表 8-2 所示。

表 8-2　KPI 考核指标与标准的区别示例

工 作 产 出	指 标 类 型	具 体 指 标	绩 效 标 准
销售利润	数量	① 年销售额 ② 税前利润百分比	① 年销售额 20 万～25 万元 ② 税前利润率 18%～22%
新产品设计	质量、性价比	上级评估： ① 产品创新型 ② 可能为企业带来的销售效益 客户评估： ① 市场同类产品的性价比 ② 耐用性	上级评估： ① 至少有超越市场同类产品的三个创新点 ② 使用更加优质的材料优化设计，增加产品可选择性，扩大产品适用人群 客户评估： ① 与市场同类产品相比有更好的适用度与可选性 ② 产品使用寿命延长 1～2 倍
销售额	数量	销售额与去年同期相比有所增长	销售额与上一年同期相比增长 5%～8%
对竞争对手的评估	质量	对竞争对手评估： ①系统全面性 ②数据的价值	对竞争对手评估： ① 评价对手覆盖率达 90%以上 ② 提供的数据包括对于对手产品的详细描述，如产品的成本、广告宣传费用、客户使用满意度等
	时效性	信息反馈的及时性	能在最短时间内掌握竞争对手情况的情报搜集能力
销售成本	成本费用	前期预算与实际费用的变化	实际费用与前期预算金额相差 5%以内

（付亚和等，2017）

在明确不同层级考核主体和指标后，企业可以根据具体任务进行考核标准的制定。考核标准又可大致分为基本标准与优异标准，两种标准可通过表 8-3 进行区分。

表 8-3　洋葱集团 KPI 体系设计的基本标准与优异标准示例

职 位	基 本 标 准	优 异 标 准
销售代理	● 　正确介绍和推销产品 ● 　达成承诺的销售目标 ● 　保障客户的售后服务	● 　个人业绩创造新高 ● 　客户满意度上涨 ● 　客户回头率增加
设计师	● 　产品设计符合大众市场 ● 　产品设计在预定时限内完成	● 　设计师作品获得国际奖项，为企业赢得更多国际声誉
人力资源师	● 　新员工的招聘和培训符合企业用人标准 ● 　员工薪酬奖金设置在企业内部预算范围之内	● 　优化企业内部人力资源配置 ● 　提升员工满意度 ● 　营造良好的工作氛围

（资料来源：http://www.msyc.com/zoology.html）

基本标准是指期望和必须达到的水平，这种标准的界定是每一个参与主体通过发挥自身正常水平并通过努力所能达成的。基本标准的制定目的在于判断被考核者的能力与绩效水平是否达标。考核结果主要用于制定非激励性人力资源待遇，例如基本工资、休假制度等，即以此为参考，制定帮助企业保留人力资源的非激励性制度。

优异标准是指被考核者在达成基本标准后，通过不懈努力与卓越表现而突破一般水平，上升优异的绩效水平。优异水平并非大多数人都能达成，而是由一小部分人不断刷新突破而形成的上不封顶的绩效考核标准。其设定的目的在于引导和激励员工不断自我突破，充分发挥自身主观能动性，追求自我实现的满足。优异标准考核结果可以用于制定激励性的人力资源待遇，如额外的奖金、分红、职位晋升等。该思路正好符合赫兹伯格的双因素激励理论中设立激励因素的理念（杨俊卿等，2004）。

（三）最终审核 KPI

关键业绩考核体系的设计流程经过确定工作产出和设定考核标准这两个阶段后，还需要对 KPI 进行审核。KPI 审核环节的目的在于验证已设立的考核体系与考核指标能否真实评价被考核者的实际工作绩效，判断员工的能力是否合格。除此之外，还需要对该考核方案进行效度检验，以确保方案具有足够的效用。审核 KPI 主要从以下六个方面进行。

1. 所确定的工作产出是否为最终成果

KPI 审核主要关注工作结果。因此，在设定 KPI 时要注重工作目标与结果实现的多环节步骤相对应，不能简单地以笼统结果判断，而要注意微观层面的进度落实与成效。例如，在对公司销售部门进行季度 KPI 考核时，不能仅根据某一月的销售额做评价，应综合考量考核周期内最终的销售情况、客户反馈、产品推广等多维度信息，再做全面评估。

2. 检验考核指标的信度

考核指标的信度检验通过多个考核者对同一绩效指标在相同环境下进行评价时所得结果的一致性程度进行，一致性高则表明该指标设置有较好的信度。如果关键业绩考核指标的设定严格遵循"SMART"原则，注重考核指标的具体化、可测量、可实现、关联性与时限性，在同一明确的基准线上，不同考核者对同一个绩效指标进行考核时就有了一致的考核标准，也就能够取得更加一致的考核结果。

3. 所设定的考核指标总和涵盖 80% 及以上的工作目标

KPI 考核注重全面性。这体现在考核指标的任务覆盖率，也是所抽取的关键行为的代表性问题，完善的 KPI 体系应尽可能地涵盖更多的关键绩效任务。

4. 是否从客户角度界定 KPI

在 KPI 界定过程中要转变立场，根据内外部客户的实际需求制订方案，把客户满意度视为被考核者的工作目标，而非局限在自身认识框架之内。

5. KPI 考核可操作进程的跟进研究

KPI 体系的设立要考虑后续执行过程的可操作性，因此需要建立一系列可以实施跟踪和监控的操作性方法。这些方法有助于及时调整不合理的 KPI 指标和标准，增强绩效考核的灵活性和可控性。

6. 存在一定的预留空间

KPI 对于被考核者而言具有两重属性：① 要求员工必须达到的能力基准；② 体现

在对员工工作合格与否的判断准则。因此，基本 KPI 绩效标准应设立在大多数被考核者自身已有能力的基础上，通过努力可以达到的范围内，该标准并非只是某一标准线，而应是一个在基本水平附近上下浮动的标准范围。当员工绩效水平超过该范围时，则可被认定为绩优者。

审核 KPI 是对整个 KPI 体系制定过程的审核，只有对上述内容进行全面审核，把好 KPI 体系构建的最后一关，才能使 KPI 绩效考核得以顺利实施，帮助企业取得有效成果。

第三节　关键业绩考核法的应用与发展

在实际的绩效考核过程中，考核指标的选择与应用对考核效果至关重要。因此，选择适当的考核指标并创造合理的考核权重分配有利于绩效考核的有效开展。考核体系设计的完善程度能够反映出筹备工作中考核者与被考核者对预算经营目标的沟通情况。良好的沟通不仅能提高企业经营管理效率，避免因沟通不当造成损失，还能为企业长期绩效管理工作的顺利实施打好基础。

有人曾将经营企业比作驾驶飞机，目的地就好比战略目标，KPI 体系则如同飞机上的仪表盘，为前行的人指引着前进方向与所剩距离。通过仪表盘的数据指标能够随时掌握飞机内外部的运行动态，可以及时调整策略应对各种变化。也就是说，关键业绩考核法作为一种绩效考核管理技术，在企业绩效管理过程中体现着重要的领航价值。

一、关键业绩考核实施过程中的注意事项

KPI 作为一种有效的绩效考核与管理技术存在一定的优势，但同时我们应该认识到，任何考核法都无法避免自身劣势对企业可能造成的影响。因此，在应用关键业绩考核法的过程中应该注意以下五个问题。

（一）针对不同岗位设立专属的 KPI

由于企业部门各司其职，每一个岗位都有其所存在的意义和所要负责的任务板块，工作任务的独特性就决定了 KPI 指标的专属性。以销售部员工为例，不同业务员可能承接不同种类的业务，包括电话预约、电话销售、拜访客户、客户数据统计等，但其核心工作成果应是订单额、汇款和毛利，虽然这些核心内容可能只占据日常销售工作的 20%，但其完成水平却能决定一个业务员 80% 的业绩成果。在设立部门和个人 KPI 时，一定要从当前任务和考核周期内的计划工作两方面出发，具体问题具体分析，制定有针对性的细分 KPI 指标。

（二）设定量化、可衡量的指标

关键业绩是根据企业战略目标自上而下逐层分解的，在分解时存在一个由目标向指标自动转化的过程。关键业绩指标不单纯是部门或个人需要达成的目标，更是具有时限性、质量要求的数字化指标和描述性指标。KPI 要求最大程度地量化，对于难以量化的指标要进行细分和操作化定义。

（三）KPI 的激励性指标与控制性指标相结合

激励性指标是指以激励员工工作积极性和创造性为目的，考核对象为公司全体员工，不设上限可累计加分的考核指标；控制性指标则是指计量预期或实际工作成果的量化指标，是基于整个计划方案的关键业绩指标，也是控制工作方向和检验阶段性预期成果的依据，类似于保持企业绩效水平"恒温设置"的高低阈限指标。

激励性指标体现企业人性化管理理念的应用，制定具有激励性质的指标，为企业人才发展激活动力，是企业绩效管理的"软措施"；控制性指标则体现企业绩效执行力的发挥，强调团队与个人在规定时限内必须达成的绩效目标，是企业绩效管理的"硬手段"。综合上述"软硬兼施"的管理方式，能够有效地促进企业整体绩效水平的提升。

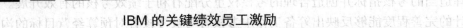

例证 8-4

IBM 的关键绩效员工激励

美国的蓝色巨人 IBM（国际商业机器公司）成立于 1911 年，是计算机行业中成立较早的公司之一。随着时代的变迁，IBM 现如今已经将发展的重点转移到信息技术服务行业，2019 年《财富》杂志世界 500 强榜单中 IBM 名列 114 位，年营业收入超过了 790 亿美元，全球员工人数达到 38 万。

对于一家高科技企业来说，有效培训将是对于员工最好的激励。这样能够促进员工与企业共同成长。IBM 的 KPI 考核体系包括四个方面：财务（收益、成本、利润）、客户（内外部客户满意度、忠诚度、投诉率、市场份额）、内部流程（指标覆盖全流程）和学习与成长（员工技能、素质提高、组织氛围）。IBM 公司的 KPI 理念如下。

（1）KPI 是对部门和个人工作起导向作用的引导性指标，要层层分解，层层支持。

（2）绩效是团队的绩效，部门主管的绩效和下属的绩效捆绑，上下流程的绩效捆绑。

（3）定量指标与定性指标相结合，不同时期有不同的 KPI，实行动态管理。

IBM 与每位员工制定自己的个人业绩承诺（PBC）。这种方式能够对员工起到目标激励的作用。员工的个人目标主要包括如下三个方面：① 业务目标，包括关键指标（KPI）和关键任务衡量指标。由所在部门的经营业务和个人岗位职责得出，指标数 7~10 个。在设计业务指标时，可采用 360 度评价方法，全方位地考察公司、部门及个人三者目标的有机结合点。② 员工管理目标。该目标只针对管理人员设置，以培养管理者的领导能力为目标，指标以 2~4 个为宜。员工管理目标可以根据领导力素质模型和各级别经理岗位的要求制订。③ 个人发展目标。每位员工需在主管的协助下制订个人发展目标，以不断提高个人能力为目标，指标数以 2~4 个为宜。一般来说，绩效考核期间员工的薪酬与晋升会与 PBC 的实现程度挂钩。但 IBM 与众不同，没有完成绩效指标的员工不仅不会被扣工资，还会接受一系列的培训计划，以便在下一个考核期能提升工作能力。

（资料来源：佚名. IBM 的员工激励案例 [EB/OL]. （2019-12-19）. http://www.hrsee.com/?id=1254.）

（四）在固定基础上动态调整指标

KPI 指标在设定后具有一定的稳定性和权威性，不应随某些临时情况的出现而变动，保持系统的连续性和可比较性。正常情况下，一套完整的 KPI 体系设定后适用于整个经营周期。但这也并不意味着 KPI 设定后就一定不能变动，在实际应用过程中，随着公司阶段性目标或工作中侧重点的偏移，各部门的工作重点也会发生改变。从整体来看，能够反映企业需要达到的目标绩效指标系统应当有以下四个标准：① 准确反映企业的目标；② 不论是否为财务指标，关键绩效指标都应能够量化；③ 是能够激励人们良好业绩的指标标杆；④ 指标并非越多越好，而是需要具有良好的归纳特性（顾英伟等，2007）。KPI 的变动始终追随着企业的战略目标，在具体实施过程中应取得变动与稳定之间的平衡。

（五）注重员工消极情绪的改善和企业积极文化的渲染

关键业绩考核的形式容易形成企业内部的"高压"环境，导致员工对绩效考核形成恐惧、约束、压力、管制的负面情绪，久而久之，容易造成企业人才流失和组织文化僵化的局面，最终因导致绩效管理流于形式而无法推行。这种情况的出现显然与 KPI 设置的初衷相悖，因此，为了避免这种情况的发生，企业在制订关键业绩目标的过程中，就应该加强与各部门、员工之间的沟通，保证目标、方向一致。只有人心朝向同一方向，才有可能推动企业不断迈向新的辉煌。

例证 8-5

恒大集团的 KPI 应用

恒大地产集团于 1997 年在广州市成立，是集地产、金融、健康、旅游和体育为一体的世界 500 强企业集团，总资产达万亿元，年销售规模超 4000 亿元，员工 8 万多人。

恒大集团的绩效考核体系非常全面，全体中层干部和普通员工的每一个职位都有具体评价标准和相应分值，开展以季度为周期的考核。通过加强 KPI 关键绩效指标的有效性，在考核内容的设置上，按照集团公司对中层干部及普通员工岗位的不同要求，从综合素质、精神作风、工作业绩三大方面进行全方位考察，分别占百分比的 20%、40%、40%。

恒大集团目前的绩效考核结果应用主要体现在以下三个方面。

1. 员工薪酬奖金与绩效挂钩

恒大集团将绩效考核结果作为员工月度和年度奖金分配的核心依据。其中，月度考核结果决定奖金发放倍数；季度综合考核结果作为奖金发放的调节系数，强制排序并分为三个等级，对应人数比率分别为 20%、60% 和 20%，相应的绩效系数为 1.2、1、0.8。恒大集团对考核结果的应用采取正负双向激励。

2. 将员工的能动性与绩效挂钩

恒大集团的绩效管理过程公平公正，绩效管理程序简单有效，确保第一时间激发员工的能动性，反馈绩效成果 100% 实现。

3. 将员工的职业生涯规划同绩效挂钩

员工的绩效不仅体现出员工某一时期的成绩和问题，也应当体现出企业对员工职业规划的安排。恒大集团会发掘绩效突出、素质好、有创新能力的优秀管理人员和员工，通过岗位轮换、特殊培训等方式，全面提高员工的综合素质。这些措施强化了员工的绩效意识，促使他们努力去提高能力，完成绩效目标，也使人力资本向绩效转化的目标得到了具体落实。

（资料来源：佚名. 恒大集团的绩效管理案例 [EB/OL].（2019-08-22）. http://www.hrsee.com/?id=1095.）

二、关键业绩考核法应用的局限性

关键业绩考核法作为一种较为成熟的企业考核技术，现已广泛应用于诸多领域，但随着商业竞争的不断加剧，市场环境充满不确定性，信息共享高度透明化和新技术扩散速度变快，使得企业在应用 KPI 的过程中局限性越发显现。

（一）为争取有利的 KPI 指标，企业内耗严重

在企业绩效考核的预算阶段，中高层管理者会出现各自争夺有利 KPI 指标的局面，常常面临多轮会议沟通和博弈谈判的过程，由此将会造成巨大的企业管理成本内耗。在此阶段，企业中层管理者作为下属绩效完成的主要责任人，倾向于上报保守绩效指标。但高层管理者是站在企业发展全局的角度考虑问题，因此，更倾向于下发乐观的绩效指标，从而容易导致企业错失应对不确定性市场和市场快速变更所致用户需求变更的各种时机和预算期。企业各部门会产生，一方面疲于应对预算期，另一方面又投入过多精力和时间于绩效指标的制订工作中，从而造成严重的资源内耗，甚至影响整个组织的运作效率，使得员工产生工作倦怠感。

此外，KPI 使得员工和管理层之间的关系变为一种持续博弈的过程。员工根据管理层分配的指标来开展工作，而且工作思维变成了如何省力地完成指标，长此以往不利于企业整体效益的提升（汤历漫，2019）。

（二）企业经营 KPI 指标分解不平衡

根据"二八法则"制定的关键业绩指标是将企业战略最核心的 20%任务命名为关键业绩，因此，KPI 的制定意味着部门与个人间存在一定的竞争，在争夺核心战略目标的过程中会造成绩效指标分配不均的现象。一定程度的良性竞争能够使企业增加活力，促进不同主体在创造更大价值的过程中增进彼此合作，互利共赢。但是，当竞争目标与主体的切身利益紧密相关时，通常会伴随出现激烈的恶性竞争局面，不利于企业健康发展。

三、企业绩效管理"去 KPI"的时代到来

随着企业绩效管理与考核技术的发展，"去中心化""去 KPI"等观念越来越受到企业管理者的青睐，人力资源部门也处在更新变革、不断经受新挑战的阶段。在企业人力资源管理的实践中，关键绩效指标法（KPI）是一种常用方法，但随着移动互联时代的到来，人们的工作方式出现巨大的转变，出现越来越多的云组织、小团队、柔性组织、阿米巴经营体等组织形式，时代变化的要求促使企业管理者与人力资源部门不断创新适合自身的绩效考核方式。

当企业各部门按照职能管理被切分为许多小单元时，KPI 确实起到了相对公平的评

定和考核作用。但随着移动互联网时代的到来，业务单元的边界越来越模糊，人才的边界也逐渐被打破，云组织已经成为新常态，这一系列变革都在将组织打散、抹去界限并重新融合，工业时代的绩效管理方式显然已不合时宜（庄文静，2015）。

随着外部市场和组织结构的变化，企业绩效管理理念也在不断更新，新方法的诞生必定会导致人们对已有技术的质疑。KPI 处于企业激烈的变革环境中，自然也受到颇多重视。在众多讨论议题中，最具代表性的论调是 KPI 的"结果论"——人们会刻意关注被考核的内容，而不关心指标背后的真正战略价值，因此造成了人们急功近利地追求成绩和结果，为企业带来诸多不和谐的隐患，同时也在一定程度上限制了员工的自主创造力，不利于发挥人的优势作用。

由此引发的"去 KPI"呼声不断高涨，例如，海尔、小米、百度等优秀企业都在不同程度地"去 KPI"。身处于此浪潮之中，我们需要思考如何完善传统的 KPI 技术，并推动该项技术的新发展。

例证 8-6

小米公司基于用户体验的"去 KPI 绩效管理"

北京小米科技有限责任公司（以下简称"小米公司"）成立于 2010 年 3 月 3 日，是一家专注于智能硬件和电子产品研发的全球化移动互联网企业。2019 年，小米手机出货量 1.25 亿台，全球排名第四，电视在中国售出 1021 万台，排名第一。小米还入围 2020 全球百强创新名单，AI（人工智能）等专利位于全球前列。

小米公司副总裁黎万强在其《参与感》一书中说："在小米这里，客服也要忘掉 KPI。我们把 KPI 指标只当作辅助的参考，真正重要的是'和用户做朋友'，让大家发自内心地去服务好用户比其他一切都重要。"

小米公司自创立之初就推行了全员持股、全员投资。在小米公司内部，绩效的考核不是看 KPI，而是以用户的票选为标准。小米论坛每周都会组织网友，就产品各版本功能、设计、美工，甚至包括营销活动做投票评选，让网友给出好评或差评。对于获得好评的，公司内部会给予项目团队相应的奖励；对于获得差评的，工程师们马上就可以根据用户的反馈改动产品，不需要请求老板，而最终的改进效果也由用户投票决定。

小米公司没有 KPI 考核制度，却有 KPI 指标——小米用户的体验满意度就是小米公司的内部 KPI 指标。例如，公司不会关心你完成了多少任务，只会关心用户对你所研发产品的满意度，考察你为提升用户体验做了多少贡献。也就是说，小米公司将用户体验之后的反馈当成员工考核的重点。

（资料来源：佚名. 小米公司没有 KPI，如何做绩效管理？[EB/OL].（2018-08-10）. http://www.hrsee.com/?id=742.）

在移动互联网时代，市场环境不断倒逼组织发展模式与组织绩效考核模式的变革。将考核权交到真正具有话语权的考核者——用户手上，这种"权利反转"的措施让组织和个人转变思路，尝试站在用户的角度去思考如何提升产品质量，满足消费者新的消费需求，引导企业深入思考"应该保持怎样的价值观""应该如何提高行动效率"。"去 KPI"也不应是将关键绩效考核的所有思路和途径都扼杀，而是与时俱进地进行调整，取其精华，去其糟粕。将不适合发展脚步的 KPI 考核制度进行弱化甚至剔除，将 KPI 考核指标应用于更加人性化的考核制度当中，以使其发挥更加明显的优势，促进企业全面成长。

重置 KPI 无疑伴随着企业文化的变革。当下，人本主义管理思想盛行，企业逐步将对自身的关注点分散转移到个体身上，更加关注员工的成熟度与个体发展潜能。未来企业会借助"大数据"技术搭建高效、有益的云端资源平台，利用更加科学、有效的人才评估模型和数据分析思路深刻挖掘和发挥企业人才潜力，加强员工职业生涯规划与发展等更多方面。而这些远不仅是利用 KPI 技术就能达成的企业人才应用成果。管理者更应透过 KPI 技术的应用看到如何搭建组织资源平台，构建企业人才库。

创新驱动发展已经成为企业发展的新常态，对于一家公司创新活力度的判断，首先要看该企业有怎样的文化价值背景，自身秉持怎样的发展理念；其次，考虑具体职位对自身工作价值，以及对自身所承担业务的思考。从某种角度而言，当企业开始意识到员工敬业度远比忠诚度对组织长期健康发展更有意义时，就已经在将目光收回到关注人主观能动性的价值之上了。而"去 KPI"思路的明确提出，则意味着"变考核为激发"行动的序幕已经缓缓拉开。当企业都争先恐后进行云组织化，寻找新的绩效管理技术时，就标志着 KPI 已经无法满足企业人力资源管理与人才创新培养的需要。因此，我们有必要深入探讨和思考该如何重置 KPI 技术，让其继续发挥自身的优势价值。

绩效考核是绩效管理中的核心部分，是企业进行有效组织管理、衡量员工工作成效和激发其创造力的重要标准。绩效考核的类型分为以结果为导向和以行为为导向。影响较为深远的有 KPI、OKR，对于业务部门的绩效进行量化处理，在一定程度上能提升员工的工作积极性，但更侧重以结果为导向进行绩效考核，对员工的工作过程的考核略显薄弱，且对非业务部门绩效方面没有具体的量化指标。因此，对于员工的工作成效的衡量存在一定的局限性。下面重点介绍一种新的考核方式——关键绩效事件法（key performance affair，KPA），便于弥补前者的不足，更好地帮助企业搭建较为完善的考核体系。

（一）KPA 的概念

KPA 的理论来源于陈镭所著的《中国式绩效——突破绩效困境》。本书系统介绍了 KPA 如何有效运用在企业绩效考核中，并与 KPI、BSC、MBO 等主流绩效工具相比的优势。KPA 是指企业在生产经营的过程中由于所在领域不同，会形成各种各样的任务，每项任务的完成情况会直接影响员工的工作成效以及企业自身的效益，最终产生的结果对企业来说可能是具有促进作用的，也可能会产生危害后果，这些事件（任务）的结果会直接影响企业经营目标的完成情况、客户的评价、计划的实施、上级的评价、本部门职责的履行，这就是关键绩效事件（陈镭，2017）。KPA 以关键事件（任务）为中心，将具体工作事件作为员工绩效考核的非业务性因素，以事实为依托，更加客观地对员工实施绩效评价工作。解决了以往绩效考核中企业只注重业务部门考核，而较少关注非业务部门考核量化指标的局限。

KPA 可以在没有愿景、战略、目标的背景下开展绩效考核，以目标、任务、上级要求、客户要求和本岗位职责为结果导向，与企业的目前管理实际相结合，以确定影响企业绩效的关键因素，设定关键事件和可衡量标准，最终完成任务。此类方式使结果变得更加清晰、容易界定，并能够在实施中加以不断改进和完善。

在对公司员工进行整体绩效考核时，呈现三种不同的状态：绩效表现良好的占前20%，绩效表现差的占后10%，70%的员工处于中间状态。这完全符合杰克·韦尔奇提出的绩效正态理论。KPA 事件根据影响结果的重要程度可分为三种：不可接受事件、可挑战事件和日常事件。

不可接受事件：该事件的发生会直接对企业产生消极影响，导致事故的发生，如公司或部门业绩下降、经营目标未完成、客户投诉、计划实施受影响、上级批评等。设定不可接受事件，就是明确风险、危机、危害的界限，使员工尽量不要触犯，一旦触犯就要受到绩效扣分的惩罚。如没有完成业绩指标、技术原因导致网络瘫痪、财务资料泄密、重大活动接待工作失误导致客人不满意、法律文本出现失误导致诉讼失利、员工争议处理不当引发仲裁等。

可挑战事件：该事件的发生会直接对企业业务及运营产生积极的作用，推动企业发展或转型。该事件有助于公司或部门业绩提升达成、有助于经营目标完成、客户表扬或投诉减少、计划实施顺利进行、上级认可或表扬。设定可挑战事件，就是明确方向，促使员工努力达成，一旦实现则作为绩效加分进行奖励。如超额完成业绩指标、高端人才成功招聘、重大活动圆满成功并获得好评、相关管理制度推行、网络升级、诉讼胜诉等。

日常事务：处于不可接受事件和可挑战事件之间的工作，也就是员工日常的本职工作，属于员工分内应该完成的工作，相对而言比较流程化、重复且固定。这类工作都是职责所定。这类事件的正常完成不会直接影响公司或部门业绩、经营目标完成，会使客户表扬或投诉减少、计划实施、上级批评或表扬。当然，如果这类日常事务不能顺利完成，还可以通过一些补救方式及时挽回负面影响，除非事情做砸了，这样就要转入不可接受事件，进行绩效惩罚。设定日常事务，就是让员工完成本职工作中最基础的部分。日常事务工作占员工时间的比例达到 70%，如工资按时发放、社保缴纳、计算机维护、工商年审、财务核算、拜访客户、各项流程执行等。

（二）实施 KPA 的原因

KPI 应用广泛，许多企业选择 KPI 作为绩效考核的方法，在一定程度上能提升组织的向心力和员工的工作活力，但 KPI 仅仅是对业务部门的考核进行量化，对于非业务部门的考核没有做出相关的表示，因此在一定程度上缺乏公平，不能全面地评价员工的工作成效，改善员工的能力和素质。因而，在此基础上增加一种创新性的考核方式——KPA 尤为必要。提倡实施 KPA 的原因主要有：① 非业务部门的职能特征决定了传统的绩效考核方法不适用；② KPA 考核来源比 KPI 更广泛（张敬惠，2011）。

1. 非业务部门的职能特征决定了传统的绩效考核方法不适用

公司的业务部门和非业务部门都是公司的重要组成部分，二者缺一不可，但是两者仍有所侧重，与公司业务部门有所不同，人力资源、财务、IT、行政等非业务部门并不与公司盈利与生产行为直接挂钩。例如，跨国企业宝洁公司（P&G）主要进行加工生产，因此该企业的工厂部门即业务部门，主要负责日用消费品的生产和销售，相对于其业务部门，人力资源部是宝洁公司的非业务部门，但仍属于不可或缺且服务于公司经营管理的部门。

在对非业务部门进行绩效考核时，不少公司都陷入了进退两难的境地。不对非业务部门进行考核，似乎无法更加全面地评价业务的发展情况；对非业务部门进行考核，又经常很难区分各非业务部门的考核结果，没有一个较为合理的标准，因为看起来各部门都差不多，甚至还出现了新的矛盾，例如，有些部门工作难度大，因此在实际的工作过程中很容易犯错，导致其最终考核分数较低。而且现在大多数公司将绩效考核结果与年终奖金、工资调整、职位晋升等直接挂钩，这将使得这些部门员工的工作积极性受到很大的影响。

此外，非业务部门会经常面临一些突发事件，而这些任务几乎都是领导临时安排或追加的，并不在部门的考核指标中具体反映。这些任务的特点为：时间紧、优先级高、高层关注、没有明确的衡量标准、任务质量要求高。针对这些临时任务，一些公司在用传统绩效考核方法，如 KPI 指标时，就只能用"完成领导交办的其他任务"作为全面概括，其实这是不得已而为之的无奈。但实际上，临时性工作与非业务部门正常工作的比重往往是 2∶8 甚至更高。为了完成这些临时性任务，非业务部门正常的工作节奏经常被打乱，有些任务会被推迟延后，以致影响了本部门工作的完成。出现上述问题主要有以下三个方面的原因。

（1）非业务部门本身具有管理和服务的双重职能，没有明确的业绩导向要求，与财务指标体系也没有内在的直接联系，因此以 KPI（关键绩效指标）作为考核指标，很难反映出非业务部门的职能特征。

（2）非业务部门之间工作差异很大，行政、人力资源、财务、资产管理、法务等部门承担的职能差异极大。这使得公司不易设定统一的考核指标，考核结果的可比性也较差。

（3）非业务部门员工的工作过程性的内容比较多，但能够对公司经营结果产生直接影响的工作很少，这些工作难以监控，也不能很好地体现绩效考核的公平性、公正性和客观性。

2. KPA 考核来源比 KPI 更广泛

KPA 考核主要来源于公司经营目标、客户评价、上级评价、工作任务、部门职责五个方面，几乎涵盖了公司经营管理中所涉及的所有基本面，这五个方面有其内在的联系，但也可以相互独立，甚至即使缺少某一方面的来源，也不会影响 KPA 指标的设定。对于管理者而言，这就显得比较灵活，相比较 KPI 而言，KPA 也更易操作。下面介绍一下 KPA 绩效考核模型，如图 8-3 所示。

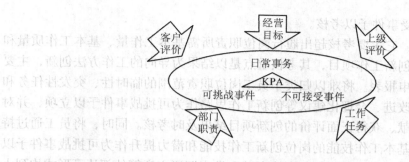

图 8-3　KPA 绩效考核模型

（1）部门职责：根据公司行业性质、组织结构和经营管理的需要，设定不同的部门，明确各部门的工作职能、主要责权和基本工作内容。

（2）工作任务：包括完成经常性工作、临时性工作、上级交办任务以及满足其他部门提出的需求等，通常是有明确的时间限定、需要在工作职责范围内完成的工作任务。

（3）上级评价：对上级负责，按时保质完成上级交办的各项工作，是每位员工职业操守的体现。而上级关注的重点工作，就是员工必须完成的任务，这也是赢得上级良好评价的基础。

（4）客户评价：包括内部客户和外部客户两类。内部客户是指为了顺利完成某项任务或流程，需要参与和配合的公司内部部门或个人；外部客户是指购买或使用公司生产的产品或提供的服务，并最终对产品和服务质量进行评价和反馈的部门或个人。

（5）经营目标：经营目标是特定时期内公司生产经营活动预期所要达到的成果，是公司顺利完成生产经营活动目的的反映与体现。它反映了一个公司的价值追求，提供了公司各方面活动的基本方向。

（三）KPA 在企业中的实际应用

KPA 是一种在 KPI 基础上改进的方式，它有效地弥补了 KPI 难以量化非业务部门关键指标量化指标这块的不足。作为一种较为创新的绩效考核方式，关于 KPA 在企业实际操作过程中该如何应用，阳中良等（2014）提到两个方面的做法：进行绩效考核分类；建立考核机制。

1．进行绩效考核分类

根据 KPA 事件的重要程度和影响结果，将部门员工的工作分为创新工作、日常工作和差错工作三类，分别对应于 KPA 管理法中的可挑战事件、日常事务和不可接受事件，并对三类工作的具体内容进行了界定。同时，将 KPA 考核分为两大类指标：存量类指标和增量类指标。

（1）存量类指标。它主要考核日常工作中履行岗位职责的基本工作量、工作质量和工作技能，主要测度工具为考勤表、周工作进度表和工作差错表。考核一般将由于工作态度致使基本工作量、工作质量未达标而出现的工作差错归类为低级差错；将由于基本工作技能不到位所产生的工作差错归类为一般差错。以基本工作技能为标准，制订岗位培训计划和操作流程，将其日常考试、检查不达标的结果归类于特别差错，并区分不同权重分别列入不可接受事件予以考核。

（2）增量类指标。它主要考核超出履行岗位职责所需基本工作量、基本工作质量和基本工作技能之上的创新工作项目，其考核重点是以结果为导向的工作方法创新，主要测度工具为工作创新申报表。将难以归类于员工岗位职责范围的临时性、突发性任务和员工提出的工作方法改进、合理化建议等创新工作思路作为可挑战事件予以立项，并对已经取得重大突出贡献、获得正面评价的创新项目结果及时考核。同时，将员工通过持续学习而获得的超出基本工作技能的岗位创新工作技能和潜力提升作为可挑战事件予以立项，将包括但不限于对外培训、外部资格考试和发表调研文章等外部认可形式均列入创新项目予以考评。

2. 建立考核机制

为使员工在绩效考核期内既保质保量地完成日常事务，防止演变为不可接受事件，又努力达成可挑战事件，以实现自我超越，部门应实施"每日一记录、每月一小评、每季一大评、年终一总评"的考核制度，建立健全评优机制。为了保障考核制度的顺利推进，部门需探索构建以下五项考核管理机制。

（1）民主决策机制。为了保证考核过程公平、公正、公开，保障员工的知情权和参与权，增强员工的主人翁意识，邀请部门全体员工参加考评会议，但最终评分结果由总经理办公会研究决定。

（2）传帮带机制。明确部门负责人、科室负责人对员工的传帮带职责，确保上级对下级的工作创新和工作差错实行实时确认并记入工作日志。

（3）同比例扣分机制。为了克服"老好人"思想，防止科室内师徒扣分机制流于形式，部门负责人在发现员工工作差错时，应逐级追责，对科室负责人和当事员工实行同比例扣分。同时继续完善操作流程，将部门负责人纳入考核范围，逐步形成完整的压力传导模式。

（4）民主分配机制。为了培育科室团队共荣精神，防止向下竞争，应确保科室负责人对室内员工具有一定的积分调整权限，对通过室内员工共同努力完成的认定加分，在室内成员间做到民主分配。

（5）合作共赢机制。每月以头脑风暴的形式鼓励全员打破科室界限、提出创新"金点子"，并及时立项。对于创新项目，以招标方式鼓励跨部门分工协作，由项目负责人依据个人贡献统筹分配积分，再由个人将积分带回科室团队，这种机制有利于化解科室之间的恶性竞争，形成团队之间的合作共赢模式。

（四）KPA运用中的注意事项

在员工绩效管理过程中，为了更好地发挥关键事件法的作用，企业在应用该方法时要掌握并遵循以下五点要求（李芝山，2008）。

1. 判断"事件"的属性

企业在员工日常生活中记录的"事件"必须是具有关键性的，即属于典型的"好的"或"不好的"事件。判断某事件是否关键，其主要依据在于事件的特点与影响性质。同时，所记录的关键事件必须是与被考核者的关键绩效指标密切相关的事件。

2. 综合运用绩效考核工具。

关键事件法一般不单独作为绩效考核的工具来使用，而应和其他绩效考核方法结合使用，为其他考核方法提供事实依据。

3. 实事求是记录关键事件

记录的关键事件应当是员工的具体行为，不能加入考核者的主观评价，要把事实与推测区分开来。

4. 连续记录关键事件

关键事件的记录要贯穿于整个工作期间，不能仅仅集中在工作最后的几个星期或几个月里。

5. 引入行为指标

关键事件法是基于行为的绩效考核技术，特别适用于那些不仅以结果来衡量工作绩效，还注重一些重要行为表现的工作岗位。

四、应用其他技术重置 KPI

KPI 技术在提升企业绩效管理方面是一个划时代的管理技术，但仍旧存在其局限性。因此，在应用过程中它还需配合其他管理技术互补使用。具体而言，企业可借助以下四种方法进行融合应用。

（一）利用平衡计分卡建立有利于 KPI 实现的发展循环体系

关键业绩指标（KPI）是为了达到企业总体战略目标而制定的一系列考核指标，通过把企业战略目标分解成几个相互没有包含和重叠关系的主要因素，最终形成目标朝向一致、相互支持的 KPI 体系（沈思远，2009）。

平衡计分卡（balanced score card）主要分为财务、客户、内部管理、创新学习这四个维度相互支持的主要因素，如图 8-4 所示。

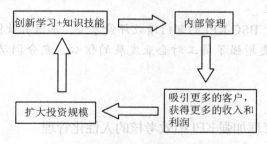

图 8-4　关键业绩体系的设计流程

首先，企业通过人力资源管理知识技能的学习和创新，在一定程度上促进组织内部经营与人才管理的发展。内部管理能力的发展激发组织内在潜力，驱动企业内在动能，由此扩大组织外部市场、增加客户群体、吸纳更多收益。而后，企业再将一部分利润所得用于扩大投资规模，夯实资本积累，加固资金链条，分散投资风险，等等。最后，在不断扩大企业涉猎范围的同时，增强企业内部人才培育，注重科技创新、管理革新、企业发展的相互促进与科学循环。

平衡计分卡技术所具有的因果支撑关系和时间前后表达的连贯性特征是 KPI 技术所不具备的，但是作为组织绩效指标分解与应用的一些基础方法，BSC 技术是以 KPI 技术为基础不断发展演化的。某种程度上可以理解为，BSC 是添加了时间维度的动态立体指标体系，能够有效促进企业绩效目标的循环实现；而 KPI 仅仅是静态的指标体系，单纯以目标达成情况为依据检验考核效果。

例证 8-7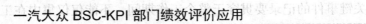

一汽大众 BSC-KPI 部门绩效评价应用

一汽大众公司成立于 1991 年，由一汽集团公司 60% 的股份和德国大众集团 40% 的股份合资经营。经过不断发展壮大，一汽大众现拥有三大生产基地。2019 年，一汽大众销售达到 212.99 万辆，成为国内有史以来首家年度销量突破 210 万辆大关的汽车企业。

一汽大众实施基于 BSC-KPI 部门绩效评价方法的动因如下。

（1）原有绩效评价方式过分追求标准化，绩效目的不明确，且缺乏力度。

（2）绩效指标体系不健全，注重内部评价主体而忽略了对于供应商的考评。

（3）绩效考核缺乏有效的辅导及沟通体系。

一汽大众绩效评价方法的设计思路有以下两个方面。

第一，将当前利益和长期发展相结合。其中，平衡计分卡是一个具有多维度、多视角的部门绩效评价方式，在一定程度上为企业长期指标与短期指标、先行指标与滞后指标、时期指标与时点指标、外部指标与内部指标、财务指标与非财务指标进行修正和平衡。

第二，实现公司目标与个人目标的有机统一。使员工不仅关注其被考核的 KPI 指标，也关注自身素质能力提升和其他业务的完成情况。此外，也为了对于一些不易设定部门绩效评价指标或不易单独进行评价的人群实施平衡计分卡和关键绩效指标两者完美的结合，从多角度设定标准。

一汽大众实施基于 BSC-KPI 的部门绩效评价方法，不仅有效提升了产品销售量，增强了企业盈利能力，更增强了员工对企业发展的信心，充分调动了员工参与工作的积极性。

（孙嘉晶，2017）

（二）利用目标管理加强 KPI 绩效考核的人性化管理

KPI 侧重建立网络化的指标体系，也能将指标落实到个人，形成组织与个人相统一的绩效体系。但是，如何将所建立的指标与个人结合起来进行管理，以及怎样实现这些指标所确定的目标，KPI 技术并未涉及（付亚和等，2017）。

目标管理（management by objective，MBO）是关注组织目标达成结果及其实现过程，以促进员工工作发展、个人成长、目标达成为一体的一项管理技术。目标管理不仅包括对上级目标的学习和拆解，还包括结合实际对本级目标进行设立，制订企业所需的具体行动措施，推进企业战略目标实现的过程管理，以及对企业目标进行评价等方面的具体管理工作。目标管理不仅能够为检测绩效指标体系有效性设定有效标准，更为绩效指标体系的具体设计提供了明确的科学方向（王艳艳，2011）。

KPI与MBO两种绩效管理的技术在组织战略目标分解与实际应用目标评价两个方面发挥一致的作用。但是，相比之下，MBO技术更关注在实现绩效目标过程中工作者自身独特的"人性"特质，并将此特质与个人工作属性相结合，创造个体特质，助力个体工作发展的新优势。MBO技术与KPI绩效考核法的复合应用更加注重人本主义的管理理念，激发员工自觉性、相互沟通的主动性，有助于营造积极的工作氛围，在加强团队凝聚力、促进员工个人综合能力全面提升等多方面具有突出作用。

例证 8-8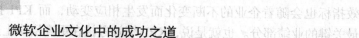

微软企业文化中的成功之道

一个企业的文化和价值观是它的精神、思维方式和行为方式，是企业全体员工在生产经营活动过程中形成的一种行为规范和价值观念。微软公司的目标管理（MBO）注重在实际工作实践中积累精神财富，在日常工作中提醒员工遵守这些基本的工作准则，并要求员工把这些价值观转换成可以付诸实践的具体目标。

在微软的文化价值观中，如下五点对公司的成功最有帮助。

1. 充满激情，迎接挑战

最能体现微软企业文化精髓的是比尔·盖茨的一句话："每天清晨当你醒来时，都会为技术进步及其为人类生活带来的发展和改进而激动不已。"

2. 自由平等，以德服人

微软公司没有官僚作风，放权给每一个人主导自己的工作。公司不存在"打卡"制度，每个人上下班时间由自己决定。公司以平等的理念调动员工最大的自我约束与管理，充分发挥人的能动作用，增强员工的主人翁意识。

3. 自我批评，追求卓越

微软文化的一大特色就是自我批评，自我批评在公司早已被系统化。每一个产品推出后，会有一段特别时间空出来给团队做"post-mortem"——系统化的"自我批评"，以帮助其他小组避免在该任务中所犯的错误，让公司的项目能越做越好。

4. 责任至上，善始善终

公司和领导者有了关注的目标后，还要有足够的责任心，才能圆满完成任务。微软公司要求每一个部门、每一位员工都有自己明确的目标。同时，这些目标必须遵循"SMART"原则，即具体（specific）、可度量（measurable）、可实现（achievable）、关联性（relevant）和时限性（time-bounded），各部门和员工需要对自己所制订的目标充分负责。除此之外，公司专门制定了"决策制定框架"，在这一框架下，微软的每一项重要决策都须遵照一定的制定流程并明确划分人员角色。这样的框架可使公司的决策流程更加清晰，人员责任更加明确，决策不会被轻易推翻或拖延，决策效率也大大提高。

5. 虚怀若谷，服务客户

微软公司对技术相当重视，对合作伙伴和客户也同样重视。微软的大型产业部鼓励每一位员工在加入公司的前几个星期到技术支持中心工作，帮助客户解决问题。无论一位员工的资历多深，公司都希望他经过最基层技术支持工作的锻炼，能够理解客户的困难。

（资料来源：佚名. 案例分析：微软企业文化中的成功之道 [EB/OL].（2016-11-12）. http://www.hrsee.com/?id=135.）

（三）利用主基二元法实现 KPI 绩效标准的完美双收

KPI 关注企业战略目标根据"二八法则"逐层分解的关键业绩，并且通常有一个适宜企业战略目标达成的考核周期，周期长短视实际情况而定。在 KPI 的考核周期内，绩效指标也会随着企业的不断变化而发生相应变动，而 KPI 执行者仍然需要竭力完成 KPI 最关键的业绩部分。也就是说，KPI 绩效考核在更高层次上追求的是人们在保证一般业绩合格的基础上全力取得关键业绩的成功，针对这个问题的解决，提出主基二元法的运用。

主基二元法（prime & fundamental balanced scorecard，PFBSC）将绩效目标的达成分为主要绩效、基础绩效两个方面，并可以相应制定如下两种类型的指标：① 主要绩效指标（prime performance indicators，PPI）是当期最重要的指标，可随当期需要而发生改变，由显性业绩、工作短板、临时任务组成，可对企业战略目标起到重点管理、积极促进的作用。② 基础绩效指标（fundamental performance indicators，FPI），包括促进成长、完善流程、照顾结构的全面要求。针对基础绩效指标可以采取范围管理，即在可控范围内监控、辅助基础绩效的达成，并保证基础绩效不出现急剧衰退、影响企业正常运作的局面（童煜茜等，2009）。

PFBSC 是一种取得平衡的绩效管理战略，体现一种"抓大不放小"的管理思想，吸收了 KPI、MBO、BSC 技术的优点，同时又能够实现三种技术的操作互补，不断完善和发展企业绩效考核能力，全面实现集中资源、兼顾企业绩效的双收。

（四）利用绩效管理循环技术落实 KPI 体系的管理循环

KPI 体系是以事实为基础自上而下分解目标，建立团队和个人的绩效衡量指标体系，可用于检查计划、行动过程和绩效结果。但在实现目标的过程中，协调个人发展与指标达成是难点，KPI 自身系统无法完成，因此需要借助其他手段进行改善。

绩效管理循环技术（plan do check improve，PDCI）是通过"目标设立、制订计划、过程管理、检查评估、奖励报酬、反思反馈"实现目标的整体过程。此过程既包括对日常工作的组织和推进，也包括对员工个人成长的激励，是将人、工作任务、运作过程整合在一起实现目标的一项管理技术。绩效管理作为一个完整的闭环管理流程，其与绩效考核的最大区别在于，绩效考核只是 PDCI 循环中的一个"C"，而绩效管理的重点在于"P"和"I"（付立红，2019）。

绩效管理循环技术帮助企业在 KPI 制定和实施阶段梳理流程，形成科学的绩效管理循环系统，有助于企业开展各项工作。

上述方法各有自身的优势与局限性，但共同拥有的一个特点是都具有"指标"，通过指标的设置和达成促进企业整体绩效水平的提升。KPI 适用于需要将企业战略目标直接自上而下分解的情况，通过建立一套以组织战略目标为统领的指标管理体系，开展硬性绩效评估；BSC 适用于对组织长期目标的整体把控，可建立一个致力于企业可持续发展的动态平衡绩效管理系统，在其所建指标的基础上把控战略全局发展；MBO 则结合了以人为本的管理理念，适用于制定某些人性化的具体要求，促进企业实现人性化的绩效管理；PFBSC 是一种综合先前多项技术的平衡把控技术，适用于灵活多变的组织绩效环境，有较强的适应性，可对不同领域或不同程度重要性的任务进行同时管理；PDCI 技术则更多给予组织绩效管理一个完整的管控系统，可通过指标管理的方式得以实现。

除上述四个方面的绩效管理技术的补充应用之外，受 KPI 指标与组织目标相结合的复杂性的影响，企业在实际应用 KPI 时还需要努力培养员工的"KPI 素质"，建立能够保障 KPI 体系运作的基础管理体系，加强企业的基础管理平台建设。增强 KPI 体系与其他信息系统的联结，并进行数据管理。

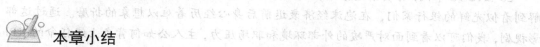

本章小结

1. 关键业绩考核（key performance indicators，KPI）是一种长期、全面评估企业绩效水平的量化评估方法，该方法包括以下五个方面的特征：① KPI 是对重点经营活动的衡量；② KPI 是组织上下均认同的；③ KPI 帮助组织各层级人员明确目标方向的一致性；④ KPI 为绩效管理提供可量化的指标；⑤ KPI 复盘为企业整体绩效改进提供依据。

2. 关键业绩考核法的导入需遵循以下四大原则：① 目标导向原则；② 执行原则；③ 客户导向原则；④ SMART 原则。

3. 关键业绩考核法的优点有以下三点：① 关键业绩考核指标以企业战略发展为导向；② 有助于组织绩效与个人绩效协调一致；③ 有助于组织明确关键任务。关键业绩考核法的缺点包括以下四点：① 关键业绩考核指标的战略导向针对性不明确；② 关键结果领域相对独立，各领域间缺少逻辑关系；③ 关键业绩考核指标对绩效管理系统的牵引方向不明确；④ 关键业绩考核指标过度关注结果，忽视过程控制和人的因素。

4. 关键业绩考核体系主要有三个特征：① 系统性；② 可控与可操作性；③ 企业价值牵引与导向性。根据指标层次、职位的职能和工作性质、指标重要性、员工的个人表现等不同标准，关键业绩考核指标可分为多种类型。而为了得到科学的关键业绩考核体系，需遵循由以下三个步骤构成的体系构建流程：① 确定工作产出；② 设定考核指标；③ 最终审核 KPI。

5. 关键绩效考核实施过程中的注意事项包括以下五个方面：① 针对不同的岗位设立专属的 KPI；② 设定量化、可衡量的指标；③ KPI 的激励性指标与控制性指标相结合；④ 在固定基础上动态调整指标；⑤ 注重员工消极情绪的改善和企业积极文化的渲染。

6. 关键业绩考核的局限性包括：① 为争取有利的 KPI 指标，企业内耗严重；② 企业经营 KPI 指标分解不平衡。为克服以上局限性，提升企业绩效考核管理能力的 KPI 重置技术有以下四个方面：① 利用平衡计分卡建立有利于 KPI 实现的发展循环体系；② 利用目标管理加强 KPI 绩效考核的人性化管理；③ 利用主基二元法实现 KPI 绩效标准的完美双收；④ 利用绩效管理循环技术落实 KPI 体系的管理循环。

 **网站推荐**

1. KPI 指标库：https://kpidashboards.com/kpi/department/information-technology/
2. KPI 资料网：https://kpi.org/KPI-Basics

影视推荐

《半泽直树》

20 世纪 90 年代，背负着悲惨过去的大学毕业生半泽直树如愿进入产业中央银行，了解到看似光鲜的银行家们，在泡沫经济衰退前后身心经历着难以想象的折磨。通过这部影视剧，我们可以看到面对严峻的外部环境和职场压力，主人公如何背负上级任命的 KPI 指标、如何应对时刻面临的职业挑战。

推荐理由：这部影视剧向我们真实展示了日本金融领域的行业形势和职场人士的工作状态，为我们带来如何合理进行高压环境下组织绩效管理和绩效考核指标下达的思考。

 读书推荐

《关键绩效指标：KPI 的开发、实施和应用》

内容概括：本书在平衡计分卡理论与组织绩效评价的实践活动之间搭建起一座桥梁，着力于将更多的关键绩效考核可操作性工具与平衡计分卡的理念相融合，进而提出一些协助实施流程顺利进行的工作程序表，共同形成这部关于"主导性关键绩效指标"的著作。

推荐理由：这本书的初衷在于为那些项目团队、高级管理团队、外部项目促进者以及那些以项目成功实施为己任的协调者们提供指导，此书的内容将有助于组织开展有效的绩效管理，为企业创造更大的价值。

出版信息：帕门特. 关键绩效指标：KPI 的开发、实施和应用[M]. 张丹，商国印，张风都，译. 北京：机械工业出版社，2017.

思考练习题

一、选择题

1. 以下哪一项不是 KPI 体系建立的流程？（　　　　）
   A. 最终审核 KPI
   B. 考核者评估绩效
   C. 设定考核指标
   D. 确定工作产出

2. 以下哪项不是关键业绩考核的局限性？（　　　　）

　　A. 加剧组织内部竞争　　　　　　　B. 可能导致企业战略目标分解不均衡

　　C. 限制员工的创造力　　　　　　　D. 以追求目标为导向

二、简答题

1. 简述关键业绩考核法的概念与作用。

2. 简述关键业绩考核法的局限性。

3. 你认为应该如何改进企业落后的 KPI 考核法？

模拟实训：企业 KPI 应用升级的讨论

选择一家正在应用或曾经应用 KPI 绩效管理的企业，深入分析 KPI 应用为企业带来的成就与不足，用辩证的思维看待企业关键绩效考核的未来应用的前景，讨论如何结合其他绩效考核技术促进企业"去 KPI"的发展。

角色扮演

访谈模拟——KPI 是把双刃剑

海尔集团"三化"破立实验的真相

海尔改革的"破立实验"也在不断扛住内外部压力，坚决推进。自 2013 年，海尔启动了"企业平台化、员工创客化、用户个性化"的"三化"改革。海尔现在在集团顶层已经不存在类似专家中心（COE）一样的人力资源总部，HR 作为"三自"（由战略、财务、人力、法务、IT 等若干机构组成的"机构化的业务伙伴"，从原来的"顶层控制"到现在的"融入业务"）的一部分，已经融入了小微生态圈。海尔 HR 现在做的工作主要是投资评估和投后管理。

张瑞敏：

海尔集团的人力资源部不是科层制管理之下那种只会下规定、下命令的部门，而会致力于对企业员工提供更加充裕的工作资源，最大限度地将个人成长目标融入业务完善中。我们不想让员工躲在后台，他们也需要和其他价值创造的主体"并联"起来，一起面对用户，创造价值。

穆胜：

其实，要分辨某个企业的组织转型情况，完全可以看他们对于员工的绩效计量方式。绩效工资基数×KPI 的得分构成了员工与业绩相联系的可变收入，先不说 KPI 的评价是否准确，这部分可变收入的数量相当有限。这和海尔将员工变成经营者，将其收入完全与其为用户创造的价值联系起来是不一样的。从考核主体来看，绩效考核的主体是上级，而人单合一的考核主体是用户。前者来自科层内部，后者来自市场，又是不一样的逻辑。海尔的绩效考核主体是怎样的呢？

张瑞敏：

听用户的而不是听领导的，这是我们一直坚持的。我们希望打破科斯定理（只要财产权是明晰的，并且交易成本很小以至于为零，则无论在开始时将财产权赋予任何人，市场最终的均衡结果都是有效的），让企业内部也有市场交易，用市场交易的方式来激活员工。

从另一个方向上说，我们也希望企业变得更加开放，没有边界，能够引入更多创客。乔伊定理说："最好的人永远在为其他人工作。"拿研发来说，如果我们整合全球的研发资源，那比我们自己在本地埋头做要好多了，世界都是我们的研发中心。

穆胜：

互联网时代，资源都在云端，都是可以连接上的。但我们可以从另一个角度上思考，如果引入太多外部创客，会不会使内部的人被淘汰呢？当然，任何一个生产力的迭代更新，都伴随着会淘汰一些落后生产要素。人也是生产要素，也会面临这种淘汰。说起来很残酷，但实际上就是这样。

现在海尔要做的就是把中层管理者的"隔热墙"去掉，让企业和用户连在一块，资源利用的目的是为用户创造最佳需求，进而让企业内部也形成一个利益共同体。

事实上，这也是海尔组织转型的关键，即企业组织由原来的"串联式"改为"并联式"，最终让海尔转型为可使各方利益最大化的利益共同体。在这个利益共同体里面，各种资源可以无障碍进入，同时能够实现各方的利益最大化。

（资料来源：海尔张瑞敏：KPI 是把双刃剑 [EB/OL].（2016-08-08）. http://finance.sina.com.cn/roll/2016-08-08/doc-ifxutfpf1501964.shtml.）

针对上述访谈材料，在小组内展开拓展探讨，就"KPI 是一把双刃剑"为议题，选取两名小组成员扮演访谈者与被访谈者角色，对海尔集团的案例进行深入剖析。

 案例分析

腾讯公司绩效管理的变革

深圳市腾讯计算机系统有限公司（以下简称"腾讯公司"）成立于1998年，是中国最大的互联网综合服务提供商之一，也是中国服务用户最多的互联网企业之一。2019年12月18日，《人民日报》发布中国品牌发展指数100榜单，腾讯公司排名第4位。

腾讯公司绩效管理体系的原则："三公"原则，即公正、公开、公平。绩效管理各环节目标公正，过程公开，评价公平；团队倾向性原则；客观性原则；绩效考核责任结果导向原则；动态与发展原则。

考核对象：集团总部的考核对象为所有员工，总裁的考核方法由董事会根据经营目标与计划完成情况另行确定。

考核周期分为以下两类：

（1）半年考核：可应用于职级评定和晋升评估，同时也是薪酬调整和年度绩效奖金

分配的依据。

（2）季度考核：仅仅作为引导员工总结、上级了解下级工作的工具。

腾讯公司人力资源部门会在季度结束时发布考核启动通知以及相关进度安排，员工可在一周内通过企业内部 OA 办公系统提交季度总结或半年总结，并对工作业绩进行自评。上级在 4 个工作日内需要对员工的季度总结进行评价，并对员工自评做合理调整。

腾讯公司考核结果应用：腾讯公司员工绩效分为 S、A、B、C 四大等级，各等级分布比率为 5%、40%、50% 和 5%。对于 S 级员工，公司授予相应荣誉称号并通报表彰，专门召开大会进行奖励，发放相应奖金奖品；对于 B 级员工，腾讯公司为其制订强制的绩效改进计划；对于 C 级员工且部门评价为不合格的员工，公司将做辞退处理。

（资料来源：佚名. 分享腾讯的绩效考核案例 [EB/OL]. （2018-08-26）. http://www.hrsee.com/?id=771）

讨论题：

1. 根据上述材料，讨论组织绩效与个人绩效 KPI 考核设置是否合理。

2. 探讨互联网企业如何将 KPI 考核融入企业绩效管理的行动中并发挥积极作用。

参考文献

[1] 廖萌. 关键业绩指标法在阿里巴巴绩效考核中的应用研究[J]. 湖北科技学院学报，2018，38（5）：60-64.

[2] 刘秀英. 对二八管理法则的诠释[J]. 经济理论与经济管理，2004（8）：57-59.

[3] 方振邦，冉景亮. 绩效管理[M]. 2 版. 北京：科学出版社，2016.

[4] 方振邦. 战略性绩效管理[M]. 北京：中国人民大学出版社，2014.

[5] 方振邦，邬定国. 人力资源管理[M]. 北京：人民邮电出版社，2017.

[6] 古银华，王会齐，张亚茜. 关键绩效指标（KPI）方法文献综述及有关问题的探讨[J]. 内江科技，2008，29（2）：26-27.

[7] 方振邦，刘琪. 绩效管理：理论、方法与案例[M]. 北京：人民邮电出版社，2018.

[8] 严正. 胜任力模型[M]. 北京：机械工业出版社，2013.

[9] 代颖. 房地产企业员工绩效考核优化[J]. 人才资源开发，2020（19）：82-83.

[10] 肖擎. 用好"一票否决"的安全利器[N]. 湖北日报，2016-12-20（7）.

[11] 杨俊卿，于丽贤. 赫兹伯格双因素激励理论与企业管理[J]. 辽宁师范大学学报（自然科学版），2004（3）：285-287.

[12] 顾英伟，李娟. 关键绩效指标（KPI）体系研究[J]. 现代管理科学，2007（6）：79-80.

[13] 汤历漫. 体验至上：打造科技爆品的思维与方法[M]. 北京：中国经济出版社，2019.

[14] 庄文静. 云时代，请把 KPI 考核权力交给用户[J]. 中外管理，2015（6）：80-81.

[15] 陈镭. 中国式绩效：突破绩效困境[M]. 上海：上海财经大学出版社，2010.

[16] 陈镭. 绩效考核工具不能只用一种：KPI、KPA、OKR 深度解读[J]. 中国机电工

业，2017（8）：61-63.

[17] 张敬惠，张磊. 关键绩效事件：突破非业务部门绩效考核困境[J]. 中国劳动，2011（12）：45-47.

[18] 阳中良，张三兰. KPA：非业务部门绩效管理利器[J]. 中国农村金融，2014（21）：71-72.

[19] 李芝山. 关键事件法在员工绩效管理中的规范应用[J]. 中国集体经济，2008（22）：65-66.

[20] 沈思远. 基于 BSC 的 KPI 整合绩效考核体系构建[J]. 人才开发，2009（8）：17-18.

[21] 孙嘉晶. 一汽大众应用 BSC-KPI 部门绩效评价案例研究[D]. 哈尔滨：哈尔滨商业大学，2017.

[22] 付亚和，许玉林，宋洪峰. 绩效考核与绩效管理[M]. 北京：电子工业出版社，2017.

[23] 王艳艳. MBO、KPI、BSC 绩效指标体系设计思想比较研究[J]. 现代管理科学，2011（3）：96-98.

[24] 童煜茜，刘铮臻. 基于责任中心的内审部门绩效考评方法设计[J]. 商业时代，2009（22）：37-38.

[25] 付立红. 税务机关绩效管理理论与实践[M]. 北京：中国经济出版社，2019.

[26] PARMENTER D. Key Performance Indicators (KPI): developing, implementing, and using winning KPIs[M]. Hoboken: Wiley, 2007.

[27] SCHULTZ J, MILPETZ F, BORK P, et al. SMART, a simple modular architecture research tool: identification of signaling domains[J]. Proceedings of the National Academy of Sciences, 1998, 95(11): 5857-5864.

第九章

360 度绩效考核法

所有财富 500 强企业都在使用或考虑使用 360 度评估反馈法。

——Stony Brook 大学教授 J.W. 史密瑟斯

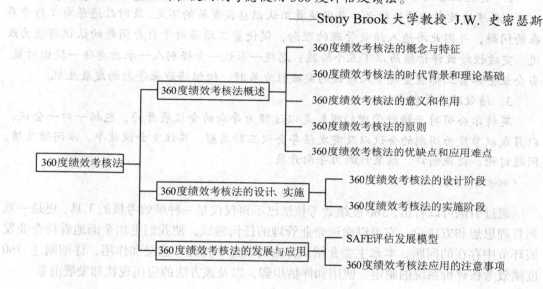

学习目标

➤ 了解 360 度绩效考核法的概念与特征
➤ 了解 360 度绩效考核法的意义和作用
➤ 掌握 360 度绩效考核法的制定与实施
➤ 掌握 360 度绩效考核法的评估方法
➤ 了解 360 度绩效考核法的发展和应用

引例

英特尔公司的 360 度绩效考核法

目前世界 500 强企业都已采用"360 度绩效考核法"，或在一定程度上进行企业绩效的"全方位评估"，而这一管理思想最早由英特尔公司提出。

该方法的创立打破了传统绩效考核只限于上级领导对下级员工单向式的绩效考核，

增加绩效考核维度，更加全面综合地评估员工个人能力，降低单一主体评价的不公平性。作为一种新的绩效评估改进的方法，360度绩效考核法迅速被企业接受并广泛应用。

相较于国内企业来说，英特尔公司的评估方式很特别，体现出如下三大特征。

1. 比较评估法

英特尔公司对中国大陆员工做绩效评估时，会将亚太地区所有经理集合在一起。例如，中国大陆、中国台湾、中国香港形成一个比较组，内部成员可能不在同一级别，通过对同一工作任务不同主体的实际表现来区分绩效的优劣。这种比较评估法对每一位参与考核的人员压力都很大，但同时也是一种脱颖而出的机会。

2. 突破性绩效评估

360度绩效考核的目标之一是促使员工认识自我发展的不足，及时改进原有工作中存在的问题，并因此渗透入绩效管理的理念，促使员工增强对于自身问题的认识与能力改进。突破性绩效评估经历以下五个阶段：忽视—否认—责怪别人—承担责任—找出对策。当企业全体员工都能重视个人绩效的突破性发展时，组织将迎来蓬勃的发展生机。

3. 绩效跟踪管理会议

英特尔公司对于绩效管理的跟踪是以过程为导向的会议展开的，包括一对一会议、以月或以季度为周期的会议以及突发任务会议三种类型。其注重会议效率，以问题反馈、问题讨论、措施制订、结果预测为导向开展。

（郑咏梅，2003）

通过引例可以看出，360度绩效考核法已不再仅仅是一种绩效考核的工具，更是一系列管理思想和方法论。它可以渗透企业管理的任何领域，使我们更加全面地看待企业发展环节中存在的问题。本章主要介绍该方法的概念、特征、意义和作用，详细阐述360度绩效考核评价系统的制定、使用和评估步骤，以及该方法的应用现状和发展前景。

第一节 360度绩效考核法概述

360度绩效考核法是不可或缺的绩效管理工具，它在绩效管理工作中有着不可替代的作用。本节将从360度绩效考核法的概念、特征、发展、意义、作用、原则、优缺点和应用难点等角度进行介绍。

一、360度绩效考核法的概念与特征

（一）360度绩效考核法的概念

360度绩效考核法又称360度评估反馈法（360 degree feedback）、多源反馈法、多渠道反馈法，是从工作相关者（一般包括上级、同事、客户、下级和自评维度）的角度收集员工工作表现的一种信息反馈方法。20世纪90年代以后，360度绩效考核法在企业中得到迅速推广，《财富》杂志所排出的全球1000家大公司中绝大多数采用了该方法帮助企业进行绩效管理（陈万明等，2003）。

不同于 KPI 以结果为导向、衡量业绩的关键绩效指标法，360 度绩效考核法主要衡量能力和素质等较为抽象的指标，可从如下五个不同的考核维度入手。

（1）上级维度，一般指被考核对象的直属上级。

（2）同事维度，一般指在工作中与被考核人有着较多合作关系，但不存在汇报关系的同事，同事维度不受职位等级和部门的限制。

（3）客户维度，一般包含内部客户和外部客户两个维度。

（4）下级维度，一般指被考核对象的直属下级。

（5）自评维度，指被考核对象自己。

基于上述五个维度对员工的业务能力、人际关系、沟通技巧、工作效率等多方面进行考核，由人力资源管理部门通过反馈的方式，将考核结果反馈给被考核者。360 度绩效考核法是一种考核维度全面且综合指导性较强的绩效考核技术，采用不同于传统单一考核者考核的多主体考核方式，给予每个维度不同的权重，最终共同构成组织绩效的考核评估。一方面，这种绩效考核技术可以给予被考核员工更加全面的视角认识到自己的优点和不足，督促其进一步提高工作效率与业务水平；另一方面，它可以促使员工参与到绩效考核的过程中，提高员工的认同感和归属感，促进整个企业的健康和谐发展。

（二）360 度绩效考核法的特征

360 度考核反馈结果经常应用于企业员工试用期转正、绩效盘点、人员选拔、薪酬调整等人事决策中。360 度绩效考核法有以下三个方面的特征。

1. 考核方法全方位、多角度

考核者来自组织中的各个环节、层面，还有被考核者自身以及企业外部的评价，测评得到的信息较全面，使得考核结果更加客观。从企业组织管理的角度来看，员工参与到绩效考核的过程中，这在一定程度上培养了员工的管理和参与意识。

2. 考核方法评分误差较小

该方法可在全公司范围内广泛使用，涉及不同层级和部门，有大量多维度的数据支持。因此，考核结果为各考核者评分的加权平均值，更真实准确。妥善利用该考核方法有利于减少因考核者个人偏见造成的评价失真和评分误差。

3. 考核结果可信和有效

考核结果可信度具体体现在：从心理测量学角度出发，由于收集多个考核者的意见，并加以平均，最终能将多个考核者的考核误差相互抵消，使得 360 度绩效考核结果更趋近于"真分数"，即大于 0 而小于 1 的所有分数。

考核结果有效性表现在如下五个方面：① 组织借此梳理并达成优秀绩效的关键行为。由于编制问卷项目更灵活、周期更短，并且从一开始就着眼于实际应用，使得这项工作更容易顺利开展与执行。② 有效诊断管理人员的表现。任何企业无论发展到什么阶段，都在一定程度上存在一些行为方式上的障碍和误区，360 度绩效考核法则可从多角度、全方位诊断企业内部员工的不足，以点、线、面相结合的长远眼光看待企业发展的现状，及时做出相应的整改。③ 体现对管理人员的关注，360 度绩效考核法动员组织全体投入，并且针对管理者的 360 度项目需要，卷入公司上下多级人员，此过程会拉近下层人员与上级的心理距离。在心理层面，更有可能提升员工对企业的忠诚度和敬业度。④ 架构有效的沟通渠道。360 度绩效考核法的应用与发展都建立在有效的沟通渠道基础之上，并不断促进企业沟通渠道多元化、简便化的发展。这有助于解决跨部门的冲突并减少相互之间的误解与偏见，促进企业可持续发展（Haddad et al.，2019）。⑤ 促使企业形成良好的学习氛围。360 度绩效考核法发展的最终目标是将全方位考核的绩效管理理念根植于企业文化之中，促进企业长期可持续发展，并在企业不断发展的过程中提高绩效考核的效用，以期提升企业整体绩效水平。

二、360 度绩效考核法的时代背景和理论基础

目前，360 度绩效考核法已被全球范围内的众多大企业运用于职业开发和绩效考核中。那么，360 度绩效考核法经过了怎样的一个发展过程呢？

（一）360 度绩效考核理念的时代背景

360 度绩效考核法是伴随欧美国家经营管理精细化与对于员工职业生涯规划的重视而逐步发展起来的。早在第二次世界大战期间，人们就开始在军队中利用该考核法评估和反馈组织绩效。例如，20 世纪 40 年代初，英国军方就在其战斗力评估和士兵选拔中采用了这种评价和筛选的方法。

20 世纪 60 年代，美国 TEAMS 公司的两位研究员正式提出 360 度绩效考核法的概念（Edwards et al.，1996）。在随后的二十多年里他们开发了上百个 360 度绩效考核的项目，并归纳总结出相应的经验和常见问题，不断推动理论与实践的结合。

20 世纪 80 年代以来，随着经济产业的升级换代和全球化竞争所带来的经营环境的变化，国际上的许多企业为了适应全球化竞争的需要而不得不抛弃原有产品和服务，迎接客户新的需求。为了将客户需求与员工绩效相挂钩，360 度绩效考核法开始不断地被运用于企业之中，以全面评估员工给企业带来的真实贡献。

进入 21 世纪以后，360 度绩效考核法作为企业绩效管理的一种常用技术继续服务于企业人才管理工作，不断与时俱进并与互联网技术相结合，发展出更加高效便捷的互联网 360 度人才评估系统。

层出不穷的技术革新、市场需求多元化、买方市场强化以及企业间竞争加剧等进一步促进企业运营精细化、增强目标导向以及对员工个体的关注。企业为应对买方市场的快速变化加速觉察并充分满足买方市场的需要，进一步加剧传统等级管理机制所面临的严峻挑战。诸多企业向扁平化组织转型，目的也是加强企业内部的沟通与协作（Brett et al.，2001）。然而，现实情况是，在扁平化的组织中要想通过自上而下的观察实现员工行为的管理与监督显得越发困难。此外，企业考虑来自客户的直接评价反馈信息更可能为企业带来较大的附加价值。从上述观点可以得出，随着企业竞争范围从物质资源更多转向员工个人、团队贡献与企业满足客户的需求程度，基于反馈信息的工作行为改善是个体与团队发展的必要途径。

在当今互联网行业蓬勃发展、技术更迭加快的时代，组织内部变革的频率不断加剧，

企业内外不确定因素和风险增多，员工工作强度和压力加大，使得许多员工对企业的忠诚度和敬业度降低。面对这样的困境，就需要加强企业对员工的职业开发，满足员工高层次的需求。例如，尊重与自我实现的需求都可在 360 度绩效考核过程中得以满足。通过收集平级同事和自下而上的员工信息反馈，使得员工意识到自身在企业中的重要性，由此在一定程度上激发团队精神。

（二）360 度绩效考核法产生的理论基础

管理学的研究进展一直在推动 360 度绩效考核技术的发展。第二次世界大战结束后，哈罗德·孔茨（Harold Koontz）在 1961 年出版的《管理理论的丛林》一书中概括了现代管理理论流派。这些流派主要包括：① 马斯洛的需要层次理论，其将人的需要分为生理、安全、归属与爱、尊重、自我实现五个层次；② 赫兹伯格的激励双因素理论，其将激励人的因素分为"保健因素"与"激励因素"；③ 巴纳德的社会系统理论，其认为社会的各级组织包括军事的、宗教的、学术的、企业的等多种类型，都是一个协作的系统，这些协作组织是正式组织，都包含协作的意愿、共同的目标和信息联系三个要素（尹刚，李金花，2009）；④ 欧内斯特·戴尔与彼得·德鲁克的经验主义理论，认为有关企业管理的科学应该从企业管理的实际出发，以大企业的管理经验为主要研究对象，以便在一定情况下把这些经验加以概括和理论化，把实践放在第一位，以适用为主要目的。对实践经验进行高度总结是经验主义学派的主要特点（郭咸纲，2010）。上述理论都对 360 度绩效考核法的诞生与发展产生了重大影响。

组织成员注重自身职业生涯体验和设计，努力提升自我能力及追求自我价值的实现，符合马斯洛的需要层次理论。巴纳德的社会系统理论认为，在所有正式组织中都存在非正式组织，在个人目标与组织目标相互协调的多人团队中，360 度绩效考核法可有效评估这一过程是否存在问题（叶佳玲，2008）。在经验主义学派视角下，研究重心在于实际的管理情境，通过对管理人员成功和失败的经验研究，提炼出相应情境下最佳的管理实践，这也为 360 度绩效考核法提供了一条有益思路。社会心理学家戴维·麦克利兰在 1973 年提出胜任力模型，强调在特定工作岗位、组织文化与工作氛围中，绩优者具有特定可衡量的个体特质，通过大量的总结和分析可形成对人才选拔和测评具有预测作用的人才素质模型（严正等，2011）。提供环境、区分绩效表现、辨析行为特征，这三个关键点为 360 度绩效考核法的应用提供了有效指导。

三、360 度绩效考核法的意义和作用

（一）360 度绩效考核法的意义

作为支持组织管理及领导力发展的工具，360 度绩效考核法是组织人才管理战略的重要组成部分。它能够评估员工自身的优缺点，并作为人才培训体系建设的重要依据。因为其自身的评估反馈具有系统性、全面性的特点，能有效地区分优秀员工与亟待发展的员工，还能影响员工的评定、培养及留任，更能在员工的关键行为、能力和工作标准间建立一致性。从人才管理的角度出发，360 度绩效考核法对企业发展的影响主要表现在如

下四个方面。

1. 发展企业领导力

360 度绩效考核法在企业领导力发展周期中发挥着不可替代的作用。根据"领导周期理论"，按照员工成熟度的不同员工被划分为低能力—低意愿、低能力—高意愿、高能力—低意愿和高能力—高意愿四种类型，由此形成了四种相对应的管理方式：高工作—低关系的命令式管理、高工作—高关系的说服式管理、低工作—高关系的参与式管理、低工作—低关系的授权式管理（李妮，计雨涵，2020）。因此，当员工成熟程度提高，即员工工作意愿与主动性增强，员工自身对工作价值感、使命感的认知程度加深时，领导行为也需相应地变化，从以工作为主逐渐转变为以关系为主。最后需要重视员工自主性的特征，使得发展目标更加聚焦与可操作，创造更多条件让多层级、多角色的人员纳入管理者领导力发展的过程中。

2. 企业员工选拔和晋升

360 度绩效考核法能够收集到更多视角的反馈，并关注到除工作成果之外的其他方面。例如，员工上下级的信息传递和执行效率、员工同级之间的相互合作情况、员工代表公司对内外部客户的服务质量评价，以及员工个人在组织绩效考核过程中基于对上级和同级员工相比较的自我认知。通过上述多方面的综合评估，企业人员选拔与晋升得以更加科学合理。

3. 构建更为立体的绩效考核体系

得益于多角度信息的收集和对管理行为的评估，360 度绩效考核法反馈我们在传统绩效中"做了什么""做得如何"的基础之上，进一步提供了管理者"应该如何做"的信息。采用这种"结果+行为"的盘点方式使绩效考核更为立体、全面。同时，这种方法还有利于解决绩效考核过程中可能出现的如下三个问题：① 经常以上级对下级的方式进行考核，容易导致考核结果产生个人偏差，并伴随着上级部门人员因缺乏被考核，而出现权力滥用和职权盲点的问题；② 绩效考核难以为员工的个人发展提供有价值的信息，使员工缺乏明确的前进方向和目标；③ 企业发展唯结果导向引发恶性竞争，降低团队协作水平。

4. 落实企业文化与价值观的变革

360 度绩效考核法在企业文化与价值观的落实方面具有较强的可操作性。该方法通过征询员工反馈传递出"什么样的员工和行为是受企业欢迎的"这样一个信号，以此清晰表达企业文化和价值观。

（二）360 度绩效考核法的作用

360 度绩效考核法作为企业绩效管理的一项技术，最直接的目的在于提高企业整体的绩效水平，以这个目标为导向的 360 度绩效考核法同样具有如下三个方面的积极作用。

1. 有助于实现组织的战略目标

企业战略目标根据其自身使命、愿景制订，指引企业各项工作不断推进，企业各项任务也围绕企业战略目标开展。绩效管理技术的应用有助于提升员工工作效率，从宏观角度来看，有助于加强企业战略目标的实现。

2. 有助于推动组织文化的变革

在互联网经济的浪潮之中，经济全球化的局势越来越明晰。只有通过企业变革，解决现阶段企业发展遇到的实际问题，才能实现企业的可持续发展。企业文化对企业的变革有着非常重要的意义：优秀的企业文化可以在企业变革的不同阶段起到润滑剂的作用，能够促进企业变革的顺利进行，使得变革更为彻底、深刻（白帆，2019）。360 度绩效考核法的应用有助于打破以往自上而下单向式的绩效考核方法，促使企业内更多主体参与考核，并在参与的过程中更加深入地了解绩效考核的意义。这有助于建设"以人为本"的绩效管理理念，推动组织文化的变革。

3. 有助于促进团队工作效率，促进个人成长

360 度绩效考核法参评主体众多，通过不同层级主体的相互接触了解对方的工作成效等多方面考核素质。一方面，这种方法有助于加强团队成员彼此之间的协作沟通，进而促进团队合作效率提高；另一方面，通过全方位的信息反馈，为员工提供更加丰富的自我认识视角，给予个体更多角度的发展建议，从而促进个人成长。

例证　9-1

杭州杭氧股份有限公司引入 360 度绩效考核法

杭州杭氧股份有限公司（以下简称"杭氧股份"）是国内最大的空分设备和石化设备开发、设计、制造成套企业，以设计、制造、销售成套大中型空分设备和石化设备为核心业务，是我国空分设备行业唯一一家国家级重点新产品开发、制造基地，属高新技术企业，拥有国家级技术中心，享有国家外贸自营权，是我国重大技术装备国产化基地，亚洲最大的空分设备设计和制造基地，并已成为国际空分"五强"企业。

企业引入 360 度绩效考核法的过程主要包括三个步骤：① 构建杭氧股份引入 360 度绩效考核法的整体设计思路；② 根据杭氧股份实际情况提出在引入 360 度绩效考核法前应注意的问题；③ 详细构建适用于杭氧股份实际情况的 360 度绩效考核体系。根据上述步骤，结合公司实际情况及不同岗位的不同要求，运用 360 度绩效考核法进行综合考核，构建杭氧股份 360 度绩效考核体系。其具有如下两个方面的特征：① 360 度绩效考核体系进一步对原有绩效考核体系中的部分考核维度、内容做出了补充界定，针对销售、生产、管理等各类员工，相应调整考核维度结构；② 构建了更具激励性、科学性、发展性的浮动 360 度绩效考核体系，促进了公司绩效考核和管理水平的发展。

（蒋宇晓，2017）

四、360 度绩效考核法的原则

360 度绩效考核法虽然具有很强的适用性和包容性，但想要在企业实际应用过程中充分发挥作用，还需遵循以下五个方面的原则。

1. 全员参与原则

该绩效考核实施范围广泛，涉及考核和被考核主体多元，考核者设定围绕被考核者的上级、下级、平级同事、内外部客户、自我等五个方面的评价主体。被考核者层级丰富，上至高级管理层，下至部门一线员工。由企业高层负责考核体系的设计、培训、实施推进，并参与决策，提供建议与相应帮助，尽量使考核过程处于一个公平、客观、积极的环境中，确保绩效考核过程顺利进行。360 度绩效考核法调动更多考核和被考核主体的参与，促使企业注重绩效管理的同时，能够加强不同层级之间员工的相互沟通。

2. 目标结构明确原则

在沟通 360 度绩效考核的目标与应用时，一个明确的、可预测的考核结构可提升绩效考核的有效性。例如，每个接受 360 度绩效考核的员工首先都会对绩效考核目的与考核框架进行解释：帮助员工发现自身存在的问题，重点在于指导改进，而非直接与薪酬奖金挂钩。因此，在为期一年的考核周期内，员工都会抱着自我改进的态度参与考核，并发挥自身的最好水平。这样具有结构有效性与目标合理性的绩效考核则可以考核员工最佳真实水平，减少员工在填写消极性反馈时的顾虑。

3. 标准化原则

在实施 360 度绩效考核前需要确定考核目标、对任务进行详细分解、确定考核的维度和所涉及的人员数量，预先准备相应的应急预案，预防在实际运用中可能产生的问题。

此外，要保证反馈渠道的通畅性，这就需要企业编制一套适用于自身发展的标准化360 度绩效考核问卷，首先从企业被考核对象的工作中抽取典型工作行为作为考核指标编制问卷，并进行问卷结果信度、效度检验，保证其科学性。

4. 客观性原则

企业在运用 360 度绩效考核技术时必须客观认真地分析考核数据，针对不同部门员工的信息，委托专业人士进行方案设计和结果分析，提高考核反馈的科学性。最终能否改善被考核者的业绩，在很大程度上取决于对考核结果的应用。通报考核结果的积极作用具体可体现为，被考核者了解组织的期望与自身当前的不足，并据此确定今后需要努力改进的方向。

例证 9-2

GE 用人：360 度员工绩效考核，不求资深但求合适

美国通用公司（GE）是世界上最大的提供技术和服务的跨国公司，总部位于美国波士顿。迄今为止，GE 在中国已经形成了强劲的本土研发和市场创新能力，在中国拥有 1000多名本土研发人才，已经创造 600 多项专利。累计研发经济型产品超过 60 多款，70%面向基层医疗，60%出口到全球。

GE 在中国的发展中十分重视人才的潜力，公司有一套非常成功的人力资源考核系统。其考核手段之一就是 360 度员工考核，考核者来自上级、同级和下属，还有公司以外的客户。在实际应用中没有将已制定好的绩效标准强加给管理人员，而是让内部客户

协同制定服务考核标准，并进行量化处理。以匿名的考核方式保护员工，并清晰规划出一个团队或部门的协作情况。将个人发展与团队发展紧密结合，通过引领团队整体前进而推动个人不断发展，在团队协作过程中注重个人是否可以感受到所属团队给予的授权、信任，并且团队成员还可以清晰感知某成员的发展与团队建设脚步是否一致，由此不断加强团队协作能力。

此外，诚信在GE非常重要。如果员工兼具好的业绩和诚信将作为企业的提升对象，若没有好的绩效，但拥有良好诚信将获得第二次机会。在GE 360度绩效考核法应用的目的不在于淘汰人，而在于更好地提高团队作战效率。

（资料来源：GE用人：不求资深但求合适，360度员工绩效考核[EB/OL].（2014-12-26）.http://www.talent match.com. cn/247/315/157.）

5. 企业文化渗透原则

360度绩效考核法并非统一标准，而是可以根据企业自身考核需要进行相应的组建调整。360度绩效考核的深层意义是帮助建构相互信任与积极反馈的企业文化。员工间的相互信任建立在良好的沟通基础之上，360度绩效考核充分发挥作用的前提是考核者与被考核者之间有较多的工作接触，且彼此之间能够相互信任，客观公正地进行考核。这种企业信任文化应当长期根植于企业价值观的建设当中。

五、360度绩效考核法的优缺点和应用难点

任何一种绩效考核方法都有其优缺点以及适用范围，360度绩效考核法也不例外。下面对其优缺点和在应用过程中的某些难点进行逐一阐释。

（一）360度绩效考核法的优点

360度绩效考核法自身具有考核主体全面、覆盖范围广泛、考核维度丰富的特点。因此，360度绩效考核法具有其他考核法所不具有的优势，具体可表现在以下五个方面。

（1）有效打破上级考核下属的传统考核制度，可以减少传统考核过程中单独考核者极易发生的"光环效应""居中趋势""个人偏见""首因效应""近因效应""考核盲点"等有失真实的现象。

（2）可以反映出不同考核主体对于被考核者的不同看法，多角度、全方位、立体地评估对象，充分获取信息，提高企业的绩效管理水平和员工的自身能力。

（3）防止被考核者产生急功近利的行为，避免企业绩效管理仅致力于与薪资密切相关的业绩指标，并过分以结果为导向，从而忽略员工个人能力成长、企业可持续发展的重要性。

（4）较为全面的反馈信息有助于被考核者深刻认识自身的问题，弥补自身的不足，不断提升自身能力与自我效能感。

（5）360度绩效考核法实际上是员工参与管理的一种方法，可在一定程度上调动员工的积极性，满足员工工作自我控制的欲望，由此提升员工对企业的忠诚度和对工作的满意度。

（二）360 度绩效考核法的缺点

360 度绩效考核法多主体评价的方式虽然有助于以更加全面、客观的视角考察员工绩效情况，但任何事物都具有两面性，这种方法同样存在一定的缺点，具体体现在如下三个方面。

1. 考核成本高

一对多的考核仅需一个人的时间成本，但如果进行多对多的绩效考核，则会使考核成本呈几何倍数上升，并且对考核人员的能力要求也更高，需要建立相应的企业内部考核系统，借助互联网技术建立人才考核体系，从而需要更多的人致力于此项工作，投入成本较大。

2. 可能成为某些员工发泄私愤的途径

个人素质较低或职业认同度不足的某些员工可能利用这样的考核机会"公报私仇"，对他人做出过于私人化、情感化的主观评价，从而导致绩效考核有失公正。

3. 考核培训工作难度较大

因为该方法需要调动企业大量人员协同多部门共同开展，因此前期需要取得上级主管部门多数支持和坚定推广，并且要对全体参评人员进行系统深入的培训。因此操作难度较大，考核反馈周期较长，可能会出现考核效果不佳或中途无法顺利推进的情况。

（三）360 度绩效考核法的应用难点

随着互联网信息技术在企业管理中的广泛应用，以及"人本主义"管理思想的普遍推广，360 度绩效考核法也在国内外众多企业得以应用，并不断推陈出新以适应不同企业的需要，进行本土化改革。但是，中国的许多企业中并不具备实施该方法的外部条件，在实践应用中主要存在如下五个方面的难点。

（1）网络信息技术目前尚处于建设期和导入期，许多企业还没有形成自身内部人才考核网络信息平台，在硬件不足的情况下强制推行 360 度绩效考核法，不利于企业人才管理制度的建设，且会大大提升考核成本。

（2）中国传统文化价值观在某些方面造成员工参与管理，自我管理、自我约束的意识薄弱，部分员工的个人素质也难以保证他们能够理性公正地运用组织赋予他们的权力，并且受制于传统企业所采用的"官本位"思想，企业上级对下级的考核反馈思维固着，难以更新改进。

（3）追求和谐的集体主义文化也在一定程度上限制了组织中负性评价的表达，人们很少能够以促进组织成长和个人发展为出发点，开诚布公地交流个体的绩效表现。一方面，受传统"中庸"价值观的影响，人们总会有所顾虑；另一方面，由于"慈悲效应""晕轮效应"等因素的影响，人们对于他人的评价整体呈现负偏态的趋势，即评价趋于高分段，出现"天花板效应"。

（4）权力与责任不对等，在实际考核过程中考核者无须对自身评定行为负责，就可能出现权责不对等的现象，造成考核者的权力滥用，从而无法保护被考核者的相应权利。

（5）考核者范围盲目扩大造成考核指标与考核者不匹配，造成考核者的考核信息不充分。360度绩效考核法重视公司多部门员工的参与，但同时面临烦琐的权力划分，公平问题将成为企业有效使用该方法的阻力。此外，受不同部门间工作关系的限制，考核者往往只能从某一个侧面了解被考核者的信息，因此可能出现考核信息不充分的情形。

针对上述360度绩效考核法在实际应用过程中所出现的这些难点，只有通过企业绩效管理思想的不断发展和绩效管理方法的不断完善，将优良的绩效管理思想植入企业文化之中，引领公司全体员工重视绩效考核，切实将考核反馈意见落实，才能改善绩效管理过程中出现的不足，推动企业绩效水平整体上升。

例证 9-3

明珠集团360度绩效考核法优化应用

明珠集团公司始创于1989年，现发展成为集研发、生产、销售、服务于一体的大型现代家具企业集团。至今，明珠集团已在全国建立超过1200余个家居生活馆（专卖店），分布于全国20多个省市，服务于全国2000万个家庭，目前公司员工已经达3270多人。

随着发展步伐的加快，明珠集团面临的挑战与困局愈发凸显，主要面对如下三大困境：① 全球家具市场竞争激烈的行业坚冰；② 迎接互联网时代战略转型的挑战；③ 组织转型背景下人才胜任的困境。

对此，公司引入并实施360度绩效考核法，在新的绩效管理方法与传统的企业内部环境磨合发展的过程中，存在着以下几个方面需要解决的问题。

（1）考核周期混乱。360度考核在明珠集团并没有确定的考核周期。

（2）评价关系混乱。本次考核范围广泛，涉及部门众多，但因个人不能对每位成员都了解，因此造成考核失准。

（3）高层领导重视程度不够。此次360度考核活动基本上只有人力资源部部分员工负责宣传，虽召开了宣讲会，但对员工的培训不够全面、彻底，使员工认为增加了不必要的负担。

（4）员工不重视组织绩效考核。为了不给员工施加压力，此次考核不作为薪酬调整或制定的标准，不存在淘汰和降职风险，导致部分员工认为此次测评无关紧要。

（5）测评的规模较大，不易控制。如恶意差评或者不认真作答完全没有办法控制，且外部经销商客户大多不愿意参与，造成部分考核维度缺失。

面对上述问题，提出以下两个改进措施。

（1）将360度考核纳入人力资源绩效考核章程，尽可能地确定平均考核的周期。在企业内部形成一个考核制度，加大对员工绩效管理的培训力度。实行自上而下的平稳推进，前提是一定要取得领导层的大力支持和坚定贯彻。

（2）邀请各部门负责人抽空参与考核关系的匹配过程，方便梳理正确的考核关系，提高考核结果反馈的有效性。绩效管理方式的变革应是公司全体员工的事业，努力将其融入企业文化中成为企业未来长远发展的一种优良习惯。

（李崇梅，2018）

第二节　360度绩效考核法的设计、实施

360度绩效考核法的目的是让被考核者认识到自身与他人的差距，从而找准个人努力的方向。本节将对考核设计维度、考核问卷设计、考核访谈设计、具体考核实施、数据收集与分析、最终结论得出这一完整绩效考核流程进行详细阐述。

一、360度绩效考核法的设计阶段

准确、高效地使用360度绩效考核法的前提是，组织内部员工对项目理解一致、明确项目目标与所需的投入和可能创造的价值。因此，360度绩效考核法的设计阶段也承担着对企业员工进行培训和深刻掌握企业内部人员关系的责任。

（一）设计360度绩效考核维度

科学的考核维度是360度绩效考核法能真正发挥作用的前提。首先，专家对360度考核问卷的考核维度进行划分，然后，企业可以基于胜任力模型来构建内部考核体系。斯宾塞和麦克利兰等人认为，胜任力是指特质、动机、自我概念、社会角色、态度、价值观、知识、技能等能够可靠测量，并可以把高绩效员工与一般绩效员工区分开来的任何个体特征（刘福成等，2013）。其中，较容易通过培训、教育来发展的知识和技能是对任职者的基本要求，属于基准性胜任力（threshold competency）；而在短期内较难改变和发展的特质、动机、自我概念、社会角色、态度、价值观等高绩效者在职位上获得成功所必须具备的条件，属于发展性胜任力（developmental competency）；体现一个人所具有的社会角色及其深层的内在人格动机被称为鉴别性胜任力（differentiating competency）。

在一个组织里，不同层级个体的工作在本质上是不同的。这是因为他们在工作的过程中所运用的知识性质是不同的，处于高层级的个体主要运用隐性知识，而处于低层级的个体主要运用显性知识。根据现有的胜任力研究，可将其划分为如表9-1所示的三种类型。

表9-1　发展性胜任力、基准性胜任力与鉴别性胜任力的比较

区 别 标 准	基准性胜任力	发展性胜任力	鉴别性胜任力
短期内能否改变与发展	√	×	×
区分对象	特定职位/工作的高绩效者与一般绩效者	特定职位/工作的高绩效者与更高层级职位/工作的高绩效者	特定职位/工作的高绩效者与一般绩效者
个人特征	知识、技能等	特质、动机、自我概念、社会角色、态度、价值观、知识、技能等	特质、动机、自我概念、社会角色、态度、价值观等
显现特点	外显	外显或内隐	内隐

（陈万思，2005）

在企业决定引入360度绩效考核法后，首先需对所要考核的目标岗位进行行为访谈和项目编码，以此建立胜任力模型并进行360度绩效考核，可参照如图9-1所示的具体步骤。

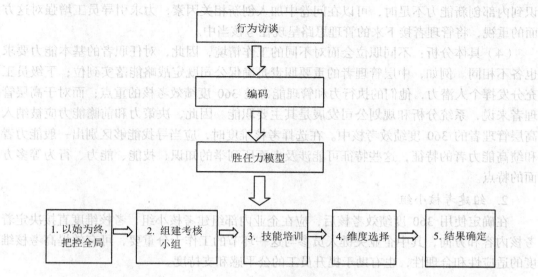

图 9-1　建立胜任力模型及确定考核维度的具体步骤

1. 以始为终，把控全局

企业都希望所建立的胜任力考核模型能全面满足管理者对绩效考核的需要，并能够站在企业发展的宏观角度把控全局，因此在考核开始进行时就需要遵循以下四个方面的要求。

（1）数量适中：在繁杂的信息库当中筛选关键项，把控问卷的长度并预测问卷测评时间，避免参与考核的评价主体（自评、他评各项主体）产生厌恶情绪及疲劳效应，影响最终考核结果。因此，只需选择5~7个"核心胜任力"作为考核维度，与员工实际情况相结合，形成具有可操作性的问卷。

（2）可观察：根据360度绩效考核法的特点，组织者所选择的考核维度应当是全部或部分考核者（上级、下属、同级、客户）能够观察和衡量到的方面。表9-2列举了适用360度考核法的四类信息。

表 9-2　适用360度绩效考核法的四类信息

类　别	定　义	举　例
专业知识	对所从事领域或业务的熟练程度	对行业或某项特定业务活动的熟悉水平等
工作技能	掌握某些技能的程度	文字表达能力、操作机械设备的技能等
工作能力	完成某项任务所具备的能力	策略性思考能力、决策能力、指挥分派工作能力、激励和培养下属的工作能力、影响力、洽谈协商能力等
工作风格	对特定的外界工作环境所采取的回应方式	工作动机、顺从性、谨慎性、自信心和情绪稳定性等

（柯学民，2012）

（3）遵循引导：360度绩效考核所提供的信息都会对考核者产生较强的引导作用，因此在设计考核维度的过程中要充分考虑组织文化和发展战略的方向性。例如，当组织意识到内部创新能力不足时，可以在问卷中加入创新相关因素，力求引导员工增强对这方面的重视，将管理者接下来的管理思路呈现在考核当中。

（4）具体分析：不同职位会面对不同的工作情境，因此，对任职者的基本能力要求也各不相同。例如，中层管理者的重要职责是确保公司既定战略能落实到位；下级员工充分发挥个人潜力，他们的执行力和管理能力是360度绩效考核的重点；而对于高层管理者来说，系统分析和规划公司发展是其主要职能。因此，决策力和前瞻能力应被纳入高层管理者的360度绩效考核中。在选择考核维度时，应当寻找能够区别出一般能力者和绩高能力者的特征，这些特征可能涉及上面所列举的知识、技能、能力、行为等多方面的特点。

2. 组建考核小组

在确定使用360度绩效考核后，应在企业内部组建考核小组，考核维度直接决定着考核内容和方向，其中企业关键人员参与这一环节的工作十分重要，可有效提高考核维度的适应性和合理性，也有助于提升员工的公平感和支持度。

3. 技能培训

建立管理委员会后更有利于对员工进行规范化、精细化的管理，在统一推行这一绩效考核法之前的必要环节是，参与考核的每位员工都清晰掌握该绩效考核的方法。因此，可通过以下三个方面进行培训：① 方法介绍，包括360度绩效考核的原理、操作步骤、作用和意义；② 标准介绍，介绍360度绩效考核维度的选择标准；③ 模拟训练，提前选择大约三个岗位进行一定试点运行，用于检验员工培训效果。

4. 维度选择

根据胜任力模型与企业自身所需特征的结合，选择有效且合理的考核维度组成专属于企业自身的360度绩效考核体系。一方面，这样做可提高问卷调查信息的效度；另一方面，如此可有针对性地研究企业自身存在的问题，充分体现360度绩效考核法的灵活性。

5. 结果确定

根据维度选择及问卷设计模式的不同，对企业所要研究的胜任力维度进行最终确定，并组合成一套完整的360度绩效考核问卷。

（二）设计360度绩效考核问卷

根据胜任力模型可选择一系列针对企业的重要要素，共同构建360度绩效考核的考核维度，充分考核如团队合作、战略思维、员工激励、企业创新等比较抽象的维度，因此，制定量化问卷的过程至关重要。通常可参考表9-3中的三种考核维度的问卷类型进行设计。

表9-3 不同维度的问卷描述题

题 目 类 型	定 义	举 例
个性特征描述题	描述被考核者的内外个性特征	① 他是否具有较高的忠诚度 ② 他是否具有较高的职业道德素质 ③ 他是否诚实可信
技术能力描述题	描述被考核者的某项技术能力和熟练程度	① 他是否擅长对自身能力进行查漏补缺 ② 他是否经常为他人提出建设性的建议 ③ 他是否经常采取促进人际关系的行为
行为特征描述题	描述被考核者在工作中具有代表性的行为及行为影响	① 他在开会前是否会做会前准备 ② 他在会中是否认真听取每个人的发言 ③ 他是否会及时表扬优秀的员工

问卷设计需要兼顾科学性、规范性以及可行性，因此需要遵循以下问卷制定的五个步骤。

1. 确定考核维度和题目数量

进行到360度绩效考核问卷的设计环节，需要站在企业考核的全局高度，根据实际考核维度制定数量合理的问卷。在此要特别注意避免问题过多以致考核者感觉疲惫，所以问卷题目数量不宜超过80个，并且要尽量均匀分配在所要测评的各个维度，每个维度应包含满足组织要求、职位要求、绩效要求的3~5个题目。此外，问卷中除选择题外，最好也包含少量开放性问题。

2. 开发标准行为考核项目

根据企业管理实践发现，360度绩效考核中最有效的行为数据是行为描述题。因此，企业标准行为的开发任务成为考核问卷设计与企业未来发展的核心。在已组建的企业胜任力模型上分别列出每个维度的行为指标和行为等级，采用行为事件访谈法（behavioral event interview，BEI）。BEI是一种用于确定优秀员工特征的技术，通过开放式的行为回顾式探索技术，提供了一个人在情境中如何做、怎么说、想什么的感觉方面的信息，着重关注：① 工作内容与情境；② 能够反映考核维度的具体时间和行为（成鹏，2012）。结合"STAR"方法，从S（situation，组织所处情境）、T（task，组织发展任务）、A（action，组织当前行为）、R（result，组织最终使命）这四个方面制定具有逻辑性的问卷题目。

3. 优化问卷措辞表达

关于问卷设计的措辞需要遵循如下四点要求：① 采用第一人称描述，更能引起被考核者的共鸣，提高答案的准确度与客观性；② 多角度提问，充实提问角度，从不同主体进行提问以提高问卷信度，帮助排除误差项；③ 提问要简洁，避免存有歧义或模棱两可的提问；④ 少使用负向题目，避免负向暗示和使被考核者增加戒备心理。

4. 确定具体考核等级

以量化的方法确定考核维度。例如，"完全不同意""不同意""没意见""同意""完全同意"等可使主观考核等级更加清晰，方便考核。

5. 统合信息呈现初稿

一份理想的问卷应当包括标题、指导语、主体内容和结束语四个部分。其中，指导语主要是对调查目的、意义及填写要求等信息的说明，必须简明易懂，消除被考核者的戒备心理。问卷题目编排按照先易后难、分散排布的形式设计。具体问卷设计可参考表9-4。

表9-4 问卷设计参考表

题 目 类 型	考 核 者			
题目/被考核者：一线员工	客户	上级	下级	同事
他的价值观是否与组织一致				
他的工作执行能力如何				
他的团队协作能力如何				
他是否有一定的责任意识				
他是否具备一定的领导能力				
他有哪些可改进的地方				

注：根据不同考核维度进行1~5评分，从低到高依次表示"完全不同意""不同意""没意见""同意""完全同意"。

（三）设计360度绩效考核访谈

在实际信息收集中可能会遇到一些无法通过问卷收集的信息，因此需要采用访谈的方法作为补充，在设计访谈提纲的过程中要注意以下几个方面。

1. 设计访谈的步骤

设计访谈需要遵循以下七个步骤：① 明确访谈的目的；② 深入分析考核问卷；③ 确定访谈对象范围；④ 确定访谈者；⑤ 选择适当的访谈方式；⑥ 设计访谈提纲；⑦ 培训访谈技能，如采取公正和中立的立场、保守秘密、紧扣主题、注意访谈的完整性、客观记录、保证资料的准确性。

2. 访谈开始阶段的内容介绍

虽然在360度绩效考核访谈项目启动之前，各参评者已经通过宣讲会、书面介绍、技能培训等多种方式了解到360度绩效考核的方法、内容和用途等，但在访谈开始阶段，仍有必要向被访谈者详细介绍360度绩效考核访谈的背景信息，尤其强调绩效考核结果的用途、访谈的保密性等。

3. 访谈提纲的制作

为了保证访谈能够收集到具有目的性、有价值的访谈信息，考核者需要事前制定相应的访谈提纲，形成具有逻辑性的访谈框架。科学的访谈提纲能够让访谈者在开始相互介绍阶段就获得被访谈者的信任，从而提升被访谈者的参与意识和主动性。例如，询问对方"你和被考核者在工作中是什么关系？""你认识他多长时间了？""根据你的观察和了解，你认为他对公司或所在部门最大的贡献是什么？""哪些方面可能阻碍了公司或部门在未来的发展？"等问题。随着访谈逐渐深入，提问应具有一定的目的性，并根据对方的回答进行灵活调整，这样能最大限度地获取有助于准确考核员工的信息。

4. 问卷与访谈相互补充

考核问卷和考核访谈是两种相互补充的考核方式，在对同一主体进行考核时具有相同的目标，访谈可借助问卷的相关信息制定具有互补意义的开放性问题，访谈法的存在是弥补标准化问卷局限性的一种比较经济的做法，访谈的具体内容可以是：① 关于被考核者的个人问题；② 关于问卷设计的好坏和改进意见。

例证 9-4

德邦物流公司引入360度绩效考核法

德邦国际物流有限公司（以下简称"德邦物流公司"）在企业发展的过程中出现原有绩效考核体系对企业发展产生阻碍的问题，可从以下四个方面分析产生问题的具体原因：① 绩效考核与企业战略相分离；② 绩效考核过程忽略员工信息的沟通与反馈；③ 绩效考核操作不规范；④ 绩效考核指标与考核周期设置不合理。

针对上述企业绩效考核存在的弊端，德邦物流公司引入360度绩效考核法并做出如下改进：在保证绩效考核的公平、公正，避免因为个人情感因素而影响考核结果的基础上，进行每月一次的绩效考核。根据各个岗位的特色设置合理的问题，力求全方位考察不同岗位员工的综合素质。在考核表中最多可以设置20道题目，设置最高分值为50分。进行上级领导、同部门同事、其他同级同事、下级同事以及自我考核五个维度进行考核。

（1）针对操作人员的绩效考核。占比分别为30%、20%、20%、15%、15%，最后将总成绩绘制在报表中。考核因素包含工作的专业性、对业务操作的熟练程度、出错次数以及操作数量，并且可以结合操作人员平时工作的认真程度以及责任感和与其他部门间的合作沟通，还可以根据其他部门的建议对操作人员进行考核。

（2）针对财务人员的绩效考核，不包括其他同级同事的考核维度。占比依次为30%、40%、15%、15%，考核维度主要有专业知识的掌握情况、做账是否准确、能否按时进行账目检查。其次是对他们的工作态度和对工作的认真负责程度以及能否与其他部门进行有效的沟通和交流的考核。还可以针对财务人员每月完成的工作任务以及他们的工作量进行考核。

（3）针对技术人员的绩效考核，不包括其他同级同事的考核维度。占比依次为30%、40%、15%、15%，问题设置首先是评价技术人员的专业能力以及技术的熟练程度，其次是针对技术人员对工作的认真、负责程度以及能否和其他部门员工沟通合作进行考核。

（4）针对管理人员的绩效考核。仅考核三类主体的考核态度，分别是：被考核人员部门上级领导、其他同级同事以及自我考核，占比分别为30%、40%、30%，考核的主要标准为管理人员的工作计划、管理能力以及决策能力，还可以根据管理人员平时的工作态度、工作表现、对工作的认真负责程度以及能否和其他部门进行及时有效的沟通合作进行考核。

（赵冉，2019）

二、360 度绩效考核法的实施阶段

绩效管理的方法应用并不难，但要想长期实践，促进可持续发展，则需在实施阶段密切把控和随时调整。只有把握好细节问题，才可能避免"一年新鲜、两年疲沓、三年形式"的状况。通常来看，360 度绩效考核的实施过程由准备阶段、现场实施阶段、数据处理阶段以及结果呈现与应用阶段四个阶段构成。

（一）准备阶段

绩效考核的准备阶段主要是培训与动员，使考核者和被考核者都能够充分认识到自身的任务，并深刻理解企业实施考核的目的。另外，在此阶段需要根据实际所需组建 360 度绩效考核小组，保证考核能够顺利完成。因此具体需处理好两个方面的任务：① 确定考核者与被考核者；② 确定双方的考核关系；③ 指定考核关系表，如表 9-5 所示。

表 9-5　考核关系表

	考核者 1	考核者 2	考核者 3
被考核者 1	上级评下级	同级互评	客户评
被考核者 2	同级互评	自评	客户评
被考核者 3	自评	上级评下级	客户评

（二）现场实施阶段

现场实施主要包括问卷考核以及访谈考核，通过问卷的基础调查收集绩效考核的基础性信息，并结合访谈技术进行补充，从更深层次考核被考核者的内在绩效水平。

1. 问卷考核的现场实施

首先，问卷考核有纸质问卷和电子问卷两种形式，这两种问卷的优缺点如表 9-6 所示。

表 9-6　纸质问卷和电子问卷的优缺点

	纸 质 问 卷	电 子 问 卷
优点	① 集中考核，短时间内收获大量数据 ② 回收率高、合格率高、真实性高 ③ 公开化、透明化	① 不受时间、空间的限制 ② 组织简单、成本低 ③ 被考核者填写问卷的压力小
缺点	① 耗费人力、财务、时间成本 ② 对测评环境要求高	① 问卷回收率、合格率偏低 ② 被考核者对保密性的顾虑较多

根据上述两种考核方法的优缺点对比，在进行问卷调查的过程中需注意以下事项：① 将宣讲稿与问卷通过现场纸质方式或网络问卷形式共同发布，以指导被考核者良好作答；② 问卷中需注明咨询电话或邮箱，以便被考核者在遇到疑问时可以获得解答；③ 注明回收或回寄地址以保证问卷有效回收；④ 加强问卷数据处理的保密性，切实保护考核者与被考核者双方的个人权益。

2. 访谈考核的现场实施

访谈考核作为问卷考核的一种重要补充和拓展方式，具体有如下五个步骤，如图 9-2 所示。

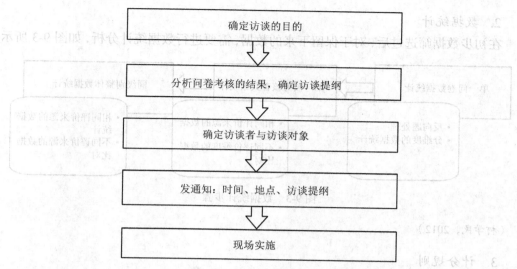

图9-2　访谈考核的实施步骤

（三）数据处理阶段

360度绩效考核的数据借助计算机处理，具有如下两个优点：① 计算机数据处理可节省人力成本、时间成本，通过系统疏通考核关系、发送考核通知、回收问卷、处理数据、形成报告、发送报告等，获得科学精准的考核结果；② 计算机处理还可提供专业化的建议，如提供专业的考核问卷或可参考的题库、活动通知、各类报告以及数据自定义分析等。

1. 辨别有效数据

面对庞杂的数据，首先要去伪存真，将那些会对结果准确性造成负面影响的无效数据剔除。无效数据的判断依据如表9-7所示。

表9-7　无效数据产生的原因及表现形式

原　　因	表　　现
考核者敷衍了事	选择题内容雷同，答案存在明显的规律性
考核者不了解被考核对象	答案空缺率高，或有多个题目选择无效项，评分与其他人差异大
出于对匿名性的担忧，或基于利益关系，对考核对象过度认可	评分明显高于其他人
出于偏见或利益冲突，过度贬低考核对象	评分明显低于其他人

此外，对于无效数据的剔除，还应遵循以下两个原则：① 如果考核结果用于绩效考核、晋升选拔，可以剔除那些不认真作答、或高或低的数据。在此类应用中，得到一般性数据更具参考性，也更为重要；② 如果考核结果考虑应用于企业长期可持续发展，可以让被考核者直面反馈数据，引发内在反思与自我认识，并采取改善措施，促进个人和企业的长远健康发展（武飞，2018）。

2. 数据统计

在初步数据筛选过后，对于保留下来的数据，需要进行数据统计分析，如图 9-3 所示。

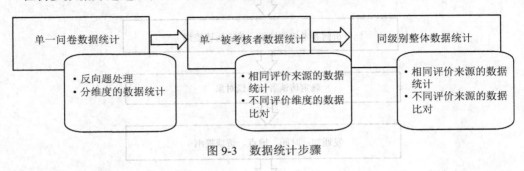

图 9-3　数据统计步骤

（柯学民，2012）

3. 计分规则

360 度绩效考核评分法较复杂，因为需要在多个维度进行综合评分。因此，比较推荐的一种方法是加权平均法，为不同维度分配一定的权重，将所得数据的分数进行加权，最终得到有所侧重的考核分数，使得人才考核具有一定的针对性。

假设对某员工在上级、同事、下属三个维度的评分分别表示为 X、Y、Z，得分权重分别为 0.4、0.3、0.3，那么该员工的得分就是：$(0.4X+0.3Y+0.3Z)/3$。

（四）结果呈现与应用阶段

360 度绩效考核结果呈现须遵循匿名原则与客观原则。匿名原则是指除直接上级的评分外，不能在结果中透露其他人的评分状况。客观原则是指结果源于考核者所提供的原始信息，不得对考核结果进行拓展演绎。呈现形式可采用表格式或文字报告式，也可通过两者结合的方式更加直观地给予被考核者考核反馈。

360 度绩效考核结果的主要用途有两类：其一，促进员工发展，制订并实施员工成长计划；其二，用于行政管理，根据考核结果决定员工的晋升。360 度绩效考核法在用于员工发展时具有更好的效果，丰富的考核结果也更容易被员工接受并予以采纳。考核结果最终是否能在员工成长中发挥作用，取决于员工个人发展纲要（personal development plan，PDP）的整体推进，即问题诊断的准确性、被考核者能否客观地了解自我、PDP 的合理性、实施辅导的落实情况，以及考核改进的客观性等。结合员工个人发展纲要的 360 度绩效考核法的具体应用过程如下：① 个人发展诊断；② 评估反馈；③ 制定 PDP；④ 实施辅导；⑤ 考核改进（谢良鸿，2014）。

第三节　360 度绩效考核法的发展与应用

如今，中国企业的人才管理发展正在逐步从粗放式向精细化转变，也正有一批中国企业的人力资源从业者从事务性工作中解脱，不断朝着专业技术人才、管理专家转变。

他们在专业化转型的道路上，会接触到各种各样的管理技术。在众多的管理技术中，360度考核法具有独特的优势，它的应用就像照镜子、做体验一样将员工自身的工作现状和不足以多方视角呈现给评价对象，让员工更清楚地认识自我，提升自己的动力，并通过行动最终更好地发挥优势，弥补不足，以提高企业的整体绩效水平。

一、SAFE 评估发展模型

360度绩效考核技术在中国企业的普及率不低，但通过与用户的访谈得知该方法的应用效果并未达到期望水平，使用者的满意度也较低。作为一种接触起来容易，而实际运用过程中面临较多困难的绩效考核法，只有不断充分发挥自身的优势，弥补技术本身的不足，才有可能促使360度绩效考核技术的可持续使用。

（一）"SAFE"模型的内涵

在对大量数据和应用反馈的研究中，通过把领导力发展中360度绩效考核法的应用分解成4个要素，形成如图9-4所示的"SAFE"模型（北森人才管理研究院，2013）。

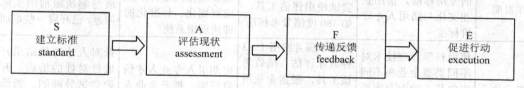

图 9-4　SAFE 评估发展模型

1. 建立标准

随着人力资源管理向着精细化、专业化的方向发展，建立人才评估标准以服务于HR对企业人才评估已十分普及。其中，胜任力模型的构建就是一个典型的形成标准的过程，从发展的角度来看，人力资源的变革都是多种方式同时摸索前进，在发展的过程中不断调整以适应企业状况。这就使得组织处在不同的发展阶段，可能会有不同的人才标准定义。标准是人才管理的基础，为人才的发展指明了方向。

2. 评估现状

绝大多数用360度绩效考核反馈评估结果的企业最关心的问题是评估工具、评估过程以及评估结果，对企业发展现状的准确评估将有利于制定企业发展基线水平，为企业未来转型打下基础。

3. 传递反馈

360度绩效考核法最重要的特征就是"反馈"。这是建立持续、及时、直接且有针对性的反馈文化的必经之路。反馈不仅是项目中的一个环节，还有可能上升为企业战略发展的一种管理风格，让上级对下级开展教练式的辅导成为人才培养和发展的一个重要部分。

4. 促进行动

在目前360度绩效考核法的广泛应用中，基本都未能与其他人力资源体系结合在一起，并且评估结果反馈的采纳和改变的行动力都较低，使得这一考核法存在一定的局限性。促进行动不应该只是空头口号，而应该是一个构建环境和体系化的过程。例如，有针对性地建立与组织战略和价值观密切相关的一系列培训课程以及相应的导师制度，在了解了个人的不足之后能够有效地进行一定的改进。

（二）"SAFE"模型的发展阶段

"SAFE"模型的每一个步骤都经历了忽略期、探索期、专业化、体系化、战略化五个发展阶段，如表 9-8 所示。

表 9-8　"SAFE"模型的五个发展阶段

	建立标准阶段（S）	评估现状阶段（A）	传递反馈阶段（F）	促进行动阶段（E）
忽略期	缺少相应的考核标准或将绩效考核结果视为衡量人才的唯一标准	对人才不做全方位科学评估，仅参照上级对下级的主观印象	缺乏正式有效的考核标准与考核结果的传递	领导力发展依靠日常工作经验和个人意愿，并无组织上的支持
探索期	无符合企业自身发展的专用标准，借用企业文化与通用人才评价标准	开始关注人的因素，尝试使用评估工具，如 360 度绩效考核法	沟通反馈意见以上级主观意见为主，未形成周期化、标准化的评估反馈系统	为加强管理者通用素质与解决眼前的实际问题，已开展一些培训
专业化	使用科学管理技术对不同类型企业和不同岗位员工的专业素质进行划分，建立相关素质模型	熟练掌握并应用 1～3 种人才评估、绩效考核工具，根据企业所需周期性地使用 360 度绩效考核法，形成稳定的评估制度	定期引入专业人才信息反馈，提升企业人才培养能力	针对人才评估结果开展针对性的培训，开始尝试导师制、教练辅导制，重视领导力生命周期
体系化	出现体系化的素质模型，在组织不同层级、不同岗位形成具有针对性的素质模型，并与人才管理关键业务有机结合	针对不同企业不同阶段与现状发展出多形式的人才评估体系，综合运用职业能力测试、心理测评、结构化面试、压力面试等工具考察人才综合能力	基于 360 度绩效考核定期开展人才评估反馈；信息反馈独立于绩效考核，起到对先前工作回顾与未来计划制订承上启下的作用；同时有效提升上级组织的反馈技术，有效指导个人发展	最终评估结果有效服务于人才选拔、晋升、培训等业务，形成制度体系；组织建立导师制、主题研讨会、工作轮岗、内部讲师体系等机制；进一步促使企业建立适当的人才评估体系
战略化	以企业发展使命与愿景为导向，根据实际情况制定企业不同阶段的发展战略；破解人才"密码"，形成引领组织未来成功的人才标准，持续引领组织变革	企业人才评估的参与度持续扩大，由组织管理部门带动全体员工形成上下联动式的组织绩效管理反馈机制	将及时、持续、具有针对性的组织绩效管理反馈机制渗入企业文化之中，并上升为一种企业管理的风格，加强上级对下级教练式的辅导	打造企业专属的人才培养方案，各层级、各部门形成具有针对性的人才培养评估体系，并融会贯通；将组织发展战略、企业文化价值观与企业人才培养机制相结合，建立完备、多样化的传帮带机制，形成管理者成长与企业人力资源可持续发展的核心竞争力

任何一个企业在促进其自身人力资源发展的过程中都必然经历这样的阶段，并且该阶段是一个循环过程，它的发展并不仅限于某一项任务的完成，而是与企业不断发展变迁，与新的战略目标制订相适应。360 度绩效考核法的一个重要应用价值是能够督促评价对象的行为发生持久改变，并需要外部环境的持续支持。一般来讲，"SAFE" 评估发展模型的应用自建立标准到促进行动的周期是 2～3 年，其中评估现状与促进行动的循环周期是 9～12 个月。根据上述情况，以能力发展为目的的 360 度绩效考核以年度为周期进行最合适，组织的人才标准也不是一劳永逸的，应随着业务与市场环境的变化而不断调整。同时，360 度绩效考核法应用是否有效、有何改进之处也可通过 "SAFE" 模型进行检验。

二、360 度绩效考核法应用的注意事项

任何绩效评估与考核的方法都有自身适用的范围。因此，掌握组织发展现状和未来发展需求对管理者选用适当的绩效管理方法至关重要。在应用 360 度绩效考核法时需要注意以下五个事项。

1. 考核表的设计与考核对象范围界定适当且清晰

（1）应该让熟练掌握该考核法的人参评，而非所有人。

（2）应当避免让考核者对考核指标进行笼统评价，而应给予明确具体的可操作性定义，可以是对考核指标具体含义的描述，也可以是相关行为频率的规定。其目的是准确引导考核者进行标准化评价，提升测评信度。

（3）应当丰富不同层级考核者的评价视角，制定具有针对性的测评指标，而非"一刀切"，具体问题具体分析，由此保障绩效考核的效度。

2. 注重对考核者的培训

为避免绩效考核流于形式，应注重考核前对参评者进行系统培训。培训内容涉及多方面，最主要的是了解评估内涵与程序，可引入第三方专业机构进行访谈和问卷调查以收集信息，再以客观标准将信息进行统一编码，形成对考核者的最终评价，提升绩效考核的专业性。

3. 考核过程保证一致性

由于 360 度绩效考核法涉及人员众多，在信息收集过程中一个人无法承担其全部职责，因此需要组建考核小组，通过标准化的培训，开展面向不同被考核者的多向信息收集工作。这就涉及考核过程的一致性问题，应尽量提高调度指导的一致性，将测评标准进行量化、操作化定义，做出应急预案，尽量避免组织开展者的临场发挥。

4. 慎重使用 360 度绩效考核结果

360 度绩效考核法的结果应用本意是对员工工作绩效表现的反馈，当这种考核结果被应用于员工薪酬、晋升的考核手段时，应周密思考其适用范围和人员安排的适当性。

5. 其他注意事项

（1）根据企业所处生命周期、发展现状和未来愿景进行三维评估，审视 360 度绩效考核法是否适用于企业。一般来说，初创企业、高科技企业、结果导向型企业与网络信

息化、系统化办公条件不成熟的企业不宜采用 360 度绩效考核法。由于上述企业处在初步发展或专业性过强的环境中，员工互相之间并不熟悉对方领域，反而容易引起组织内部矛盾。外加所需的考核硬件条件不充足，很难高效获得准确的考核结果，反而会加大绩效考核的负担和成本。

（2）积极创建实施 360 度绩效考核法的外部环境。利用互联网、云技术进行网络信息化办公可有效缩短物理空间信息传递的时间成本，建构企业信息网，营造开放、和谐的组织工作氛围，为顺利考核、评估创造良好的实施环境。

（3）合理界定考核者与被考核者。并非必须由被考核者的上级、下级、同事、客户作为考核者，在实际考核过程中应更注重考核效果和准确性，尽量选择与被考核者有更多工作接触的考核者。

（4）根据具体需要确定考核维度和要素。不同层级的员工所要接受的考核维度和内容各有不同。例如，高层管理者的考核要素应包括前瞻思维、模范表率、统筹管理、决策水平、领导魅力等。而一般基层员工的考核要素主要包括责任心、组织纪律性、行动执行力、业务技能水平等。

（5）选用适宜的考核方法。一般来说，目标越明确的工作，其过程考核应越少。在使用 360 度绩效考核技术的过程中，还可搭配其他不同绩效管理技术进行复合应用，以期完善组织绩效管理系统，提高企业整体绩效水平。

（6）根据实际情况制定适当的考核周期，不同考核对象所需要的考核周期各有不同，原则上，业务往来密切者考核周期较短，因为在较短时间内足以掌握考核信息；被考核者职位较低则适用较短的考核周期。

根据上述事项，应在全面掌握考核技术和公司动态的基础上灵活运用 360 度绩效考核法。其在实际应用中也可成为 270 度、180 度，甚至 90 度，这取决于实际所需。

目前国内企业应用 360 度绩效考核技术已有一定成效，但仍存在一些问题。例如，绩效考核标准使用的范围较小，大部分只用于对领导干部的管理；360 度绩效考核评价针对性不足，被考核主体区分不明显；考核评估信息反馈不及时；考核评价周期设置不合理；等等。由于 360 度绩效考核标准还在发展阶段，因此，其是在缓解矛盾和克服阻力的过程中不断完善的，这些问题的出现也是必然的。不管是哪种考核方案，考核的最终目的都是使工作考核更加公平、公正，从而使员工的工作效率得到提高，使公司得到更好的发展。

 **本章小结**

1. 360 度绩效考核法又称 360 度评估反馈法、多源反馈法、多渠道反馈法，是从工作相关者（一般包括上级、同事、客户、下级和自评维度）收集员工工作表现的一种信息反馈方法。360 度绩效考核法具有如下特点：① 考核方法全方位、多角度；② 考核方法评分误差较小；③ 考核结果可信和有效。

2. 360 度绩效考核法的意义：发展企业领导力、选拔和晋升企业员工、构建更为立体的绩效考核体系以及落实企业文化与价值观的变革。以企业整体绩效为导向，360度绩效考核法有以下三大作用：① 有助于实现组织的战略目标；② 有助于推动组织文化的变革；③ 有助于促进团队工作效率，促进个人成长。

3. 运用360度绩效考核法的原则：① 全员参与原则；② 目标结构明确原则；③ 标准化原则；④ 客观化原则；⑤ 企业文化渗透原则。

4. 360度绩效考核法的优点：① 有效打破上级考核下属的传统考核制度；② 多角度、全方位立体地评估对象，充分获取信息；③ 防止被考核者产生急功近利的行为，过分以结果为导向而忽视个人能力成长；④ 全面反馈有助于被考核者深刻认识到自身的问题，弥补自身的不足，不断提升自我能力和自我效能感；⑤ 可在一定程度上调动员工的积极性，提升员工对企业的忠诚度和对工作的满意度。

5. 360度绩效考核法的缺点：① 考核成本高；② 可能成为某些员工发泄私愤的途径；③ 考核培训工作难度较大。

6. 360度绩效考核法的应用难点：① 网络信息技术目前尚处于建设期和导入期，考核成本较大；② 中国传统文化价值观在某些方面造成员工参与管理，自我管理、自我约束的意识薄弱，受制于传统企业采用的"官本位"思想，使得考核反馈从思想层面难以落实改进；③ 追求和谐的集体主义文化也在一定程度上限制了组织中负性评价的表达，使得人们对于他人的评价整体呈现负偏态的趋势；④ 权力与责任不对等，造成考核者的权力滥用，而无法保护被考核者的相应权利；⑤ 考核者范围盲目扩大造成考核指标与考核者不匹配，造成考核者的考核信息不充分。

7. 360度绩效考核经历设计和实施两大阶段。其中，设计阶段包括三大工作：① 设计360度绩效考核维度；② 设计360度绩效考核问卷；③ 设计360度绩效考核访谈。实施阶段包括四大环节：① 准备阶段；② 现场实施阶段；③ 数据处理阶段；④ 结果呈现与应用阶段。

8. SAFE模型是将360度绩效考核充分应用于实践的一大方法，包括建立标准、评估现状、传递反馈、促进行动四大环节，每个环节都需经历以下五个阶段：① 忽略期；② 探索期；③ 专业化；④ 体系化；⑤ 战略化。

9. 360度绩效考核法应用的注意事项：① 考核表的设计与考核对象范围界定适当且清晰；② 注重对考核者的培训；③ 考核过程保证一致性；④ 慎重使用360度绩效考核结果。

@ 网站推荐

1. 360度绩效考核信息网：https://www.thebalancecareers.com/360-degree-feedback-information-1917537

2. HR研究网——360度绩效评估：http://www.chochina.com/show-137-12763-1.html

影视推荐

《白宫群英》

这部美剧让观众领略了虚构的美国总统乔赛亚·巴特利特（Josiah Bartlett）及其幕僚的日常生活。该影视剧为我们提供了很好的范例，让我们看到一个高效的领导者何时听取下属的建议，从在某些领域比自己聪明或更有经验的人那里获取正确建议。

推荐理由：通过观看该影视剧，我们可以了解掺杂美国政治、商业的职场环境中不同职位的人扮演着怎样的角色，对于我们理解管理者与员工关系、绩效考核提供有益思路。

读书推荐

《360度评估反馈法：人才管理的关键技术》

内容概要：本书详细介绍了360度评估反馈技术本身，探讨了项目设计、问卷编制、评价者选择、数据处理及报告撰写等实用主题，并将反馈技术作为决定实施效果的一个关键要素。概括来说，两个思想贯穿全书：第一，要以终为始，为了达到想要的管理效果一开始就要有明确的规划；第二，要将项目每一步的控制节点和责任方明确，给项目中的成员做好赋能工作。

推荐理由：本书由国内成立时间较早、专注人才管理技术的北森人才管理研究院编写，书中对于360度绩效考核法的讲解兼顾原理与实操，概括透彻，很多管理思路值得借鉴。

出版信息：北森人才管理研究院.360度评估反馈法：人才管理的关键技术[M].北京：中国经济出版社，2013.

思考练习题

一、选择题

1. 以下哪一项不是360度绩效考核的考核维度？（　　　　）

    A. 上级管理者　　　　　　　　　　B. 供应商

    C. 同行业企业　　　　　　　　　　D. 外部客户

2. 以下哪项不是360度绩效考核法的特征？（　　　　）

    A. 全方位、多角度　　　　　　　　B. 考核误差小

    C. 关注员工个人成长　　　　　　　D. 自上而下

二、简答题

1. 简述360度绩效考核法的含义与意义。

2. 简述制定360度绩效考核的步骤。

3. 360度绩效考核法应用过程中的注意事项。

模拟实训：绩效管理学习考核目标制订

1. 在班级内以小组为单位开展本学期"绩效管理"课程考核目标的制订工作，确定不同的考核维度及评价对象，运用360度绩效考核法对课程考核进行操作化设计。

2. 选择一家企业为分析对象，收集企业组织架构和职位信息，将全班同学分为几个小组，针对企业不同部门与职位进行360度绩效考核问卷与访谈设计。

案例分析

安东石油公司的360度评估反馈法应用

安东石油技术（集团）有限公司（以下简称"安东石油公司"）成立于1998年，国际公司总部位于迪拜，是一家在香港联交所主板上市的具有核心竞争力、充满活力、持续快速发展的专业油田技术服务公司。

经过2009年的全球金融危机，安东石油公司依然保持了良好的业绩增长，并通过快速扩张收购建立了比较丰富的人才库体系。但金融危机使得安东石油公司的CEO罗林清晰地认识到：企业持续发展的前提是增加企业的创造力，而创造力的提升关键在于人力。因此，安东石油公司分管人力资源工作的执行副总裁李冰南借助"360评估反馈系统"建立了一套适用于整个组织的人才管理业务流程。

首先，在企业内部建立安东石油公司的领导力素质模型，形成一套便于管理者理解并可应用于实际工作中的语言。其次，借助该领导力模型在安东石油公司的商业战略和企业核心价值观之间建立支撑关系，使领导力模型能够促进安东石油公司战略的实现。

通过参考国际标杆公司的领导力素质模型，总结出安东石油公司领导力模型的十三项资质，并将素质模型转化为360度评估反馈体系的相关条目，以便进行评估实施工作。在实际实施前，对相关参与者进行绩效考核的培训，明确了360度评估反馈的意义以及评估的技巧与方法。同时，培训还引导参与者以一种"开放""平等"的心态完成评估。

安东石油公司运用360度评估反馈技术得出企业领导力的整体评估结果。根据具体评估结果与相关人员进行沟通，可有效提升安东石油公司高层管理者自身的领导力水平，并引导个人深层次自我剖析，认识自身与他人的差异，从而促进管理者的自我觉察，使领导力的提升成为一种内在自发的工作，最终有效提升企业绩效管理水平。

执行副总裁李冰南对于已经建立了360度评估反馈的业务流程以及开放的文化非常满意。他认为："360度评估反馈不仅仅是一个项目，更重要的是它促进了管理者的参与，并成为一项业务流程，这一切将使安东石油的领导力发展从此与众不同"。

（资料来源：北森人才测评. 安东石油借力"360评估反馈"打造人才战略[EB/OL]. （2009-11-19）. http://blog.vsharing.com/beisenceping/a993945.html. ）

讨论题：

1. 根据上述案例，谈谈安东石油公司在 360 度绩效考核法应用上具有怎样的特点。
2. 360 度绩效考核法的应用对于构建安东石油公司的绩效管理文化有什么意义？

参考文献

[1] 郑咏梅. 360 度绩效评估法及其在中国的应用[D]. 长沙：长沙理工大学，2003.

[2] 陈万明，卓越. 有效推行 360 度绩效考核的探讨[J]. 管理现代化，2003（3）：49-52.

[3] 尹刚，李金花. 浅析巴纳德系统组织理论[J]. 法制与社会，2009（36）：267-268.

[4] 郭咸纲. 西方管理思想史[M]. 北京：世界图书出版公司，2010.

[5] 叶佳玲. 巴纳德组织理论对合作竞争理论研究的启示[J]. 现代商业，2008（17）：90-91.

[6] 严正，卜安康. 胜任素质模型构建与应用[M]. 北京：机械工业出版社，2011.

[7] 周密. 联邦快递如何打造高绩效团队[J]. 中外企业家，2005（9）：30-33.

[8] 李妮，计雨涵. 领导生命周期理论与不同类型员工的差异化管理路径[J]. 领导科学，2020（2）：44-47.

[9] 白帆. 企业变革与企业文化管理[J]. 现代商业，2019（32）：29-31.

[10] 蒋宇晓. 在杭州杭氧股份有限公司引入 360 度绩效评估法的构想与思考(一)[J]. 杭氧科技，2017（1）：26-29.

[11] 李崇梅，任兴悦. 明珠集团 360 度评估法应用研究[J]. 合作经济与科技，2018（8）.

[12] 刘福成，黄志明. 国内外关于胜任力模型研究的综述[J]. 赤峰学院学报（自然科学版），2014（20）：94-96.

[13] 陈万思. 纵向式职业生涯发展与发展性胜任力：基于企业人力资源管理人员的实证研究[J]. 南开管理评论，2005（6）：19-25+49.

[14] 田效勋，柯学民，张登印. 过去预测未来：行为面试法[M]. 2 版. 北京：中国轻工业出版社，2012.

[15] 成鹏. 行为事件访谈法在学业倦怠原因问卷编制中运用的探索[J]. 佳木斯职业学院学报，2012（10）：250-250.

[16] 赵冉. 德邦物流的绩效评价研究[J]. 物流工程与管理，2019（9）：76-77.

[17] 武飞. 企业员工绩效考核中异常数据的分析方法探讨[J]. 经济视野，2018（2）：102-103.

[18] 谢良鸿. 用"321"式完善绩效计划[J]. 人力资源，2014（4）：66-67.

[19] 北森人才管理研究院. 360 度评估反馈法：人才管理的关键技术[M]. 北京：中国经济出版社，2013.

[20] HADDAD R E, KARKOULIAN S, NEHME R. The impact of 360 feedback appraisal system on organizational justice and sustainability[J]. International journal of organizational analysis, 2019, 27(3):712-728.

[21] EDWARDS, MARK R, EWEN, et al. How to manage performance and pay with 360-degree feedback multisource assessment can work for both performance and pay management when[J]. Compensation & benefits review: the journal of total compensation strategies, 1996(3): 118-129.

[22] BRETT J F, ATWATER L E. 360 degree feedback: accuracy, reactions, and perceptions of usefulness[J]. Journal of applied psychology, 2001, 86(5): 930-42.

[21] EDWARDS, MARK R, EWEN, et al. How to manage performance and pay with 360-degree feedback[J]. Compensation & benefits review: the journal of total compensation, 1996(3): 118-129.

[22] ......BER L B. 360 degree feedback: accuracy, reactions and perceptions of usefulness[J]. Journal of applied psychology, 2001, 86(5): 930-42.

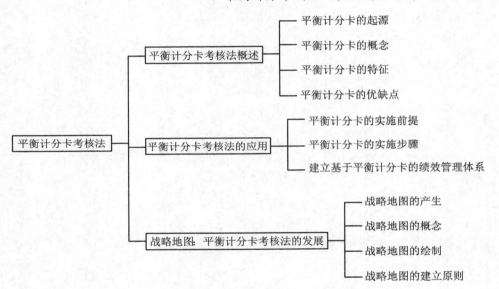

第十章
平衡计分卡考核法

在复杂的竞争环境中管理现代企业，其难度不亚于驾驶一架飞机。为了带领企业飞向光辉的未来，管理者必须掌握关于环境和业绩因素的一整套"仪器"，而平衡计分卡就是这样的仪器。

——平衡计分卡创始人罗伯特·卡普兰和大卫·诺顿

平衡计分卡考核法
- 平衡计分卡考核法概述
  - 平衡计分卡的起源
  - 平衡计分卡的概念
  - 平衡计分卡的特征
  - 平衡计分卡的优缺点
- 平衡计分卡考核法的应用
  - 平衡计分卡的实施前提
  - 平衡计分卡的实施步骤
  - 建立基于平衡计分卡的绩效管理体系
- 战略地图：平衡计分卡考核法的发展
  - 战略地图的产生
  - 战略地图的概念
  - 战略地图的绘制
  - 战略地图的建立原则

 学习目标

➢ 了解平衡计分卡的起源和概念
➢ 掌握平衡计分卡的特征
➢ 理解平衡计分卡的优缺点
➢ 掌握平衡计分卡的实施前提与实施步骤
➢ 了解基于平衡计分卡的绩效管理体系的建立
➢ 掌握战略地图的绘制步骤

引例

万科集团的平衡计分卡应用实践

万科集团成立于 1984 年，经过三十余年的发展，已成为国内领先的城乡建设与生活服务商。2016 年公司首次跻身《财富》世界 500 强，位列榜单第 356 位，2017 年、2018 年、2019 年接连上榜。万科集团施行科学的决策机制，其企业战略是以平衡计分卡的财务、顾客、内部流程、学习与成长的四个维度为基础的。它的核心思想是，企业通过运用一定的人力资源、组织资源等（学习与成长）进行一定的组织创新与业务流程优化，提高效率（内部流程），为顾客带来优质的服务和高质量的产品（顾客），最终实现股东价值最大化这一财务目标（财务）。

1. 财务

在财务目标上，万科集团致力于实现股东（外部群体）利益最大化。对于集团的短期目标，万科集团提出"产业化住宅"的理念，以确保降低研发与建设成本，缩短研发和建设周期。与此同时，在此基础上提高住宅的质量，降低成本，从而提高企业的收入。对于集团的长期目标，万科集团着力于可持续发展问题，坚持以顾客为中心，提高企业的产品价值，以高质量的产品来留住顾客。

2. 顾客

顾客的满意度不仅来自于企业所提供的产品质量的好坏，更重要的是企业所提供的服务质量的好坏。万科集团深谙此理，建立了万科业主俱乐部，希望通过俱乐部更好地维系集团与业主之间的关系。俱乐部的主要功能在于防止顾客的满意度受损，同时修复已经受损的客户关系，能够在很大程度上起到集团和客户沟通的中间桥梁作用。

3. 内部流程

万科集团的内部流程值得我们去关注。万科集团在分析了自己的企业价值链以后，创造性地提出了"产业化住宅"这一理念。通过住宅产业化，万科集团大大缩短了产品的研发周期，降低了研发和建设成本。在产品研发方面，万科集团提出了"三五二"理念，即 3 个月进行展品定位与布局，5 个月进行产品设计，2 个月做出施工图纸。

4. 学习与成长

学习与成长维度是万科集团最主要的方面。万科集团一直强调持续发展的观念。经过长时间的发展，万科集团已经培养了大批优秀管理人才。工作不只是员工谋生的手段，也是幸福的来源，因此，万科集团的员工大都对工作富有激情，努力为企业创造价值。

（王伟超，2019）

基于平衡计分卡的绩效管理应用，万科集团以财务、顾客、内部流程以及学习与成长四个维度为基础，通过运用人力和组织资源，进行组织创新与业务流程优化，从而提高效率，为顾客带来优质的服务和高质量的产品，最终实现股东价值最大化这一财务目标。本章将对平衡计分卡考核法的起源、概念、特征及优缺点进行概述，同时介绍平衡计分卡的应用与如何建立基于平衡计分卡理念的绩效管理体系，最后阐述平衡计分卡考核法的发展。

第一节　平衡计分卡考核法概述

随着全球经济一体化发展时代的到来，传统的企业管理理论与方法已经不再适应企业的绩效管理。平衡计分卡作为一项新的企业绩效管理方法，从财务、顾客、内部流程、学习与成长四个维度，分别对企业绩效进行了衡量。多年来的应用实践证明，平衡计分卡考核法能够较好地适应市场环境的复杂多变，目前已在国际上获得了普遍的认可。

一、平衡计分卡的起源

19 世纪初至 20 世纪初，在工业革命的影响下，企业规模日益扩大，产权关系越来越复杂，人们开始意识到绩效评价的必要性。这一时期的企业绩效评价指标体系以成本为中心，经历了简单成本绩效评价阶段、较复杂的成本业绩评价阶段以及标准成本业绩评价阶段。1911 年，美国会计工作者哈瑞设计了最早的标准成本制度，实现了成本控制。合理地设计标准成本、监控标准成本的执行情况及分析差异结果成为这一时期评价绩效的主要工作。

20 世纪初期，为了适应大规模生产的需要，企业设计并实施复杂的成本管理和财务绩效度量系统。管理会计将成本管理纳入自身体系之中，从传统财务会计中脱离出来。1929 年，标准普尔公司的斯隆提出用投入资本的收益反映公司的经营情况。这一时期的企业绩效评价指标体系以财务指标为中心，历经以销售利润率为中心的财务绩效评价阶段、以投资报酬率为中心的财务绩效评价阶段以及以财务指标为主的绩效评价阶段。其中，杜邦财务分析体系便是该时期的重要产物。其一经问世便风靡全球，众多大型企业（如通用、松下等）竞相采用。然而，这种重财务指标而轻非财务指标的绩效评价体系无法全面、深入地考虑经营管理中存在的问题。并且，随着信息技术和知识经济的兴起，传统以财务指标为中心的绩效评价体系具有滞后性。尽管财务指标依然是企业进行绩效评价的主流，但已不能适应现代企业的发展，需要进行革命性的变革。新的发展战略与竞争现实需要新的测评指标。

因此，在 20 世纪八九十年代，绩效评价体系进入了新阶段——企业绩效评价体系创新时期，核心竞争优势的建立等理念指导着企业的经营管理。企业核心竞争优势的形成与保持是由企业多方面因素共同决定的，非财务指标的地位日益增强。罗伯特·卡普兰和大卫·诺顿（1992）对 12 家企业进行研究，以期寻找一种新的绩效管理方法。最终，小组成员在反复讨论后，形成了具有四个独特维度的全新绩效评价系统。1992 年，他们发表的《平衡计分卡：驱动绩效的量度》一文，标志着平衡计分卡的正式问世。平衡计分卡被称作 20 世纪 90 年代最重要的管理会计创新，是针对杜邦体系的缺陷而设计的一种替代指标体系。它包括说明过去行动结果的财务指标，同时，使用顾客满意度、企业内部运行、组织创新和学习等方面的业务指标反映未来财务业绩的动因，以补充财务指标，同时从多个方面对企业的绩效进行测评。平衡计分卡的发明标志着战略性绩效评价阶段的来临（曹菲，2008）。

二、平衡计分卡的概念

平衡计分卡是常见的绩效考核方式之一，被称为一种"未来组织绩效衡量方法"的绩效评价体系，经过多年的发展和完善，其已经成为企业战略管理的重要工具，在企业战略管理以及绩效评价中发挥着至关重要的作用。

平衡计分卡的目的在于帮助企业建立"实现战略指导"的新型绩效管理系统，从而保证企业战略的有效落实。基于平衡的战略思想，平衡计分卡从财务、客户、内部流程、学习与成长四个维度（见图 10-1），将组织战略落实为可操作的衡量指标和目标值。这四个维度分别代表着企业中的主要利益相关者：股东、顾客和员工。股东、顾客、员工每个角度的重要性取决于各角度本身和指标的选择是否与公司战略一致。其中，每一个方面都有其核心内容。

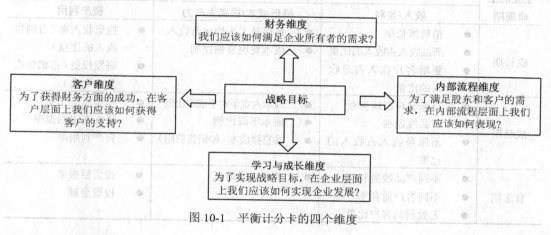

图 10-1 平衡计分卡的四个维度

（一）财务维度

财务维度，从企业所有者的角度出发，通过财务性的绩效指标来全方位衡量组织的工作绩效，体现了企业所有者的利益，并反映了企业的战略执行和实施在企业经营上的经济效果。立足于企业生命周期三个阶段所实现的不同目标，企业主要根据以下三大指标来衡量组织在财务层面的工作绩效（辛颖，2012）。

1. 收入增长指标

常用的收入增长指标主要包括销售额和利润额等。在企业的成长期和成熟期内，企业常用销售增长率、市场占有率、收入的占比以及生产线的利润率等作为收入增长指标。

2. 成本减少或生产率提高指标

常用的成本减少或生产率提高指标有资产负债率、流动比率、速动比率等。在实现收入增长的目标后，企业通过降低成本和提高生产率的方式来提升企业的绩效。在成长期内，企业主要以提高生产率为主要目标，并不太重视降低成本。然而进入保持期后，企业会将降低成本、监控辅助性支出、降低营运费用等作为主要目标。

3. 资产利用或投资战略指标

常用的资产利用或投资战略指标有资本报酬率、投资报酬率、经济增加值等。这类指标可以很好地衡量财务层面的战略实施情况，如现金周转期是衡量运营资金管理效率的指标。周转期的缩短有利于促进企业运营效率的提高，从而提高资本报酬率。

设定财务指标还应当考虑企业所处的生命周期，根据企业在生命周期三个阶段（成长期、成熟期、衰落期）所实现的不同目标，财务层面推动企业战略所侧重的指标也有所不同（辛颖，2012）。对此，罗伯特·卡普兰和大卫·诺顿（2004）认为，处于不同生命周期的企业，都可以尝试从盈利/收入、成本与生产力/效率、资产使用状况三个维度进行考察。在这个基础上，他们提出了企业在不同生命周期战略性财务绩效主要要求的 3×3 矩阵，如表 10-1 所示。

表 10-1　财务类指标选择与企业生命周期的关系

企业的生命周期	战略目标对财务绩效的主要要求		
	收入/盈利	降低成本/提高生产力	资产利用
成长期	● 销售增长率 ● 新品收入占收入的比重 ● 新增客户收入占总收入的比重	● 每位员工平均运营收入 ● 成本费用总额控制	● 投资收入率（占销售收入的比重） ● 研发投资（占销售收入的比重）
成熟期	● 目标客户市场份额 ● 产品线盈利 ● 新服务收入占收入的比重	● 成本占竞争对手成本比例 ● 成本下降比例 ● 非直接成本（如销售费用）	● 资金流动比率 ● 资本支出回报率 ● 资产利用率
衰落期	● 不同产品线盈利率 ● 不同客户盈利率 ● 无盈利的客户比重	● 单位成本降低	● 投资回报率 ● 投资金额

（二）客户维度

从客户的角度出发，通过衡量客户对企业的综合看法体现客户对公司的整体印象，从而评价企业的工作绩效。第二次世界大战后，西方先进企业的经营思想从推销观念发展为市场营销观念。以客户为中心的经营理念成为主流思想。这得益于，一方面，买方市场上许多产品出现供过于求的情况；另一方面，资本主义企业经营管理的实践经验得到不断总结和积累。客户是现代企业的利润来源，是企业的根本。若想提高企业的绩效，客户的满意度必须得到企业的高度重视。

在客户层面上，企业需要明确其竞争的细分市场和目标客户。客户群体和市场代表了企业财务指标的收入来源。企业通过市场份额、客户保留率、客户获取率、客户满意度、客户获利率等指标来调整自己的目标和核心客户，并根据目标市场和核心用户的变化不断进行战略战术的调整。客户层面的测量指标主要包括以下几种。

1. 市场份额

市场份额又称为市场占有率，是指企业某一产品的销售量或销售额在市场同类产品中所占比重。

2. 客户保留率

客户保留率也可理解为顾客忠诚度，是指企业保持或维系与老客户交易关系的比例。客户保留率是企业保持市场份额的关键。

3. 客户获取率

客户获取率即企业吸引或争取新客户的比例。例如，杂志订购业务、银行信用卡和支付卡经营业务等常常用此来衡量。客户获取率是企业提高市场份额的关键。

4. 客户满意度

客户满意度是客户对其从企业获得价值的满意程度的反馈。客户满意度的大小决定了新旧顾客的流动率，进而决定了企业所占据市场份额的大小。

5. 客户利润贡献率

客户利润贡献率用来衡量企业为客户提供产品或服务后所获得的利润率。根据客户利润贡献率的大小可以挑选出没有利润的客户，从而筛选出客户目标。

（三）内部流程维度

从企业自身的角度出发，通过完善企业内部的业务流程提高内部效率，从而促进组织绩效，实现战略目标。内部流程是指从顾客需求出发，通过设计、开发出满足顾客需求的产品或服务，制造、销售此产品或服务，并最后提供售后支持，从而满足客户需求的一系列活动。简而言之，即企业投入生产要素，为客户提供满足其需求的产品和服务的一系列活动。管理者要确认组织擅长的关键的内部流程，这些流程帮助业务单位提供价值主张，以吸引和留住目标细分市场的客户，并满足股东对卓越财务回报的期望。衡量内部流程的评价指标主要包括以下三个方面。

1. 创新流程指标

创新流程指标，如新产品开发和服务、客户对于新产品和新工艺的满意度、企业推出新产品的时间和效率等。

2. 企业经营绩效的指标

企业经营绩效的指标是指那些用于衡量企业营运管理最终成果的指标，强调高效率、高质量，具体包括销售额、销售额增长率、毛利额、经营费用占销售比率、净利率、存货周转率、投资回报率等。

3. 企业售后服务指标

企业售后服务指标是指企业为消费者提供的一系列提升消费者满意度的指标，具体包括产品或服务的使用反馈，以及对于消费者反馈的处理方式、程序和处理成效，以消费者对售后服务的满意度为直接表现。

（四）学习与成长维度

从企业员工的角度出发，通过衡量员工的绩效，根据个体绩效探索组织整体发展状况，从而评价组织的工作绩效。在这四个维度中，学习与成长维度是另外三个维度的基石，并推动这三个维度不断向前发展。

衡量学习与成长维度的评价指标主要包括以下三个。

1. 员工能力

员工能力直接影响企业战略实现的质量与效率，可以通过工作绩效、技能水平等指标进行衡量。尤其值得关注的是，员工的技术再造是学习与成长的特定环境驱动因素。

2. 企业信息系统能力

企业信息系统能力可以通过诸如信息覆盖率、信息准确度、信息的反馈时间等指标进行评价。

3. 激励、授权与协作

激励、授权与协作的指标包括员工建言的采纳度、组织建言氛围、组织内部和谐程度、以团队为基础的业绩等。

学习与成长维度能够促使企业加快长期成长与发展的步伐，帮助企业建构并确定基础结构。财务、客户、内部流程这三个维度在上述的三个方面中，基本都会体现出实际情况与期望标准之间的差距。这时，企业就可以充分利用学习与成长这一维度的优势，将差距尽可能地降到最低（刘菲然，2015）。

例证 10-1

可口可乐公司——平衡计分卡的四个维度分析

作为世界上最大的饮料公司和果汁饮料经销商，可口可乐公司历经百年发展，依然在市场上占据着不可替代的竞争地位。除了因其具有核心竞争力的产品，还与它的企业管理体系息息相关。可口可乐公司运用平衡计分卡成功地实现了高效的组织绩效管理，并有效地落实了组织的战略目标。

在财务层面，可口可乐公司有着最低廉的成本、最高效的生产效率，平民化的价格让其迅速在市场上推广，这大大增加了资产的利用和投资战略的提升。

在客户层面，可口可乐公司根据消费者行为及其特征，先是在不同地方开展问卷调查。通过问卷调查将客户分为四个群体，还对其进行了不同领域的划分，通过层层调查锁定最主要的消费群体为年轻人。

在内部流程层面，通过大量的调研，可口可乐公司确认了客户的多元化需求，发现现有的饮料已无法满足客户崇尚健康饮食的需求。通过内部业务的变革，可口可乐公司推出了果蔬型饮料、乳制品饮料、茶饮等，既丰富了其自身的结构，也打开了更大的市场，又一次引领了潮流，满足了客户多元化的需求。

在学习和成长层面，可口可乐公司注重市场的需求和对员工的培养，提高员工的知识与素质，激励员工团结一致，努力提高公司的组织性，在激烈的竞争中发现并填补不足，凭借傲人的学习和成长能力为世人做出榜样。

（邵美莹等，2015）

（五）四个维度的逻辑关系

平衡计分卡中的财务、客户、内部流程和学习与成长四个维度相互独立而又相互关联。从表面上看，尽管平衡计分卡的四个维度相对独立地对企业各个方面进行绩效评价，然而这四个维度在逻辑上是紧密相连的。它们共同构成了平衡计分卡的完整链条。

在平衡计分卡中，企业的内部流程维度是基础，客户维度是关键，企业的学习与成长维度是核心，财务维度是最终目标（胡玉明，2001）。企业为了达到其所设定的财务指标，通过对其内部流程进行改进，使自己的产品或服务能满足客户的需求，从而在时间、质量以及成本上赢得领先地位。而上述过程的实施以及企业的发展与成长，同时又需要企业对员工进行培训，开发新的信息系统和完善、高效的激励机制，从而使员工更富有创造力，积极能动地为企业持续工作。可见，财务、客户、内部流程和学习与成长这四个维度层层递进，互相影响，一起为实现组织的战略目标努力。

三、平衡计分卡的特征

（一）财务指标和非财务指标的平衡

尽管将单一的财务指标作为企业绩效管理体系的评价指标遭到诟病，然而财务指标自始至终都占有核心地位。一直以来，企业绩效考核常常采用财务指标，而对非财务指标的考核较少。在非财务层面上，企业对于客户维度、内部流程维度、学习与成长维度的考核，常常只进行定性说明，缺少对其进行定量化考核，使得对企业内非财务指标的考核缺乏系统性和可操作性。

为了弥补传统绩效考核体系重财务指标、轻非财务指标的不足，平衡计分卡引入了客户、内部流程、学习与成长等维度的非财务指标，对于非财务指标的评价也从定性说明转为量化考评，使得企业可以全方位、多角度地评价其绩效。

（二）企业长期目标和短期目标的平衡

从战略执行的角度看，在平衡计分卡的实施过程中，战略是输入，财务是输出。平衡计分卡的设计是依据企业的总体战略指标进行的。它将企业的长期战略目标逐步分解成短期目标。同时，将企业的长期目标一步一步地落实到企业的各个部门、员工中去，使企业的每一位工作者都明确企业总体战略目标和每一阶段的具体目标，促使个人在不同程度上进行提高和优化。

平衡计分卡在应用的过程中应平衡长期目标与短期目标的关系。企业既不能为了长期目标牺牲短期目标，因为牺牲短期目标，组织难以生存发展；也不能为了短期目标的实现而不顾长期目标的设定，因为不顾长期目标，组织难以长远地生存发展。另外，短期目标作为具体执行目标必须有利于组织长期目标的实现，因此要做好组织短期目标与长期目标的衔接工作。只有如此，才能真正解决企业长期以来存在的战略规划难以执行、落实的问题。

（三）结果性指标与动因性指标的平衡

企业的总体战略目标既是企业不断发展创新的源动力，又是企业长期发展战略目标的最终追求（薛驰，2017）。平衡计分卡以如何高效地落实企业总体战略为动因，以可量化的指标为目标管理的结果，致力于寻求结果性指标与动因性指标之间的平衡，从而体现其追求全面、平衡的考核思路。结果性指标下达、衡量都很容易，而动因性指标下达难度相对较大，容易流于形式，但对于企业战略目标的实现具有深远意义，因此结果性指标与动因性指标之间的平衡显得尤为关键。

例证 10-2

平衡计分卡在巴克莱银行的应用

作为欧美知名银行，巴克莱银行于 2013 年公布的战略报告中，关于平衡计分卡的相关内容相当值得我国商业银行学习并借鉴。公司不仅从员工、公民、行为、客户四个维度分别明确提出相关财务指标和非财务指标，而且在多个维度都力求制定明确的动因性指标以推动相关结果性指标的实现，努力达到两者的平衡。

在员工层面，为了了解员工可持续敬业度，巴克莱银行开展了以季度为单位的全球员工意见调查，这使得企业能够持续跟踪相关内容并获得具有高时效性的员工数据，以便企业及时做出调整；而为了努力提升高层中女性占比，从而提高企业多样性及包容性，巴克莱银行制定了一系列动因性指标，如"妇女倡议网络""女性董事计划""学徒和重返工作计划""两性平等运动"，这些动因性指标的实现促使董事会及高级管理层中女性占比分别提高至 31% 和 24%。

在公民层面，巴克莱银行为了实现员工公民计划，在业务开展方式上依据"巴克莱银行行为准则"加大对员工的行为培训力度；在促进经济增长方面创新融资方案，不断加大对绿色企业的支持力度；而在支持社区发展事业上，企业推出"五百万青年受益计划"，帮助社区青年充分挖掘自身技能。

在行为层面，为了提高公司整体行为口碑，巴克莱银行将风险管理纳入企业战略决策之中，并成立运营和声誉委员会以切实加强风险行为管理培训工作。

在客户层面，为了不断提高净推荐值和客户特许经营排名这两个结果性指标，巴克莱银行更是明确了许多有助于提升客户体验的动因性指标以推动两大结果性指标的实现，如视频银行、图像支票、手机支票、针对机构用户推出 iPad 应用程序等，不仅使得客户在享受公司产品和服务过程中的用户体验不断提高，更使得相关结果性指标的提升成为可能。

（彭军，2018）

（四）企业组织内部群体与外部群体的平衡

平衡计分卡的四个维度体现了内部群体和外部群体的平衡。其中，股东与客户属于外部群体，员工和内部业务流程属于内部群体。与之对应的是，在设计指标上，平衡计分卡同时包括外部评价指标和内部评价指标。外部评价指标以外部群体为评价者，通过外部群体对企业的评价反映其组织的工作绩效；内部评价指标以内部群体为评价者，是指企业内部人员对企业的评价。例如，客户满意度是客户对于企业所提供的产品或服务的评价，因此属于外部评价指标；而员工满意度则是企业员工接受企业的实际感受与其期望值比较的程度，属于内部评价指标。

（五）领先指标与滞后指标的平衡

实际上，财务指标反映的是公司上一年度发生的绩效情况，而无法为企业做出具体绩效改善和可持续发展的指导，因此其反馈一般具有滞后性，被称为"滞后指标"。而除财务维度之外，其他三个维度对于企业的实际状况的体现则更加及时，因此客户、内部流程和学习与成长这三个维度属于"领先指标"（赵昕，2015）。

四、平衡计分卡的优缺点

与其他绩效考核方法一样，平衡计分卡也并非一种无法挑剔的完美考核方法，同样有着它自身的优点与缺点。

（一）平衡计分卡的优点

1．增加绩效评估的多样性

平衡计分卡从财务、客户、内部流程和学习与成长四个维度设计评价指标，消除了仅仅以财务指标来衡量企业绩效的局限性，增加了企业绩效评价体系的多样性。由于财务指标的滞后性，企业难以通过财务指标衡量企业实际和实时的工作绩效，进而无法准确预测企业未来的发展方向和所面临的挑战。非财务指标的提出使得企业可以全面、综合测量其工作绩效。

2．有利于明确企业未来的发展方向

平衡计分卡作为一种针对传统财务指标的局限性而设计的绩效评价工具，切实地描述了企业绩效现状，并能够及时反馈企业所面临的外部挑战和内部问题，这有利于企业看清自己的发展现状，抓住机遇，迎接挑战，朝着所设立的总体战略目标前进。财务、客户、内部流程和学习与成长四个维度是企业未来发展的关键要素。

3．增加员工的团队合作精神

平衡计分卡作为一种先进的绩效考核体系，克服了传统财务考核方法的短期行为，使得整个组织团结一致，为实现企业的战略目标而共同奋斗。通过有效地将平衡计分卡的战略目标转化为组织、部门、个人等各层面的目标，促使员工更加深入、透彻地理解组织的目标和计划，有助于员工了解自己的切身利益与组织中所有人的利益紧紧相连，员工的关注点不再局限于自己的利益，而懂得只有合作和分享才能实现自身利益的最大化（于莉萍，2008）。

例证　10-3

青岛啤酒公司引入平衡计分卡

青岛啤酒股份有限公司（以下简称"青岛啤酒公司"）是我国最早的啤酒生产企业。其品牌价值达 805.85 亿元，居中国啤酒行业首位，是世界品牌 500 强、中国品牌 500 强。

起初，青岛啤酒公司在持续扩张之际，成功运用了平衡计分卡的管理方式，成功实现了公司的整合与转型。在 2007 年，青岛啤酒公司凭借做大做强的独特实践以及所取得的显著成果，登上"2007 中国战略执行明星组织奖"的领奖台，成为中国战略执行明星

组织的第一批获奖企业，也是中国啤酒行业唯一一家获奖企业。

从2001年下半年开始，青岛啤酒公司审时度势，及时调整，进入战略"整合期"。此时，青岛啤酒公司致力于把青岛啤酒变成一个啤酒公司，而不是由数十家啤酒公司组合起来的松散公司。通过这5年的整合，从浅层次到深层次，从模块到系统，都取得了历史性的突破，平衡计分卡的运用使内部的管控力度和运营能力得到显著提高，为下一轮更高层次的竞争以及企业更快的扩张奠定了坚实的基础。

青岛啤酒公司的常务副总裁孙永波表示，要解决企业持续扩张以及转型所带来的问题，需要引入一个工具——平衡计分卡。这个工具可以很好地落实企业的战略规划，即从公司战略目标出发，根据财务、客户、内部流程和学习与成长四个维度来分解，使得每一个组织、部门、个人都有一个平衡计分卡。同时，在青岛啤酒公司内部设立了一个专门的小组，其职责就是根据每年的战略目标，对各个部门进行战略目标的分解，回顾，寻找差距，提出解决办法，使战略成为一种持续的管理活动。

实施平衡计分卡以后，青岛啤酒公司的内部运作效果良好：首先，在企业内部统一了沟通的语言；其次，平衡计分卡的实施使工作流程基本一致，企业的工作效率越来越高。最后，方便了资源调配，促进了职能部门的专业化。基于战略的指导，青岛啤酒公司实现了产销分离，人力资源、工艺技术、生产设备、财务等专业部门服务于统一的价值链，不断挖掘价值空间，提升了价值链的竞争力。

在扩张与整合之际，青岛啤酒公司引入了平衡计分卡作为管理工具，成功实现了从生产型企业向市场型企业的转型，保障了青岛啤酒公司战略的落实和整合的效果，使企业既保持了高速扩张，又实现了健康稳定的管理。

（资料来源：佚名.平衡计分卡：青啤成功转型背后的管理利器 [EB/OL].（2007-11-09）. https://finance.sina.com.cn/stock/t/20071109/02201780341.shtml?from=wap.）

（二）平衡计分卡的缺点

1. 实施门槛较高

平衡计分卡的实施不仅对组织规模有一定的限制，还对组织使用者有较高的要求。在组织规模上，平衡计分卡的实施要求组织具有一定的规模，具备应用平衡计分卡来进行企业工作绩效考核的条件。在组织使用者上，平衡计分卡的应用要求企业的高层管理者具备对组织战略分解和沟通的能力，中高层管理者们应当具有对指标进行创新的能力。因此，对于中小型企业而言，其管理体系尚未发展完善、管理基础相对薄弱，并不具备这些条件，引入平衡计分卡并实施应用的难度较高。

2. 实施成本较高

平衡计分卡要求企业管理者对组织战略有深刻的理解和灵活的分解能力，能够为组织、部门、个人等各个层面制订一套详细、完整的绩效考核方案。而这一系列的过程需要消耗大量的时间、人力、物力将战略目标分解到各个部门的目标，从而确定员工个人的目标，因此平衡计分卡实施起来成本较高，较为困难。

3. 指标体系的建立较为困难

不同的企业所面临的市场环境和客户群体是不同的，并且企业的性质、文化和核心价值观也有所区别。因此，其他企业所建立的平衡计分卡考核体系不一定适用于自己的企业。企业需要具体问题具体分析，根据战略目标建立适用于自身企业发展的指标体系。然而，财务指标和非财务指标体系的建立是一个需要企业花费很长时间不断探索和总结的过程。企业需要对自己的战略目标、企业所有者的利益、客户群体和员工有着深入的了解和认识，所以指标体系的建立无法轻易完成，需要企业不断地发展和完善。可见，由于指标体系的建立难度大，因此很多企业在发展初期并没有引入平衡计分卡作为绩效评价体系，而是在企业发展到一定规模，企业管理者对企业有了深刻的认识和了解后才开始应用（靖潇，2020）。

4. 部分指标难以量化

由于平衡计分卡所设立的财务、客户、内部流程、学习与成长四个维度的指标众多，所以导致在设计过程中设计者考虑了多个方面的因素，使得一些难以量化的指标出现，特别是部分非财务指标的量化工作难以落实。这一部分难以量化的指标可能会导致平衡计分卡在实际的操作中遇到困难。

5. 各指标权重分配难以平衡

在使用平衡计分卡进行战略管理或绩效管理等工作时，企业无法避免地需要综合考虑财务、客户、内部流程、学习与成长四个维度所包含的因素。企业不仅需要考虑不同层面之间的权重分配问题，还需要考虑同一层面下不同指标之间的权重分配问题。对于企业而言，通过合理地分配指标权重较好地平衡企业所有者、客户、员工三者的关系，是面临的重大难题（李浩，2017）。

第二节 平衡计分卡考核法的应用

绩效考核作为绩效管理的关键环节，其重要性和必要性已被越来越多的企业所认同。现今的绩效考核不再机械地评估员工过去的表现，更着眼于如何使员工在现任岗位上更好地发挥专长。绩效考核的目的是激发出员工的工作积极性，使得个人目标和组织目标统一起来，从而实现组织和个人的共赢。平衡计分卡作为一种世界先进的企业绩效评价体系和战略目标管理体系，被越来越多的企业所应用。本节将对平衡计分卡考核法的实施前提、实施步骤进行重点叙述，并基于理论知识对目前平衡计分卡考核法的应用现状进行介绍。

一、平衡计分卡的实施前提

（一）对战略目标进行合理分解

平衡计分卡可帮助企业将战略目标一步步落实为具体的经营行为（李浩，2017），对战略目标的分解是否合理，将会对平衡计分卡实施的成功与否产生巨大影响。对此，企业应根据其当前的经营现状、外部的竞争环境以及公司的使命、愿景、核心价值观等确定企业的战略目标，并通过合理地分解企业的战略目标，将总体战略详细、具体地落实到组织、部门、个人等各个层面，从而使企业的每一位成员都能够有律可循、有法可依。

（二）健全的企业管理体制

随着知识经济的兴起和科学技术的创新，传统以财务指标为中心的绩效评价体系难以适应现今企业的管理，平衡计分卡考核法应运而生。然而需要注意的是，平衡计分卡并非适用于所有企业。对于一些中小型企业而言，由于它们的企业规模较小，企业内部人员屈指可数，若执意实施平衡计分卡考核法，将会严重阻碍公司的发展壮大，浪费企业的人力和物力。因此，平衡计分卡能否成功实施，与企业是否拥有健全的管理体系息息相关。健全的企业管理体制不仅有利于企业信息的流通和命令的上传下达，也有利于企业内部各成员对于公司条例的执行效率，从而促进平衡计分卡考核法的顺利实施。

（三）与外部环境相适应

外部环境对于平衡计分卡的实施有着不可忽视的影响。良好的外部经营环境可以使得企业在实施平衡计分卡的初期，能够一直专注于平衡计分卡的设计与实施，而无须花费过多精力应对外部环境所带来的一系列问题。若外部环境恶劣，企业将无暇顾及内部体制的改革，这会阻碍平衡计分卡的实施。此外，平衡计分卡的设计并不是固定不变的，企业不仅需要根据自身状况考虑平衡计分卡各维度的设计，还需要依据企业当前所处的外部环境适当地调整平衡计分卡的具体内容。

（四）与企业内部制度相协调

平衡计分卡的成功实施，对外需要与不断变化的外部环境相适应，对内则需要与企业内部的管理制度相协调。当平衡计分卡的实施与企业的内部环境协调时，平衡计分卡将会发挥出最好的效果。在社会主义市场经济体制下，随着知识经济的兴起和信息经济的蓬勃发展，国内企业所采取的管理体制必须以市场为导向。企业通过以建立完善的现代企业管理制度为目标，从实质上完成企业经营体制的重大转变，从而推动企业将加强内部管理作为自身发展的需求和自我完善的要求，进而解决平衡计分卡实施过程中所面临的内部环境问题（岳才谦，2014）。

（五）完善的数据处理系统

在平衡计分卡的实施过程中，不可避免地会涉及众多的财务和非财务方面的数据，因此平衡计分卡的成功实施离不开完善和高效的数据处理系统。通过数据处理系统对不同来源的数据进行整理和分析，企业能够获得设计指标的方法和分配指标权重的标准。若企业拥有高效的数据处理系统，将有利于企业在信息众多且相对透明的时代快速抓住关键信息，分析出自身问题，从而比其他企业更快地做出反应，进而在竞争激烈的环境中处于有利地位。

（六）良好的员工素质

平衡计分卡的实施有赖于企业中每一位成员的参与，其实施过程渗透在战略管理和绩效管理的各个情境中，如管理者将企业的战略目标进行分解，管理者使用平衡计分卡对员工的工作绩效进行评价、员工通过平衡计分卡明确其工作任务和了解企业战略规划，等等。可见，由于平衡计分卡技术的使用需要全体成员的高度参与，因此企业各成员（尤其是中高层的成员）的素质影响着平衡计分卡的实施。对于企业高层管理人员而言，其自身必须具备与时俱进的创新思维和统领全局的战略目光；对于企业中层管理人员而言，则需要具备良好的信息沟通、上传下达的能力，对上可以传达员工的期望和企业存在的问题，对下可以沟通、传递组织的目标规划；对于企业的基层员工而言，如果员工具备良好的理解能力，那么就可以更加清楚地了解组织的战略规划，提高其工作绩效，更好地为组织服务。

二、平衡计分卡的实施步骤

平衡计分卡的实施共包括七个步骤：① 确定企业的战略目标和发展规划；② 就愿景和战略任务达成共识；③ 确定可量化的绩效考核指标；④ 在企业内部进行宣讲与培训；⑤ 确定绩效目标值；⑥ 绩效考核的实施；⑦ 结果反馈与绩效考核指标的调整。

（一）确定企业的战略目标和发展规划

企业战略目标和发展规划的确立，是实施平衡计分卡的前提和基础。首先，企业内部需要组织相关的专业人士成立平衡计分卡实施小组。该小组主要负责平衡计分卡体系的开发、设计、执行、完善和维护。随后，平衡计分卡实施小组将与企业高层管理者开展战略研讨会，通过反复商讨和研究，明确企业的使命、核心价值观、愿景。同时，利用 SWOT 分析、战略地位和行动评估矩阵（SPACE）、波士顿矩阵等战略分析工具，对企业所拥有的内部资源（包括财务资源、实物资源、组织资源和技术资源等有形资源与人力资源、创新资源和商誉资源等无形资源）和所面临的外部环境（政治环境、社会环境、技术环境、经济环境等）进行综合系统的分析评估，从而确定企业的战略目标和发展规划。

（二）就愿景和战略任务达成共识

由于平衡计分卡的实施是一个需要企业全体成员参与的过程，因此，企业若想使平衡计分卡顺利实施，则必须得到企业中每一位成员的理解与支持。对此，平衡计分卡实施小组与企业高层管理者在明确了企业的战略目标和发展规划之后，需要将讨论结果通过宣传、培训、上下级传递的方式，使企业内部各层级的员工知悉并了解。与此同时，企业内部各层级的员工彼此之间需要就企业的使命、核心价值观、愿景和战略目标任务等进行反复沟通和讨论，直至达成一致意见，使员工最大限度地理解并接受实施平衡计分卡考核法对企业的战略管理和绩效管理的作用和意义，从而减少实施平衡计分卡过程中的阻力，使企业内部各层级的员工能够积极主动地辅助平衡计分卡的成功实施。

（三）确定可量化的绩效考核指标

通过与企业内部各层级员工的沟通交流，对企业的使命、核心价值观、愿景和战略目标达成共识，企业的使命、核心价值观、愿景和战略目标得以清晰化。此时，平衡计分卡实施小组应根据战略目标的要求，确定实现战略目标的关键流程以及相关可量化的绩效考核指标。企业需要基于其战略目标，同时根据企业高层管理者的建议、企业内部的经营现状、企业数据处理系统对大量基础数据的统计结果等，从财务、客户、内部流程、学习与成长四个维度构建可量化的绩效考核指标，并在随后对所确定的指标权重进行合理的分配，从而形成针对企业、部门、个人的平衡计分卡，使得平衡计分卡的绩效考核体系得以真正落地，企业全体成员都能依据平衡计分卡的内容明确企业的战略目标和发展规划，明确自己的工作任务，从而提高自身的工作绩效。

（四）在企业内部进行宣讲与培训

当确立了企业、部门、个人的平衡计分卡后，企业的下一步工作并不是依据平衡计分卡的各个目标和指标对员工进行绩效评价或战略管理，而是先把所确定的平衡计分卡通过企业内部宣讲、相关员工培训等方式，使企业内部各层级的员工了解和理解平衡计分卡的企业绩效目标体系和考核指标体系。平衡计分卡的实施并不是只与企业高层人员相关，而是需要企业各层级人员共同参与。因此，员工是否理解企业引入平衡计分卡作为绩效管理工具的目的，以及员工是否意识到使用平衡计分卡进行绩效管理的优势和意义，直接影响员工对企业实施平衡计分卡的态度和执行力。通过加强企业内部的沟通，向员工深入宣讲、解释企业的战略目标和发展规划，促使员工对平衡计分卡考核法有一个全面且深刻的理解，从而使企业全体成员上下一心，共同推动平衡计分卡的有效实施。

（五）确定绩效目标值

通过企业内部各层级的员工沟通交流以及企业管理层的努力推进，此时企业内部全体成员已经对平衡计分卡的使命、核心价值观、愿景、战略目标、战略实现的关键流程、指标等有了深刻的理解并达成了一致意见。因此，在下一步的工作中应该结合企业的发展计划和预算确定企业每年、每季度、每月需要达成的绩效目标值。运用平衡计分卡考核法的重点不仅在于平衡计分卡绩效评价体系的设立，还需要关注实施平衡计分卡考核法是否真正有利于企业战略目标的落实和实现。因此，确定绩效目标值是一个十分重要的步骤，关系着平衡计分卡对于企业战略目标的执行情况。企业应该根据内部经营情况和外部竞争环境，确定合理、有利于促进员工工作绩效的绩效目标值，并且加大对绩效目标值完成情况的考核及其考核结果的应用，形成行之有效的绩效奖惩机制。

（六）绩效考核的实施

企业之所以花费大量的人力、物力建立平衡计分卡的绩效评价体系，其目的在于能够更好、更高效地进行绩效管理，提高企业内部各层级的员工的工作绩效，推动企业战略目标的实现。因此，绩效体系的设立最终会落实到绩效考核的实施阶段。企业实施绩效考核时，应该明确员工的绩效完成情况是否达到企业所确定的绩效目标值。若员工的绩效完成情况远远高于企业所确定的绩效目标值，此时需要考虑企业所设立的绩效目标值是否过低，不利于员工工作积极性的提高。相反，若员工的绩效完成情况低于企业所确定的绩效目标值，则需要明确企业所设立的绩效目标值是否过高，超出员工真实的工作能力范围，或者员工的工作能力是否与其所在岗位不匹配，使其无法体现出真正的工作水平。

（七）结果反馈与绩效考核指标的调整

平衡计分卡的实施是一个动态变化的过程。在实施平衡计分卡的过程中，企业管理者需要对其进行实时监控，持续观察其反馈情况，从而及时把握企业战略目标的实现进程和执行情况，进而评估出平衡计分卡的实施效果。在每一次绩效考核之后，管理层都应该对企业目前的绩效考核情况进行整理，分析企业当前的绩效情况和影响绩效水平的因素。与此同时，企业管理层还需要与员工进行积极沟通，向其反馈绩效考核的结果，并且了解员工对绩效考核指标设置的合理性的真实想法。通过数据分析和沟通了解，企业管理层将会对绩效考核结果有一个深入且全面的认识，从而删除不符合企业绩效考核情况的指标，增加有利于评估企业绩效情况的指标（夏爱军，2017）。

三、建立基于平衡计分卡的绩效管理体系

平衡计分卡自 20 世纪 90 年代正式问世以来，经历了 20 多年的发展，已经成为常见的绩效考核方式之一，被企业广泛接受并应用。平衡计分卡的应用主要分为如下两个方面：① 应用于企业的战略管理。平衡计分卡被作为一种战略工具，通过将企业的战略目标分解为财务、客户、内部流程、学习与成长四个层面的目标，使得企业战略得以落地，并通过对各个指标进行持续监控明确企业战略执行的实现进程，了解企业战略目标的执行情况。② 应用于企业的绩效管理。此时平衡计分卡作为一种绩效管理工具，进行企业内部的绩效考核与结果反馈。企业根据所设计的平衡计分卡，分别对组织、部门、个人进行绩效考核。随后企业对考核结果进行整理分析，反馈给企业各组织，从而对相应的指标进行调整和修改，使得衡量指标更贴合企业的战略目标（张逸人，2019）。

在具体谈及平衡计分卡作为一种绩效考核工具在绩效考核中的应用时，我们有必要将事业单位与普通企业"区别对待"。这是因为事业单位不以盈利为目的，主要目标是为社会群体提供公益服务，因此事业单位的绩效考核不同于企业单位的绩效考核，不能以利润和经济成本为考核目标，而要衡量所提供的公共服务的社会价值。事业单位的绩效导向多以社会公益效益为先，因此平衡计分卡体系的构建存在较大差异。

（一）平衡计分卡考核法在事业单位中的绩效管理应用

1. 事业单位的概念

事业单位是相对于企业单位而言的，具体是指由政府利用国有资产设立，从事教育、科技、文化、卫生等活动的社会服务组织。事业单位不属于政府机构，其开设不是以盈利为目的，而是国家设置的带有一定公益性质的机构。其基本特征为依法设立、公益性质服务、非营利性以及社会性组织四个方面。由于我国事业单位的主要职能不是追求经济利益，而是正常履行公共职能，因此根据企业所设计的平衡计分卡并不完全适用于事业单位的绩效管理，事业单位管理人员使用平衡计分卡进行绩效考核时，需要对其加以修改后再使用。

2. 事业单位绩效考核的现实难点

由于事业单位的公益性质，对事业单位进行绩效管理具有一定的难度。这主要体现在如下四个方面：① 缺乏完善合理的绩效考核体系。事业单位对内部人员的考核存在情感化、印象化的想象，并没有根据科学的考核制度对其进行考核。② 不重视绩效考核。事业单位的领导对考核不够重视，其主要精力一般都放在业务上。③ 考核体系缺乏系统性。尽管事业单位有一系列绩效考核方法，然而考核内容存在笼统、不合理的现象。④ 绩效考核缺乏有效的沟通和反馈。对于已经获得的绩效考核结果，事业单位并没有及时应用和对下级员工进行反馈（孙凤德，2015）。

3. 平衡计分卡在国内事业单位的应用分析

平衡计分卡在国内事业单位的绩效管理应用主要有以下四个步骤。

（1）明确事业单位的战略目标。事业单位应该全方位地收集有关平衡计分卡绩效管理体系建设的相关资料，结合有关经验深入分析事业单位内部资源和外部环境等综合因素，并做好单位内部各层级人员的沟通与交流，从而最终确立事业单位的战略目标。

（2）确立具体的工作指标。由于平衡计分卡是从财务、客户、内部流程、学习与成长四个维度构建起来的，因此应用于事业单位的绩效管理中时，其"客户"维度应转化为"社会效益"。

对于财务维度，尽管事业单位的开设并不以营利为主要目的，然而财政方面的收入关系着它是否能为社会提供服务，优化其服务质量，完成其工作任务。因此，事业单位与企业在这一点上相似，事业单位需要从其运营中获取一定的经济效益，从而促进其工作的完成。由于目前我国不少事业单位已经成为可以自支自收的组织，因此，在事业单位中设置财务指标来衡量组织的绩效管理水平显得十分重要。从财务方面能够全方位地看出单位的投入产出比，从而呈现出管理者的工作效率与管理水平。据此，我们可以根据事业单位的资金使用效率、投入成本的情况、财务预算执行的具体情况来设计财务层面的指标。

对于社会效益维度，我们需要明确一点：与企业以客户为中心不同，事业单位的财务、内部流程、学习与成长三个维度设计的最终目标都是为社会提供更加优质的服务，从而提高社会的效益。因此，我们需要从社会效益出发评估事业单位的工作绩效。总的来说，社会效益维度的设计主要包括事业单位的社会名誉、参加社会活动的频率、为公民提供服务的情况以及公民的满意度。因此，我们可以从社会活动绩效、服务绩效和社会职能三个方面来设计社会效益维度。

对于内部流程维度，与企业一样，事业单位在运营和完成工作任务的过程中也会涉及内部流程的管控能力。内部流程的优化与否关系着事业单位是否能更快、更好地为社会提供公共产品与服务。因此，我们在设计事业单位的内部流程指标时，可以从提供公共产品和服务的效率、工作计划按时情况等方面入手。

对于学习与成长维度，事业单位与企业一样，只有不断地学习和创新，通过培训等方式来培养人才，完善员工的素质，才能使单位不断向前发展，源源不断地为社会提供优质的公共产品和服务。由于学习与成长维度的重心在于培养事业单位人员的学习与成长能力，因此，在设计学习与成长维度的指标时，我们可以从绩效改进率、科研成果、员工参与培训比率等方面来进行。

事业单位在确立具体的工作指标时，应将各个部门的全部工作任务渗透在以上四类基本流程当中。对四类目标分别明确各自的业绩指标以及每年、每季度、每月的绩效考核指标数值。

（3）加强事业单位的内部沟通。在基于平衡计分卡的绩效评价体系初步设立后，事业单位应该通过上下级交流、培训等方式，使单位内部各层级员工能通过各种渠道了解组织的战略目标、发展规划以及绩效考核体系。同时，事业单位应鼓励员工对绩效管理体系的设计积极发表意见和建议，从而对不合理或者具有滞后性的指标进行及时的增添、删除和修改。

（4）严格实施所设计的绩效评价体系。在得到单位内部各层级员工的支持后，事业单位应该严格按照其所设计的绩效评价体系进行绩效管理。唯有单位管理者和员工严格遵守绩效管理体系的法则和真切落实绩效管理评价体系的内容，并不断地更新和完善，平衡计分卡的绩效考核方式才能体现出最大的意义（赵天涯，2016）。

例证 10-4

太航医院的平衡计分卡应用

自 2017 年 1 月以来，太航医院检验科对 25 名在职的正式职工开展为期一年的平衡计分卡绩效考核，并在年终评价其效果，从而评价医院实施平衡计分卡评价体系的成效。

太航医院首先成立绩效考核小组，设定一级指标，其中包括客户、内部经营管理、人员创新与学习成长以及财务四个方面。其次，制定平衡计分卡考核表，采用头脑风暴法在全体检验科人员中对四项一级指标进行细化，明确各项指标权重。在此基础上筛选出二级指标 24 项，其中客户层面 6 项、内部经营管理层面 7 项、人员创新与学习成长层面 5 项，财务层面 6 项，并确定各指标权重。

采用制定好的平衡计分卡分别于 2017 年 1 月初（即实施平衡计分卡考核之前）及之后的每月月底进行考核，每月进行指标的汇总，作为当月绩效考核的依据。在实施平衡计分卡绩效考核 12 个月后，比较该科医务人员对平衡计分卡绩效管理与传统绩效考核法的认可程度，比较平衡计分卡绩效管理实施前后检验科在四个层面的效果。平衡计分卡按照百分制设计，各层级指标所占权重即该指标的评价分数上限，得分越高，满意度越高。

结果表明，检验科医务人员对实施平衡计分卡绩效考核的认可率高于传统考核法，并且在实施平衡计分卡绩效管理 1 年后，检验科在四个层面的评分均高于采用传统绩效考核评价。由此可见，基于平衡计分卡的绩效管理兼顾过程与结果双重管理，对提高检验科的整体管理水平以及工作效率起着重要作用。

（郭绘芳，2020）

（二）平衡计分卡考核法在企业中的绩效管理应用

作为一种企业战略管理实施工具，平衡计分卡考核法在企业中的应用已十分普及。在《财富》杂志公布的世界前 1000 家公司中，有超过 70%的公司已将该方法运用于企业的绩效管理之中，许多政府和非营利组织也开始逐步引入该体系。作为典型的成功案例，美孚石油公司于 1993 年引进平衡计分卡考核法，开始以客户为导向，分散程度不断提高。平衡计分卡实施带来的一系列战略管理变革促使美孚石油公司的投资回报率跃居行业首位。而同为石油行业的中石油华北油田公司在引进平衡计分卡后明确了战略重心，着力加强信息化油田建设，帮助公司在一年内获得了 12%的利润增长率（潘磊，2013）。虽然平衡计分卡战略具有很大的优越性，但是也有部分企业由于贯彻执行不到位，给企业带来的绩效管理效果不甚理想（Charan 等，1999）。本部分将在介绍企业概念的基础上，对企业应用平衡计分卡的痛点、难点进行剖析，以期为企业实施平衡计分卡考核提供借鉴。

1. 企业的概念

企业一般是指以盈利为目的，通过运用各种生产要素（土地、劳动力、资本、技术和企业家才能等），向市场提供商品或服务，实行自主经营、自负盈亏、独立核算的法人或其他社会经济组织。企业具有以下三个基本特征：① 具有经济性，包括目的和内容的经济性；② 活动的持续性；③ 具有法定性，企业是依法设立并且以一定的法律形态存在的（李博，2010）。

2. 企业应用平衡计分卡的现实难点

平衡计分卡作为一种新型的绩效管理工具，目前被我国很多企业应用。然而，由于我国独有的基本国情（仍处于并将长期处于社会主义初级阶段）和社会主义市场经济体制，脱胎于西方企业管理的平衡计分卡绩效管理体系与中国企业的绩效管理现状存在较大的差异，从而在实施过程中存在很多问题，主要包括以下几个方面。

（1）管理观念落后，组织层级化。目前国内企业呈现重短期利益而轻战略目标和愿景的情况。很多企业并不存在清晰的战略目标和愿景。管理层更愿意花费更多的时间解决企业中实际的运作问题，而不愿意花时间在企业的总体战略部署和愿景规划上，导致国内企业的绩效考核偏向形式化。另外，在我国的传统文化环境下，下级以服从上级命令为天职，因此极少提出自己的独特见解和建议。这导致平衡计分卡指标的设立存在一定的难度。

（2）对平衡计分卡理论认识不足。目前我国大部分企业的绩效评价还停留在以财务指标为中心的评价模式上，忽略了非财务指标的重要性。然而，平衡计分卡正是对传统的绩效评价体系的一种完善，涉及非财务指标在绩效评价中的应用。因此，导致国内企业无法充分利用平衡计分卡的优势，进而使得企业难以建立适用于自身的绩效评价系统。

（3）管理层支持度和员工认可度不足。平衡计分卡的应用离不开企业内部全体成员的支持和努力。其顺利实施不仅需要管理者突破原有的管理思维模式，认识到非财务指标对于绩效评价体系的重要性，还需要员工理解平衡计分卡对于自身企业绩效管理的意义，推动平衡计分卡的实施。然而，目前我国企业管理者对于平衡计分卡的认识不足，同时员工并不愿意设立众多指标来对其绩效进行评估，从而实施明确的绩效机制，因此导致平衡计分卡在我国的企业中，无法顺利施行（张志萍等，2019）。

伴随中国企业的不断成长，直至今日，对于平衡计分卡在中国企业中的应用效果也是毁誉参半。从对人和事的定性评价到强调定量化考评，再到定量与定性相结合的评价方式，中国企业走过了一条体现中国文化特色与管理传承的绩效管理之路。而当平衡计分卡进入中国企业的视野时，中国企业正处于从定性评价向定量评价转变的阶段，平衡计分卡基于财务、客户、内部流程和学习与成长四个维度以及各维度之间因果关系的核心思想，为中国企业的绩效评价注入了新的思想体系与工具元素。但是，使用好这样一个系统工具需要企业具备怎样的条件和基础，平衡计分卡理论并未提及这一点，因此平衡计分卡在被引入中国的最初的一段时间内，除帮助许多中国企业改造了其绩效考核指标体系之外，在企业总体绩效改善与提升方面，效果并不理想。许多公司只是从平衡计分卡所强调的四个方面选择了一组关键绩效指标，以为这样就够了，甚至还认为财务指标比其他指标重要得多。

例证 10-5

中航精机的平衡计分卡应用

湖北中航精机科技有限公司（以下简称"中航精机"）隶属于中航工业机电系统股份有限公司，是一家以专业研制、生产、销售汽车座椅精密调节装置、骨架、各类精冲制品、精密冲压模具为主营业务的高新技术企业。

2011年，为积极响应母公司进一步规范基础管理、加强集团管控、实现全价值链全产业链资源整合的号召，中航精机决定在子公司层面推行这一新型管理会计工具——平衡计分卡。其应用主要分为如下五个阶段：① 动员和培训，重点在于建立工作推进体系，明确组织机构和工作计划，掌握相关理论和方法。② 开发战略地图，重点是从平衡计分卡的四个层面确定战略主题下相应的绩效目标。③ 开发计分卡，根据制订的战略目标开发各部门计分卡，确定关键绩效指标。④ 实施阶段，重点是通过检查平衡计分卡在运行过程中出现的问题，不断对平衡计分卡进行修改完善。⑤ 汇报阶段，公司将回顾过去一年的应用过程，总结经验，改进不足，并根据领导指示完成下一阶段的任务。

尽管中航精机在运用平衡计分卡方面取得了巨大的成功，然而在开始之初，也出现了各种各样的问题。例如，工作强度大、任务多的员工得分较低，出现"不做事就不会犯错误""做的事越多，责任越大"的现象；不同部门领导要求严格程度不一样，导致有的部门分数较高，而有的部门分数则较低，等等。在此过程中，中航精机针对不断出现的问题对平衡计分卡进行修改和优化，如对平衡计分卡的指标、权重等进行重新修订。

中航精机在平衡计分卡的推广和应用方面经历了近十年的摸索，其间历经了无数次的失败和重新探索。可见，平衡计分卡尽管具有不可小觑的优势，然而管理者需要重视其实施的难度。虽然平衡计分卡作为绩效评价工具发挥了重大的作用，然而其并不适用于所有的企业，特别是在创新型企业中推行起来较为困难，究其原因主要是创新工作很难准确描述和衡量。因此，平衡计分卡的应用切不可盲目跟风，要根据企业的具体情况量体裁衣。

（施军等，2020）

第三节　战略地图：平衡计分卡考核法的发展

"如果不能描述就不能衡量，如果不能衡量就无法管理。"企业所设计的战略目标需要可描述和可量化，这样才能使战略被企业内部各层级员工所知晓，从而使战略及其实施成为企业全体人员的共同意志与行动，进而真正做到化战略为行动。战略地图由卡普兰教授在平衡计分卡的基础上提出，是企业战略描述的集成平台。由于平衡计分卡只是建立起了一个战略框架，缺乏对战略系统的全面描述，因此管理者之间或管理者与员工之间无法沟通，无法达成战略共识。为对平衡计分卡在企业战略上有更细致的解释，战略地图应运而生。战略地图能够在平衡计分卡的基础之上对战略展开全面、系统且具体的描述（卞艳艳等，2012）。本节将对战略地图的产生、概念、绘制和建立原则进行系统介绍。

一、战略地图的产生

正如前文所述，平衡计分卡的提出，一方面是由于知识经济的发展和科学技术的创新，使得现有的绩效管理工具无法适应当下的企业管理发展；另一方面是由于传统的以财务指标为中心的绩效评级体系的局限性，使人们忽略了非财务指标在绩效管理中的重要性。因此，平衡计分卡的产生不仅完善和创新了综合绩效评价工具的领域，还弥补了由传统绩效评价体系所带来的指标的单一性和反馈的滞后性的缺陷。平衡计分卡的问世，使人们渐渐意识到对一家企业进行绩效评价，不仅需要从财务指标层面去衡量，还需要具备综合评价的思想，即需要同时考虑财务和非财务层面对企业工作绩效的影响。随着平衡计分卡的应用和在企业中的普及，平衡计分卡成为企业进行绩效评价的常用工具之一。

然而，在实施和发展平衡计分卡的过程中，人们渐渐发现平衡计分卡只建立了一个战略框架，而缺乏对战略进行具体、系统和全面的描述，导致使用平衡计分卡进行绩效管理的效果并不显著。若要使平衡计分卡发挥出其自身优势，必须在四个层面上同时结合企业的运营战略，使这些因素的逻辑关系表达出来（范晓娟，2014）。因此，在2004年，随着平衡计分卡的创始人罗伯特·卡普兰和大卫·诺顿的第三部著作——《战略地图化无形资产为有形成果》的出版，战略地图被正式提出。从此，平衡计分卡不仅具备对企业进行绩效评价的功能，还能作为战略管理工具，使企业的战略得以描述和落实。

基于以往关于平衡计分卡的研究，卡普兰等（2010）进一步拓展了平衡计分卡的框架，提出描述企业战略管理循环的闭环式战略管理体系，认为该体系中的战略规划阶段又可以依次分为制订战略目标、设计衡量指标、设定目标值、制订行动方案和编制预算五个步骤。而战略规划作为一种慎重的、规则性的方法，可以用于指导组织的决策和具体行动。图 10-2 展示了战略规划与战略地图的关系。

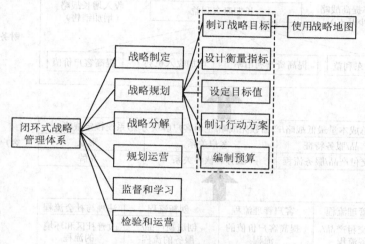

图 10-2　战略规划与战略地图的关系

二、战略地图的概念

战略地图是以企业的战略目标为核心，通过分析平衡计分卡四个维度的相互关系以及四个维度与战略目标的因果关系绘制而成的企业战略因果关系图。战略地图以因果关系图的方式，清晰、生动地描述了企业需要运用人力资本、信息资本和组织资本等无形资产（学习与成长层面），才能构建出能够创新和建立战略优势和效率的运营系统（内部流程层面），从而给市场带来其所需要的价值（客户层面），进而实现更高一层的价值——股东价值（财务层面）。战略地图构建了战略性绩效评价模型，真正意义上确定了战略目标、评价方法、评价指标三者的关系，同时也实现了企业战略性绩效评价，为企业绩效管理提供支持（范晓娟，2014）。

三、战略地图的绘制

（一）战略地图的架构和逻辑关系

罗伯特·卡普兰（Robert S. Kaplan）和大卫·诺顿（David P. Norton）在对实行平衡计分卡的企业进行长期的指导和研究的过程中发现，平衡计分卡只建立了一个战略框架，缺乏对战略进行具体而系统、全面的描述。对此，他们提出了"战略地图"（strategy map）这一概念，并构建了战略地图的通用模板，如图 10-3 所示。

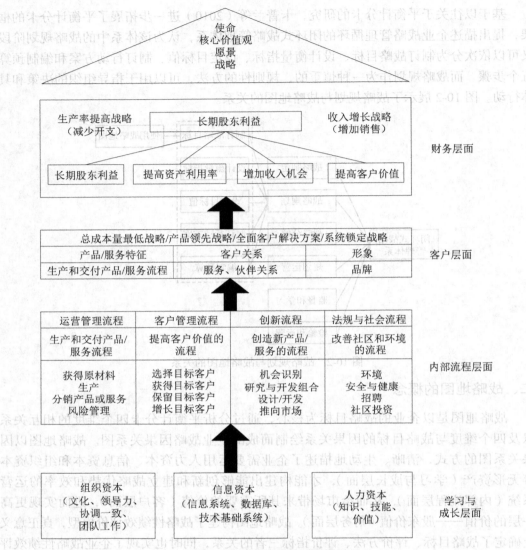

图 10-3　战略地图的通用模板

1. 战略地图的架构

结合上述对战略地图的介绍，我们可以将战略地图理解为平衡计分卡的进阶版。两者之间既有相同点，又有不同点。它们的相同点在于，与平衡计分卡一样，战略地图包含了四个维度的绘制和描述。然而，与平衡计分卡不同的是，战略地图在平衡计分卡的基础上增加了两个层次的内容：① 颗粒层，即不同的层面可以被分解为很多不同的要素；② 动态层，即战略地图的绘制是一个不断变化的过程，企业根据战略规划的发展过程来对其进行绘制。

通俗地讲，战略地图的绘制过程是一个从目标出发寻找能够到达目标的路径的过程（巢来春等，2006）。在绘制战略地图之前，绘制者必须首先明确企业的使命、愿景和核心价值观，从而确定企业的战略目标。其后，企业需要确定财务、客户、内部流程、学习与成长四个层面的战略目标。这四个层面的内容具体如下。

第一，财务维度体现了长短期的战略平衡，是企业衡量其战略目标的实施是否有助于改善其盈利状况的重要指标，其重点在于在关注企业在控制成本的同时如何创造更大的利润。因此，企业对于财务的增长具有两个基本要求，即生产率的提升和收入的增长。前者主要通过执行生产率提高战略来实现，即企业通过降低直接或间接成本从而减低企业的总成本，同时提高企业内部已有资产的利用率，从而实现生产率的提高；后者主要通过执行收入增长战略来实现，即通过开拓新市场、发展新顾客、生产新产品增加其收入，并且不断维系与现有顾客之间的关系，从而确保现有顾客对企业利润的贡献率。值得注意的是，由于执行生产率提高战略比执行收入增长战略需要花费更少的时间，所以企业常常倾向于采用短期战略而非长期战略。然而，由于企业在财务维度上的战略必须体现长期与短期两个维度，因此企业在实施战略目标时必须保证长期与短期的平衡。

第二，客户维度体现了差异化的价值主张，是企业衡量其利润来源的重要指标，其重点关注企业所服务的客户群体是谁，企业为谁创造价值。由于客户是企业利润的来源，是企业的根本，因此企业若想源源不断地获得利润，需要满足不同客户的需求。在客户层面的价值主张主要分为四种：总成本最低战略、产品领先战略、全面客户解决方案和系统锁定战略。企业应对潜在的客户群体和现有的客户群体进行分析，深入了解客户的需求，从而根据他们的价值主张选择最合适的价值主张战略，满足客户的不同需求。企业根据其所选择的价值主张战略，确定其业务单位竞争的目标细分客户，进而根据这些目标细分客户明确相对应的客户层面上的指标，使得企业战略得以一一落实。

第三，内部流程维度体现了价值创造的内部流程，是战略地图的核心内容，重点关注在满足客户不同需求的同时，如何选择企业所擅长的内部流程领域，从而同时满足节约预算的需求。创造价值的内部流程主要有四种：① 运营管理流程，企业通过生产、提供、销售、管理风险等流程，向客户传递产品和服务；② 客户管理流程，企业通过选择、获得、维持目标客户群体和增加客户业务，实现客户管理；③ 创新流程，企业通过识别新产品和服务的机会开发和设计新的产品和服务，并将其推向市场；④ 法规与社会流程，企业通过报告环境、安全和健康、招募实践、社区投资四个维度的内容来阐明法规与社会流程。企业通过确定关键的内部流程，通过对环境、安全和健康、招募实践、社区投资四个维度的报告阐明法规与社会，明确其长期和短期的目标，提高其流程转化效率，以适应不断变化的外部竞争环境。

第四，学习与成长维度体现了协调无形资本所采取的战略，是衡量企业现有资源与战略是否协调一致的重要指标，重点关注为了保持企业的竞争优势并使企业不断地向前发展，企业应该如何使自己成长与改变。在学习与成长层面上，企业的无形资本可以分成人力资本、信息资本和组织资本三类，通过关注企业内部流程所需的资本，满足关键内部流程和客户价值主张的需要，并保证内部流程的高效、顺利实施，从而促进财务指标的实现（巢来春，2006）。

2. 战略地图的逻辑关系

战略地图不仅呈现出各个层面所包含的因素，同时其箭头所指的方向表明了各层面之间的逻辑关系。在战略地图的最顶层，分别是使命、核心价值观、愿景、战略。其中，使命和核心价值观指引着愿景和战略的形成。在财务、客户、内部流程、学习与成长四个层面上，又形成了层面内部、层面与层面之间两个层次的逻辑关系。从层面内部来看，财务层面和客户层面描述的是企业战略的绩效结果，表达的是企业战略的绩效结果；而内部流程、学习与成长层面则描述了企业如何通过改善自身来赢得更好的发展，表达的是企业预期希望达到的绩效结果的战略性驱动因素。从层面与层面之间来看，四个层面的目标从上往下层层引导，从下往上层层支撑，构成了逻辑严密的战略地图（李浩，2017）。

（二）战略地图的绘制步骤

战略地图的绘制共包括六个步骤：① 确定股东的价值差距；② 选择或调整客户的价值主张；③ 确定价值提升的时间表；④ 确定创造价值的关键流程；⑤ 确定和协调无形资产；⑥ 确定行动方案并形成预算。

1. 确定股东的价值差距

该步骤属于财务层面，共包括两个环节：① 确认企业当前的财务状况与确定其所要达到的终极财务目标、指标及相关权重，从而由这两者之间的差异来最终确定价值差距；② 将所确定的价值差距一步一步地分解落实到战略地图中的各个战略主题中，并由此设定所要达到的两大财务战略目标。

2. 选择或调整客户的价值主张

该步骤属于客户层面，共包括两个环节：① 根据第一个步骤所确定的价值差距从缩小、弥补价值差距的角度出发，对潜在的或现有的客户进行分析，从而选择或调整客户的价值主张；② 根据所选的客户主张确定这一层面的目标、指标以及相关权重，使得所设计的客户层面的战略目标与财务层面的战略目标相协调。

3. 确定价值提升的时间表

该步骤就是根据目前所存在的价值差距和所确定的发展规划，确定弥补价值差距所要经历的时间表。通过将弥补价值差距的总目标分解成每一个阶段的目标，真正将目标落实为行动。该步骤共包括两个环节：① 确定价值提升的时间表；② 根据不同战略主题所能带来的价值，将价值差距分配到不同的主题当中。

4. 确定价值创造的关键流程

该步骤属于内部流程层面，企业需要根据自身的内在资源和发展状况明确关键的内部流程，从而清晰了解企业发展中的短期目标和长期目标。此步骤同样包括两个环节：① 找出企业的关键内部流程；② 根据所确定的关键内部流程确定这一层面的目标、指标以及相关权重。

5. 确定和协调无形资产

该步骤中，企业需要分析目前所拥有的无形资产（人力资本、信息资本、组织资本三个方面）的准备度是否具备支撑战略性业务流程的能力。如果企业并不具备这方面的能力，则需要通过各种渠道想办法提升。该步骤共包括三个环节：① 确定企业目前的关键内部流程所需要的无形资产；② 分析目前企业的无形资产准备度是否具备支撑关键内部流程的能力；③ 根据无形资产准备度和相关能力确定该特定资产的投资目标、指标以及相关权重。

6. 确定行动方案并形成预算

该步骤将各个层面的目标和指标落实为具体的行动方案并形成预算。企业应根据所确定的各个层面的目标和指标制订切实可行的行动方案，使战略目标得以落地。这一步骤共包括两个环节：① 根据不同层面的目标和指标形成行动方案；② 计算出执行不同的行动方案所需要的预算。

四、战略地图的建立原则

1. 战略平衡多方矛盾

战略地图是以平衡短期的财务目标和长期的财务目标为出发点的。其中，生产率提升战略代表着企业的短期财务目标，收入增长战略代表着企业的长期财务目标。由于短期财务目标的实现常常需要牺牲长期的财务目标，因此两者的实现常常是相互冲突的。战略地图需要同时考虑多方矛盾，以制定出可以平衡各方矛盾的战略。

2. 差异化的客户价值主张

战略地图的建立要求绘制者能够明确其细分目标客户与客户的价值主张之间的关系。为了给企业创造源源不断的价值，企业必须明确客户的价值主张，从而通过差异化的价值主张留住目标客户群体。

3. 企业价值通过内部流程产生

高效的内部流程能够为企业带来新的价值并保证不断地产生价值。企业必须确定具有重大影响的少数几个关键流程。这些关键流程对企业建立和传递差异化的客户价值主张、提高企业的生产率和保持优势具有重要作用。关键流程主要分为运营管理、客户管理、创新、法规与社会四类。

4. 战略包括并存的、相互补充的主题

四类内部流程会在不同的时间点为企业带来益处，如加强法规与社会的内部流程管理，将有利于企业免受官司的纷扰以及提高其在社会中的声望。由于战略应该是平衡的，因此，每一类内部流程都应该至少包括一个战略主题。这样一来，四个内部流程都具有相对应的战略主题，它们将在不同的时间点持续地为企业创造价值。

5. 资本支撑价值创造的过程

如果战略和无形资本不协调，将无法促进企业提高战略实施的能力，并且无法在人力资本和信息资本上获得回报，因此企业必须致力于建立起战略的三种无形资本的协调一致的关系。当人力资本、信息资本和组织资本的各要素协调一致时，企业将会具备高水平的组织准备度以促进和维持战略执行所要求的变革流程（陈沁磊等，2007）。

例证 10-6

如家——新型酒店的引领者

如家酒店是如家酒店集团旗下三大品牌之一,从 2002 年成立至拥有第 100 家连锁酒店,它仅仅用了 4 年零 2 个月的时间,如今已在全国 300 多个城市拥有 2000 多家门店。

定位是制定战略的起始点。一开始,如家酒店通过定位将目标锁定在中小商务人士和消费水平处于中等或偏下的旅客身上。由于在如家之前,国内的酒店主要分为高档酒店和低档酒店两类。高档酒店虽然拥有良好的卫生、服务,但价格不菲;低档酒店尽管价格低廉,却不够卫生。因此,如家瞄准其中的空档,将自己与高档酒店和低档酒店明显区分开来,体现出差异化的战略思想。

在财务层面,如家的收入增长战略主要通过提高客户价值来实现,如在各省市增加分店;而改善成本战略主要通过去除非必要的服务和服务环节等途径实现,如去除了高级的娱乐场所与餐饮。

在客户层面,如家将这一层面的战略分为 3 类:为客户提供舒适的居住体验(干净卫生的环境)、形成好的品牌形象(统一的风格)以及性价比高(交通便利、价格实惠)的服务。

在内部流程层面,其兼具复制性与不可复制性。复制性即底层标准化,这是为了节省成本;不可复制性即顶层统一化,这是为了实现内部流程的高效化和协调化设计的。

在学习与成长层面,如家将这一层面的战略分为三类:培养、储备有能力的店长与员工,高效的网络化信息系统(如家独有的中央预订系统 CRS 与酒店管理系统软件 PMS),以顾客为导向的文化氛围。

如家通过差异化的战略定位确定四个层面的战略目标,由此在市场上迅速占据市场份额,成为新型酒店中的引领者。

(卞艳艳等,2012)

 本章小结

1. 平衡计分卡起源于 20 世纪 90 年代。基于平衡的战略思想,平衡计分卡从财务、客户、内部流程、学习与成长四个维度将组织的战略落实为可操作的衡量指标和目标值。这四个维度代表着企业中的主要利益相关者、顾客和员工。

2. 平衡计分卡的五大特征:① 财务指标和非财务指标的平衡;② 企业长期目标和短期目标的平衡;③ 结果性指标与动因性指标的平衡;④ 企业组织内部群体与外部群体的平衡;⑤ 领先指标与滞后指标的平衡。

3. 平衡计分卡的优点:① 增加绩效评估的多样性;② 有利于明确企业未来的发展方向;③ 增加员工的团队合作精神。

4. 平衡计分卡的缺点:① 实施门槛较高;② 实施成本较高;③ 指标体系的建立较为困难;④ 部分指标难以量化;⑤ 各指标权重分配难以平衡。

5. 平衡计分卡的实施前提是：① 对战略目标进行合理分解；② 健全的企业管理体制；③ 与外部环境相适应；④ 与企业内部制度相协调；⑤ 完善的数据处理系统；⑥ 良好的员工素质。

6. 平衡计分卡的实施共分为七个步骤：① 确定企业的战略目标和发展规划；② 就愿景和战略任务达成共识；③ 确定可量化的绩效考核指标；④ 企业内部的宣讲与培训；⑤ 确定绩效目标值；⑥ 绩效考核的实施；⑦ 结果反馈与绩效考核指标的调整。

7. 平衡计分卡的应用主要分为企业的战略管理和绩效管理两个方面。其中，当平衡计分卡作为一种绩效考核工具时，普遍应用于事业单位和普通企业。

8. 战略地图是在平衡计分卡的基础上提出的更为完善的管理工具和管理理念，它完善了平衡计分卡缺乏对战略进行具体、系统和全面的描述的不足，使得平衡计分卡不仅具备对企业进行绩效评价的功能，还能作为战略管理工具使企业的战略得以被描述和落实。

9. 战略地图以企业的战略目标为核心，通过分析平衡计分卡四个维度的相互关系以及四个维度与战略目标的因果关系绘制而成的企业战略因果关系图。

10. 战略地图的绘制共包括六个步骤：① 确定股东的价值差距；② 选择或调整客户的价值主张；③ 确定价值提升的时间表；④ 确定价值创造的关键流程；⑤ 确定和协调无形资产；⑥ 确定行动方案并形成预算。

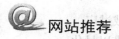

网站推荐

1. 美世咨询：https://www.mercer.com.cn/
2. 中国人力资源管理网：https://www.rlzygl.com/management/

影视推荐

《钢铁大王米塔尔——大并购时代的世界战略》

该片讲述了钢铁大王米塔尔的企业经营故事。在钢铁业经历着世界性的重组浪潮时，57 岁的印度人拉克修米·米塔尔大力并购钢铁企业从而扩大规模，通过将事业扩大到全球来提高收益。这种打破以往常识的战略设想及行动重塑了全球化时代的商业新法则。

推荐理由：该纪录片以钢铁大王米塔尔的钢铁并购战略为主线，融合了在企业的战略管理中如何平衡长期目标与短期目标、结果性指标与动因性指标、内部指标与外部指标等的管理学知识，值得借鉴。

读书推荐

《平衡计分卡：化战略为行动》

该书讲解了如何把战略分解为行动方案。书中运用了许多实战案例和图表，除阐述平衡计分卡的基本原理之外，还介绍了平衡计分卡在政府机构和非营利性组织的应用等内容。

推荐理由：作者通过大量的实证案例阐述了平衡计分卡的应用原则及具体操作方法，不仅有助于管理学初学者深入浅出地了解该工具的使用，更可帮助资深管理人熟练掌握该方法。

出版信息：卡普兰，诺顿．平衡计分卡：化战略为行动[M]．广州：广东经济出版社，2013．

思考练习题

一、选择题

1. 以下不属于平衡计分卡的实施前提是（　　　）。
   A．对战略目标进行合理分解　　　　　　B．拥有健全的企业管理体制
   C．与外部环境相适应　　　　　　　　　D．内容统一的核心价值观

2. 以下不属于平衡计分卡的优点的是（　　　）。
   A．突出财务指标的重要性　　　　　　　B．增加绩效评估的多样性
   C．有利于明确企业未来的发展方向　　　D．增加员工的团队合作精神

3. 以下属于平衡计分卡的缺点的是（　　　）。
   A．实施门槛较高　　　　　　　　　　　B．可应用领域过广
   C．指标体系的建立较为困难　　　　　　D．部分指标难以量化

二、简答题

1. 平衡计分卡考核法产生的原因是什么？
2. 请简述平衡计分卡考核法的优缺点。
3. 请阐述战略地图与平衡计分卡之间的关系。

角色扮演

财务维度上平衡计分卡的应用

每三人组建一个团队，讨论各部门之间基于不同的角色，如何实现财务维度上的平衡。

角色一：张明

张明是某公司人力资源部主管，主要负责公司的绩效考核。张明目前的主要任务是需要和研发部主管王洋及财务部主管李青沟通，为财务部和研发部设定新的绩效目标值，并获得两部门对目标值的认同。

角色二：王洋

王洋是某公司的研发部主管，目前负责研发部门的管理和培训工作。由于研发部门

的经费紧张，无法购入新设备，导致王洋在技术上的难题一直没有解决，因此对于新一轮的绩效考核目标，王洋希望能够和公司争取维持先前的经费水平。

角色三：李青

李青是某公司的财务部主管，负责公司的全面财务会计工作。他需要依据公司的财务状况和战略发展规划拟定本年度的财务预算。由于本年度的公司财务状况并不乐观，拟削减研发部门的经费。

案例分析

华润集团的"平衡计分卡+战略地图"管理体系

华润（集团）有限公司（以下简称"华润集团"）是一个拥有 7 大战略业务单元、超过 20 家一级利润中心的多元化大型企业集团，是我国最早开展对外贸易的窗口企业，是国有重点骨干企业，在《财富》500 强排名中位列第 86 名。

6S 管理体系是华润集团的核心管理体系，是由六套系统性管理办法形成的管理模式。为了应对多元化带来的挑战，华润集团 1998 年引入 6S 管理体系：战略规划体系、全面预算体系/商业计划体系、管理报告体系、战略评价体系、战略审计体系、经理人评价体系。

自 2003 年起，业务环境不确定性增加，企业的管控复杂程度也随之上升。华润集团决定将战略纳入 6S 管理体系的考察范围，以应对多元化带来的管理风险。2003 年开始华润集团逐步推广平衡计分卡，并分为图（战略地图）、卡（计分卡）、表（管理报表）三种应用形式，以补充原有的 6S 管理体系。平衡计分卡在 6S 管理体系中的应用如表 10-2 所示。

表 10-2　华润集团：平衡计分卡在 6S 管理体系中的应用

6S 管理体系	平衡计分卡应用
战略规划体系	能够独立制定、执行并衡量战略的 SBU（战略业务单元）或利润中心，都可以根据自身的竞争战略编制并实施独立的战略地图和计分卡
全面预算体系/商业计划体系	在利润中心实施全面预算管理，通过年度预算将战略地图和计分卡中所要实现的中长期财务和非财务目标值分解为年度、季度和月度指标，分配给利润中心各个部门的管理者和员工
管理报告体系	管理报告对战略地图和计分卡进行追踪回顾，使集团总部和利润中心及时监测战略目标与行动计划的执行情况
战略评价体系	利润中心的绩效评价指标来源于战略地图，并使用计分卡，根据财务、客户、内部流程、学习与成长四个维度 KPI 指标的完成情况来评价利润中心的战略绩效
战略审计体系	集团和各利润中心可以通过审计来保证战略地图、计分卡和管理报表数据的真实性，检查预算使用情况
经理人评价体系	基于平衡计分卡体系设定经理人的绩效评价标准、经济增长值（EVA）和资源的有效利用是绩效评价的核心，评价结果与其薪酬激励相关联

对于平衡计分卡与战略体系的结合，华润集团人力资源部的一位管理者曾这样评价战略地图和平衡计分卡的影响："系统施行平衡计分卡之前，领导者对绩效考核指标间的因果逻辑关系比较模糊。一般做了平衡计分卡的企业，其年度考核目标与长期战略是有 因果联系的。华润集团绩效目标营业收入要增长 60%，会逐年分解到每个年度，分定量、定性两类目标。定量目标因果关系更直接。"

因此，我们不难看出，战略地图提供的绩效指标因果联系能够提高管理者心智模型的准确性，从而提高决策绩效。于是，在正式的战略规划流程下使用战略地图，能够使管理者更准确地确定企业主预算和各职能预算，以反映企业的战略目标，间接提升企业绩效。

（安娜等，2020）

讨论题：

1. 华润集团是如何引入战略地图梳理绩效指标因果联系的？战略规划与战略地图之间存在什么关系？它们是如何影响企业的绩效管理活动的？

2. 华润集团在企业中推行的平衡计分卡绩效管理评价体系有何特点？对你有什么启示？

参考文献

[1] 王伟超. 平衡计分卡在企业绩效管理中的应用：以万科集团为例[J]. 中外企业家，2019（24）：68.

[2] 曹菲. 企业绩效评价系统的国内外发展历程及未来趋势[J]. 中国水运，2008（1）：206-207.

[3] 辛颖. 平衡计分卡方法建立综述[J]. 黑龙江科技信息，2012（23）：77.

[4] 刘菲然，高爽. 平衡计分卡理论综述与展望[J]. 商场现代化，2015（24）：214-215.

[5] 胡玉明. 21 世纪管理会计主题的转变：从企业价值增值到企业核心能力培植[J]. 外国经济与管理，2001（1）：42-48.

[6] 邵美莹，杨景海. 浅谈平衡计分卡在企业业绩评估中的应用：以可口可乐为例[J]. 企业技术开发，2015，34（33）：26-28.

[7] 薛驰. 基于平衡计分卡的沈阳 HS 气体有限公司绩效管理研究[D]. 沈阳：沈阳工业大学，2017.

[8] 彭军. 巴克莱银行如何应用平衡计分卡[J]. 中国银行业，2018（3）：54-56.

[9] 赵昕. 考虑非财务因素的互联网企业价值评估研究[D]. 北京：北京交通大学，2015.

[10] 濮延娅. 国有企业领导人员经济责任审计评价研究[D]. 北京：财政部财政科学研究所，2015.

[11] 于莉萍. 大连大学教师绩效管理体系的研究[D]. 大连：大连理工大学，2008.

[12] 靖潇. 平衡计分卡理论发展与研究综述[J]. 中国市场，2020（1）：138-139.

[13] 岳才谦. 平衡计分卡在我国上市企业经营绩效评价中的应用研究[D]. 天津：天

津大学，2014.

[14] 夏爱军. ×物业管理公司绩效管理体系优化设计研究[D]. 广州：广东工业大学，2017.

[15] 张逸人. 浅析平衡计分卡在企业绩效评价中的应用[J]. 现代营销（下旬刊），2019（12）：200-201.

[16] 孙凤德. 平衡计分卡在事业单位绩效管理的应用[J]. 山东纺织经济，2015（9）：24-25.

[17] 赵天涯. 平衡计分卡在事业单位绩效评价中的应用[J]. 当代经济，2016（9）：72-73.

[18] 郭绘芳. 平衡计分卡在检验科绩效管理中的应用分析[J]. 山西卫生健康职业学院学报，2020，30（1）：134-135.

[19] 潘磊. 平衡计分卡在国有企业绩效管理中的应用[J]. 社会科学家，2013（7）：95-97.

[20] 李博. 浅谈企业的概念[J]. 法制与社会，2010（9）：286-287.

[21] 张志萍，高媛. 论平衡计分卡在我国企业绩效管理中的应用[J]. 中国商论，2019（17）：124-125.

[22] 卞艳艳，张蕾，张洁瑛. 平衡计分卡与战略地图应用研究：基于如家快捷酒店案例分析[J]. 中国商贸，2012（7）：123-124.

[23] 范晓娟. 高等教育财政支出绩效评价体系研究[D]. 福州：福州大学，2014.

[24] 巢来春，高福斌，袁江英. 企业战略地图框架设计[J]. 商业时代，2006（9）：24.

[25] 陈沁磊，刘梅. 战略地图对现代企业管理的启示[J]. 市场周刊（理论研究），2007（9）：33-36.

[26] 施军，梁兵. 中航精机平衡计分卡的应用[J]. 财务与会计，2020（3）：35-37.

[27] 卡普兰，诺顿. 平衡计分卡：化战略为行动[M]. 刘俊勇，孙薇，译. 广州：广东经济出版社，2004.

[28] 安娜，李鹤尊，刘俊勇. 战略规划、战略地图与管理控制系统实施：基于华润集团的案例研究[J]. 南开管理评论，2020（3）：87-97.

[29] KAPLAN R S, NORTON D P. The balanced scorecard-measures that drive performance[J]. Harvard business review, 1992, 70(1): 71-79.

[30] CHARAN R, COLVIN G. Why ceos fail[M]. New York: Time Incorporated, 1999.

[31] KAPLAN R S, NORTON D P. The execution premium: linking strategy to operations for competitive advantage[J]. Accounting review, 2010, 85(4): 99-101.

第十一章
OKR：目标与关键成果法

最严重的错误，并非错误的答案造成的。真正危险的，是问了错的问题。

——"管理思想之父"彼得·德鲁克

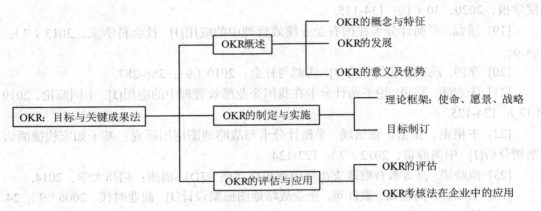

津大学, 2014.

[14] 叟要杰. ×科技集团公司战略绩效管理体系优化[D]. 广州: 广东工业大学,
2020.

[15] 尚秀芬. 基于平衡记分卡在商业银行绩效考核中的应用研究. 现代营销(下旬刊), 2019
(12): 99-100.

[16] 雷晓宇. 平衡记分卡在某企业绩效管理中的应用研究. 市场调查信息, 2019 (9):
24-25.

[17] 成大工. 平衡记分卡在某企业绩效管理中的应用[D]. 济南: 济南大学, 2016 (9):
72-73.

[18] ·····效效机制探索与实践, 以效效管理中的效用机[D]. 山西: 山西大学.

上海交通, 2020, 30 (5): 184-185.

[19] 蒲云意. 基于平衡记分卡企业绩效管理[D]. 科技科学论, 2013 (7):
95-97.

[20] 李楠. ·····管理科会, 2010 (5): 280-287.

[17] 卡明利. ·····于平衡记分卡在某集团企业绩效管理中的应用[D]. 中国市场, 2019
(12): 123-125.

[22] 卡朝阳. 潘超华. 平衡记分卡理论管理应用研究. 基于财税链接面向
会计(会计行), 中国高校行, 2012 (7): 123-124.

[25] 陆晓彤. ·····于平衡记分卡在绩效管理中的应用[D]. 北京: 北京大学, 2014,

[25] 陈海霞. 刘倩. 战略地图对应化企业绩效应化[J]. 市场周刊理论研究, 2007
(9): 33-36.

[26] 施华. 中威福恩基于平衡记分卡[D]. 北京: 北京工业, 2020.

[27] 卡朝阳. 李维. 平衡记分卡在北京医院管理应用[D]. 北京:
北京经济出版社, 2004.

[28] 刘峰. 李楠花. 付雪超. 柳亚铜新·····的应用. 基于目标应用研究中国
安全研究院问题[D]. 科学管理研究, 2020 (3): 87-97.

[29] KAPLAN R S, NORTON D P. The balanced scorecard-measures that drive
performance[J]. Harvard business review, 1992, 70(1): 71-79.

[30] CHARAN R, COLVIN G. Why ceos fail[M]. New York: Time Incorporated, 1999.

[31] KAPLAN R S, NORTON·····The strategy-focused·····linking strategy to operations for
sustainable advantage[J]. ·····gement review, 2010, 89: 10.

学习目标

> 了解 OKR 的概念与特征
> 了解 OKR 的功能和作用
> 掌握 OKR 与 KPI 考核法的区别
> 了解 OKR 的基本流程
> 掌握 OKR 的应用

引例

英特尔公司的 OKR 应用

英特尔公司原 CEO 安迪·格鲁夫对组织运作提出了三个核心观点，这些观点也是他推动使用 OKR 进行企业管理的前提。

第一，产出导向管理。员工无论身处哪个部门，都要有各自不同的产出。CEO 就是在企业中将"产出"这个概念谨记在心，使整个公司管理走上轨道的人！这一条也是德鲁克"目标管理"最直接的体现。而要能够将 CEO 的目标直接转化为员工的目标，最好的选择就是让员工有机会成为公司的股东，实现真正的"有福同享、有难同当"。有了激励层面的保障，然后就是将 CEO 的目标分解为一个个关键成果，并将这些所需要的关键成果进一步分解到下级身上，形成层层支撑，从而最终实现团队的"产出导向管理"，而非我们目前一直在做的"任务导向管理"。

第二，团队意识。大部分的人类活动都要靠团队才能成功，一个经理人的产出便是他所管理和影响所及的下属工作的成效总和，这也称为"管理杠杆率"。这是 OKR 能够成功运用的一个基本前提——团队至上！

第三，团队中的每个个体都各尽所能，团队才会有最高产能。要训练员工在面对未来变化时能胸有成竹，同时也要减少管理层级以加强应变能力，即减少公司管理层。这也就是为什么要扁平化组织、精英小团队、项目化运作。

要把 OKR 的工具真正运用到一个传统企业中，还需要传统企业经历类似于企业转型与变革的过程。这个转型变革项目应该包括以下五个核心内容：扁平化的组织、利益与风险共享的激励机制、敏捷的精英团队、项目化运作的能力、结果导向的企业文化。

（童继龙，2015）

从以上引例可以看出，英特尔公司作为一家"传统企业"都能很好地使用目标与关键成果法（OKR）进行管理，那么我们有理由相信国内众多的传统企业也一样能从运用中获益。因此，本章将讲述 OKR 的相关理论和国内外应用实践。

第一节　OKR 概述

OKR（objectives and key results）由目标（O）与关键成果（KR）构成。Niven 与 Lamorte 将 OKR 定义为批判性思维框架及持续性练习，可促进员工集中精力、相互协作并最终共同推动企业不断前进（Niven 等，2016）。

一、OKR 的概念与特征

（一）OKR 的概念

OKR 是一套严密的思考框架和持续的纪律要求，旨在确保员工紧密协作，把精力聚焦在能促进组织成长、可衡量的贡献上。

O（objectives）——目标，是一种定性描述，它主要回答"我们想做什么"的问题。一个好的目标应当是有时限要求的，如某个季度可完成的、能激发团队达成共鸣的目标（Anonymous，2011）。

KR（key results）——关键成果，是一种定量描述，用于衡量指定目标的达成情况。它要回答"我们取得了怎样的成果"和"我们如何获知自己是否达成了目标"的问题。

OKR 是一套帮助企业员工制订目标，并追踪目标完成情况的管理工具和方法（胡峰等，2020）。

（二）OKR 的特征

通过 OKR 系统这个全新的目标管理体系，企业中上至 CEO 的目标，下至企业基层员工的目标，都可以联系成网状，OKR 系统可以帮助每个项目组在一个项目目标实施周期结束时，对其项目目标的完成及执行情况进行细致评估。它具有以下六个方面的特征。

1. 周密的思考框架

利用 OKR 可以透过现象看本质，挖掘未来的突破口，使企业具备纵观全局的能力，不断总结并开拓新思路，而不只是割裂地看待每一季度的结果，通过深入思考数字背后的意义，发展新格局。当 OKR 被严谨和规范地执行时，这一思考框架的作用会更突出。

2. 持续的纪律要求

固定检验周期并不断刷新 OKR，提高行动敏捷性。避免把目标设立后就束之高阁，要想从 OKR 方法中受益必须遵循以下四点：① 以季度或其他特定周期为单位刷新 OKR；② 详细跟进结果达成情况；③ 根据需要调整先行战略和商业模式；④ 以结果为导向。

3. 确保员工紧密协作

OKR 利用其本身透明性、公开性的特点，降低工作重复率，有效促进团队协作最大化。

4. 精力聚焦

识别任务优先性，促使有限精力合理有效分配。OKR 不是待完成的任务清单，其主要目的是用于识别最关键的业务目标，并通过量化的关键成果去衡量目标达成情况，以着力解决核心任务，提高关键绩效。

5. 做出可衡量的贡献

关键绩效（KR）最初的自然属性为定量，因此管理者要尽量避免主观描述 KR，用可衡量的指标来表示关键成果。但由于工作环境和业务要求的复杂性，我们所获得的关键成果未必都可以进行量化，结果可衡量并不意味着绝对定量。因此不必过于追求不切实际的量化结果，在尽可能量化的基础上综合一些定性结果，真实清晰地呈现主体绩效水平才是使用 OKR 的真实目的。

6. 促进组织成长

评估 OKR 应用实际效果，不断更新、调整发展战略和 OKR，促进企业可持续发展。

OKR 的引进实施是对之前业务运营、绩效管理方式的变革，在这个过程中存在很多阻力，因此引进实施 OKR 的一个重要前提是取得来自核心高管层的坚定支持，并且先在一个较小范围内试行，取得初步成功后再进一步推广到整个组织。

许多企业在应用过程中都希望能把 OKR 作为一种纯粹的战略性效率工具，保留其鼓舞人心、勇于挑战的特质，避免因与薪酬挂钩所带来的行为扭曲。这种保持过程敏捷与结果导向之间恰当平衡的观点，是非常值得我们借鉴的。

例证 11-1

字节跳动的 OKR 应用

字节跳动作为最早将人工智能应用于移动互联网场景的科技企业之一，公司以建设"全球创作与交流平台"为愿景，在创办伊始就采用了最大限度解放员工创造力的 OKR 管理工具。此管理非彼管理。字节跳动内部一名参与企业文化建设的负责人认为，与其说 OKR 是管理手段，不如说 OKR 是达成目标前的工作方式。这些工作方式旨在减少沟通成本、强化协同能力、调动个人积极性，以向集体目标快速突进。

字节跳动成立至今通过不断拓展新业务来扩大市场规模，其不是停留在单一业务上的公司，自然也没有什么固有经验可以照搬而后执行，一切运作模式都要进行自我摸索，这构成了字节跳动使用 OKR 的第一个前提。

字节跳动使用 OKR 的第二个前提是业务属性。因为字节跳动的所有业务几乎都直接面向 C 端用户，即便是 2B 向的飞书，其功能设计也充分考虑了 C 端使用体验。2B 生意往往标准化程度高，2C 生意则面临各式各样的不确定性，一款产品上市之前，需反复内测打磨，收集用户意见，上市后还要不断迭代版本。可以说，一款 2C 类产品的运营周期内的所有业务决策，都不可能完全由管理者制定，更合理的办法是把一部分决策权交给能听到"炮火声"的一线员工手里。

这些前提共同构成了字节跳动天然适用 OKR 的关键。字节跳动在过去几年中开辟了如此之多的 C 端产品航道，其对精通所有这些产品的本领要求已经远远超出了张一鸣和字节跳动管理团队的能力范围，因此其在业务决策上要更为仰仗中基层员工。

（资料来源：刘宇豪. 别跟字节跳动讲管理 [EB/OL].（2020-03-13）. https://www.huxiu.com/article/344321.html.）

二、OKR 的发展

OKR 是融合了一系列框架、方法和哲学后的产物。它的发展经历了从萌芽阶段到初步建立，再到正式发展三个阶段。

（一）萌芽阶段

德鲁克被很多人尊称为现代管理学之父，他为现代商业组织建立起了管理哲学标准和理论基础。在 1954 年出版的《管理的实践》（*The Practice of Management*）中，他写道："随着技术的不断变革，这种危险将会加剧，企业中受过良好教育的专业人员将急剧增加。新技术需要这些专业人员更紧密地合作。"他的担心是现代管理者在评估绩效时，并不是评判个人对公司的贡献，而是依据其个人专业水准的高下做判定。

为了应对这种挑战，德鲁克提出了一个名为"目标管理"的框架，简称 MBO（management by objectives）。德鲁克原本希望企业通过 MBO 能够很好地促进组织内部跨部门协作并激发个人创造力，确保员工与公司整体目标相一致。但在实践中却少有企业能够获得收益。因此，MBO 饱受争议，但也有部分商业敏锐度极高的人从该理论背后看到巨大潜能，从而促使其进一步升级。

（二）初步建立

在 1987—1998 年担任英特尔公司 CEO 的安迪·格鲁夫敏锐地洞察到 MBO 背后的发展前景，他带领公司从一家存储器芯片制造商成功转型为全球微处理器领域的霸主。格鲁夫是一名非常精明的商业人士，他对模型做了一些修改，把它转变成了今天我们绝大多数人所看到的这个框架：① 我想去哪儿（objectives）？② 我如何调整节奏以确保我正往那儿去？

第二个问题看似简单，却掀起了一场变革，让 OKR 成功登上历史舞台，即后来广为人知的"关键成果"（key results），它被附加到"目标"（objectives）中成为整个 OKR 框架必不可少的一部分。

格鲁夫不仅限制了目标的个数，还对德鲁克模型做了一系列重要调整：① 以更频繁的节奏去设定 OKR，推荐每月或每季度执行一次 OKR；② 员工提出的 OKR 仅作为员工绩效的输入，不应限制员工发挥空间和单一评判员工绩效；③ 兼顾自上而下和自下而上两种沟通方式，打破官僚层级思维，认为员工主动参与的天性可以培育出良好的自我管理能力，并提升动机水平。

（三）正式发展

约翰·杜尔（John Doerr）把 OKR 引入了谷歌。杜尔是当今极具价值的硅谷风险投资公司凯鹏华盈（Kleiner Perkins Caulfield and Byer）的合作伙伴。拉里·佩奇（Larry Page）和谢尔盖·布林（Sergey Brin）就是他早期的两位推荐对象，这两人就是后来广为人知的谷歌公司的创始人。

在谷歌，OKR 是大家所使用的真实语言的一部分，全公司都非常认同 OKR，并把它作为一个授权工具，认为 OKR 体现的是一种责任，这是 OKR 带来的附加效应。在组织里，这是帮助组织构建内部契约的一种良好方式。

至今，OKR 已被全球数以千计的企业所采用，只有从实践中不断检验和发展理论，才能促进 OKR 进一步的推广和应用。

例证 11-2

谷歌公司的 OKR 应用

如今的美国生活在谷歌时代，在美国谷歌的影响无处不在。例如，如果在 2016 年 3 月的亚马逊搜索栏（仅搜索书籍）中输入"Google"，将会得到 17 882 条记录。鉴于谷歌在大众文化中的超强影响力，很多人认为谷歌从开始使用 OKR 起就广为人知了。但事实上在约翰·杜尔（John Doerr）把 OKR 引入当时只有 30 人左右的谷歌时，世人并不知晓这套管理系统，现如今 OKR 已成为谷歌文化的一部分，是其"DNA"之一。

谷歌公司制定 OKR 的基本方法是：首先，要设定一个"目标"（objectives），这个目标务必是确切的、可衡量的。例如，不能笼统地说"我想让我的网站更好"，而是要提出诸如"让网站速度加快 30%"或者"融入度提升 15%"之类的具体目标。其次，设定若干可以量化的"关键成果"（key results），用来帮助自己实现目标。

谷歌公司员工通常每季度会制定 4~6 个 OKR，目标太多也会令人焦头烂额。到了季度末，员工需要给自己的关键成果打分——这个打分过程只需花费几分钟时间，分数的范围在 0~1 分，而最理想的得分在 0.6~0.7 分。如果达到 1 分，说明目标定得太低；如果低于 0.4 分，则说明工作方法可能存在问题。

在谷歌公司，上至 CEO 拉里·佩奇（Larry Page），下至每一位基层员工，所有人的 OKR 都是对内公开的，所有人都能在员工名录上查到任何一位同事的当前 OKR 和以往的 OKR 评分。OKR 的公开化有助于 Google 员工了解同事的工作。例如，克劳负责 YouTube 网站主页时，有些同事可能想在 YouTube 上放一段产品推广视频，这时他们可以查看克劳的 OKR，了解一下他当季度的工作，从而判断该如何与 YouTube 团队协商这件事。

在谷歌，OKR 就是大家所使用的真实语言的一部分，并被视为一个授权工具。人们认为 OKR 体现的是一种责任。在组织里，这是帮助构建社会契约的一种很好的方式，意味着大家都愿意积极、踊跃地去做一些与众不同的事情。

（杜尔，2016）

三、OKR 的意义与优势

不同于"经济人"假设认为人都是懒惰的，需要被强迫执行工作命令，OKR 理论更赞同"成就人"假设之下认为只要激发员工的内在潜力，增强其内驱力和行动力，就能促使个人调整自我实现愿望指导下的个人目标向与企业整体目标相一致的方向前进。在如今经济发展迅猛的时代背景下，不断更新目标与关键成果，提升快速执行力，从而提升企业经营效益，是在激烈竞争下企业生存的基本法则。

处在这个时刻变化的时代，传统上我们所理解的公司经营模式正面临巨大挑战，具体包括如下四个方面。

1. 战略执行

企业花费巨大精力在战略制定上。经调查表明，战略实施质量如果能提升 35%，股东收益将提升 30%。但具体战略实施总是事与愿违，容易走入以下五大误区：① 战略执行=战略一致性；② 执行=严格遵从计划；③ 反复宣讲=理解领悟；④ 战略执行只能自上至下；⑤ 以绩效文化驱动战略执行。

2. 新形势下的组织重组

随着全球劳动人口和科技发展的变化，很多企业正经历从传统的、层级式的、功能型的组织转变为更灵活和联系更紧密的团队。

3. 颠覆式创新的威胁

颠覆式创新是指掌握较少资源的一方通过聚焦被行业巨头所忽略的细分市场，以更低的价格满足自身相应需求的过程。

4. 员工敬业度

凯文·克鲁斯将"敬业度"定义为员工对组织目标的一种情感承诺。这种情感承诺会进一步促使员工个人目标与企业目标主动对齐，心中有通过实现企业发展带动个人价值感提升的信念，由此高度规范个体行为和对企业的忠诚度（Kruse，2018）。

（一）OKR 的意义

OKR 系统的本质是将目标量化，但不直接把目标与绩效挂钩。通过完成上下级之间的信息传递和上下级之间的沟通，将具体的 OKR 进行逻辑层面分解，进而完成信息的传递和转移。在进行有关 OKR 结果交流时，沟通的双方并非对立关系，而是站在同一角度考虑问题，使被考核者更容易认可最终结果。将 OKR 理论与企业实际情况相结合，具体问题具体分析的妥善应用具有如下四个方面的意义。

（1）以结果为导向的工作理念逐渐被国内众多企业所推广。这就要求员工进一步调整个人工作战略以适应精简、直接的团队工作取向，形成一种就事论事的简单工作风格，尤其适用于从传统企业转型创新的初始阶段。一个组织在高速发展期需要的是 KPI、平衡计分卡等这种激励型工具，但到了转型期无疑需要更强的内驱动转型。

（2）打破官僚层级束缚，实现更为灵活的工作形式。OKR 倡导自下而上的目标制订方式，员工充分卷入组织目标及个人目标的制订，具有更大的自主权。在团队合作与充分自我表达的过程中增强个人工作责任感，进而提升企业整体绩效水平。

（3）创造更公正的绩效评价，开诚布公地制定 OKR 并实施，可有效提升员工对企业的认同度，以此营造积极正向的团队组织气氛。

（4）促使企业领导力的改变。自下而上的管理方式可促使员工思考，在提升员工主动性的同时增强企业管理的敏捷性，即增强 OKR 应用与组织业务的节奏适配度。

应对新形势下的企业发展挑战，适应创新型企业内在自身发展的要求和扁平化组织形式的人员管理等企业现状，OKR 理论的推广和应用具有深刻的意义。

（二）OKR 的优势

OKR 是关于目标管理的一种最佳实践，是企业实践的管理理念与经验的总结。它是一套开源系统，组织可以在遵循其基本思想和原则的基础上进行自定义，以顺应企业自身的发展并推动企业绩效管理水平的提升。OKR 成功运用的优势可表现在如下六个方面。

1. 易于理解，增强接受度与使用意愿

在此所针对的对象为企业员工，OKR 简洁明了的特点使员工在接受初步培训后就能立即掌握，且应用领域和企业包容度更大。不同于传统绩效管理方法，OKR 自身的特点更可能调动员工的内在积极性，具有较大的实用价值。

2. 展开迅速，提升敏捷性及快速应变能力

大多数企业以季度为周期展开，因此这种频繁确定工作重点的做法至关重要。企业必须快速洞察、捕捉和分析新信息，并将其转换为有用的知识以用于创新和调整战略。频繁的目标制订会在企业内建立起一种纪律约束，提升个体的目标执行力。

3. 聚焦重点，把精力投到最重要的任务中

从资源有限性角度来看，只有进行任务优先排列，集中精力于最重要的事件之上，避免受其他事件干扰时，才能最大限度地发挥个体潜能，充分利用有限资源，促进组织

绩效和个人绩效提升。

4. 公开透明，促进部门之间的横向一致性

有效的 OKR 项目应有如下三个层次：① 企业层次；② 团队或业务单元层次；③ 个人层次。每个层次不应仅限于相应领域内，而应开展多层次互动沟通，提升团队协作效率。某线上教育平台 OKR 设置如表 11-1 所示。

表 11-1　某线上教育平台 OKR 设置

	企业层次 OKR	团队层次 OKR	个人层次 OKR
O	一季度财务总值	"客户团队"：增加新学员数量，并给予老学员优惠	"新销售代表"：建立个人客户基础，丰富客户渠道
KR	① 达成 8000 万元营业收入 ② 达成 3000 万元净利润	① 创造 10 个营销活动超过 3 万元的学区基线度量，以反映投资回报率 ② 每个潜在客户一季度维系成本下降至 20 万元以下	① 每周扩充 6 个潜在客户 ② 定期联络老客户 ③ 每周同 15 个老客户进行电话跟进
O	在全球范围内提升线上教师团体影响力	"用户团队"：增加教师用户基数	"市场分析员"：统计和分析客户来源渠道，加大流量
KR	① 一季度结束时提升线上教师活跃度 15% ② 一季度最后一个月教师净推荐值提升至 50 人	① 一季度新增 20 万活跃教师 ② 一季度保留率从 80% 提升至 90% ③ 一季度结束时新注册教师达 200 人	① 向微博、知乎等门户交流网站投入广告，并监控流量 ② 从 5 个新的登录页导入公司网站的用户转化率高于 10%
O	有效运营业务	"用户支持团队"：① 提升教师满意度；② 提升平台稳定性及增强便捷功能	"产品设计师"：提升核心产品用户界面便利性
KR	① 一季度将每位员工为公司创造的收益提升至 30 万元 ② 内部员工推荐应聘入职率提升至 60%	① 基于 2000 份以上有效问卷形成教师满意度评估基线数据 ② 建立系统更新及免费升级服务测试	① 整理基线数据，根据用户反馈信息改善系统应用 ② 用户对产品易用性评分从上季度 8.0 分提升至 8.5 分

（Niven 等，2017）

5. 促进沟通并提升敬业度

OKR 并非自上而下的运动，而是上下融会贯通，使员工有机会从事真正有意义的工作，增强其敬业度，从而利于提升员工个人绩效。具体作用表现在如下三个方面：① OKR 可使低绩效员工成功脱去低绩效标签；② 通过 OKR 的制定与实施，能够拓展高绩效员工对企业贡献的视野，开拓为企业持续贡献的思路；③ 促进员工创造力的释放，激发个体的创造热情，加强企业的沟通效率，从而降低管理成本。

6. 促进前瞻性思考

卡罗尔·德韦克在思维模式层面将人分为两个阵营：① 认为成功是由于天生能力造就的人，具有固定型思维模式，害怕失败，不会变通；② 认为成功是由于努力工作、坚

强意志所造就的人,具有成长型思维模式,更能忍受失败,发挥前瞻性思考(Dweck,2016)。OKR 是一种由企业使命、愿景、战略指引的组织目标管理方法,通过愿景式的领导增强目标制订的长远性,及时评估未来可能遇到的风险并做出灵活调整,以适应企业的长足发展。这一切都以 OKR 可有效促进前瞻性思维发展为依据。

第二节　OKR 的制定与实施

OKR 被拆分为目标与关键成果,二者都必须与组织的使命、愿景、战略相一致,目标的来源可能来自于组织战略分解,聚焦于为组织带来价值的重要事务上。制定理想的 OKR 需要企业文化的支持,同时对企业文化具有显著影响。

一、理论框架:使命、愿景、战略

企业的使命和愿景很早便引起了学者们的注意。有些学者认为企业的使命和愿景是公司战略的基础,企业愿景是企业未来发展的展望,是企业发展战略的一个重要的起点(高照军,2014)。

其中,Pearce 认为企业使命指出企业整体和持续的发展方向,使得公司治理更具有针对性,并获得员工的支持(王堰琦,2014)。Swanson 和 Ramiller 则声称愿景在企业传递信息、企业经营等经济活动中起着重要的作用。

(一)使命

使命是指公司长期的目标,一般不轻易改变,如迪士尼公司的使命是“使人们过得快活”。使命定义了组织的存在价值和意义,解释了组织为什么而存在,如谷歌公司的使命是“整合全球信息,使人人皆可访问并从中获益”商业组织的目标是追求盈利,但组织要想长期生存,就必须有使命。使命是一家企业根植于文化沃土之中的坚定信念,更是每一个企业人前行路上的一盏明灯,我们可能无限靠近,但却永远无法到达,这需要几代人的不断努力,永续推进。

(二)愿景

愿景是对企业“希望成为什么”的具体描绘。一般来说,企业的愿景具有如下特点:① 量化;② 有时限;③ 可行;④ 可验证;⑤ 简洁;⑥ 与使命保持一致;⑦ 鼓舞人心。例如,亚马逊公司的愿景是“成为世界上最以客户为中心的公司”,这是对企业未来创造的具体可行、可评估、具有时限性的宏伟蓝图;伊利集团的愿景是“成为全球最值得信赖的健康食品提供者”,它为公司指明将来的整体蓝图。愿景陈述标志着从恒久不变的伟大使命向更加激烈动荡的战略世界的过渡。

(三)战略

战略就是用来开发核心竞争力,获取竞争优势的一系列综合的、协调的约定和行动(Charles,2008)。战略管理就是为实现组织目标,使组织和其所处环境之间高度协调而制定和实施的一系列决策和行动的总和。人们在生产经营活动中，在不同场合以不同的方式赋予企业战略不同的内涵和表达形式，说明人们可以根据实际内外部环境以及具体的需要接受多样化的战略定义。加拿大麦吉尔大学教授明茨伯格（Henry Mintzberg）在此观点的基础上，借鉴市场营销学中的四要素（4P）的提法，提出企业战略管理可以由五种规范（5P）的定义进行全面阐述：① 计划（plan）；② 部署（ploy）；③ 模式（pattern）；④ 定位（position）；⑤ 观点（perspective）。这构成企业战略的"5P"（Henry Mintzberg，1987）。图 11-1 显示在使命、愿景、战略背景下的 OKR 创建。

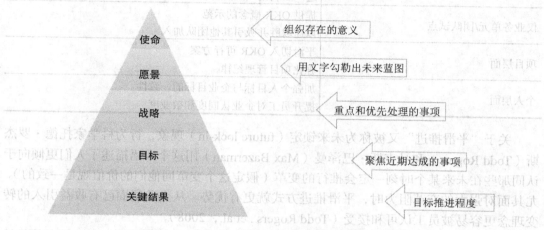

图 11-1　在使命、愿景、战略背景下的 OKR 创建
（Niven 等，2017）

使命是组织和团队存在的根本原因，而愿景是组织的梦想和未来蓝图，两者是驱动组织、团队和员工的原始动力。企业战略可以直接为 OKR 提供背景输入，这对创建 OKR 尤其重要。所有 OKR 都应该直接源于组织战略，例如，想要成功开创新市场空间或维持竞争激烈的现有市场空间，就需要有周密的规划和战略指引。核心战略的存在就锁定了一个范围，使我们在面对无穷尽的选择时知道该如何取舍，并聚焦重点，呈现出任务优先性——做什么、不做什么和先做什么同等重要。

二、目标制订

所谓目标，是对驱动组织朝期望方向前进的定性追求的一种简洁描述，其主要回答"我们想做什么"。好的目标是企业持续发展的基础，更是不断创新的内在动力源泉。

（一）OKR 部署方案

方案部署即进一步在各层面制订相应的具体方案，例如在公司层面需传递组织最关注的是什么，展现管理团队的承诺和责任，也可以为以后在更底层组织实施 OKR 提供方法借鉴。企业不同层级制订有相应的方案，这样做可以帮助公司快速、平滑推进到 OKR 上来，同时也给予员工一定的时间和空间去更有层次和系统地了解这个概念，帮助他们了解 OKR 是如何帮助企业获得更大成功的。表 11-2 是六种 OKR 部署方案。

表 11-2 六种 OKR 部署方案

层　级	分　析
公司层级	清晰传递公司高层战略目标 展示高管承诺
公司层级与业务单元/团队层级	更具雄心和明确的目标 详细的 OKR 部署说明
全公司上下对齐整体实施	能实现最大限度的横向和纵向对齐 进一步制定风险防御机制，建立风控体系
仅业务单元/团队试点	提供 OKR 概念的示范 以速取胜并吸引其他团队加入
项目层面	平滑切入 OKR 可行方案 强化项目管理纪律
个人层面	加强个人目标与企业目标的一致性 提升员工对企业认同度和敬业度

关于"平滑推进"又被称为未来锁定（future lock-in）现象，行为科学家托德·罗杰斯（Todd Rogers）和马克斯·巴泽曼（Max Bazerman）用这个术语描述了人们更倾向于认同那些在未来某个时刻一定会推行的变革（假定这个变革同他们的价值观是一致的）。尤其面对强大的变革阻力时，平滑推进方式就更有优势。从企业层面已有收益引入的转变理念更容易被员工认可和接受（Todd Rogers . et al.，2008）。

1981 年 George Doran 提出 OKR 目标设定需遵行"SMART"原则，即目标必须是具体的、可衡量的、可实现的、与其他目标相关的、有具体时限的（George Doran，1981）。SMART 原则的提出进一步补充了 OKR 框架中目标设定的基本原则。

1999 年，Doerr 进一步提出 OKR 目标设置必须有挑战性，结合目标和关键成果设定的基本框架 OKR 管理理念和方法初步形成。

1. OKR 目标具有的特点

（1）OKR 目标可诱发动力、鼓舞人心。好的目标不应只是大量商业结果的堆砌，而应具有凝聚和鼓舞员工内在驱动力的作用。赫尔曾在动机的诱引理论中提出 $P=D \times H \times K$，其中驱力（D）、习惯强度（H）、诱因（K）共同决定了个体行为潜能（P）。诱因又有积极诱因和消极诱因之分，企业管理者应充分促进员工内在积极诱因增长，不断提升个体工作绩效水平（章志光，2008）。

（2）OKR 目标通过努力可实现。目标制订需找到理想与现实之间的平衡点，在现实允许的基础上大力发挥想象力规划企业未来蓝图。根据耶克斯-多德森定律解释动机和工作效率之间的关系来看：① 动机强度与工作效率之间呈现非线性关系，而是倒 U 形曲线关系；② 中等强度的动机有利于任务完成；③ 各种活动都存在一个最佳的动机水平。动机的最佳水平随任务的性质不同而不同，在难度较大的任务中，较低的动机水平有利于任务完成；反之，在难度较小的任务中，较高的动机水平有利于任务的完成（Dodson，1908）。目标的可实现性影响甚至决定个体的工作动机水平，因此应充分考虑目标可实现情况，不断调整修正，以指引个体激发最佳的工作动机。

（3）OKR 目标的制订通常以季度为周期。先前已经讨论过目标、战略、愿景、使命在 OKR 应用中各司其职，目标的建立应符合企业战略发展的时间节奏，因此更适合以季度为周期开展。但在 OKR 实际应用中，也可以根据企业不同部门的实际需要制定更长或较短的周期，例如，字节跳动在一些业务部的 OKR 应用中制定双月周期以满足具体业务所需。

（4）OKR 目标限制在团队可控范围内。无论是企业层面、团队层面，还是个人层面，在创建 OKR 时都应确保其结果在相应层级可控范围之内，虽然跨部门运作也非常重要，但是创建 OKR 的前提是该层级有独立运作的能力，多部门协作是为其 KR 创造更佳绩效。

（5）OKR 目标具有商业价值。企业实行一系列管理的最终目的都是提升绩效以创造更高的商业价值，因此 OKR 目标应当源自战略，力争为企业战略贡献价值。如果目标最终无法带来任何商业回报，则无须消耗资源去完成。

（6）OKR 目标的制订尽量采取定性描述。目标（O）是指在未来希望完成的事，更多时候都以详尽的文字描述的形式呈现。因为定性描述在目标制订过程中可以给予员工更多的发展空间，不至于在一开始行动时就被数字指标严格框定，定性目标显得更加灵活，也会根据员工个人对自己的要求而展示 OKR 管理法的各异性，因此，在 OKR 的目标制订中，可以以定性描述为主、定量指标为辅。

2. OKR 目标制订的技巧

（1）避免原地踏步，创建小步伐前进的目标，保持持续动力。

（2）及时澄清疑问，挖掘文字背后的深层含义，使问题从抽象向具体转化。

（3）用积极正向的语言表述目标，积极语言暗示内隐积极心理，增强心理动能。

（4）提供简单指引，具有方向性的言语能唤起更高水平的行动力和创造力。

（5）从动词开始，目标体现明确的行动期待。

（6）发掘前进阻力，转变应对方式，提升潜力。

（7）使用通俗易懂的语言，尽量避免描述过程中采用缩写式。

3. 利用 SWOT 分析法制订企业战略目标，辅助建立 OKR 目标

按照企业竞争战略的完整概念，战略应是一个企业"能够做的"（即组织的强项和弱项）和"可能做的"（即环境的机会和威胁）之间的有机组合。

S：优势（strengths），是组织机构的内部因素，具体包括有利的竞争态势、充足的财政来源、良好的企业形象、技术力量、规模经济、产品质量、市场份额、成本优势等。

W：劣势（weaknesses），也是组织机构的内部因素，具体包括设备老化、管理混乱、缺少关键技术、研究开发落后、资金短缺、经营不善、产品积压、竞争力差等。

O：机会（opportunities），是组织机构的外部因素，具体包括新产品、新市场、新需求、外国市场壁垒解除、竞争对手失误等。

T：威胁（threats），也是组织机构的外部因素，具体包括新的竞争对手、替代产品增多、市场紧缩、行业政策变化、经济衰退、客户偏好改变、突发事件等。

SWOT 方法的贡献就在于用系统的思想将这些似乎独立的因素相互匹配起来进行综合分析，使得企业战略计划的制订更加科学、全面，从而建立自上而下进行战略分解的

企业 OKR 目标。

例证 11-3

CareerBuilder 公司实施 OKR

CareerBuilder 公司作为美国最大的在线求职网站,每月访问量超 2400 万人次。该公司是人力资源运作与资本疏通的全球领军者,雇主遍布全球 92% 的《财富》1000 强。该公司在人才管理上具有更加敏锐的洞察力。接下来介绍 CareerBuilder 公司引入 OKR 的实施情况。

CareerBuilder 公司在团队层面(即业务单元和 IT 团队)实施 OKR,其中敏捷、精益已成为公司文化的一部分,希望从团队层面获得实施经验,然后再向其他层级中引入。起初,管理层与技术领导、产品负责人和业务领导开展为期三天的研讨会,其间每个团队举行多次时长 3~4 小时的会议,负责人向每个团队介绍 OKR 并展示该季度的 OKR。具体实施流程如图 11-2 所示。

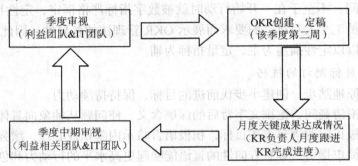

图 11-2　CareerBuilder 公司季度 OKR 实施流程图

其后,进行团队层面的创作和定稿,团队将在该环节:①起草(使命)、根据情况制订相应目标(O),其中每个目标内包含两个或多个关键成果(KR);②对齐(横向与相关部门一起审视对齐,纵向与企业整体目标对齐);③精练(在 OKR 教练指导下召开精练会议,促使团队独立思考,对方案可行性等多方面进行评估);④定稿(提交业务线高级领导团队定稿并逐步宣传和推广实施)。

最终,KR 负责人和产品责任人将在季度中期审视会上跟踪、刷新、评分及报告 KR 最终实现情况。

(克鲁比,2016)

(二)关键成果的制定

1. 关键成果的类型

由于不同企业初始状态、绩效管理成熟度和数据可获得性存在差异,因此我们可能会使用不止一种类型的关键成果(KR)。表 11-3 所示是面对不同情况可供选择的不同 KR 类别。

表 11-3 关键成果的类型

类 型	何 时 使 用	示 例
基线型	先前没有与 objectives 相关的度量数据	回收问卷数据做基线分析
正向度量型	设置一个越多越好型度量指标，如"增长""增加""建立"等	每举办一场产销会营业额增长 10%
负向度量型	设置一个越少越好型度量指标，如"减少""消除""降低"等	将售后服务处理时间从 1 天降至 12 小时以内
范围型	为一个度量项设置某个范围	确保客户访问率在 70%～80%
里程碑型	以重大事项为节点的表述	发布最新公告

（Niven 等，2017）

2. 好的关键成果必备特征

综合之前所讲内容，objectives 回答的是"我们想做什么"，key results 回答的则是"我们如何评估是否达成目标"，因此精确度量目标达成情况具有较高的技术含量。

首先，遵循"SMART"原则是优秀关键成果所必备的特征，即关键成果必须是具体的（specific）、可衡量的（measurable）、可实现的（achievable）、与组织目标的实现相关的（relevant）、有明确期限的（time-bound）目标。其次，在满足"SMART"原则的基础上，还需要遵循如下四个方面的要求。

（1）具有挑战性。对目标领域的多年研究发现：设定高挑战性目标能带来更好的绩效和更高的员工满意度。马斯洛把人的需要划分为生理、安全、归属与爱、尊重、自我实现五大层次。一般来说，当低层次需要满足后，个体会转移到对高层次需要的满足的追求中，而创造具有挑战性的 KR 则是引导个体自我实现的过程，具有促进企业整体绩效和个人价值实现的双重作用。

（2）自主设定。增强关键成果制定的个人卷入水平，可有效提升个体内在行动意愿和主观能动性，绝大多数 OKR 应当由各层级负责人与团队成员协商制定，而非公司强制下发，具体实践时也期望是自上而下和自下而上两者的融合。

（3）基于当前情况和进度。哈佛商学院教授蕾莎·阿马比尔（Teresa Amabile，2001）曾在其进步原则中指出：在所有能激发员工情绪、动机和感知的诸多因素中，最重要的是能在有意义的工作上取得进步。只有当主体能够从当前任务和目标的完成中获得进步，从而产生自我效能感时，才能进一步激发个体持续发挥工作效能，促进关键成果的达成。因此，优秀关键成果 KR 在制定过程中要实时度量，根据现阶段发展状况和未来发展所需设定合理目标。

（4）横向、纵向对齐一致。横向对齐体现同层级之间的相互沟通，纵向对齐是指企业、业务部门/团队、个人等不同层级之间目标、战略、愿景的一致性。

3. 制定关键成果的技巧

在制定满足上述要求的优秀关键成果时，除要根据企业自身情况进行适度调整，还可以采用如下六个方面的技巧。

（1）只呈现关键项，而非全部罗列。制定简洁明了的 KR，促使执行者把精力聚焦在能让目标推进的实际关键成果上。

（2）以结果为导向，而非以目标为导向。制定 KR 的目的在于帮助管理者找出影响目标的关键成果，注重结果导向，呈现卓有成效的结果产出，而非制定一个详尽的任务列表或行动清单。

（3）使用积极正向的语言进行表述。在工作结果呈现的内容中，相对于"把错误降低至 10%"而言，"把精确度提升至 90%"的表述更积极正向，正面信息更有助于提升员工的工作动机和尽责心。

（4）表达简洁通俗。KR 的制定是面向全公司不同层级员工而进行的，不论是自下而上的主动看齐，还是自上而下的贯彻统一，都需要各主体采用一种较为通俗易懂、全公司人都能快速明白其含义的方式进行表达。

（5）考虑所有可能性。尽量召集更多人共同讨论，集思广益，进行多视角、多维度的综合考量，避免个人因盲目乐观导致的决策偏差，最终给企业带来损失。

（6）指定负责人。在 KR 实施跟进的过程中，明确指定相关负责人可以有效地避免社会心理学中的"旁观者效应"，即集体责任扩散导致结果溃败的现象。有负责人能够对目标实现的过程起到监督把控的作用。

（三）"CRAFT"—OKR 的制定流程

可遵循"CRAFT"流程更加合理有序地创建不同层级 OKR（Niven 等，2017）。图 11-3 是用"CRAFT"流程创建团队 OKR 的示例。

1. 创建（creat）

以小团队方式创建，避免大规模头脑风暴造成群体责任扩散和"社会惰化"的现象，加强个人内卷程度。因此，遵循"二八法则"召集小团队的形式，用 80%的资源着重集中于 20%的成员运作上，掌握创建 OKR 的必备信息，例如：① 分析企业使命、愿景、战略和当前处境；② 用 SWOT 法分析企业变革的处境；③ 确定当前的核心竞争力。

2. 精练（refine）

将方案初稿提交进行大范围评审，多渠道传递 OKR 初稿方案，加强员工重视度，提高讨论热度和思考深度，提取核心要点、简化流程，最终将投入应用的 OKR 达成一致。

3. 对齐（align）

现代企业诸多作业都需跨部门的协同运作，因此在不同层级之上制定的 KR 也要给予一定部门间相互依赖的互通性。例如，人力资源主管部门负责员工招聘，因此在制定本季度人员招聘 OKR 战略时，同样需要与产品研发部门、市场营销部门、售后服务部门，甚至高层主管部门共同协商制定，以达成人员招聘计划的横纵对齐一致，最大限度地保证人力资源发挥效用。

4. 定稿（finalize）

本阶段团队领导及其合作伙伴应同上级沟通交流，获准在接下来的季度实施这些OKR。可提供以下信息：① 此 OKR 是如何来的；② 在起草 OKR 过程中所做的努力；③ 团队间相互依赖、相互对齐的合作协议有哪些。此外，让领导层充分理解评分指标背后的意义也很重要。充分表达方案，并及时澄清领导层提出的疑问，顺利推进 OKR 方案落成。

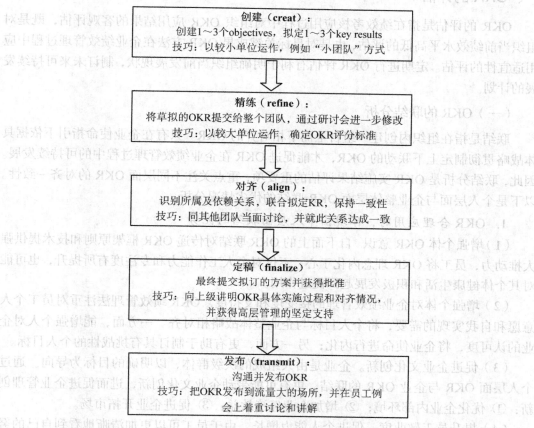

创建（creat）：
创建1～3个objectives，拟定1～3个key results
技巧：以较小单位运作，例如 "小团队" 方式

精练（refine）：
将草拟的OKR提交给整个团队，通过研讨会进一步修改
技巧：以较大单位运作，确定OKR评分标准

对齐（align）：
识别所属及依赖关系，联合拟定KR，保持一致性
技巧：同其他团队当面讨论，并就此关系达成一致

定稿（finalize）
最终提交拟订的方案并获得批准
技巧：向上级讲明OKR具体实施过程和对齐情况，
并获得高层管理的坚定支持

发布（transmit）：
沟通并发布OKR
技巧：把OKR发布到流量大的场所，并在员工例
会上着重讨论和讲解

图 11-3　"CRAFT" ——OKR 的制定流程

5. 发布（transmit）

OKR 计划落成的最后一步，首先需要确保 OKR 以严格和正式的方式进行分类与追踪，以确保其完整性。其次，向各团队及其负责人发布 OKR，在发布过程中鼓励多渠道发散，增强信息流通率和传达准确性，可开设临时解答会，通过面谈形式解答员工疑问，促使 OKR 顺利实施。最后，遵从 OKR 公开透明的原则，坦诚沟通，给予员工表达和被聆听的机会，此举也是提升员工自我认同度和对企业忠诚度的基本方法之一。

第三节　OKR 的评估与应用

目前越来越多的企业选用 OKR 考核法检验企业绩效水平，力图引导员工和部门将各自层面的目标与组织目标相对齐，充分发挥一致性作用。在 OKR 技术评估的过程中需要根据实际情况进行不同层面的联结分析，制定合理的评分准则，注重其自身局限性，在适当的情况下制订 OKR 目标，促进企业绩效水平的提升。

一、OKR 的评估

OKR 的评估是指在绩效考核应用过程中对组织 OKR 应用结果的客观评估，既是对组织当前绩效水平高低的评估，也是对目标关键成果 OKR 方法在企业绩效管理过程中应用适宜性的评估。定期进行 OKR 评估有利于明确组织当前发展现状，制订未来可持续发展的计划。

（一）OKR 的联结分析

联结是指在组织内创建一组自上而下相对齐的 OKR。只有在企业使命指引下依据具体战略贯彻制定上下联动的 OKR，才能促进 OKR 在企业绩效管理过程中的可持续发展。因此，联结分析是 OKR 实施结果评估的重要项，重点关注不同层面 OKR 的对齐一致性。以下是个人层面与企业整体层面 OKR 联结的优劣情况分析。

1. OKR 合理应用时，体现出个人层面联结的优势

（1）增强个体 OKR 意识。自下而上的 OKR 联结对传递 OKR 框架原则和技术提供强大推动力，员工将 OKR 理念内化于心，不仅对个人工作能力和专注度有所提升，也可能对其个体健康生活和积极发展起到促进作用。

（2）增强个体对企业绩效管理的接受度和支持度。OKR 绩效管理法注重对员工个人意愿和自我实现的需要，将个人目标与企业整体战略相对齐。一方面，能增强个人对企业的认可度，将企业使命进行内化；另一方面，更有助于制订具有挑战性的个人目标。

（3）促进企业文化创新。企业是由人组成的次级群体，以明确的目标为导向。通过个人层面 OKR 与企业 OKR 的联结，更有可能带动企业文化创新，进而促进企业管理创新：① 优化企业内部环境；② 增加企业经济效益；③ 促进企业开拓市场。

（4）提升员工敬业度，促进个人能力增长。由于员工可以更加清晰地看到自己的努力与公司宏伟目标之间的关联，因此更有可能促进个体努力，以促成该领域的进步。

2. OKR 应用不当时，体现出个人层面联结的弊端

（1）削弱个人敬业度。当 OKR 没有很好贯彻时，有些人可能会把其理解为公司强加进来的合理管理工具，增加了复杂度，导致个人完成工作的时间更少。因此，OKR 培训至关重要，可帮助员工深刻认识其理论内核，避免因认知偏差导致失败。

（2）对企业绩效管理的矛盾认识。如果企业的激励机制与 OKR 无关，员工可能会处于企业绩效管理混乱的困境中，即既存激励机制与 OKR 实施原则相互制衡。因此，只有增强 OKR 与企业原先绩效管理的联结，才有可能使企业前进方向一致，并发挥巨大作用。

3. 影响力的发挥影响 OKR 的联结

联结 OKR 的宗旨和目标是让所有团队和员工都能展示他们是如何影响公司 OKR 的，在公司全体成员都对 OKR 有较为深刻理解的前提下，从公司顶层开始向下逐步递进，第一步联结相关团队和业务部门，研究并回答"能对公司的哪些 OKR 产生影响"以及"是

如何产生影响的"。但在联结过程中不强求所有群体和个人都能对每一个 objective 施加影响，也不需要一对一的无缝联结。

此外，简单来说，目标的纵向拆解与横向对齐就是：所有下属的目标之和大于上一级业务单元目标；同级业务单元要横向协同完成上一级目标。在紧跟公司层面 OKR 的基础上，要对齐上层团队的 OKR，理解并制定本团队或个人的 OKR。这是极其重要的对齐过程，也是在主线一致和充分理解的基础上建构的。

（二）OKR 的评分准则

OKR 评分的原则是根据当前所取得的成就，即 KR 的完成情况，在所设定的 0～1 的评分标准上进行打分。其中，1 分是几乎无法实现的，这是由企业使命所指引的结果。所有 KR 在开始制定时都应该按照 1 分的标准来写，以促进创新性思考；0.7 分等级表述的是虽然很难，但最终是可达成的程度，体现出目标制订的挑战性；0.3 分可理解为"按部就班"的目标水平，是依照过往成就水平制订的难度相当的目标。其中，OKR 评分的最佳标准在 0.6～0.7，如果得分高于 0.7 表明指标设定得不具有挑战性，如果得分低于 0.6 则暗示目标设定得过于有挑战性。如果得分持续低迷则应考虑通过开诚布公的会谈讨论目标的可行性，并相应调整当前计划。

与传统绩效考核评分不同的地方是：① 给关键成果打分需依据其难度、目标完成情况与完成质量三方面的信息。即如果关键成果难度高，即使完成度不高，但只要有一定程度的进展，也可以打出较高分数；若关键成果难度较低，即便完全达成也无法打满分。② 满分并不是追求的目标，如果评分接近满分则表示 OKR 目标设置得不合理，不具有挑战性。由此可以看出，OKR 打分与传统的绩效考核打分思路完全不同，不应将二者的打分系统混为一谈。

由此可见，OKR 并不应该被简单当作绩效考核工具或者与绩效考核评价相挂钩而使用，要颠覆传统的个人绩效考核结果直接与个人晋升、奖金等相关联的管理思路，因为沉重的考核负担会让大家不敢去挑战有难度的目标，这样完全有悖于使用 OKR 的初衷。

例证　11-4

Zalando 欧洲在线时尚平台

Zalando 是欧洲领先的男性、女性、儿童在线平台。Zalando 成立于 2008 年，服务遍及 15 个国家，提供超过 1500 个品牌的各种时尚产品。该公司在欧洲有超过 1500 个品牌的各种时尚产品，拥有超过 10 000 名员工，2018 年营业额近 64 亿美元。

Zalando 从品牌解决方案部开始推进 OKR，帮助其时尚合作伙伴通过 Zalando 平台与他们的客户进行联结。进一步使全公司在解决方案部的部门层面、团队层面和个人层面同时使用 OKR。通过与来自谷歌的人交谈，掌握大量网络信息，并在初期以小组为单位创建 OKR 初稿后，一步步提升其行动可执行性。Zalando 得到了外部顾问本·拉莫尔特的支持，帮助企业员工学习 OKR 的基本理论，支持团队实际起草 OKR 初稿。至今，公司有一个固定的 OKR 专家圆桌会议，用以讨论 OKR 知识，并推动 OKR 在适合 Zalando 企业自身发展的基础上不断演进。

在关于 OKR 的一致性问题上，每个 OKR 负责人都认为必须在 OKR 定稿前，和他所依赖的或被依赖的团队交流以达成一致。他们将其称为"对齐周"，并坚持让整个 OKR 创建过程完全公开透明，以便每个人都知道发展进度。

品牌解决方案部会召集所有团队开季度 OKR 研讨会，会前整个团队会先准备好各自完成度大约为 80% 的 OKR 草案，通过所有团队一起起草 OKR 提高团队整体效率。

（尼文，2016）

随着人本主义管理理论的发展和新兴科技企业的快速发展，组织结构及企业文化的不断创新，具有柔性化特点的目标管理方法——OKR 逐步得到人们的重视。OKR 的良好实施不仅需要坚实的理论支持，还需要各层级协同配合。

（三）OKR 的使用价值和局限性

任何事物都有两面性，OKR 自然也不例外，需要在绩效管理过程中结合企业实际情况选择适当方法灵活应用并调整。

1. 使用 OKR 的价值

（1）在企业发展过程中，组织文化与战略目标需有配套的工具进行落地，OKR 是帮助组织文化与战略目标落地的最佳工具之一。OKR 的管理理念逐步渗入企业文化之中后，便可强有力地引导和促进企业战略目标的推进及组织变革。

（2）利用 OKR 进行目标管理，既有自上而下的目标贯通和指引，也有自下而上的战略驱动和激发；既不会迷失方向，也能很好地帮助组织自下而上地创新，充分发挥员工潜能。

（3）OKR 可以促进管理者与团队成员定期进行沟通，一方面有助于提升管理者的管理成熟度，另一方面有助于促进企业人力资源的优化配置。

（4）OKR 提倡自下而上的目标和关键成果设定，并在企业不同层级制定相应的 OKR，实现目标和关键成果的纵横向对齐一致，朝着企业战略目标相一致的方向前进，并促进团队成员的主动性与自我驱动得以有效发挥。

（5）OKR 可以成为帮助管理者发现高潜人才的辅助工具。OKR 工具背后展现的是设定具有挑战性的目标和对组织有影响力的关键成果，并采取行动以达成目标，具有 OKR 思维和迅速执行力的团队成员往往是高潜人才的不二人选。

2. 使用 OKR 的局限性

（1）OKR 的使用对员工自觉性的要求较高。其主要原因在于：① 由于企业 OKR 制定遵循自下而上的方式，且要求目标具有一定的挑战性，因此对员工的自觉性和自我效能感评价具有较高要求。OKR 比较适用于结果导向型、创新型企业，在传统企业应用中需要进行一定的调整，以发挥 OKR 的积极作用。② 由于 OKR 的评分系统不是以是否完成目标进行评定，而是根据任务难度和完成情况的双方比较进行评估，这就需要员工主动制订较高目标，并尽全力完成。通过最终评分可在一定程度上反映员工工作的积极性和主动性，因此对于行政管理或内勤部门等工作内容相对固定或不具有太大挑战空间的工作部门不太适用。

（2）针对变化较慢、注重执行的行业或业务模式，OKR 不太适用。此类企业目标设定周期通常较大，使用常规绩效管理及考核方式即可，若采用 OKR 方式可能会造成管理资源浪费，甚至导致该方案无法推广而最终失败。

（3）OKR 不适用于需要进行人员淘汰的管理制度。OKR 的目标制订强调挑战性且因个体不同，在指定和最终结果评价的过程中具有较大的主观性，因此，OKR 不适用于上述三种情况。

（四）OKR 与 KPI 的比较

绩效管理的中心不是内部的某种指标，而应是"面向外部、面向市场、面向变化"。OKR 和 KPI 两种绩效管理方法不构成直接替代关系，而应当是相辅相成的关系。

在当今组织绩效管理中，KPI 已成为通用的管理工具。KPI 管理法的思想也体现在国际标准化组织（ISO）发布的管理体系标准中。KPI 与 OKR 的指标遵循自上而下的原则，并在不同组织职能和层次间进行逐层分解。KPI 绩效考核法目前已成为组织惯用的一种目标管理方法。

1. OKR 与 KPI 的共同点

（1）两者的出发点都是从公司总体战略目标制订开始，通过目标的设置、分解，为组织后续工作的有效开展指明方向。

（2）两种方法的目标制订都可遵循"SMART 原则"，制定具体的（specific）、可衡量的（measurable）、可实现的（achievable）、有相关性的（relevant）、有明确期限的（time-bound）目标。

2. OKR 与 KPI 的区别

（1）目标设置的出发点不同。KPI 追求对任务目标的 100% 满足，如某企业本季度目标为提升顾客满意度至 90%，若季度结束考核评估发现顾客满意度仅提升到 85%，那么该目标就被视作未完成；而 OKR 的目标设定是要求实现该目标的参与者必须衡量这些目标完成与否和其关键成果 KR 的关系，KR 的具体达成情况又通过 4~6 个具体的量化指标加以体现，每季度实施 0~1 的评分，并根据评分结果适当调整目标设定。

（2）目标设定的关注点不同。KPI 关心是否能够完成既定目标，关注目标的可实现性，适用于目标、结果导向的竞争型企业；OKR 则致力于设定具有挑战性的目标并评估其实现情况，关注的是为实现目标的过程中人们对关键成果所付出的努力，适用于以过程为导向的项目管理组织。

（3）管理思路不同。KPI 是通过指定目标和量化指标明确了"要我做的事"后自上而下逐层分解设定的，是通过实施既定措施考核目标完成情况的管理思路；OKR 的思路则是以"我要做的事"为出发点，通过制订目标，强调目标与关键成果的管理关系，即 KR 是实现目标（O）的一系列手段，在目标实现的过程中鼓励人们通过更改关键成果确保其始终服务于目标，是一种动态化的管理措施。

（4）所适用的组织工作特点不同。KPI 适用于推进型工作方式，即组织内部的人员只要根据既定的流程、按照规定的方法开展工作就可达到结果。如制造型企业的生产流水线，通过前期的科学测算指定一定的目标任务量，并在实际生产过程中按时完成任务即为达成目标。OKR 则适用于探索型工作方式，即组织内部人员必须为了完成工作任务而不断思考、跟进，寻找更加科学、优质的有效解决方案，需通过多次试点而推广应用，具有相当程度的独创性。如某组织内部员工帮助计划（EAP）的制订和实施。

（5）所针对的员工性格特点和自我实现程度不同。内在驱动力较弱，自我实现愿望不强烈，喜欢按部就班，根据既定规则模式开展工作，有创新能力且追求新鲜事物的员工更适合 KPI 管理方式；而内在驱动力较强，追求个人成就，喜欢自由，富有挑战性，有自我规划能力力强且喜欢创新的员工则更适合 OKR 的管理工具。

综上所述，OKR 与 KPI 的区别如表 11-4 所示。

表 11-4 OKR 与 KPI 的区别

区　别　点	OKR	KPI
实质	管理方法	绩效考核工具
管理思维	自我管理	控制管理
目标形式	目标+关键成果（过程+结果）	结果
目标来源	聚焦优先和关键项	团队或个人"成功"的全面衡量
目标调整	动态调整，不断更迭	相对稳定，持续执行
制定方法	上下联动，横纵对齐	自上而下，贯彻执行
公开程度	公开透明呈现目标、过程和结果	保密执行，仅责任者与上级知晓
过程管理	持续跟踪	仅考核结果时注重
结果要求	富有挑战性，可容忍失败	要求100%完成，甚至超越目标
应用实践	评分不直接关联考核与薪酬	直接关联考核与薪酬
操作难度	最多设定四五个关键成果，较容易	考核指标繁多，实施难度大
适应组织类型	扁平化、创新型企业	多层级、程序固定企业

（姚琼，2019）

3. OKR 与 KPI 的综合应用思路

企业处于持续发展、永续提高的过程中，使用某一工具难免功能或效率不足，因此，将 OKR 和 KPI 两种考核法相结合的应用能有效弥补使用单一方法的不足，促进企业绩效管理的长足发展。

利用 KPI 管理工具对目标逐层分解、考核的特点，建立组织自上而下的纵向考核，利用 OKR 以目标为出发点，关注关键成果 KR 与目标的关联性，建立横向跨部门拉动式项目团队，弥补 KPI 纵向管理思维在横向管理上的不足。通过从各职能部门抽调出具有内在驱动力的人员，建立跨部门的项目攻关团队，以探索型工作方式开展创新型研究，为组织总目标的实现创造有利条件。以此形成纵向 KPI 考核、横向 OKR 管理的组织网状绩效管理模型（黄宏升，2019）。

例证　11-5

ZY 公司互联网研究中心 OKR 使用研究

　　ZY 公司互联网研究中心是烟草行业中第一个互联网创新型团队，属于企业的新生组织。该组织的工作不确定性特别强，战略变化也很快，员工均属于高学历、知识型、自主型人才，没有既定的绩效管理方式，面临绩效导向性不强、管理的流程混乱、创新活力不足等问题。随着组织逐渐成长壮大，团队管理面临越来越严峻的问题，急需探索合适的绩效管理和激励方式方法。于是，以问题为导向，以 OKR 为方法，开展团队绩效管理实践研究，寻求绩效解决方案。

　　在 OKR 的应用上，ZY 公司互联网研究中心经历过三行三试，却屡遭失败。第一次实施时，套用谷歌公司的 OKR 制定方法，推行一段时间后发现，设置的 OKR 越来越像KPI。第二次实施时，事先开展了调查研究，发现团队员工对 OKR 的理解知之甚少，于是组织了专题培训。培训之后，员工各自根据自己的理解设置了 OKR，虽然不再照搬形式，却发现设置的 OKR 与重点工作没有差别。第三次实施时，该团队将 OKR 的管理精髓提炼为核心理念，与重点工作相结合制定，同时使用互联网管理系统作为支撑，终于顺利推行，并且将该方法推广到公司的其他部门。

　　经过长达数年的实践研究，得到如下 OKR 实践要点。

　　（1）不能单纯套用 OKR 的形式。应用 OKR 开展团队绩效管理并不是简单地模仿其他公司的 OKR 制定的方法步骤，而是要注重学习理解 OKR 的核心理念，紧密结合公司的实际情况和特点及原有的卓越绩效管理体系，形成具有自身特色的 OKR 管理法。

　　（2）使用 OKR 的核心理念。在实践过程中，通过不断开展 OKR 的理论与实践研究，将其思想内涵与管理精髓反复研究分析，提炼成核心理念，总结为三个词：聚焦、沟通、透明。聚焦是指整个团队的目标需要聚焦到一处，能够支撑战略，团队的目标需要进行分解，分解到个人，并且逐层对齐。沟通是指目标发布后，要进行跟踪，持续地给予反馈和获取反馈；团队成员之间相互协作，及时对目标落实给予辅导，纠正偏差，满足目标期望。透明是指目标要在整个团队范围内公开，以制造群体压力，相互监督目标的实现，发挥社会促进效应，削弱社会惰化现象。

　　（3）结合 PDCA 循环实施 OKR。OKR 制定后，需要持续地跟进、检核、评估、复盘，是一个长期的跟踪过程，需要结合 PDCA 循环的方法开展。PDCA 循环是指 plan（计划）、do（执行）、check（检查）、action（持续改进），它是质量管理的基本方法，也是企业管理各项工作的一般规律。结合 PDCA 循环实施 OKR，能帮助 OKR 实施过程的全生命周期管理，即发布 OKR、实施 OKR、检查 OKR、复盘 OKR，形成管理闭环，如图 11-4 所示。

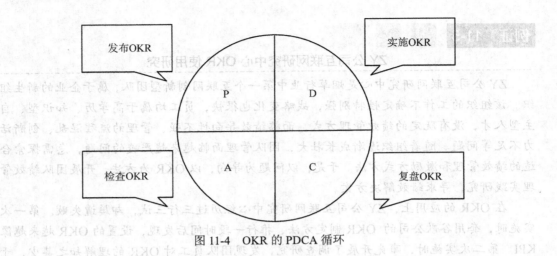

图 11-4　OKR 的 PDCA 循环

（李欣欣，2020）

二、OKR 考核法在企业中的应用

　　绩效管理是企业管理的重要组成部分，我国传统企业大多数采用关键绩效指标和平衡计分卡绩效考核法来实施绩效管理。伴随着人类社会从传统经济模式转变到互联网经济模式，企业经营环境快速发生变化，不确定性增大，传统的绩效管理办法存在一定的局限性，这就势必要求企业及时转变管理思想和管理手段。OKR 作为新型的绩效管理工具，顺应了互联网经济时代企业组织日益灵活化、扁平化和平台化的发展趋势，被越来越多的企业所采纳。

（一）OKR 在新兴互联网领域的应用

　　在当前互联网技术发展与推进之下，我国出现了诸多非常优秀的互联网企业。由于互联网企业与实体经济发展存在一定程度的差异，所以互联网企业在组织运营管理过程中与传统企业也存在较大的差异。客观来说，无论是互联网企业，还是传统企业，想要切实保障自身的可持续发展，都应该在最大程度上认识到内部运营管理工作存在的意义，展现出内部运营管理组织形式的优势，强化互联网技术企业在互联网经济市场当中的综合竞争力（米娟，2019）。

　　1．互联网科技公司：Uber 的 OKR 应用分析

　　Uber（Uber Technologies, Inc.）中文译作"优步"，是一家美国硅谷的科技公司。2009年，Uber 由加利福尼亚大学洛杉矶分校辍学生特拉维斯·卡兰尼克和好友加勒特·坎普（Garrett Camp）创立。Uber 因旗下同名打车 App 而名声大噪。Uber 目前已经进入中国大陆的 60 余座城市，并在全球范围内覆盖了 70 多个国家的 400 余座城市。

　　2014 年 Uber 成功引进 OKR，具体部署如表 11-5 所示。

表 11-5 Uber 的 OKR 应用

目 标	关键成果 1	关键成果 2
招募更多司机	所有地区的司机基数提升 20%	所有活跃地区的司机平均工作时长提升至每周 90 小时
提升地区覆盖率	上海的覆盖率提升至 100%，所有活跃城市的覆盖率提升至 75%	交通高峰期，所有覆盖地区的每次接客时间降至 10 分钟以下
提升司机满意度	定义并评估司机的满意指数	提升此指数到 75% 以上

（资料来源：Uber 官网，https://www.uber.com/ ）

通过建立以上的数字目标实现以下三件事。

（1）清晰认识到 Uber 当前的核心任务。

（2）建立起容易认知的具体目标及清晰的成败评判标准。

（3）相对于自然增长，现在可基于企业自身更有野心的目标进行衡量，切实掌握企业的主动性和节奏感。

2. 互联网金融企业：LU 公司初创期的 OKR 应用

LU 公司是世界财富 100 强中国平安集团全力打造的互联网金融资产交易平台，初创期公司面临的最大问题是没有一个员工的知识和技能能够应对所有的调整。因此，扁平化的项目组自然成为 LU 公司最基础的组织管理模式（朱权，2015）。企业管理者面对的问题是：① 由于该公司业务跨领域较多，人员构成复杂，有来自传统金融行业的，也有来自互联网企业的，还有来自其他行业的，既有企业管理模式很难被推广，促进企业管理模式创新是当务之急；② 互联网行业业务领域众多，更新周期短，对于员工的工作内容和业务领域调整频繁，导致员工流失率较大；③ 在业务调整频繁的情况下，如何充分激发员工个体潜能，保留人才并降低企业管理成本，有效促进企业人力资源效用充分发挥，是企业管理者的核心任务。

针对上述企业所遇到的困境，通过以下步骤引入 OKR 绩效管理法：① 目标设置；② 关键成果设置；③ 进行内部沟通公示，完成层级分解；④ 成员关键目标认领；⑤ 执行过程再沟通、执行；⑥ 验收目标完成。

LU 公司金融事业部华南区设计的这套科学合理的绩效管理体系不仅能帮助管理者提高决策效率，同时对于公司有以下四个方面的提升。

（1）经营绩效得到快速、大幅上升，2015 年的员工收入是 2014 年同期的 3 倍，新员工没有任何流失。

（2）推动绩效管理理念的变革。在移动互联网时代，LU 公司的金融事业部在绩效管理上是先垫付式的创新发展，搭建基于 OKR 的绩效管理体系，由国王的金字塔式权威管理向扁平化组织的愿景管理、文化管理迈进。

（3）OKR 管理理念深入企业文化之中，形成庞大的自我约束与团队合作的工作氛围。促进企业人力资源与绩效管理公平、公开、公正，激发员工个体潜力。

（4）减少了管理工作中的主观性和盲目性。制定清晰明确的绩效考核线路，以结果为导向，追求价值最大化原则，增强企业管理工作的客观性和科学性。

3. 互联网移动通信企业：A 公司 OKR 应用

A 公司作为一家老牌通信运营商旗下直属专业公司，集市场营销、运营服务、产品研发于一体，公司依托集团母公司覆盖全国、辐射全球的传统运营商基础资源布局，构建覆盖全国 31 个省份及地市的公有云资源池和统一管理平台，致力于成为业界领先的云计算基础服务提供商。A 公司所在的母公司目前是全国最大的 IDC（Internet Data Center）基础设施服务提供商。

OKR 的制定在 A 公司事业部内通过小组试点得以确定、公示和执行，进行每周简短的周例会掌握 OKR 执行情况，并依据执行情况的反馈等来推测本季度 OKR 的达成率。在选择 OKR 项目负责人时，主要考虑如下两个方面：① 从资源和能力层面出发，选择能够协调更多资源的人；② 从动力层面出发，如果候选人能够以目标为中心，有效激发成员的激情和活力，不断提升团队成员凝聚力，此人也更能适应管理者的角色。

发现有设定不合理的指标，如 OKR 制定有问题或衡量不准确等，不应迅速暂停此项，而应保留至中期检查时再做调整和修正。周例会和中期检查的跟进可有效检查和及时纠正 OKR 执行时出现的偏差，以及复盘前半期的 OKR 实际执行情况。

回顾该公司 OKR 为期两个季度的试运行，每周例会中对每位成员关键成果的评估和分析，是 OKR 管理模式中与其他绩效管理模式最大的亮点和优势。有效地缓解了 A 公司普遍存在的由于沟通不畅所导致的工作效能低的问题，体现在工作协同中的效率和产出大幅提升，有效地改善了原有 A 公司事业部内员工之间的和谐程度以及配合效率。

纵使 OKR 在众多互联网企业中得到成功应用，企业管理者也应认识到没有哪一种管理工具是万能的。在实际工作中，有部分企业管理者认为 OKR 是多余的管理，也有部分企业管理者认为 OKR 可以取代其他所有管理形式，还有人认为 OKR 以结果为导向的"协商机制"容易导致群体思维的现象发生。此外，也有人提出针对"挑战性目标"的追求，会使员工产生自己制订的目标超出或低于自身能力范围的可能性，导致目标评价失效甚至与企业真实愿景相背离（赵振等，2016）。甚至有人提出 OKR 需要高度有责任心和重视贡献的员工以及更加勤勉的管理者，这也增加了搜寻完全符合条件的管理者和员工的难度（田五星等，2017）。

因此，OKR 不是企业绩效管理一劳永逸的方法，它时刻需要被调整，作为企业必须结合行业特点，深刻分析战略需要，探索适合自身实际情况的目标管理和考核评价工具。

（二）OKR 在传统行业领域的应用

适应新型组织管理的 OKR 模式也可用于传统企业组织，但是传统企业组织需要对自身的组织系统做出相应的调整和变革，以确保 OKR 模式得以有效实施。

随着我国经济、科技等方面实力的提升，我国的企业改革经历了非常大的变化，很多企业从无到有地发展起来，而这些新兴企业使用先进的技术，进一步优化了管理方法，与现代社会发展和人才应用相符合。这些管理方法对传统制造行业的冲击非常大，所以，传统制造行业的改革迫在眉睫。首先，管理方法的改革是自上而下的，管理层面的改革对企业的影响非常大，所以转变管理方法是传统制造行业进行创新的最好途径（谢显美，2017）。

1. 传统制造业企业 OKR 应用

目前我国传统企业管理处于如下困境：① 企业储备过剩；② 缺乏前期市场调研，导致产品过剩；③ 生产计划制订过多，导致商品储备过剩；④ 传统制造行业是劳动密集型产业，经济利润不高，企业难以转型和发展。

针对上述问题，传统制造企业的 OKR 制定和实施遵循以下四个方面。

（1）制订数目合理、效果合理的目标，不能出现一个季度内好几个目标，这样会导致目标缺失方向。

（2）企业需建立好 OKR 绩效体系，对员工和部门的目标完成情况进行检查。通常而言，制造型企业的生产任务要达到 100%才算合格，因此需要制定适合本土企业自身需要的 OKR，适度拉长考评量程。

（3）要根据企业本身对战略规划的了解或在对各部门生产现状深刻认识的基础上制订目标。

（4）企业各部门和员工的既定目标是具体可落实的。

传统制造业企业实施 OKR 的重要意义有如下两点。

（1）制造企业实施 OKR 有利于提升企业的基础能力。由于制造企业大多采用 KPI 考核指标，关注表面短期目标，却忽视了指标后面的企业基础管理能力。OKR 指标体系鼓励员工从多方面挖掘自身的潜力，且不对目标的达成给予负向考核，助推员工找准影响企业发展的根源问题，有助于提升企业的基础能力（黄佐祺，2020）。

（2）制造企业实施 OKR 有利于增强企业的创新力。OKR 的目标设定自下而上，目标来自员工的意愿和对工作绩效的追求，朝着目标的方向努力才是重要的。在实现 OKR 目标的过程中，员工会发挥创造力，并得到身边同事的支持，促使企业的创新力得到提升。

2. 中小企业 OKR 应用

中小企业在绩效管理过程中运用 OKR，有利于企业管理者在经营发展过程中制订更科学的目标，集中注意力解决首要问题，提高企业内部管理沟通的通畅度，减少内部沟通信息减损，让基层员工更加充分、真实地了解企业的发展现状，并且在绩效考核过程中，采用更加客观的衡量指标。因此，在探究中小企业对 OKR 的运用时有如下两个方面的启示。

（1）充分调动内部员工的创造性，充分借助中小企业内部公司组织层级较少及信息传递快速的特点，激发员工的创造力，并快速处理创新提议，加速企业发展节奏。

（2）简化管理，促进以人为本的管理理念，增强优良组织文化对企业整体绩效的积极作用。Google 在引入 OKR 管理理念时也仅是几十人的小团队，在企业不断发展壮大的过程中，OKR 理念也融入了 Google 企业文化的基因图谱，成为其企业绩效管理的利器，同时也为其他企业绩效管理提供有益经验。因此，在中小企业中长期贯彻实施并不断调整 OKR，能有效推动企业可持续发展。

（三）OKR 在互联网领域与传统行业领域应用的比较

由于近几年"互联网+"的产业如雨后春笋般出现，对众多传统产业的发展造成重大冲击，因此，跟随时代潮流顺势而行，对企业做出一定的变革，成为传统企业长期发展的必经之路。在时代经济发展的背景下，企业对于绩效管理体制和方法的变革和创新也尤为关键，不断适应新的绩效管理方法，提升企业整体效益。以下是 OKR 在互联网企业与传统企业中应用时企业适配度的比较。

一方面，OKR 源自英特尔、谷歌等互联网高端智能企业。这些企业中人员多以创新、智能为主要生产动力，对于这些科技型企业而言，其组织内部注重扁平化管理，企业部分权力下放基层，对基层员工的决策与自主能力要求也相对较高，员工们也更希望在工作中不断挖掘自身潜能，实现能力突破，此时 OKR 模式的运用能够有效强化员工自我管理意识，促进企业更加高效运转，进一步不断提升企业创新活力。而对于传统企业，基于其本身所固有的企业文化和生产模式而言，打破原有绩效管理模式进行创新有较大挑战，因此，需要根据自身的实际情况进行本土化改造后再使用，不得生搬硬套 OKR 管理法。

另一方面，可能带来的效益程度不同。由于互联网等众多新兴企业一开始就采用较为先进和适合当下经济发展趋势的管理模式等，即企业发展基线水平较高，因此，在其充分应用 OKR 进行组织绩效管理后，绩效效果的提升可能不如传统企业应用 OKR 所带来的变化明显。绩效管理方法的创新可能推动传统企业向前迈进一大步，甚至做出颠覆性的变革，其影响力是巨大的。

（四）使用 OKR 的注意事项

OKR 不是万能的，也不是适用于所有的公司或者团队的，在使用 OKR 的过程中要注意如下五个方面。

（1）OKR 的采用需要一定的前提和基础，具体表现在以下两个方面：① 企业结构是否较为扁平、具有宽松的氛围、支持自下而上的目标设立，以及是否有通畅的沟通渠道支持讨论的存在。这一点说的是企业整体，就犹如栽培植物要先看土壤。② 企业有没有合适（自我驱动、自主思考、自主完善）的人来参与，这一点强调企业员工的重要性。企业的氛围、可沟通的渠道、清晰的企业使命和愿景以及团队成员有主动思考和自我驱动意识，这些要素共同构成 OKR 在企业实施的基本前提。

（2）目标需要有足够的挑战性，最多 3～4 个目标，每个目标最多 4 个关键成果。成果不以 100% 达成为最终目标，评分在 0.6～0.7 为最佳水平，强调充分调动员工的积极性。

（3）目标和关键成果由负责人和团队成员相互认同，采用自下而上、互相商讨的方式制定，而非命令的形式。

（4）在使用 OKR 的过程中，经理人与团队成员的沟通和互动比分数更重要。不同于 KPI 的指标要求任务 100% 达成才为合格，OKR 更强调目标及关键成果的灵活调整和对齐一致。

（5）OKR 不是绩效管理的唯一工具，绩效评估是一个庞大体系，OKR 只是其中的有效方法之一，并且OKR侧重于组织目标导向一致的引领作用，并不直接涉及绩效考评、晋升考核等方面的工作。因此，针对不同企业的绩效管理可结合多种考核方式综合运用，以提高企业的整体绩效水平。

（五）OKR与绩效管理系统的结合使用

绩效管理并不简单等于绩效考核评估，其本质是激发员工潜能，促进个人与组织共同成长，从而出色地实现组织的战略目标，努力达成企业愿景。绩效考核结果作为利益分配的评判标准只是其中一个方面，OKR应如何与绩效管理系统相结合才能更好地服务组织，十分值得思考。在OKR实施过程中，有如下两种做法可供参考。

第一，OKR与绩效管理系统相互独立，并存于企业中，采用这种模式的公司有谷歌、英特尔等。OKR和绩效管理系统各司其职、共同促进，两者在企业管理中都扮演着不可或缺的角色。OKR的持续反馈给予各级员工很好的沟通及学习机会，促使其个人不断提高工作能力。这种能力也会影响员工接下来的工作表现和发展，促使个人提高自我效能感。但同时这种方法会消耗大量的精力和时间。谷歌之所以可以游刃有余地同时使用这两个工具，是因为OKR已经深入谷歌的企业文化基因里，成为企业文化内核。因此，谷歌在推行OKR的20年时间里，不断降低企业绩效管理的成本，致力于OKR与企业发展实际情况的兼容性研究，充分发挥OKR的最大效用（杨蓉，2019）。

第二，逐步取消绩效考核评估，将绩效管理过程中绩效考核评估替换为OKR或相类似的管理工具，并且不再将其作为利益分配的评判标准。采用这种做法的公司包括Adobe、德勤、埃森哲等。绩效考核评估对于企业人力资源管理和考核具有重要作用，但僵化及过时的方式不再适合当前的劳动力现状和商业环境。新的绩效管理系统应该能为员工提供及时的信息反馈，促使各层级和部门之间纵横向沟通更为顺畅，通过持续对话加快员工的学习与成长；迅速对齐目标，使全体企业成员目标方向一致，共同努力推动公司向前发展；同时，员工的积极性也得到了充分的调动，增强了个人工作和自我管理的主动性。因此，OKR能够在一定程度上探查到员工自身的工作积极性与投入程度，但涉及与员工实际薪酬、晋升、福利等相关待遇的考评工作时，还要借助企业自身的管理条例进行辅助评估。通过综合考察员工的工作表现、对业务的影响力、技能的相对稀缺性以及市场的需求状况等分配薪酬奖金以及决定晋升，而非像以前仅依靠绩效考核的结果做决策。

 **本章小结**

1. OKR——目标关键成果（objectives key results）是一套帮助企业员工制订目标并追踪目标完成情况的管理工具和方法，旨在确保员工相互之间能紧密协作，把精力聚焦在能促进组织成长、可衡量的贡献上。

2. OKR的特征有：① 严密的思考框架；② 持续的纪律要求；③ 确保员工紧密协作；④ 精力聚焦；⑤ 做出可衡量的贡献；⑥ 促进组织成长。

3. OKR系统的本质是将目标量化，其意义主要体现在：① 以结果为导向的工作理念逐渐被国内众多企业所推广；② 打破官僚层级束缚，实现更为灵活的工作形式；③ 创造更公正的绩效评价，提高员工的认同度；④ 促使企业领导力的改变，以自下而上的管理方式促使员工思考。

4. OKR 的优点在于：① 易于理解，增强接受度与使用意愿；② 展开迅速，提升敏捷性及快速应变能力；③ 聚焦重点，把精力投到最重要的任务中；④ 公开透明，促进部门之间的横向一致性；⑤ 促进员工沟通并提升敬业度；⑥ 促进前瞻性思考。

5. OKR 基于使命、愿景和战略的理论框架制定，其中，使命是指公司长期的目标，一般不轻易改变；愿景是对企业"希望成为什么"的具体描绘；战略则是用来开发核心竞争力，获取竞争优势的一系列综合的、协调的约定和行动。

6. OKR 的目标制订要鼓舞人心，是可实现的、以季度为周期的、限制在团队可控范围内的、具有商业价值的、以定性描述为主的；关键成果尽可能具有挑战性、自主设定、基于当前情况和进度、纵横向对齐一致。

7. OKR 的制定遵循"CRAFT"流程：① 创建；② 精练；③ 对齐；④ 定稿；⑤ 发布。可在某一部门或小组内进行试点，取得成功经验后再推广至企业整体。

8. 使用 OKR 方法前需要对企业当前情况进行评估，了解 OKR 的局限性与注意事项，在使用过程中要促使 OKR 考核法与企业实际情况相结合，制定具有针对性的 OKR 策略。

网站推荐

1. OKR 学习网：https://okrboard.com/what-is-okr/
2. OKR 专业知识网 ：https://objectives-key-results.com/

影视推荐

《在云端》

资深 HR 裁员专家瑞恩一年有 300 多天辗转于全国各地从事解雇他人的工作。剧中男主人公明白裁员对员工的打击，但考虑到企业发展的需要不得不做出这样的决定，因此他温和行事，沟通从"心"开始。这对于日常管理者与员工沟通有可借鉴之处。

推荐理由：通过该影片可了解美国 HR 高效率的工作方式。片中讲述了人力资源外包业务处理企业社保、薪酬、招聘等工作，及各种提升工作效率的方法，对于企业人力资源和企业绩效管理也提供有益思路。

读书推荐

《重新定义团队：谷歌如何工作》

内容概要：本书将谷歌选人、用人、培养人才的团队管理法则进行了梳理和总结，首次公开谷歌天马行空的自由文化和令人眼花缭乱的产品形态背后的工作原理及管理原则。这其中包括"花重金投入招聘""回收经理的权力赋权予员工""薪酬差异化"等，从招聘人才、培养人才、管理人才的角度全方位揭示打造创新、高效、幸福团队的密码。

推荐理由：《财富》杂志史无前例地五次将谷歌列为美国"最佳雇主"，也让谷歌成为目前职业人士最向往的工作地之一。谷歌的这些原则对任何团队的组建和管理都适用。无论是苦于找不到合伙人的初创公司老板，还是面临人才跳槽的企业经理人，抑或是面对互联网转型的企业高管，都能从书中重新发现人才的重要性和团队的价值。

出版信息：博克. 重新定义团队：谷歌如何工作[M]. 宋伟，译. 北京：中信出版社，2015.

思考练习题

一、选择题

1. 关键成果 KR 的必备特征？（　　）
 A. 定性描述　　　　　　　　　　B. 自上而下
 C. 以年度为周期　　　　　　　　D. 定量表述
2. 以下哪种绩效考核方法突出体现将组织目标由上到下贯穿到基层？（　　）
 A. KPI 技术　　　　　　　　　　B. OKR 考核法
 C. 360 度考核法　　　　　　　　D. 积分制考核法

二、简答题

1. 简述 OKR 的含义与意义。
2. 简述制定 OKR 的流程和注意事项。
3. 分析比较 OKR 与 KPI 的优缺点。

模拟实训：学习考核目标制订

选择一家企业为分析对象，收集企业组织架构和业务信息，将班级同学随机划分为若干小组，每个小组担任该公司某一部门的角色，并从小组中选择一名"管理者"，模拟 OKR 在企业层面、团队层面、个人层面的应用。

角色扮演

阿里巴巴集团的企业 OKR 应用模拟

阿里巴巴集团的使命是让天下没有难做的生意。其业务包括核心商业、云计算、数字媒体及娱乐以及创新业务。除此之外，公司的非并表关联方蚂蚁金服也为企业平台上的消费者和商家提供支付和金融服务。围绕着企业的平台与业务，一个涵盖了消费者、商家、品牌、零售商、第三方服务提供商、战略合作伙伴及其他企业的数字经济体已经建立起来。

阿里巴巴集团的企业愿景是：我们旨在构建未来的商业基础设施。我们的愿景是让客户相会、工作和生活在阿里巴巴。我们不追求大，不追求强；我们追求成为一家活102年的好公司。

请以班级为单位，分为十个小组，每个小组扮演一个组织部门的成员，广泛搜集相关部门的信息，制订本部门及内部成员的OKR目标，并在班级内交流讨论。

阿里巴巴集团的组织设置如下：

（1）共享业务事业部、商家业务事业部、阿里妈妈事业部、一淘及搜索事业部。

（2）天猫事业部、物流事业部（天网）、良无限事业部、航旅事业部。

（3）类目运营事业部、数字业务事业部、综合业务事业部、消费门户事业部、互动事业部。

（4）无线事业部、旺旺与客户端事业部、音乐事业部。

（5）聚划算事业部、本地生活事业部。

（6）数据平台事业部、信息平台事业部、云OS（操作系统）事业部。

（7）阿里云事业部。

（8）B2B中国事业部（CBU）。

（9）B2B国际事业部、B2C国际事业部。

（10）全球知识产权保护与打击假货。

可对上述事业部的工作领域收集相关信息，以小组为单位选择其中一个部门，结合所学知识模拟制定相应OKR，在团队和班级内进行讨论与交流。

（资料来源：阿里巴巴集团，官网）

课程学习小组OKR目标制订

将全班同学分成多个5~7人的学习小组，并选出组长，组长担任监督管理者角色。由小组成员共同制定本学期绩效管理课程的小组学习总目标，再由每位小组成员自上而下逐层分解制订个人层面的OKR学习计划。由小组组长指导修改，统一提交给老师，最终挑选出优秀OKR学习计划在班级内进行交流讨论。

案例分析

阳光保险公司的OKR实践

阳光保险集团股份有限公司（以下简称"阳光保险公司"）成立于2005年7月，是国内七大保险集团之一，也是中国500强企业、中国100强服务业企业。2019年中国服务业企业500强榜单在济南发布，阳光保险公司排名第88位。企业使命是"让人们拥有更多阳光"，企业愿景为"打造符合人性与最具活力的金融保险服务集团"。其核心价值是：没有客户便没有一切。确立客户主权思想，一切为了客户，是阳光保险公司每位员工的核心价值追求。阳光保险公司将努力追求一切以客户的人性需求为核心，给客户机会，让客户做主，改善客户体验，提升客户价值。其旗下拥有财产保险、人寿保险、信用保证保险、资产管理等多家专业子公司。

阳光保险公司通过系统导入 OKR——目标与关键成果法，助力企业战略转型、科技赋能和创业孵化，有效激发了员工的工作主动性和积极性，增强了团队的协作能力，促进各项目标管理工作的落实。

阳光保险公司有效解决了核心工作目标管理难题，具体如下。

（1）员工通常站在自身角度去理解和设定目标，而非设身处地站在受益对象价值创造的角度考虑。

（2）目标与关键工作不匹配，通常出现目标与具体工作"两张皮"的情况。

（3）由于项目目标不清楚导致的实施路径不明确。

（4）项目目标缺乏共识，项目组织协同困难重重。

（5）工作追踪管理有效性不足。

（6）考核评价标准描述不清楚。

基于阳光保险公司的行业属性和经营特点，重点项目的时间周期通常为半年，甚至超过一年，这也区别于互联网公司 OKR 的 6~8 周的周期，并且阳光保险公司的一个核心项目通常包含多个子项目，此类项目也分别制定了相应的 OKR，方便追踪和管理。由此形成如下核心项目 OKR。

（1）明确目标，以终为始。项目发起后，由项目组论证并提出方向性目标及关键成果。由项目发起人或管理层对 OKR 进行评审，确保项目立足初衷、方向正确、结果符合预期。

（2）关注效果与价值。制定关键成果 KR 时，强调项目成果的应用效果以及给客户、公司带来的价值，确保成果能够落地。同时制定具体的衡量标准，以便对达成结果进行衡量，并管理预期。

（3）明确思路与阶段成果。为保证项目的可行性，同时也便于项目管理方跟踪进度，阳光保险公司要求项目组对于实施中的关键工作或阶段成果予以明确，在系统内对项目进行现状查询、进展跟踪等操作，也方便了相关领导查阅、点评和管理部门的沟通与协调。

（董迎秋，朱仁健，2019）

讨论题：

1. 阳光保险公司的 OKR 应用措施有哪些？

2. 针对阳光保险公司所面临的问题，企业 OKR 的设定存在哪些问题和不足？你有何改进建议？

参考文献

[1] 童龙. OKR 管理：让每个企业都成为谷歌[J]. 互联网经济，2015（8）：20-25.

[2] 胡峰，吴文霞，黄耀敏. 绩效管理新进展：关于 OKR 理论的文献述评[J]. 区域治理，2020（3）：53-55.

[3] NIVEN P R, LAMORTE B. OKR：源于英特尔和谷歌的目标管理利器[M]. 况阳，

译. 北京：机械工业出版社，2017.

[4] 高照军，毛立云. 企业愿景和使命应对金融危机真的有用吗：关于中国上市公司500 强的实证研究[J]. 上海管理科学，2014，36（4）：26-32.

[5] 王堰琦. 浅谈企业愿景管理[J]. 商，2014（13）：12-12.

[6] 章志光. 社会心理学[M]. 北京：人民教育出版社，2008.

[7] 姚琼. OKR 使用手册[M]. 北京：中信出版社，2019.

[8] 黄宏升. 以管理模式为基石，提升企业质量竞争力[J]. 电子质量，2019，（8）：54-58.

[9] 李欣欣，肖骏. 基于 OKR 的公司内部创新团队绩效管理实践研究[J]. 价值工程，2020（9）：109-110.

[10] 米娟. 浅谈 OKR 在互联网创业企业运用中的策略[J]. 新商务周刊，2019（16）：131-132.

[11] 朱权. 基于 OKR 的 LU 公司初创期绩效管理体系研究[D]. 济南：山东大学，2015.

[12] 柳雯. A 公司基于 OKR 的目标管理模式研究[D]. 北京：北京邮电大学，2019.

[13] 赵振，马柯航. 为绩效管理做减法：OKR 机理与本土化方法[J]. 兰州财经大学学报，2016（1）：46-53.

[14] 田五星，王海凤. 大数据时代的公共部门绩效管理模式创新：基于 KPI 与 OKR 比较的启示与借鉴[J]. 经济体制改革，2017（3）：17-23.

[15] 谢显美. 企业发展战略和人力资源战略的协同分析[J]. 企业改革与管理，2017（14）：95.

[16] 黄佐祺. 浅析 OKR 在传统制造企业中的应用[J]. 经营管理，2020（3）：124.

[17] 杨蓉. 浅谈目标与关键成果法及其在绩效管理系统中的应用[J]. 科技经济市场，2019（7）：98-101.

[18] 董迎秋，朱仁健. 阳光保险的 OKR 实践[J]. 企业管理，2019（10）：82-84.

[19] NIVEN P R, LAMORTE B. Objectives and key results: driving focus, alignment, and engagement with OKRs[M]. Wiley,New York,2016.

[20] ANONYMOUS.In The plex:how google thinks, works, and shapes Our Lives[J]. EContent, 2011, 34(5):14.

[21] KRUSE K. Engaging your team for higher performance[J]. Executive forum, 2018(90): 43-48.

[22] DWECK C. What having a "growth mindset" actually means[J]. Harvard business review digital articles, 2016(13): 213-226.

[23] CHARLES H. International business: competing in the global market place[J]. Strategic direction, 2008(2): 342-344.

[24] MINTZBERG H. The strategy concept I: five Ps for strategy[J]. California management review, 1987, 30(1): 11-24.

[25] ROGERS T, BAZERMAN M H. Future lock-in: future implementation increases selection of "should" choices[J]. Organizational behavior and human decision processes, 2008,

106(1): 1-20.

[26] DORAN, GEORGE T. There's a S.M.A.R.T. way to write managements's goals and objectives[J]. Management review, 1981, 70(11): 35-36.

[27] YERKES R M, DODSON J D. The relation of strength of stimulus to rapidity of habit-formation[J]. Journal of comparative neurology & psychology, 1908, 18(5):459-482.

[28] AMABILE, TERESALUBART T I. Models of the creative process: past, present and future [J].Creativity research journal, 2001, 13(3-4): 295-308.

第十二章
数字化绩效管理

与其说互联网是一场技术革命，不如说它是一场社会革命。
——《长尾理论》作者克里斯·安德森

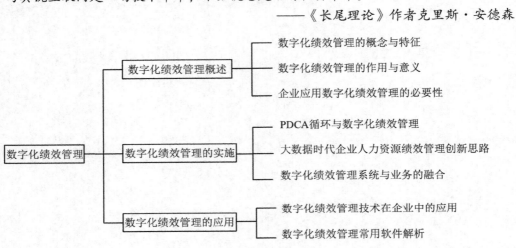

学习目标

➢ 掌握数字化绩效管理的概念
➢ 了解数字化绩效管理的作用与意义
➢ 掌握 PDCA 循环下的数字化绩效管理
➢ 了解数字化绩效管理的应用
➢ 了解数字化绩效管理的常用软件

引例

七匹狼绩效信息化管理方案

　　七匹狼品牌创立于 1990 年，是中国男装行业的开创性品牌，未来将继续以品牌经营为基础，以资本运营为纽带，努力成为中国第一时尚产业投资集团。

　　人才是企业在激烈竞争中的制胜关键。基于对这个理念的认同，七匹狼在人才管理上投入大量资源。在绩效管理上，七匹狼引入咨询公司进行体系设计，并根据咨询结果进行线下管理实践。完善的 KPI 制度，到位的目标分解程序，帮助七匹狼从"青春期"

走到了"成熟期"。随着集团的多元化发展，七匹狼在绩效管理的执行过程中也遇到了三大难题，具体如下。

（1）员工基数大，原始手工作业导致信息传递慢：七匹狼的职能、运营、营销体系庞大，大量表单反复分发、收集，耗费精力，管理难度大，信息对称难度大。

（2）单据流程无法有效监控：考核节点拖拉严重，无法有效推进。HR无法直接深入一线，员工绩效提升、辅导无法有效落地。

（3）绩效分析数据不能保证准确有效：数据抓取耗时耗力，准确性和有效性无法保障。

面对如何打破服装行业线下绩效管理的难题，七匹狼的解决方案是：通过绩效管理系统实现绩效考核管理平台化、流程可视化、结果数据化。在项目落地过程中，七匹狼提出了四项目标：灵活支撑KPI管理；加强过程管理；移动互联新体验；目标管理微创新。

七匹狼通过引入与北森人力资源科技公司共同打造专属的绩效考核系统，通过绩效管理实现以下五个方面的价值。

1. 灵活支撑KPI管理——分解、执行、评估、反馈

七匹狼的整个绩效管理流程从指标的制定与审核开始，整个执行过程的跟踪与修订，直至最终的打分确认，全部实现线上管理，例如：① 定量指标和定性指标管理及打分；② 算数求和计算考核表最终结果；③ 绩效结果的审批、复议、驳回。

2. 绩效评价过程的实时沟通反馈与留痕

在"互联网+"的冲击下，市场变化快速，无论是技术还是管理方法都在快速迭代。快速利用工具+管理手段创新激活员工创新，对于企业变得越来越重要。通过关注员工业绩达成中的执行过程，领导可以及时给予指导意见，帮助员工纠偏。最终，通过对过程的监管促进员工整体业绩的达成。

3. 移动办公——移动互联新体验

移动应用让互动更方便、快捷。北森人力资源科技公司通过系统集成，让员工通过企业微信平台就可以完成绩效管理全程。目标制订、目标对齐、员工自评、多角色评估、审批，过程辅导及激励等，都可以线上完成，而不再因为人员出差、跨地区而导致绩效管理无法按时完成。与此同时，也大量节省了HR程监控、跟催等时间，大幅提升HR的工作效率。

4. 全流程线上化，进行实时过程监控，提升HR管理效率

多事业部绩效管理是HR面临的大挑战。每次进行绩效考核期间，HR都需要不断收集各事业部的绩效考核表完成情况，但是对于公司整体的绩效考核执行进度无法做到有效了解和把控。

5. 目标管理微创新

近年来，七匹狼深化多品牌发展战略，通过对国际品牌的入股与收购，以及新品牌的孵化，构建了多品牌矩阵。在这个过程中，多元化、创新将是企业战略发展的核心，借助信息化让组织目标与员工目标快速对齐，强调自上而下的目标分解，与自下而上员工充分参与的统一，目标公开透明，更实时和频繁的目标回顾，注重沟通反馈，促进目标的实现与员工成长，将是 HR 团队全力推动的工作重心。

"客户为本、保持狼性、拥抱变化、合作共享"是七匹狼面向未来，适应时尚产业和消费市场变化的文化特征。随着绩效管理效率的提升，七匹狼将进一步借助实业经营与投资并购，打造市值千亿的时尚产业投资服务集团。

（资料来源：北森人力资源科技公司. 七匹狼绩效信息化管理方案 [EB/OL]. https://www.beisen.com/customer/69.html. ）

从上述引例可以看出，企业在进行组织绩效管理过程中可能会遇到一些难题，这时可以考虑借助第三方机构设计的具有针对性的解决方案，利用现代数字化技术搭建组织人才管理系统，提升绩效管理的效率。

第一节　数字化绩效管理概述

随着新一轮科技革命与产业变革的兴起，以数据资源为重要生产要素、信息通信技术融合应用、全要素数字化转型为重要推动力的数字经济日益成为经济发展的新模式（马名杰等，2019）。中国信息通信研究院发布的《中国数字经济发展与就业白皮书（2019年）》显示，截至 2018 年年底，我国数字经济规模达到 31.3 万亿元，占 GDP 的比重超过三分之一。在数字经济的大浪潮下，越来越多的企业开启了数字化转型之路（赵西三，2017）。因此，如何促进企业数字化转型，产生良好的企业绩效，成了学术界和产业界共同关注的一个热点问题（Teece，2018）。

一、数字化绩效管理的概念与特征

（一）数字化绩效管理的概念

"互联网+"使得人与人、人与企业之间的相处模式发生了变化，打破了传统部门之间、不同岗位之间的界限，提升了企业管理的科学性，实现了数字化人事决策与企业人力资源价值计量管理，构建了及时反馈的信息化和数字化绩效管理体系（刘彬，2019）。

数字化绩效管理是指将移动互联网、物联网技术应用在组织绩效管理中——在企业明确的组织战略目标和透明的绩效制度基础上，利用互联网技术搭建科学的组织绩效管理线上平台，一站式服务于组织绩效管理的前瞻计划、监控实施、精准考核、及时反馈等职能。根据企业自身发展情况，平台既可以结合企业所需融入企业管理理念，开发细分功能以满足个性化管理需求，也可以综合众多考核管理技术，灵活运用、及时调整，发挥数字化绩效管理的高效准确优势。

当前，得益于大数据、AI、物联网（internet of things，IoT）、5G 等数字技术与业务交织融合的技术，可结合传统绩效管理的方法和思路进行敏捷化绩效管理。这种"互联网+绩效管理"的运作模式可以通过数字化系统实现多角色参与及多维度观察，帮助组织对员工绩效实时追踪、灵活跟进。通过数据驱动，实时洞察、真实记录员工的表现和业绩，促进员工管理数据实时积累和组织内部人才发展库的建设（韦玮等，2020）。

在不久的将来，组织将进一步实现网络化团队协作，将数字化、大连接、智能化和人本化等因素叠加。我们所处的环境正在发生巨大变革，单纯按职能、岗位、业务范围划分的科层式组织正在走向衰败，适应去中心化或扁平化的组织成为当下企业发展的重点。德勤会计事务所（Deloitte）曾于 2017 年在《HR 技术颠覆：人力资源技术市场重塑自身》中指出，"目前，许多组织都在加快自身进入网络化的步伐，88%的企业表示这一结构转型是当务之急"。未来将会有越来越多的企业尝试打破组织边界，形成一个个以目标或任务为导向的项目制团队。在这种组织形式多样且运作灵活的团队中，单凭传统以人工进行的组织绩效管理将无法满足组织需要。因此，如何发挥科技的杠杆作用则成为企业未来绩效管理工具开发的重点。

（二）数字化绩效管理的特征

如今，数字技术快速发展，劳动力团队呈现出年轻化和多代际性的趋势，组织形式和内核成员的不断变化要求组织朝着持续绩效管理和以团队为中心的方向发展，这对人力资源管理的工具和平台提出了新的要求。基于此，数字化绩效管理具有如下三个方面的特征。

1. 平台赋能，共享服务

人才是企业发展的根本，是企业可持续发展的核心动力。新时代企业人力资源管理理念从关注员工管理转变为关注员工赋能。随着时代的发展，人本主义管理理念不断成为企业人力资源管理的主流，颠覆了传统将人视为工作机器的"经济人"假说。这样管理理念的变革也带动企业绩效管理思路的创新，要求在构建绩效计划、实施、考核、反馈与结果应用的闭环系统时注重赋能理念，加强自下而上的信息传递，促进员工个人对自身工作目标与组织整体战略目标的理解和发散思考。

通过企业文化的牵引，使"被赋能者"成为新的"赋能者"。这里"被赋能者"是指每一位企业员工都借助平台的支撑，接受企业文化和赋能机制从组织各个层面到个体的传导。设计优良的数字化绩效管理平台不仅能发挥管理的职能，还具有激发员工个人潜力、督促提升工作效率、降低管理成本等潜在功能。借助移动互联平台打造共享服务平台，实现目标透明、进度可视、绩效可控的数字化绩效管理。

2. 持续绩效管理，敏捷经营

持续绩效管理要求管理者对员工的管理不再单纯以个人岗位职责为依据，而是从企业的组织目标出发，层层分解落实到团队目标，并且进一步拆解为个人目标，在目标执行过程中持续强化沟通与反馈，确保目标达成和组织发展，由此形成新时代组织绩效管理的闭环路径。敏捷经营则体现在绩效反馈和计划临时调整的灵活性上，即团队上传下达的信息传递和问题反馈速度极快、效率极高，无须跨越多层级，有助于企业协同运作。

3. 动态监控，及时调整

数字化绩效管理平台还能够实现人工管理无法做到的后台连续监控，并且能够随时呈现动态变化视图，为管理者更好地了解员工绩效水平，分析绩效不良的原因等提供可参考的连续数据。在组织绩效动态监控的基础上，还可以实现部门与员工个人目标方向把控，兼顾灵活性与可控性。

在大数据时代，数字化企业管理已被重新定义，人们更加关注利用高效便利、触手可及、兼顾柔性化管理的移动互联平台，搭建多元共生、协同发展的组织生态体系。其目的在于从人性出发，培养个体崛起与组织认同相协调的员工，以企业文化为纽带，将组织从利益共同体转变为精神共同体。因此，绩效管理也遵循人与生态相互协调的数字化发展模式。

例证 12-1

新力地产公司 3500 名员工的高效绩效管理

新力地产集团有限公司（以下简称"新力地产公司"）总部位于上海，是一家以房地产开发为主营业务的集团公司。2018 年新力地产公司以近 900 亿元的销售额跃居中国房地产行业第 31 名。新力地产公司在企业发展过程中也经历了战略目标落地困难、人才效能提升缓慢、人才梯队建设和人才业务支持不足等发展困境。为此，新力地产公司引入北森人力资源科技公司做人才评估、问题诊断并提出解决方案。

绩效管理是实现组织战略目标、提升员工能力的重要手段。以往通过 OA 流程制订绩效目标、开展绩效考核，只能满足最简单、基本的绩效考核需求，绩效考核结果数据收集都非常不便，更谈不上对业务部门的人力决策支持了。基于对员工绩效 PDCA 全流程管理的诉求，新力地产公司于 2018 年 10 月正式上线了北森绩效管理系统，三个月积累 17 000 余条绩效数据。实现绩效目标分解与对齐、进度追踪与沟通反馈、考核流程监控、等级分布控制、绩效沟通反馈记录等功能，总体运行效率大幅提升，为各级绩效管理者大大"减负"，能够开展更多精细化的管理、数据分析工作。

图 12-1 所示为人才盘点体系。

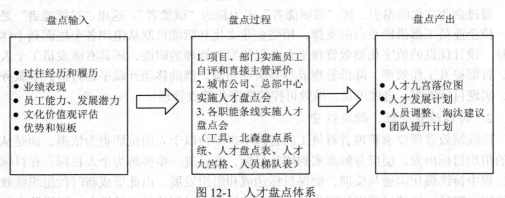

图 12-1　人才盘点体系

通过导出绩效数据报表，能够查看到团队绩效状况，为各级管理者提供更多的决策支持。员工也能实时查看到自己的绩效目标进展情况、绩效考核结果数据以及上级对自己的绩效反馈，并不断改进提升。最终，在组织绩效管理方面实现了数据化跟踪绩效，驱动业务变革，大大提升组织绩效管理效率。

（资料来源：北森人力资源科技公司. 这家地产新锐如何让 3500 员工集体高效？[EB/OL]. https://www.beisen.com/customer/91.html. ）

二、数字化绩效管理的作用与意义

管理者借助数字化绩效管理技术，可以通过互联网移动平台实现实时绩效记录与反馈。这一技术的应用看似架空了组织人力资源部门对绩效管理的职能，实则反倒是延展了管理者对组织绩效的把控维度，借助技术创新减少烦冗的人力管理环节，从而使管理者能全身心地投入机器无法实现的绩效管理运作、人员绩效沟通等方面，充分实现"人机结合"的互联智慧管理。

（一）数字化绩效管理的作用

传统人力资源绩效管理常出现绩效考核内容过于单一、考核信息不够明确、绩效考核太过注重形式等问题。而数字化绩效管理技术能够在一定程度上打破这一局面，通过技术创新带动管理思路的进步，最终有效提升企业绩效管理的效率。具体而言，数字化绩效管理的作用体现在如下四个方面。

1. 统筹企业人力资源海量信息，完善企业绩效管理制度

在人力资源管理体系内铺设完备的企业信息网络，有助于了解企业内外部人力资源管理的相关数据，还可通过挖掘数据资源找准绩效管理突破口，促使企业绩效管理质量提高。例如，企业通过分析员工入职时间数据明晰内部员工年龄结构，并针对老员工流失率相对较高现状，探析能激发新员工工作积极性及保障工作团队稳定的人力资源绩效管理对策（李彦秋，2019）。在大数据背景下，企业绩效管理的重点落在统合全体员工的绩效水平、控制组织人力资源管理成本，以及发现绩效问题并及时予以解决的工作之上。借助数字化技术，加强企业对自身制度的检验，以技术创新推进企业制度的完善，加强对各项工作的监督。

2. 使企业人力资源绩效管理更加人性化，更全面

大数据体现在企业运营的各个环节，是管理者反观员工日常工作表现的一面镜子，利用数字化技术能加强组织绩效管理的精确性，使绩效考核有据可依，保障企业管理关注人本身。例如，企业在以"办公降耗"为目标进行绩效管理时，以各部门为依托统筹办公耗材数据信息，关注各部门乃至各位工作人员办公降耗实况，从个人、部门两大角度出发制定绩效管理细则，同时根据办公降耗空间适度调整管理内容，旨在调动个人及部门的办公降耗积极性，继而通过绩效管理完成企业新时代绿色低耗运营管理任务（王心欣，2020）。

3. 加速消息互通，传递员工心声

现今诸多绩效管理技术（如360度绩效考核法、OKR等）都致力于改变以往刚性管理有余、柔性管理不足的问题，加大自下而上和平级之间无隔阂的沟通。借助数字化绩效管理技术，为员工提供更加高效便捷的沟通平台，增强信息传递的时效性。此外，平台内开设"匿名信箱"等功能，这有助于鼓励更多一线员工对绩效管理提出建议，使绩效考核标准贴合实际，不仅能提高企业效益，还能点燃员工的工作热情，营造人性化管理氛围。例如，企业在调整绩效考核指标后可面向一线员工下发调查问卷，了解员工对绩效管理的感受，通过调查数据挖掘、探寻绩效管理立足点，为企业人力资源绩效管理体系涌现新想法、新标准、新要求奠定基础，使企业综合管理效果更优（王心欣，2020）。

4. 优化现有的人才评估方式，完善内部奖惩制度

在人才评估和管控中，为了能体现出绩效管理的公平性和公正性，充分利用大数据中的人力资源系统进行人才评估，充分挖掘数据之间的关系，精准落实绩效管理的每一个环节，收集有效数据。此外，还可以创新绩效管理方案，例如，以员工的绩效管理作为基础，要求员工对各项内容进行记录，对日常工作和琐碎信息的规整进行创新，以实现整体进步。

绩效管理的功能主要体现在激励员工、促进沟通、评价能力等方面。在以企业效益为中心的人才队伍建设过程中，企业自身人才发展和系统优化的需求不断促进内部奖惩制度改善，以期更加符合企业员工的实际发展诉求。在员工激励方面，注重将保健因素与激励因素相融合，形成"双因素"协同发展的良好局面，从企业员工实际需求出发，结合马斯洛需要层次理论制订适用于不同层级个体的个人发展激励计划。在惩罚方面，注重以员工"思想矫正"为主、"实际惩罚"为辅的惩罚机制，注重使用适当手段适度惩罚，其目的在于引起员工对自身发展现状的思考，并做相应的改进。数字化技术则能更加敏感地捕捉到员工绩效水平的变化情况，提醒管理者及时给予员工奖励或惩罚，为企业营造健康的绩效管理氛围，促进员工个人绩效水平提升。

（二）数字化绩效管理的意义

数字化绩效管理只是在进行绩效管理的方式上进行了突破，而实际任务性质并未发生变化。数字化绩效管理是指将移动互联网技术与传统绩效管理相结合，在管理过程中使用高效便捷的措施降低人力成本、提升管理效率。而绩效管理的目的是通过组织绩效目标和计划的制订，监控不同层级主体绩效实施的效果，如遇到问题及时给予辅导和纠正，随后进行阶段性绩效考核和绩效反馈面谈，以期通过个体绩效水平的提升促进组织整体发展。因此，数字化绩效管理的意义主要体现在以下四个方面。

1. 管理者职能明晰

在数字化绩效管理过程中，管理者能够更加纯粹地扮演"教练"角色，通过和员工持续的沟通，指导、帮助或支持员工完成工作任务。人际沟通是双向的，当员工意识到管理者的意图时也会更愿意坦诚合作。因而，可营造出和谐的组织工作氛围，促使员工在开放宽松的环境下不断地提升自身的工作能力。

2. 员工绩效轨迹全程追踪

借助互联网平台高效快速的算法工程，企业将获得用于人员晋升、工资、奖金分配、人事调整等人力资源管理活动更加可靠的决策数据。通过数字化绩效管理技术实现全员绩效信息化管理，旨在动态掌握员工的基本素质和工作业绩，为正确评价、培养、任用、奖惩或淘汰员工提供依据。全方位、多层级的持续绩效监测，能有效避免以往对绩效考核只关注"惩罚"、不注重"成长"的状况，给予管理者更加充实的数据寻找员工绩效能力低下的真实原因。管理者通过考核查找不足，强化组织管理短板，以此达到提高员工素质和技能的效果。

3. 部门间横向沟通更顺畅

数字化管理技术打破了传统以部门或业务为单元的绩效管理壁垒，更多实行以团队或项目为考核单元的组织绩效管理形式。数字化管理平台通过公开透明、全员共享的方式把企业利益与员工利益直接关联起来，通过绩效考核系统增进各级领导和下属之间的相互了解和沟通，努力挖掘员工的工作潜能，增强员工的工作责任感，帮助员工成长与发展，逐步建立和完善人力资源管理体系。

4. 企业数字化发展模式构建

企业数字化转型不是一项孤立的活动，而是企业与其同行业企业、数字平台企业、政府部门等主体不断交互以获取数字技术、知识、资金等相关资源的过程（Teece，2018）。而企业数字化绩效管理则是企业数字化转型在人力资源管理方面的一个嵌入环节。绩效管理是企业对内管理，但随着数字化时代的变迁，对内管理的数字化转型也承担着对内员工培训的职能，即培养员工信息化、数字化的工作习惯。

例证 12-2

Facebook 的 360 度绩效考核系统

现如今，能登上《财富》杂志世界 500 强榜单中的一些国外企业已经放弃了年度的员工绩效考核与评比，如微软公司，取而代之的是一套更新的绩效管理系统，以此来重点关注团队和员工的成长以及对于员工绩效的及时反馈。然而，作为社交媒体巨头的Facebook，却还坚持每半年一次采用传统的 360 度绩效评估的方式对员工进行评价。但不同于传统人工评价的方式，Facebook 开发内部评价系统，应用数字化技术进行组织绩效考评。

按照 Facebook 的绩效管理方式，每半年举行一次的 360 度评估，要求员工在两周时间内征集 3~5 个"亲密"同事的反馈，然后自己再写一份自我评价，经理们将结合这些反馈、自我评价和员工平时的表现对员工半年内的工作进行评估，决定员工是否会得到奖励或晋升。

上述所有信息的收集、反馈、跟踪都能在 Facebook 内部软件中得到实现。通过平时软件及时的反馈，每个员工在被评估之前实际上都已经非常了解彼此的工作表现，这可以消除采用 360 度绩效评估所带来的不确定性和模糊性。

Facebook 采用这种绩效管理的手段并不是为了解雇那些表现欠佳的员工，而是把它作为一种检查工作成效的手段，同时也将它作为一种激励员工的手段以奖励那些表现优异的员工（只有不多于 2% 的员工获得最高的评价）。

（资料来源：MONIKA. 脸书 Facebook 的 360 度绩效考核案例 [EB/OL]. [2020-09-04]. https://blog.mokahr.com/8168.html.）

三、企业应用数字化绩效管理的必要性

数字化时代的领导不再是简单的指挥、命令、控制，而是愿景、牵引和赋能，因此，绩效管理机制将面临新的任务。数字化、智能化时代应用数字化绩效管理已成为当前企

业人力资源管理的必然趋势，其必要性体现在如下四个方面。

1. 科技赋能解放传统劳动力

首先，企业要构建数字化的人力资源平台与决策机制。传统的人力资源职能在某种意义上已消失，未来都可能将会变为平台数字化管理。组织在平台上实现对系统的支持和赋能。

其次，数字化人力资源管理对人的价值、贡献的衡量都提出了新的挑战，未来只有不能被机器所替代的工作才能被保留下来，因此唯有培养个人不被替代的核心竞争力才能在竞争激烈的今天屹立不倒。

2. 数字化技术推动企业改革

数字化转型是企业战略层面的概念，它并不是追求眼前效益的灵活战术，其本质是用数字化技术进行企业管理技术颠覆。传统信息化企业中由"人"驱动"IT系统"，"IT系统"是支撑管理流程的关键技术，传统的信息化架构以流程线性自动化为核心；而数字化企业则以数据和业务能力服务化形成网络聚合为核心。时代发展推动技术变更，数字化技术已成为社会未来发展的推动力。企业只有顺应时代发展才能在长期竞争中保有自身优势。

3. 精准挖掘人才潜力

在企业人才培养方面，大数据技术可将员工的基本信息，如工龄、学历、所在岗位等信息录入计算机系统，建立企业内部人才管理数字化分析模型，并根据员工发展实况不断更新相关信息，确保数字化分析模型内的数据信息实时、精准、有效，通过分析将员工与岗位、绩效管理与人才发展关联在一起。数字化绩效管理借助程序设定，在对员工绩效水平进行分析和评定时，能够做到客观公正，不带有管理者评价的主观评价色彩。在此基础上，所得考核结果更具有说服力和可信度，对于追求绩效发展和绩效盈利的企业管理者而言，更具有参考价值和战略意义。

此外，数字化绩效管理帮助企业不断明晰企业人才管理薄弱环节，加强培训（进修）、职业规划、监督等，助力企业基于绩效管理结果而进行的人才管理模式优化，促使企业持续释放人才红利，用大数据技术及资源为企业人力资源绩效管理赋能（罗上奎，2019）。

4. 紧随时代发展步伐

数字化转型体现在数字化营销转型、数字化运营转型、数字化产品转型、数字化服务转型和数字化人才转型等方面，而企业绩效管理数字化转型则是介于人才与服务两个维度的结合转型，即基于物联网、大数据、云平台，实现人员赋能和管理，加强企业内部人员数字化连接、协同、分析、决策能力，提升数字化时代人员的自治管理、自主决策、自主经营、自我提升的能力。数字化技术为企业带来更加高效、便捷的管理方式创新，致力于企业人力资源管理成本降低与管理效能提升的实践应用。

数字化绩效管理技术能够大大缓解企业管理者在传统方式下的管理负担，是促进企业管理技术创新的重要推手，但未明确企业自身的发展现状和需要就一味追求技术革新，也有可能造成企业在数字化转型过程中出现水土不服的现象。因此，企业数字化绩效管理改革需要在企业整体制度支持、资金保障、员工认同、战略一致等基础之上进行。例如，传统制造型企业在进行数字化绩效改革时，首先，要在企业制度层面做出改革，加强员工对新技术的学习和认同；其次，要在企业内部营造宣扬数字化绩效变革的企业文化，以内聚力推动企业的整体数字化进程。

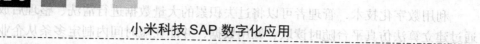

小米科技 SAP 数字化应用

小米科技是一家致力于产品新零售的新科技公司，在 2010 年以互联网产品开发为思路，实现手机产品和互联网服务全域营销，并成功跻身世界 500 强。但是，在高速发展的同时，小米科技也在企业内部业务的达成上面临着一些痛点。

首先，企业发展迅猛，多业态信息化分散建设，企业核心运营能力急需统一化平台整合和重构；其次，日渐复杂的创新生态发展要求企业迅速提升跨职能的协同；最后，多品牌及产品运营的研发周期、产品交付、服务周期要求小米科技对生态级的供应链协同做深入的变革。

因此，小米科技选择了思爱普（system applications and products，SAP）的数字化产品与服务。具体来说，通过引入 SAP 在企业内部制订企业资源计划（enterprise resource planning），从财务、计划、采购、销售、供应链和绩效管理等维度助力小米建成了数字化管理平台，加强对公司的生产经营管控、企业运营决策的管理能力，并打造了业务、财务一体化稳态平台，实现了对供应链、费用控制和人员绩效等的管理，从而降低了公司的运营成本，提升了管理效率，提升了对关键流程分析与风险识别的能力，全面防范风险。

一组数据可以直接说明数字化的价值。经过整体数字化的打造，小米科技在财务月度结账处理上缩减时间近 200%；五年内国际业务增长近 400 倍；100%支撑了生态供应链业务；打造了 2000+以上的供应协同网络；集团合规内控风险清理比率 100%。

（资料来源：雷锋网. 经典案例：十大领域企业数字化转型启示[EB/OL]. (2020-10-23). https://tech.ifeng.com/c/80o5IWiyQKY. ）

第二节　数字化绩效管理的实施

近年来，大数据逐渐成为社会发展的技术新宠。众多企业人力资源绩效管理积极与时代接轨，大数据时代的人力资源绩效管理使绩效考核变得客观公正，能够更加高效地提升企业人才应用潜力，优化企业人力资源绩效管理模式（冯俊玉，2020）。

一、PDCA 循环与数字化绩效管理

PDCA 由美国质量管理专家休哈特（Walter A. Shewhart）于 1930 年首先提出。他将质量管理分为四个阶段，分别是 plan（计划）、do（执行）、check（检查）和 act（处理）。后来 PDCA 技术不仅应用于质量管理中，还在企业管理的诸多方面充分发挥其完善的循

环管理功能。在数字化技术发挥作用的绩效管理领域，PDCA 循环渗透在以下四个环节：
① 借助算法技术制订绩效计划；② 自动化平台辅助绩效辅导；③ 数字一体化流程实施绩效考核；④ 数字化绩效信息反馈面谈。

1. 借助算法技术制订绩效计划（plan）

利用数字化技术，管理者可以将过去积累的大量数据进行清洗、整理后放在云端，通过建立算法仿真平台随时读取、调用数据，并能在短时间内制定多条从企业当前发展状况到未来发展目标的路径，为企业绩效计划设计出具有预测性、科学化且具有一定安全性的方案以供选择。数字化技术在一定程度上能够降低组织绩效计划制订错误的概率，化繁为简，使管理者将注意力集中于绩效计划的筛选与人性化完善的过程中。

2. 自动化平台辅助绩效辅导（do）

企业绩效面谈与沟通作为绩效反馈的重要形式，承担着管理者与员工共同进行绩效复盘、研究绩效不良的原因、辅助"教练技术"帮助员工取得绩效改进的重要职责。数字化绩效管理可以提供员工绩效的实时动态数据，展现员工在一段时间内的绩效发展状况和波动水平，再结合一定的数据分析和模型比较，站在更理性的角度进行员工评价。数字化评价和反馈的最大优势就是给予员工最直观的数据信息，引起个人对自身短板的重视，增强数据化思维模式，提升全方位理性看待结果的能力。

3. 数字一体化流程实施绩效考核（check）

在数字化平台上，企业可以结合已有绩效管理技术（如 360 度绩效考核法、OKR、目标管理、KPI 考核等多种管理考核法）共同构成适用于企业自身发展的数字化绩效管理系统。企业数字化绩效管理平台与企业人力资源数字化转型共同致力于企业绩效管理水平的提升。此外，数字化意味着信息传递已不再像传统人工传递那样需要经历更多层级传递，而是满足跨层级、跨部门的纵横向跳跃式沟通，简化多向信息传递流程，降低信息传递的错误率和人力资源的浪费，增加第一手资料的真实性。

4. 数字化绩效信息反馈面谈（act）

绩效结果应用主要是指将考核评价结果与绩效工资、奖金挂钩，与工资晋级、职务晋升、员工培训、个人发展计划等相联。借助数字化技术，帮助企业获得更全面的绩效考核结果，增强绩效考核结果的科学性。通过动态数据监控分析一段时间内员工绩效发展状况，以此制订更具有针对性的员工个人发展计划，促进个体绩效水平的提升。许多企业在享受数字化绩效管理带来的高效便捷管理的同时，能够结合人力资源管理者的能力进一步延长其应用价值。将绩效结果应用于企业整体绩效管理实力的提升，需要考虑绩效结果应用与企业发展现状的适配度，这需要管理者有一定的决策能力，必要时还需要联合公司高层共同讨论，选择适合的绩效结果应用于企业绩效可持续发展的进程中。

二、大数据时代企业人力资源绩效管理创新思路

绩效管理是企业人力资源管理的一个重要部分，随着大数据时代的发展，企业管理技术在顺应时代更新变革的同时面临着许多新旧方法适应的问题。因此，在进行企业数字化管理技术变革之前要先做好前期调查，确定正确的绩效管理创新思路，尽量使用"平

滑推进"的方式促进绩效管理技术创新，以减少企业适应不良的情况。

（一）建立完善的人力资源数据库

随着数字化技术的发展，企业人力资源绩效管理工作获得了更好的发展平台，工作内容和方式都得到了有效创新和优化，企业管理效率显著提升。企业绩效管理工作的内容包括了客观数据记录、动态数据记录以及数据分析等内容，是一项相对复杂的综合性工作，考验管理者在掌握较多信息时多维度发散的能力。人力资源绩效管理人员在企业新员工入职时会进行人员资料的收集和储存，并且定期进行数据信息调整和更新（贾超杰，2020）。但是，传统的管理模式对于人员资料的收集、整理和分析都较简单，处于浅层数据，如果仅是归类，还无法得到准确的数据信息。

深层次的人力资源质量状况数据属于个人表现数据，管理者可以从中挖掘具有重要价值的信息，帮助企业加强人员绩效管理。信息收集可以通过自动化办公 OA 系统完成，以实现员工出勤率、满意度等数据的自动收集。通过建立不断更新、优化和完善的人力资源数据库确保员工工作调度情况的完整性和时效性（祝志晔，2019）。

在对企业人力资源变动情况的动态跟踪管理过程中，要有针对性地记录企业人力资源绩效数据。其目的在于引导企业选择关键考核方面，在降低管理成本的同时，有效地进行企业人力资源的质量分析，保证绩效管理工作的真实性。

（二）创新人力资源绩效管理方式

随着社会的进步，人力资源市场的环境也在不断变化，新生代员工更加重视企业管理者为他们营造的舒适的工作环境和人性化的企业管理文化。这就要求企业在发展的过程中顺应市场的发展潮流，与时俱进，在大数据时代背景下，需要从管理理念、制度和技术等多方面不断创新，以保证企业的市场竞争力。

首先，企业在对员工进行绩效考核时，不能再一味地关注员工某一方面的工作内容，以业绩为唯一考核标准，而要更多关注员工的工作表现和状态，融合员工工作态度和积极性等方面，制定一套客观、科学的绩效考核制度，提高企业绩效管理的科学性和有效性。

其次，企业在落实人力资源绩效管理工作时，除了要考虑企业自身的经济收益，还应该考虑企业员工的实际需求，包括岗位需求、待遇需求以及专业技能需求等，要从员工的角度出发，切实了解员工的现实需求，并给予适当的帮助，从而提高企业员工的凝聚力。

最后，企业要强化各个部门之间的交流和沟通，在大数据的支持下实施扁平化的管理模式，进行综合素质及学业水平的考核与评价。通过团队成员的分工协作，构建良好的管理机制（贾超杰，2020）。

（三）促进企业绩效数据的反馈与应用

由于受到传统科层制管理制度和观念的影响，企业习惯于以自上而下的方式进行信息传递和沟通。但随着组织形式扁平化的转变，项目制、团队型工作的大量涌现，企业进一步提升了内部绩效反馈的水平，利用最低的成本把控企业整体绩效发展脉络，及时诊断问题，快速提出有效解决方案。上述这些情况单凭传统的人力资源管理远远无法胜任，因此，数字化绩效管理技术为企业内部绩效反馈搭建了高效的沟通平台，以加强员工之间、上下级之间的沟通效率。

企业绩效管理技术创新的目的在于加快企业内部信息资源传递，确保各层级之间能够实现高效沟通，以便员工问题得到客观分析，从而提出有效的改善措施。为确保绩效数据能够得到分享和充分利用，需要完成企业信息反馈机制的建立，确保企业各级人员能够通过邮箱、企业微信、QQ等各种途径对人力资源管理问题展开评价，共同对绩效考核标准进行改善，从而使考核结果能够让员工信服。在云技术、互联网等各种技术支撑下，可以实时进行绩效数据的传递，确保员工能够与上下级针对绩效考核结果展开深入沟通。结合员工反馈的问题，企业人力资源管理部门可以从岗位调动、晋升机制、培训管理等方面采取相应的激励措施，实现员工潜能的深入挖掘，保证员工绩效能够得到持续提升。因此，在绩效数据应用上，充分应用大数据技术对人力资源信息进行挖掘，保证信息能够在企业内部公开、透明，能够为雇主与应聘者的沟通提供便利。加强绩效数据的应用，为企业员工培训工作的开展提供科学指导，增强员工对数据信息的敏感度，使其在管理者的合理引导下成为复合型人才，由此促进企业员工队伍素质不断提升。

三、数字化绩效管理系统与业务的融合

企业开展各项业务活动、拓展新的业务领域，面临来自企业外部各种不确定的因素以及内部传统管理挑战时，会承担一定的风险，此时需要更加有效、智能的管理手段来应对各种不利的环境，确保企业的正常运行，积极掌握主动权，赢得竞争优势。在企业的绩效管理创新中，引进数字化的管理方式是顺应当前发展趋势的不二选择，可以推动数字化绩效管理系统与各项业务的深度融合。

（一）业务部门传统绩效管理方式存在的不足

业务部门传统绩效管理方式存在如下三点不足。

第一，企业数字化绩效管理意识较淡薄。企业在对员工进行业绩考评时，通常在设置具体指标体系后由人事部门考核并进行评价，考核效率低下，也存在一定的疏漏之处，但传统的方式也能应付，因而企业没有充分认识到绩效考核数字化的重要性和价值。

第二，数字化绩效管理体系还有待完善。首先，绩效管理评价标准层面的指标可量化性不太明显，缺乏科学性，以至于绩效管理基础不牢靠，评价指标不明确，员工的评价就会处于不公平的状态。一旦受到了不公平待遇，往往容易导致员工丧失工作积极性（谢珍贵，2018）。其次，数字化绩效管理的组织结构上，人为因素干涉力度大，以至于绩效管理部门的独立性不强。

第三，绩效管理人才队伍建设落后。一方面，绩效管理人员相关的理论知识较欠缺，没有科学的认知，工作态度不够严谨，难以充分发挥绩效管理的实际作用；另一方面，绩效管理人员没有进行系统的专业性学习，操作过程中熟练程度不够，没有对数字化绩效管理体系做明确规划，没有在日常管理过程中针对需要改进的地方提出建设性意见，以弥补考核中的疏漏之处（吴惠明，2019）。

（二）数字化绩效管理体系与业务融合发展

数字化转型时期，企业的绩效管理需要和业务部门深度融合，为企业创造价值。2017年10月，上海国家会计学院（SNAI）、特许公认会计师公会（ACCA）和毕马威（KPMG）共同完成并发表了调研报告《数字化转型时代的中国企业绩效管理》，对中国企业财务部门的绩效管理能力是否能够在数字化时代为企业创造价值进行评估，从而实现企业绩效的有效管理。

在156份有效问卷中，63%的国有企业受访者认为，企业财务人员在绩效报告流程中所扮演的角色是提供基础数据分析和数据管理，仅停留在机械处理数据阶段。仅有三成的受访者认为，企业财务人员在绩效报告流程中是"业务伙伴"的角色，而这其中一半的受访者仅参与公司内部讨论，并不会参与顾客、供应商等外部利益方的讨论。这主要是由于工作过于机械化、信息资源传递不对等、工具使用不恰当。绩效管理过程中人为操作的因素诸多，数据分析耗费时间、人力，为了突破这一瓶颈可以引入数字化的绩效管理方式，交由电子化产品分析数据，提高工作效率，减轻工作负担和压力，使得业务部门的人可以投入其他的工作中，避免工作的交叉重叠。各业务部门在绩效考核过程中提交数据，由财务部门建构合理的数据，采用专业的软件作为技术支持，搭建有效、多维度的分析体系，使整个绩效管理体系更加科学、具有可持续性。同时要尽量避免过度频繁地更新数据。企业应转变思维方式，改变传统绩效管理中仅侧重数据资料的收集的状态，注重如何发现问题，加强各业务部门之间的沟通，由此破解业务难题，推动决策制定。企业要想通过企业绩效管理实现价值，仍需要注意以下事项：首先，确保绩效管理框架灵活，与企业各部门保持一致并密切相关。其次，确保自上而下的主管都将绩效管理作为工作重点，积极倡导并参与其中。再次，及时、准确获取行业信息，并分析绩效结果。最后，在优化现有绩效管理框架下，采用灵活的信息技术手段更好地完成绩效管理（钱毓益，2018）。

例证 12-4

甲骨文推出 Oracle Analytics for Fusion HCM

如今，企业比以往任何时候都更需要从数据中获取切实可行的有用信息，以便提高决策水平，大幅提升业务绩效。为了帮助 HR 团队实现这一目标，甲骨文于2020年5月15日宣布推出 Oracle Analytics for Fusion HCM（human capital management，HCM）。

Oracle Analytics 高级副总裁 T.K. Anand 表示："面对如今瞬息万变的商业环境，HR已经成为企业的重要战略业务伙伴。借助 Oracle Analytics for Fusion HCM 提供的开箱即用的 HR 分析功能，客户现在不仅能够获取前所未有的信息，大幅减少 IT 依赖，还能在HR 部门与其他重要业务部门（如财务部门）之间实现更为紧密的协作，从而顺利度过动荡时期，为持续业务增长做好准备。"

Oracle Analytics for Fusion HCM 可赋能 HR 高管、分析人员和业务部门主管大幅提升业务绩效，快速实现价值。预置的功能包括以下几种。

（1）跨部门数据模型：提高海量 Oracle HCM 云业务数据分析速度，数据模型基于高性能 Oracle ADW 业务数据平台（Oracle autonomous data warehouse），为跨部门提供一致数据。

（2）KPI 和仪表盘库：提供超过 50 个 HR KPI，并通过仪表盘和报告呈现各种关键指标，包括劳动力组成、离职率、留任率和团队绩效。预置 KPI 包括：人力人口统计、管理层次、招聘和晋升状态；员工流失率（包括主动离职、非自愿离职）、人才留用率；多元化统计数据和趋势；薪资趋势和指标；绩效人才比率。

（3）可帮助 HR 团队节省时间、减少工作量和潜在的计算错误的高级分析：优秀人才保留率分析；基于薪资指标的员工流失率分析；团队绩效分析；管理层次分析；多元化分析。

（4）基于业务的扩展能力：支持客户使用来自其他 Oracle 应用程序、非 Oracle 应用程序或其他外部数据源的数据，进一步扩充 Oracle HCM 云的数据。

Constellation Research 副总裁兼首席分析师 Doug Henschen 认为："在如今这个数据驱动的市场中，数据、分析和 AI 已成为企业获得成功所必不可少的基本能力。借助 Oracle Analytics for Fusion HCM，HR 专业人员可以快速发掘企业数据价值，获得有用的员工洞察，推动业务持续增长。"

（资料来源：谢世诚. 甲骨文推出 Oracle Analytics for Fusion HCM，助力 HR 团队提升决策和业务绩效 [EB/OL].（2020-05-15）. https://www.doit.com.cn/p/366492.html.）

第三节　数字化绩效管理的应用

随着网络技术的飞速发展，大数据的应用也越来越普遍。通过大数据技术对企业的信息进行整理和归纳，能够在提高企业工作效率的同时推动企业持续健康发展。企业借助数字化技术进行绩效管理是未来的大势所趋。本节将详细地介绍数字化绩效管理在企业的应用以及数字化绩效管理的常用软件。

一、数字化绩效管理技术在企业中的应用

数字化转型对于企业而言，就是利用数字技术进行全方位、多角度、全链条的改造过程。通过深化数字技术在生产、运营、管理和营销等诸多环节的应用，实现企业的数字化、网络化、智能化发展，从而不断释放数字技术对经济发展的放大、叠加、倍增作用。因此，互联网科技公司在技术支持上具有得天独厚的优势，可以根据自身所需开发内部 OA 系统用于组织管理。但数字化管理并不只适用于互联网企业，其实，中小企业数字化升级对企业发展和经济高质量发展意义重大。

2020 年 12 月 8 日，由北森人才管理研究院、中国人民大学商学院联合主办的第六届未来人才管理论坛落幕。论坛期间，北森人才管理研究院发布《中国人才管理年度趋势洞察》。报告显示，HR 领域的数字化正在全球范围内加速发生。在中国企业中，22.2% 的企业已经具有 HR 数字化经验，71.6% 的企业在这一领域蓄势待发，但只有 3.2% 的企业已经在 HR 数字化转型方面获得成功。

（一）数字化绩效管理在企业中的应用实践

《DHR：人力资源数字化转型破局之道》显示，全球 1000 强企业中的 67% 的企业、中国 1000 强企业中的 50% 的企业都会把数字化转型作为企业的战略核心。可见，数字化转型已经成为企业的核心战略。以移动互联网、云计算、大数据、人工智能、物联网、区块链等为代表的新一代数字化技术正颠覆着人类的生产和生活方式。新技术催生新的商业模式、新的经济形态，同时促进传统经济体的进化重生。

为了快速响应新的商业环境和外部变化，越来越多的企业重构未来企业的轮廓，从科层等级式组织架构转向高度授权、敏捷的团队网络式架构。社会化企业的崛起带动零工经济、自由职业者的兴盛，互联网的链接使得组织突破了边界。此外，新生代员工自带互联网属性，能够更快地适应数字化管理并充分利用互联网技术发挥自身潜力。

企业数字化绩效管理的职能具体可体现在如下三个方面。

（1）打造数字化工作场所：应用现代技术（如用友 DiWork、Facebook Workplace、Microsoft Teams 等）打造统一的数字化工作场所，提升团队工作的协同效率，降低团队沟通成本，提升员工的敬业度和使命感，提高团队生产力。

（2）启动数字化人力资源运营：人力资源部门自身进行变革，实现数字化运营，通过端到端的流程，实现人力资源管理的流程化、自动化；通过智能化的员工服务，提升员工整体体验；通过数字化的人才管理，打造满足企业战略发展需要的人才供应链。

（3）开展数字化组织决策：以数据（包括内部数据和外部数据）为基础，通过智能化的分析，了解组织人才管理现状、人才市场竞争力，有效预测人才管理未来可能面临的问题和挑战，从而帮助组织制定更科学的人才决策。

为了应对全球化竞争压力和不断变化的商业局势，超过 75% 的企业都通过重塑绩效管理建立持续绩效管理流程，将企业战略目标转化为员工日常行动。数字化企业绩效管理将实现以数据为驱动的绩效目标管理，实现实时沟通互动、管理更敏捷的绩效辅导；员工激励管理与绩效管理集成一体化，充分调动员工的积极性，激发组织活力，最终达到持续提升组织绩效、发展员工能力的目标。

（二）数字化绩效管理在中小企业中应用的难点

根据有关机构测算，数字化转型可使制造业企业成本降低 17.6%，营收增加 22.6%；使物流服务业成本降低 34.2%，营收增加 33.6%。这些年来，我国高度关注企业数字化转型，从中央到地方出台了很多支持企业数字化转型的政策措施。特别是最近一段时期，从工业和信息化部实施《中小企业数字化赋能专项行动方案》，明确推动中小企业实现数字化管理和运营，提升智能制造和上云、用云水平，促进产业集群数字化发展，到国家发展和改革委员会等 17 个部门联合发起"数字化转型伙伴行动"，百余家企事业单位将从资源开放、软硬件支持、供应链支撑、平台基地建设等方面共助中小微企业纾困和转型发展。一系列利好措施的接连出台为中小企业数字化转型指明了方向，提供了保障。

总的来看，我国中小企业数字化转型、数字化绩效管理平台搭建和应用方面有一些优势，但也存在不少困难，主要体现在中小型企业数字化转型升级意识薄弱、企业内外部资源匮乏等问题。例如，一些中小企业管理者对数字化转型的认知尚浅，部分管理者将数字化简单等同于办公流程的电子化，对如何开展数字化转型知之甚少；大多数中小企业数字化水平低，网络化、智能化基础薄弱，尽管有强烈的愿望，但因受人力、资金约束，普遍"心有余而力不足"。此外，数字化升级改造投入成本高，见效周期长，中小企业内部开发与部署数字化平台的能力与资源不足，而金融机构获取信息和评估风险的成本较高，中小企业融资难问题尚未化解，难以下定决心付出较大成本来完成数字化转型。今后需要针对这些难题和瓶颈，从充实数字化人才储备、强化数字化公共服务、提高政策精准度等入手，更好地推动中小企业数字化转型。

埃森哲的研究表明，组织管理上的沉疴痼疾是影响企业数字化转型的重要障碍，例如部门之间的壁垒严重影响企业建立统一、高效的数据平台，管理决策的短期性也无法支撑企业建设数字化管理平台（中国质量新闻网，2019）。因此，打破企业原有制度所创建的壁垒，技术创新从理念创新出发，制度改革与技术创新兼施，只有这样才能真正落实企业数字化转型的进程。

（三）中小型企业数字化绩效管理提升的经验

在以物联网、云计算、人工智能、大数据等数字化技术全面引领和推动产业经济发展的时代，传统绩效管理所能产生的效果越来越弱。操作层面复杂的指标分解、评估考核、统分应用等工作，已经成为经理人的普遍痛点，大量的管理成本与其所带来的成效相比，越来越无法满足管理者们的预期。因此，数字化绩效管理转型是必然趋势，我们可以从中小型企业的数字化绩效管理发展中总结出如下三个方面的经验。

1. 提高数字化转型意识，充实数字化人才储备

中小企业要认识到，数字化转型是大势所趋，但数字化转型不是简单的机器换人，而是要形成"人机互助"的协同合作局面。对此，可借鉴国外数字化教育经验，确立数字化教育培训行动框架，加大对中小企业管理者的数字化培训和引导，培养员工数字化思维，提高企业数字化转型的内生动力和能力。

2. 构建数字化生态体系，强化数字化公共服务

企业的数字化转型，在某种意义上也是一种产业生态的数字化转型，企业数字化绩效管理仅作为数字化生态体系建设的一小部分。曾经，应用不当的企业绩效管理一度被认为是给人增加负担的管理锐器，但随着时代环境的改变与劳动者从业心理的转变，绩效管理更加注重人性角度的柔性化管理。因此，在进行企业数字化生态体系建设时，要注重将数字化绩效管理揉入其中，提供以服务为导向的自动化数字管理模式，进一步引导员工开展自我管理和绩效监督。

3. 统筹制定数字化的配套措施，提高政策精准度

推进中小企业的数字化转型，离不开政策支持的保驾护航。要统筹研究制定相关政策及配套措施，整合财税、金融、人才、土地等方面的政策力量，提高政策精准度，全力推动中小企业数字化转型。在人才要素方面，要完善人才激励机制，支持开展股权激励和科技成果转化奖励试点。

如今，管理者在企业绩效管理中更加重视能够进一步实现"精益化"管理，使得管理的各环节能够更加标准化，在投入产出分析、优化资源配置方面使用新技术手段将绩效管理系统融入智能化的管理体系。

（四）数字化绩效管理在企业中的适用条件

数字化时代的绩效管理并不仅是新技术和工具的应用，而是在全新的环境下，绩效管理的内涵发生了根本性的变化。企业管理者应该基于绩效管理内涵的变化，重新思考绩效管理的基本逻辑，协同绩效制度与管理技术的发展，增强企业数字化绩效管理的适用性。因此，在满足如下四个方面的条件时，数字化绩效管理的应用更适宜企业发展。

1. 组织柔性化管理

与匹配工业化大生产的科层组织体系不同，数字化时代更青睐具备柔性能力的平台和网络结构，以适应快速变化的外部环境。市场机制嵌入组织内部，市场驱动的、开放式的合作联盟关系将会取代传统的、基于组织的、长期的雇佣关系，相应地，组织内部分工也从基于岗位标准、业务流程转变为基于角色和协同。

绩效管理单元不再是传统组织内部的部门、科室，更多是项目、小组、自主经营体。传统自上而下的绩效指标分解的方式将不再适用，绩效管理的目标将基于各主体的功能定位分别确定，并更多地采用关键节点和里程碑式的项目绩效管理。

2. 强调个体主体性

当人力资本愈发成为价值创造的关键要素时，绩效管理的终极目标就不再是追求精确化和标准化，而是需要激发人力资本的自主性和创造性。因此，管理者和企业员工的二元对立关系不再明显，组织更强调共创和共赢。在这样的管理环境下，强调自我调整、自我驱动、自我开发的参与式管理成为众多互联网企业、科技型公司的主流选择。同时，"绩效沟通"逐渐被"绩效对话"所取代，不再强调问责，而是鼓励发展，为员工赋能并推进绩效改善。

3. 关注长期性目标，强调即时反馈

与外部环境的多变性相关，短期的绩效管理目标往往不具备现实意义，而在短期的绩效管理目标的压力之下，执行者往往容易丧失自主性和创造性。在以创新性为评价主体的数字化时代，绩效管理越来越关注包括创新性成果、客户满意度等的长期性目标，并结合项目管理周期实行即时沟通与反馈。

4. 绩效管理价值观从单一到多元，从外部向内部

在价值诉求多元化的态势下，一方面，企业需要平衡相关利益者的多元价值，建立一种持续的多赢和相互驱动、相互成就的关系；另一方面，在多元价值共存的世界中，企业保有决策者、关键行动者与组织一致的价值观，是新时代绩效管理的重要议题。

以上多种条件都是期望企业改变以"控制系统"为核心的绩效管理思路。在被数字化逐渐影响为多变、多元、以人为本的现代组织环境中，绩效管理不再只是业绩目标的控制体系，同时是员工个人活力激发与能力提升的推进体系，也是组织环境的变革体系。

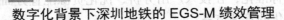

例证 12-5

数字化背景下深圳地铁的 EGS-M 绩效管理

EGS-M 绩效管理体系的全称为事件驱动的全面专业化绩效管理体系（event-driven general specialized performance management system），它主要以事件驱动为主轴，以目标管理、专业化考核、全覆盖考核、绩效监控、二元考核、考核评估、绩效反馈等为轮轴，形成"1+7"的绩效管理模式。在该体系中，事件驱动与七大轮轴之间均存在相互作用，由事件驱动七大轮轴运转，而七大轮轴运转结果又会反向作用于经营管理行为。与此同时，七大轮轴之间并不是简单的顺序关系，实际上，七大轮轴之间任意两个轮轴都存在直接关系。而 EGS-M 中的 M 指的是边际对价，按照既定的规则对考核进行预算和核算，让被考核者能清晰地预知每一个考核得分的价格和总价，指导其经营管理行为。

EGS-M 体系模型树立了事件驱动的新理念，但是可以看到，该模型中板块相互联系，板块之间的关系较为复杂，如果按照传统的管理方式，该体系模型很难在现代企业中顺利运转。深圳地铁选择运用数字化赋能 EGS-M 绩效管理，综合运用 AI、大数据、物联网、云计算等数字技术搭建企业公开透明的绩效管理平台。该平台将绩效管理全面数字化，底层为与绩效事件紧密相连的结果信息等数据源；中层为数据管理层，主要包括数据采集、存储、数据工具和 APIs（应用程序接口）等；顶层为数据分析应用层，包括绩效考核、业务联动、决策支持三大模块。由于大数据等技术的深度介入，诸如领导员工能力与岗位变动曲线、各部门人力资源静动态配置效果曲线等能够在系统内自动生成，这大大提高了 EGS-M 体系的可运行性和实际经营管理决策效率。

（李笑竹等，2019）

二、数字化绩效管理常用软件解析

数字化能力将为企业构建出新的增长曲线，而管理企业的数字化转型则需要践行三个原则——长期绩效、组织活力和社会契约。关注长期绩效投资数字技术或解决方案已经成为一种常态。我们发现，不同企业的数字化水平或许已经接近，然而绩效成果却有云泥之别。

埃森哲针对中国企业的研究发现，数字转型领先企业在成长性、营利性、股东回报等指标上已经远远超过了其他企业。在过去三年中，这些企业的营业收入复合增长率达14.3%，是其他企业的 5 倍还多。领军企业的销售利润率也达到 12.7%，远高于其他企业。探究其原因，仅把绩效目标设立在智能化的运营管理（如优化流程、提高效率或者完善数字化渠道）已然不够（瑞泰信息，2019）。与只看成本、净收益指标的企业相比，关注长期绩效将带来更高的企业价值回报。以下将介绍几种应用较为广泛的数字化绩效管理平台。

（一）i 人事

i 人事（iHR）是智慧 HR SaaS 管理软件，其具备组织人事管理、考勤排班、薪税管理、智能绩效、企业文化与员工关怀、招聘培训、报表决策等功能，覆盖人力资源七大模块，助力企业打造以薪税管理为核心的数字化人力资源管理体系，提升人力资源管理效率，同时助力人才数据分析，提升决策能力，帮助企业合理管控人才资源，降本增效。

2019 年 8 月，HRoot 公布的 eHR 类软件下载榜单中，i 人事连续半年蝉联榜单榜首。人力资源软件分类繁多，但从市场调研和观察来看，企业最关注、最难挑选的也正是这类软件。它在企业日常管理中的嵌入性最强，因此，企业在这方面的投入往往也更大。

i 人事的亮点在于可与企业内部开发应用与第三方应用对接。目前，i 人事已与钉钉、企业微信、飞书、国税系统等实现深度对接，数据直接互通，功能无缝对接。i 人事为各类企业内部应用与第三方应用装上了"复杂人事处理器"。一个平台融合企业人力资源数据与业务数据、企业各类数据，为企业实现整体智能化管理提供了应用生态入口，促进了丰富的企业管理生态的形成。

绩效管理方面，i 人事一站式的绩效管理平台能有效减少 HR 工作量，彰显绩效管理赋能员工成长与企业发展的价值。目标管理法具备以下功能。

（1）根据实际需求建立公司级、部门级、岗位级指标库。

（2）专设企业文化及价值观指标库。

（3）适用于多个行业、多种岗位的现成模板。

（4）支持设立专属于个人的发展计划。

实施过程方面，已搭建起能满足 2000 人同时操作的绩效管理平台，支持 KPI 和 OKR 两种管理法。在绩效评价维度方面提供员工自评与直线上司他评两种，再由 HR 后端进行汇总分析，实现全流程自动化，以减少手动操作，避免遗漏。

在考核结果呈现方面，i 人事已实现自动对接报表功能，即绩效结果可视化。智能化生成员工成长轨迹，调薪调岗，培训提升有理有据；持续绩效促进员工评估结果有效分析，及时反馈；部门成员结果共享，督促勉励，共同成长。

例证 12-6

i 人事助力高端养老品牌建设

广东省某知名养老公司成立于 2015 年，是当地首家医养结合的高级养老品牌。该公司选聘专业的医疗与护理团队为老年群体提供高品质的养老服务。为更好地提高企业员工的服务水平和工作满意度，降低员工流动率，科学推进企业管理水平，公司引进 i 人事平台，通过开发本土化 PC 端与 App 端联动应用的云管理软件，为客户提供综合解决方案。方案主要功能涵盖员工关爱、护理任务管理、企业人事管理、护理档案管理、库存管理、用户关爱平台等。

尤其在企业人事管理方面已实现高效人士管理体系支撑服务规模扩张，具体体现在如下七个方面。

（1）花名册：客户企业所有员工信息、合同、证件电子化管理。

（2）薪酬福利管理：结合员工出勤、绩效、用户评价，客户企业已实现高效的薪酬福利管理，出错率大大降低。

（3）培训发展管理：客户企业为保证服务质量的高标准，在 i 人事软件中上线多个培训课程，员工在手机端可不限次数地学习。

（4）绩效管理：客户企业根据 i 人事软件绩效管理模板，结合业务场景应用绩效管理。

（5）组织架构：部门架构、人员架构及汇报关系，客户管理团队在软件中一目了然。

（6）管理分析：员工异动分析、雇佣成本分析等信息，为客户企业业务决策提供关键参考。

（7）招聘管理：软件对接 8 大招聘平台，灵活支持客户业务扩张。

（资料来源：i 人事全力助客户建设养老高端品牌[EB/OL]. http://cpc.ihr360.com/cpcsalary/case.html.）

（二）飞书与"飞书 OKR"

飞书是字节跳动于 2016 年自研的新一代一站式协作平台，是保障字节跳动全球近十万人高效协作的办公工具。飞书将即时沟通、日历、在线文档、云盘和工作台深度整合，通过开放兼容的平台，让成员在一处即可实现高效的沟通和流畅的协作，全方位提升企业效率。

飞书官网对每一个工作环节所经历的流程都有详细的介绍，大体上可分为沟通协作、管理后台、开放平台、审批考勤四个板块，实现企业数字化管理。绩效管理功能完美嵌入其中，在企业正常运作的过程中发挥着不可磨灭的作用。此外，飞书还针对不同类型的企业或有不同需求的企业提供多种开发程序。例如，在欢雀 HR 的程序中，具有员工管理、招聘管理、排班考勤、薪酬管理、流程审批、组织管理、决策分析、绩效管理、员工自主、人才盘点、培训管理、弹性福利 12 种功能。

近几年，随着 OKR 绩效管理理念的风靡，许多企业都转变传统以 KPI 为主的管理方法，将管理的重点落在目标驱动之上。为此，飞书也专门成立了自己的"飞书 OKR"软件，为广大用户提供一站式 OKR 管理。在谨遵公开透明、双向沟通、重视复盘、脱钩绩效四大原则的基础上，"飞书 OKR"实现了以下三个方面的绩效优化：① 聚焦重点——把控目标数量和优先级，集中资源，时刻关注重点事项；② 高效协作——全员公开 OKR，打破沟通壁垒，实时对齐工作进度与方向；③ 鼓舞人心——与绩效脱钩，扩大容错空间，鼓励员工挑战上限。飞书致力于将 OKR 绩效管理法贯彻到企业绩效管理的实践中，抛弃只关注业绩的传统管理思路，采用数字化技术与 OKR 思路相融合的管理方案，成为国内众多互联网公司首选的人力资源绩效管理软件。

例证 12-7

飞书助力物美革新工作方式，实现商业的全面数字化

成立于 1994 年的物美集团是我国知名现代流通企业，有多个知名品牌，在华北、华东和西北等地区拥有各类商场、超市、便利店近 1700+家，集团业务涉及零售贸易、电子商务、互联网/物联网科技、物流运输等多个业态。

为快速响应市场需求，全力保障物资供给，物美在集团内搭建起一条覆盖上千家门店、数万名员工的信息高速公路。以北京为例，借助飞书云文档，在京物美员工实时更新、推进市内各社区提货站的情况，包括实时跟进当日提报社区数量、上线数据，统计

上线达成率等信息，与各区区总、店长近 100 人保持在线沟通，方便总部实时掌握。在项目进展中，线上会议实时进度上报，方便管理人员全方位掌握项目进度。与此同时，物美集团的工作人员统一使用飞书协同办公，上下几万名员工实现全员在线。

使用飞书后，各部门可建立自己的对内工作"服务台"，替代群组反馈问题的方式，任何门店或员工个人都可通过对应的服务台更快地寻求帮助。例如，通过"IT 系统运维"服务台，门店有相关问题时，可快速获取帮助。

"服务台"作为企业内部面向所有员工开放的解决实际问题的服务平台，帮助物美这样的集团化企业打破了部门壁垒，打通了员工的问题反馈渠道，同时提升了部门对外的服务意识。而服务台引入机器人回答常见问题，还可以培养员工自主解决问题的能力。

通过使用飞书，物美逐步建立了企业专属的移动办公协作平台，协作效率得到全面提升。目前，飞书已经成为物美践行"商业的全面数字化"战略的重要工具，物美使用飞书的数字化在线协作场景也在不断扩展。

（资料来源：飞书助力物美革新工作方式，实现商业的全面数字化 [EB/OL]. https://www.feishu.cn/customers/wumart.）

（三）思爱普（SAP）

SAP（system applications and products）是全球范围的企业软件供应商，总部位于德国沃尔多夫市，在全球拥有 6 万多名员工，遍布 130 个国家，并拥有覆盖全球 11 500 家企业的合作伙伴网络。SAP 不仅为超过 15 000 家中国企业提供专业服务，更覆盖全球 42.5 万企业客户。SAP 拥有 48 年创新沉淀，云解决方案有 100 多款，覆盖所有业务职能部门。

在员工绩效管理方面开发有 SAP success factors performance & goals 应用软件，着力发挥企业绩效管理的作用。具体体现在如下四个方面。

（1）激励员工充分发挥潜能。帮助管理者评估和识别顶尖人才，协调战略和目标，并不断改进员工绩效管理。

（2）支持前瞻性的绩效管理。通过合理设定目标、持续开展对话和培训影响未来的员工绩效。例如，关注未来发展和员工成长、准时开展一对一周会、鼓励双向交流等。

（3）支持灵活的绩效管理流程。采用多种绩效管理方法满足企业的需求。首先，能够全方位地考虑企业文化、行业背景、区域特点和规模大小等因素；其次，摒弃"一刀切"的方法，满足客户的独特需求；最后，能够根据企业需求的变化和发展不断升级绩效管理流程。

（4）更加主动地管理员工。通过支持员工及时提供反馈，让经理尽早了解自己的工作内容；支持经理及时为员工提供指导，确保目标的一致性并提高绩效；支持员工和经理提早发现和解决问题，从而有效提升员工的效率和生产力。

此外，SAP 绩效管理系统还具有如下三个特性。

（1）持续的绩效管理。通过定期与员工开展有效对话追踪员工绩效，帮助他们最大限度地提升绩效，加强对活动和成果的跟踪、持续进行绩效指导和反馈、提升绩效沟通有效性等，实现持续绩效管理。

（2）员工目标管理。SAP 绩效管理系统目前已含有 500 多个有现成目标的资源库，能够根据员工的具体需求及时调整，进而促进团队目标共享，确保员工和团队的目标与企业整体目标一致，助力企业提升绩效水平。

（3）绩效审核与评估。为管理者提供简单且极具吸引力的体验，提高考核质量。例如：① 提供全方位的审核和反馈，为管理者提供更平衡、更全面的员工评估视图；② 提供绩效审核评语助手和指导顾问，防止管理者出现文思阻塞的情况，为其提供更全面和有意义的反馈信息；③ 合法性检查，减少绩效评估过程中语言使用不当的风险；④ 校准，确保组织绩效考核的客观真实性，严格基于事实进行决策。

SAP 是目前世界排名第一的企业管理软件，性能稳定，体现了德国人严谨规范的企业管理思维和特点，因此对企业流程标准化要求也较高，适用于制度完善的大型企业。

该软件的优点在于：① 功能齐全，基本包括了企业管理、日常运营的各个模块；② 对不同使用对象的需求满足度高，适用性和准确率较高；③ 实施团队、后期服务优质。此外，也同样伴随着如下两个方面的缺点：① 费用高，成本高；② 实施复杂，系统上线难度高，使用复杂。

（四）甲骨文（Oracle）

Oracle 一款美国公司制造的数字化人力资源管理软件，是 SAP 最大的竞争对手，目前也是世界上第二大企业管理软件。该软件的设计体现了美国人务实求真、追求效率、灵活变通的工作风格，在诸多跨国公司都普遍适应。

Oracle Fusion EPM（enterprise performance management）云在 Gartner《2020 年云财务计划与分析解决方案魔力象限》报告中被评为领导者。在参与评估的 12 家供应商中，无论是在"执行能力"还是在"远景完整性"类别中，Oracle EPM 云均获得了最高分。

Oracle 企业绩效管理系统（Oracle Fusion EPM 云）解决方案助力现代企业实现跨财务、人力资源、供应链和销售职能进行整体建模和规划，理顺财务关账流程，指定明智的业务决策。其具体职能体现在如下四个方面。

1. 全面的云解决方案驱动价值增长

Oracle EPM 云提供广泛、深入的财务与运营计划，合并与关账，主数据管理等功能，可出色满足现代企业的业务运营需求。

2. 无缝衔接各项职能

Oracle EPM 云能够无缝连接财务与所有其他职能，助力企业全面提升敏捷性并保持协调一致。

3. 嵌入式智能驱动决策更明智

Oracle EPM 云支持场景建模内置高级分析功能，可帮助企业轻松制定更明智的业务决策。

4. 值得信赖的企业绩效管理领导者

Oracle EPM 云长期以来位居分析机构排名榜首，成为企业领导者决策的得力助手，助力企业价值增长。

从上述产品描述不难看出，Oracle 作为与 SAP 同类竞争水平的数字化企业管理软件，也具有紧随企业发展各阶段实际需求而灵活调整的优点。除此之外，还能实现对管理流程的局部优化，并对企业管理流程标准化要求较低。

Oracle 的缺点主要体现在如下两个方面：① 产品价格高昂，后期维护、服务费用居高不下，对企业管理成本造成很大压力；② 与企业的业务流程衔接性不好，无法支持部分管理流程。

（五）奇绩云

奇绩云自成立之日起便致力于实现"方法+实践"、"管理+IT"的有效融合，其团队以"创造价值，成就客户"为使命，专注于激发人才潜能和增长组织业绩。奇绩云是一款国内主打绩效管理的专业平台，为企业提供定制化绩效管理方案。

在绩效管理方面，奇绩云主要以战略绩效、组织绩效、干部绩效、员工绩效、项目绩效为评估主体，支持 KPI、KBI、KPA、OKR 和 360 度考核模式，适用于上百种应用场景，支持云端和本地部署。具体功能有以下七个方面。

1. 组织绩效

通过公司战略解码建立组织目标，将组织目标逐层分解并保持上下对齐，创建组织绩效考核方案，并以多种方式创建指标，如新增指标、导入指标、引用往期指标和参考外部指标。目前，奇绩云系统内部已有 20 个行业的 18 000 多项绩效指标用于企业人力资源绩效评估。

2. 干部、员工、项目绩效

对齐公司和部门目标，设计适于企业评估的绩效指标，数值、权重等新增考核指标，可实现智能推送绩效指标，并支持多种考核模式的组合。例如，关键业绩指标考核（KPI）、安全认证考核（GS）、目标与关键成果管理（OKR）、临时任务和加减分项等技术的配合使用。

3. 绩效动态视窗

动态视窗能够实时呈现公司绩效指标完成进度，实时呈现各级管理者和员工绩效进度。管理者通过绩效动态视窗对下属绩效完成进度一目了然，可及时进行跟踪、督导和帮助，查看当期和历史绩效考核数据。

4. 指标智能推送

奇绩云内置 20 个行业 18 000 多项绩效指标，根据员工岗位智能匹配绩效指标，以多种方式创建指标，如新增指标、导入已有指标、引用往期指标和参考外部指标，支持一键式导入绩效考核方案。

5. 绩效执行赋能

帮助企业制订绩效指标及实施计划，并在执行过程中留痕，及时更新绩效完成进度，强化过程管控，上级和同事帮助、点赞和评价，及时赋能，根据员工绩效评价自动产生"绩效明星"，用于员工奖励。

6. 绩效评价与申诉

在企业内实行绩效自评和考核人评价兼顾的考核方式，根据需求选择强制分布模式，量化指标，系统根据权重核算分值，支持对被考核人能力提升给予建议，支持被考核人绩效申诉和申诉升级。

7. 绩效统计报告

统计并导出公司、管理者、员工绩效考核结果，在企业内按周期进行绩效进度和得分查询。

（六）红海云

红海 eHR 是红海云面向大中型企业推出的新一代一体化人力资源管理数字化解决方案。红海云聚焦人力资源管理痛点，以科技赋能 HR 全业务场景，通过流程引擎驱动及人岗组织全局数据的打通，致力于打造数据智能化、流程规范化、功能场景化、"随需即变"的人力资源管理系统高端定制服务体验。

红海 eHR 已迭代到 8.0 版本，配套红海云 Red 系列数字工具，并进行了全线升级。与传统 HR 软件的单点单模块应用相比，新一代红海云 eHR 已集成了全面一体化的解决方案，具体如下。

（1）融合 PaaS 开发平台，实现业务一体化。红海云 PaaS 平台可以为开发人员提供低代码开发和零代码配置能力，灵活满足企业个性化的业务场景需求，帮助企业实现从核心人力管理到战略人才管理，从招聘入职管理到离职退休管理，实现人力资源全模块功能一体化布局，打造人力资源管理业务闭环。

（2）融合 HR 数据中台，实现数据一体化。红海 eHR 底层数据关联，支持全局数据穿透，能实现所有流程审批数据智能关联，信息异动自动更新，结合 HR 数据中台，能给组织提供全系列 HR 数据调用、查询、分析等能力。

（3）融合 Open API 开放平台，实现终端一体化。Open API 开放平台有成熟的红海eHR 系统标准接口，并支持主流 ERP 厂商（如 SAP、Oracle、用友、金蝶）、主流 OA 厂商（如泛微、致远、蓝凌）、主流协同平台（如钉钉、企业微信、飞书）的标准化对接。

在绩效考核方面，红海云具有如下三个方面的功能。

（1）多种考核方式兼具。红海云内部兼容 360、KPI、BSC、MBO 等多种绩效考核模式，适配不同类型的绩效考核需求；支持员工能力、态度（定性）和关键业务指标（定量）评测；支持项目制考核与矩阵式考核等多维考核，实现跨部门、跨业务的绩效管理。

（2）灵活应对复杂绩效体系。红海云的绩效系统有助于企业目标逐级明确，考核指标层层分解，支持企业目标方案维护及各级指标库维护。此外，还支持个性化绩效方案设置，帮助管理者灵活定义考核指标、周期、规则、流程，满足不同类型的考核管理需求；灵活制定绩效表单模板和流程模板，建立可复用的绩效模板库。

（3）绩效考核全局优化。贯彻绩效考核 PDCA 优化理念，实现绩效的计划、执行、诊断、改进过程的全闭环管理，以及绩效结果多维度智能分析，支持绩效激励及方案改进，提供绩效结果自助查询通道和异常反馈渠道。实现考核结果与薪资、培训、改进计划相关联，加强针对核心人才考核情况的跟踪，即时把握核心人才绩效表现。

例证 12-8

红海云打造数字化雪松控股集团

雪松控股集团创立于 1997 年，是中国改革开放进程中涌现出的最具成长性的民营企业之一。2017 年，雪松控股集团营业收入突破 2210 亿元，位列《财富》世界 500 强第361 位，蝉联广州民企营业收入规模之首。

面对雪松控股集团自身发展的需要，红海云做出如下五个功能部署，以切实满足企业发展所需。

1. 考勤管理

实现员工考勤从定制考勤制度到处理员工排班、出差、休假、加班的全过程管理，并将产生的各类考勤数据传递到薪酬系统，为薪酬核算提供数据。

2. 绩效管理

规范绩效目标，并有效落实企业战略的执行，支撑组织、部门和员工等多层面的绩效管理，将企业目标分解落实到团队与个人，并保证绩效目标在各管理层级的有效实现。通过对绩效达成情况的实时监控和及时奖励激发团队活力。

3. 流程管理

通过梳理业务流程，让流程管理规范化，实现各大集团多业务板块的流程线上管理与数据的关联共享，让流程审批高效运转。

4. 报表自定义

高度灵活，可配置报表系统，可自定义，实现各类多维度的数据统计分析，为企业决策提供科学有效的数据支持。

5. 员工自助

提供员工自助功能，可自助在线查询档案信息、考勤信息，处理提醒信息，等等，实现人力资本管理的全员化，增强信息透明度和员工满意度。

通过上述五个方面的数字化管理技术的应用，红海云的引入成功地为雪松控股集团赋能。具体体现在如下三个方面。

（1）支持动态集中地管理人力资源信息，建立标准统一、结构规范、整合共享的人力资源管理信息服务平台，实现人力资源信息的有效整合和实时共享。

（2）系统配备全方位的数据分析功能，实现对优秀人才的发掘与留用，围绕人力资源"三支柱"战略，为企业留下一批可用的顶尖人才。

（3）通过系统优化人力资源运作体系规范业务流程管理，形成全集团协同高效的人力资源管理体系。

（资料来源：红海云官网）

本章小结

1. 数字化绩效管理是指将移动互联网、物联网技术应用到组织绩效管理中——在企业明确的组织战略目标和透明的绩效制度基础上，利用互联网技术搭建科学的组织绩效管理线上平台，一站式服务于组织绩效管理的前瞻计划、监控实施、精准考核、及时反馈等。数字化绩效管理系统的特征有以下三点：① 平台赋能，共享服务；② 持续绩效管理，敏捷经营；③ 动态监控，及时调整。

2. 数字化绩效管理具有以下四个方面的作用：① 统筹企业人力资源海量信息，完善企业绩效管理制度；② 促进企业人力资源绩效管理更加人性化，提升全面性；③ 加速消息互通，传递员工心声；④ 优化现有的人才评估方式，完善内部奖惩制度。数字化技术应用于绩效管理具有以下四个方面的意义：① 管理者职能明晰；② 员工绩效轨迹全程可追踪；③ 部门间横向沟通更顺畅；④ 企业数字化发展模式构建。

3. 在数字化技术发挥作用的绩效管理领域，PDCA 循环渗透在以下四个环节：① 借助算法技术制订绩效计划；② 自动化平台辅助绩效辅导；③ 数字一体化流程实施绩效考核；④ 数字化绩效信息反馈面谈。

4. 大数据时代企业人力资源绩效管理的创新思路主要有以下三点：① 建立完善的人力资源数据库；② 创新人力资源绩效管理方式；③ 促进企业绩效数据的反馈与应用。

5. 我国许多企业数字化转型升级意识薄弱、内外部资源匮乏，导致数字化绩效管理建设工作时有阻滞。以下三点建议有助于帮助企业解决数字化绩效管理应用困难：① 提高数字化转型意识，充实数字化人才储备；② 构建数字化生态体系，强化数字化公共服务；③ 统筹制定数字化的配套措施，提高政策精准度。

 网站推荐

1. 数字化绩效管理应用：https://www.g2.com/categories/performance-management
2. DOIT-数据智能产业媒体与服务平台：https://www.doit.com.cn/category/cxo

 **影视推荐**

《一刻 Talks：HR 数字化转型之"三大解放"》

这是韦莱韬悦大中华区总裁——袁凌梓在一刻 Talks 进行的一场以 HR 数字化转型为话题的公开演讲。主讲人以平实的语言向观众讲解当前企业人力资源的发展现状，并指出当今许多咨询公司都在帮助企业建立人力资源效能的驾驶舱指标体系。由此，强调数字化时代借用科技为企业赋能，解放传统的人工管理，让不同层级的管理者获得劳务上的自由，触发对管理更高层面的思考。

推荐理由：数字化时代，我们需要用更加开阔的思路跳出原有绩效管理的思维框架，思考如何高效地使用工具完成任务。该演讲的目的在于呼吁每一个企业人都认清管理者在企业发展中应该扮演什么样的角色，从而为更好的企业绩效管理创造动能。

（资料来源：https://www.bilibili.com/video/av66810762/）

读书推荐

《研发精益数字化管理》

内容概要：在 VUCA 时代，如何以用户为中心不断地适应国内、国外市场的变化，满足业务发展的需要，如何在目前的经济形势下、在时间与资金的双重约束下延长企业创新跑道的长度，是企业面对的挑战，也是企业产品研发团队面对的挑战。本书中的"研发精益数字化管理"理论给软件产品研发管理提供了一个新的思路，以应对压力与挑战。书中详细介绍了这一理论的三大核心元素：数字化管理理念、精益思想与持续改进循环，以及如何将它们无缝结合在实践中进行运用，实现研发管理的变革性突破。

推荐理由：目前数字化管理比较火热，但将数字化管理运用到软件研发管理领域的书较少。新型冠状病毒疫情的发生让远程办公成为趋势，伴随着远程办公的兴起，研发数字化管理也将成为新的管理趋势。本书能为企业 CTO、研发部门负责人、产品总监、产品经理、人力资源部负责人、项目管理者等提供数字化的管理思路。

出版信息：徐华，江晓红. 研发精益数字化管理[M]. 北京：北京航空航天大学出版社，2020.

思考练习题

一、选择题

1. 数字化绩效管理无法实现什么功能？（　　　）
   A. 最终审核 KPI
   B. 辅助考核者评估员工绩效
   C. 自动生成下一周期绩效计划
   D. 自动生成可视化工作产出表
2. 以下哪项不是数字化绩效管理 PDCA 的流程？（　　　）
   A. 绩效计划
   B. 绩效辅导
   C. 绩效考核结果应用与反馈
   D. 绩效谈判

二、简答题

1. 简述数字化绩效管理的概念与特征。
2. 简述数字化绩效管理的作用与意义。
3. 用 PDCA 循环解释数字化绩效管理。

模拟实训：数字化绩效管理系统设计

将全班同学分为多个小组，每小组成员设计一套功能性数字化绩效管理体系，并详细说明每一个功能的设计初衷和实践意义。该任务可以培养学生"创新+科技"的发散性思维，增强学生对绩效管理体系构建的学习。

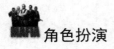

角色扮演

数字化绩效管理软件应用模拟

在班级内将学生分为若干小组，每小组选定一种数字化绩效管理系统，详细了解该系统的功能和优劣势。站在企业管理者的角度分析不同行业最希望的数字化技术应用在哪些方面，思考如何借助数字化技术提升组织绩效管理的效率。

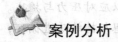

案例分析

"智思云×华晨东亚"：数字化赋能人才管理，让协同工作高效80%

华晨东亚汽车金融有限公司（以下简称"华晨东亚"）目前品牌经销商快速覆盖至全国31个省份，300多座城市，拥有500家经销商网点。华晨东亚十分注重运用数字化科技，为客户及合作伙伴提供更高效、便捷的服务，促进经济高质量地发展。

华晨东亚原本单一化的传统管理模式面对协同多元化、流程的增多体现出大量的弊端。如何提升效率，降低内部协同成本，保持领导力和竞争力，成为企业人才管理目标中的巨大挑战。具体体现在如下三点。

（1）人事系统不健全，人工成本难评估。

（2）考勤统计压力大，反馈误差引不满。

（3）绩效考核受限制，后续辅导难落地。

为了更好地推动华晨东亚战略落地，提高组织效能，智思云通过系统化的人力资源平台工具打造标准化的核心管理系统，解放HR的事务性工作，提高工作效率，从而更好地聚焦推动业务发展，提供核心价值，实时掌握人才状况，提高组织战略决策能力。具体功能体现在如下三个方面。

（1）关联性人事管理，实时了解企业人工成本。通过系统将组织架构和人事模块相互关联，结构明晰，职位管理职级层级明确，即时可查，各模块信息共享，存储无顾虑。同时，以数据为基础，通过人事报表数据分析实现信息驱动。对于各部门的人员编制规划，依据公司实际需求灵活调整，构建更加敏捷、灵活的组织。

（2）系统化考勤体系，解决繁杂事务性工作。将考勤机打卡和手机企业微信移动考勤记录实时同步系统，考勤报表通过数据分析实时查看员工考勤日志，实现历史记录和剩余假期的自助查询功能。员工也可查看不同类型的假期余额。假期报表汇总数据分析。HR可根据需求灵活配置，下载导出相关数据。操作更简捷，核对更方便，结果更明晰。

（3）绩效全流程视角，共同打造客户的成功。内部员工KPI关键指标考核通过全方位了解员工工作动态，对员工能力、素质进行考核，根据公司实际情况添加不同指标，每个周期添加不同指标，灵活配置使用。系统可自动关联上下级，通过自评反省自身，再到上级评估核查，一气呵成。不同绩效等级对应不同绩效薪资，激励员工潜能最大化。后续也可在线进行辅导面谈，根据需求参与各类培训。员工也可登录账号查看绩效报表。

（本案例源于网络，并经作者加工整理）

讨论题：

1. 从华晨东亚传统管理模式的不足和解决方案出发，探讨数字化绩效管理的作用。
2. 为了更好地服务于企业绩效管理，数字化技术还有哪些可开发的功能？

参考文献

[1] 马名杰，戴建军，熊鸿儒. 数字化转型对生产方式和国际经济格局的影响与应对[J].中国科技论坛，2019（1）：12-16.

[2] 赵西三. 数字经济驱动中国制造转型升级研究[J]. 中州学刊，2017（12）：36-41.

[3] 刘彬. 基于"互联网+"数据库系统的企业绩效管理信息化建设研究[J]. 赤峰学院学报（自然科学版），2019，35（11）：130-131.

[4] 韦玮，张恩铭，徐卫华. 数字化魔方：数字化转型的创新思维模式[M]. 北京：机械工业出版社，2020.

[5] 第一财经. 人力资源管理加速触网，颠覆性创新推动融资潮[EB/OL]. （2017-12-29）. https://baijiahao.baidu.com/s?id=1588115934232088909&wfr=spider&for=pc.

[6] 秦爽. 大数据时代企业人力资源绩效管理创新[J]. 办公室业务，2019（20）：166-167.

[7] 李彦秋. 探析大数据时代企业人力资源绩效的管理创新[J]. 管理学家，2019（11）：89-90.

[8] 王心欣. 大数据时代企业人力资源绩效管理体系的构建探讨[J]. 时代金融，2020（32）：97-99.

[9] 谢珍贵. 商业银行绩效考核体系建设对策研究[J]. 财会学习，2018，11（14）：218，227.

[10] 吴惠明. 数字化商业银行绩效管理体系的构建[J]. 现代经济信息，2019（3）：112.

[11] 钱毓益. 数字化时代的国企绩效管理[J]. 新理财（政府理财），2018（1）：75.

[12] 中国质量新闻网. 数字时代的海尔："形"变"心"不变 [EB/OL]. （2019-07-25）. http://www.cqn.com.cn/cj/content/2019-07-25/content_7349357. Htm.

[13] 罗上奎. 大数据时代企业人力资源绩效管理创新点研究[J]. 企业改革与管理，2019（14）：90-91.

[14] 冯俊玉. 大数据时代企业人力资源绩效管理创新[J]. 办公室业务，2020（14）：152-153.

[15] 贾超杰. 大数据时代企业人力资源绩效管理思路探索[J]. 财富时代，2020（3）：76+79.

[16] 祝志晔. 探讨大数据时代企业人力资源绩效管理创新点[J]. 现代营销（下旬刊），

2019（11）：183-184.

[17] 搜狐网.北森人才管理研究院：HR 领域的数字化正在全球范围内加速发生[EB/OL].（2020-12-08）.https://www.sohu.com/a/436932757_170520.

[18] 安徽云际文化传媒 DHR：人力资源数字化转型破局之道[EB/OL].（2018-04-19）.https://baijiahao.baidu.com/s?id=1598165813918125458&wfr=spider&for=pc.

[19] 经济日报.中小企业如何把握数字化转型机遇[EB/OL].（2020-10-09）.https://finance.sina.com.cn/tech/2020-10-09/doc-iivhvpwz0983487.shtml.

[20] 李笑竹，刘勇，赵汉臣，等.企业绩效考核量化模型创新：深圳地铁面向先行示范区建设的实践[J].特区实践与理论，2019（5）：75-85.

[21] 瑞泰信息.管理企业数字化转型的三个关键[EB/OL].（2019-07-08）.https://www.sohu.com/a/325511358_801252.

[22] TEECE D J. Profiting from innovation in the digital economy: enabling technologies, standards, and licensing models in the wireless world[J]. Research policy, 2018(47): 1367-1387.

[23] SHEWHART W A . Economic control of quality of manufactured product[J]. The bell system technical journal, 1930, 9(2): 364-389.